国家统计局贸易外经统计司　编

Compiled by
Department of Trade and External Economic Relations Statistics, National Bureau of Statistics of China

2019

中国零售和餐饮连锁企业统计年鉴

STATISTICAL YEARBOOK OF CHINA CHAIN STORES OF RETAIL TRADES AND CATERING SERVICES

中国统计出版社
China Statistics Press

图书在版编目 (CIP) 数据

中国零售和餐饮连锁企业统计年鉴 . 2019 / 国家统计局贸易外经统计司编 . -- 北京 : 中国统计出版社 , 2019.11
ISBN 978-7-5037-9057-7

Ⅰ . ①中 … Ⅱ . ①国 … Ⅲ . ①零售企业 – 连锁企业 – 统计资料 – 中国 – 2019 – 年鉴②饮食业 – 连锁企业 – 统计资料 – 中国 – 2019 – 年鉴 Ⅳ . ① F721.7-66
② F719.3-66

中国版本图书馆 CIP 数据核字 (2019) 第 247841 号

中国零售和餐饮连锁企业统计年鉴 -2019

作　　者 / 国家统计局贸易外经统计司
责任编辑 / 冯燕玲　杜珞维
封面设计 / 李雪燕
出版发行 / 中国统计出版社
通信地址 / 北京市丰台区西三环南路甲 6 号　邮政编码 /100073
电　　话 / 邮购（010）63376909　书店（010）68783171
网　　址 / http://www.zgtjcbs.com/
印　　刷 / 河北鑫兆源印刷有限公司
经　　销 / 新华书店
开　　本 /880mm × 1230mm　1/16
字　　数 /1150 千字
印　　张 /36.75
版　　别 /2019 年 11 月第 1 版
版　　次 /2019 年 11 月第 1 次印刷
定　　价 /460.00 元

如有印装差错，由本社发行部调换。

编辑说明 PREFACE

一、《中国零售和餐饮连锁企业统计年鉴－2019》是反映我国零售和餐饮连锁企业情况的资料性工具书。旨在通过大量、丰富、详实、具体和权威的统计数据，全面系统和多角度地反映我国零售和餐饮业连锁企业发展的规模、水平。

二、本年鉴正文内容分为五部分：第一部分，零售企业综合篇；第二部分，零售企业地区篇；第三部分，餐饮企业综合篇；第四部分，餐饮企业地区篇；第五部分，连锁企业情况。同时，还附有主要统计指标解释。

三、本年鉴中涉及的全国性统计资料，均未包括台湾省、香港特别行政区和澳门特别行政区数据。

四、本年鉴中资料来源于2018年零售和餐饮连锁企业统计年报，时期数据为2018年年度数据，时点数据为2018年年末数据。

五、本年鉴中各表中的“空格”表示该项统计指标数据不足本表最小单位数、不详或无该项数据。

目录

CONTENTS

第一部分　零售企业综合篇

1-1　连锁零售企业总体情况 …… 3
1-2　连锁零售企业基本情况 …… 4
1-3　连锁零售企业经营情况 …… 8
1-4　按行业与部分登记注册类型分连锁零售企业基本情况 …… 16
1-5　按行业与部分登记注册类型分连锁零售企业经营情况 …… 30
1-6　按行业与部分业态分连锁零售企业基本情况 …… 58
1-7　按行业与部分业态分连锁零售企业经营情况 …… 74
1-8　按登记注册类型与部分业态分连锁零售企业基本情况 …… 106
1-9　按登记注册类型与部分业态分连锁零售企业经营情况 …… 114
1-10　连锁零售企业门店分布情况 …… 130
1-11　连锁零售企业配送中心分布情况 …… 131
1-12　连锁零售企业门店在 36 城市分布情况 …… 132
1-13　连锁零售企业配送中心在 36 城市分布情况 …… 133

第二部分　零售企业地区篇

2-1　各地区连锁零售企业基本情况 …… 137
2-2　各地区连锁零售企业直营门店基本情况 …… 138
2-3　各地区连锁零售企业加盟门店基本情况 …… 139
2-4　各地区连锁零售企业经营情况 …… 140
2-5　各地区连锁零售企业直营门店经营情况 …… 142
2-6　各地区连锁零售企业加盟门店经营情况 …… 144
2-7　按部分登记注册类型分各地区连锁零售企业基本情况 …… 146
2-8　按部分登记注册类型分各地区连锁零售企业直营门店基本情况 …… 154
2-9　按部分登记注册类型分各地区连锁零售企业加盟门店基本情况 …… 161
2-10　按部分登记注册类型分各地区连锁零售企业经营情况 …… 168
2-11　按部分登记注册类型分各地区连锁零售企业直营门店经营情况 …… 182
2-12　按部分登记注册类型分各地区连锁零售企业加盟门店经营情况 …… 196
2-13　按部分行业分各地区连锁零售企业基本情况 …… 210
2-14　按部分行业分各地区连锁零售企业直营门店基本情况 …… 222

2-15 按部分行业分各地区连锁零售企业加盟门店基本情况 …… 233
2-16 按部分行业分各地区连锁零售企业经营情况 …… 244
2-17 按部分行业分各地区连锁零售企业直营门店经营情况 …… 266
2-18 按部分行业分各地区连锁零售企业加盟门店经营情况 …… 288
2-19 按部分业态分各地区连锁零售企业基本情况 …… 310
2-20 按部分业态分各地区连锁零售企业直营门店基本情况 …… 318
2-21 按部分业态分各地区连锁零售企业加盟门店基本情况 …… 326
2-22 按部分业态分各地区连锁零售企业经营情况 …… 334
2-23 按部分业态分各地区连锁零售企业直营门店经营情况 …… 350
2-24 按部分业态分各地区连锁零售企业加盟门店经营情况 …… 366
2-25 36 城市连锁零售企业基本情况 …… 382
2-26 36 城市连锁零售企业直营门店基本情况 …… 384
2-27 36 城市连锁零售企业加盟门店基本情况 …… 385
2-28 36 城市连锁零售企业经营情况 …… 386
2-29 36 城市连锁零售企业直营门店经营情况 …… 388
2-30 36 城市连锁零售企业加盟门店经营情况 …… 390

第三部分　餐饮企业综合篇

3-1 连锁餐饮企业总体情况 …… 395
3-2 连锁餐饮企业基本情况 …… 396
3-3 连锁餐饮企业经营情况 …… 398
3-4 按登记注册类型与行业分连锁餐饮企业基本情况 …… 404
3-5 按登记注册类型与行业分连锁餐饮企业经营情况 …… 408
3-6 连锁餐饮企业门店分布情况 …… 416
3-7 连锁餐饮企业配送中心分布情况 …… 417
3-8 连锁餐饮企业门店在 36 城市分布情况 …… 418
3-9 连锁餐饮企业配送中心在 36 城市分布情况 …… 419

第四部分　餐饮企业地区篇

4-1 各地区连锁餐饮企业基本情况 …… 423
4-2 各地区连锁餐饮企业直营门店基本情况 …… 424
4-3 各地区连锁餐饮企业加盟门店基本情况 …… 425
4-4 各地区连锁餐饮企业经营情况 …… 426
4-5 各地区连锁餐饮企业直营门店经营情况 …… 428
4-6 各地区连锁餐饮企业加盟门店经营情况 …… 430
4-7 按部分登记注册类型分各地区连锁餐饮企业基本情况 …… 432
4-8 按部分登记注册类型分各地区连锁餐饮企业直营门店基本情况 …… 439
4-9 按部分登记注册类型分各地区连锁餐饮企业加盟门店基本情况 …… 446
4-10 按部分登记注册类型分各地区连锁餐饮企业经营情况 …… 452
4-11 按部分登记注册类型分各地区连锁餐饮企业直营门店经营情况 …… 466
4-12 按部分登记注册类型分各地区连锁餐饮企业加盟门店经营情况 …… 480
4-13 按行业分各地区连锁餐饮企业基本情况 …… 492
4-14 按行业分各地区连锁餐饮企业直营门店基本情况 …… 496
4-15 按行业分各地区连锁餐饮企业加盟门店基本情况 …… 500
4-16 按行业分各地区连锁餐饮企业经营情况 …… 504
4-17 按行业分各地区连锁餐饮企业直营门店经营情况 …… 512
4-18 按行业分各地区连锁餐饮企业加盟门店经营情况 …… 520

4-19 36 城市连锁餐饮企业基本情况 …… 528
4-20 36 城市连锁餐饮企业直营门店基本情况 …… 529
4-21 36 城市连锁餐饮企业加盟门店基本情况 …… 530
4-22 36 城市连锁餐饮企业经营情况 …… 531
4-23 36 城市连锁餐饮企业直营门店经营情况 …… 533
4-24 36 城市连锁餐饮企业加盟门店经营情况 …… 535

第五部分 连锁企业情况

5-1 销售额 10 亿元以上连锁零售企业 …… 539
5-2 100 门店以上连锁零售企业 …… 551
5-3 营业额亿元以上连锁餐饮企业 …… 561
5-4 50 门店以上连锁餐饮企业 …… 566

附录 统计指标解释 …… 571

第一部分

零售企业综合篇

1-1 连锁零售企业总体情况

项　　目	单位	总计		直营店		加盟店	
		2018年	2017年	2018年	2017年	2018年	2017年
连锁总店数	个	2934					
连锁门店总数	个	249711	232895	175336	158574	74375	74321
年末从业人员	人	2389945	2347811	2126694	2082692	263251	265119
年末零售营业面积	平方米	179246788	167481861	164656526	157428587	14590262	10053274
连锁门店商品购进总额	万元	321330388	298017060	307302640	283724086	14027748	14292974
其中：统一配送商品购进额	万元	242943725	229240558	230963782	216729750	11979943	12510808
其中：自有配送中心	万元	149790009	138494437	144679240	132949922	5110769	5544514
非自有配送中心	万元	30163310	29680295	28654651	28276082	1508659	1404214
商品销售总额	万元	380126751	350289452	364313112	334796032	15813639	15491546
其中：零售额	万元	289190303	270776845	275228315	257461657	13961988	13315188

1-2 连锁零售企业基本情况

项目	连锁总店数（个）	门店数（个）		年末从业人员（人）		年末零售营业面积（平方米）	
	2018年	2018年	2017年	2018年	2017年	2018年	2017年
总计	**2934**	**249711**	**232895**	**2389945**	**2347811**	**179246788**	**167481861**
一、按登记注册类型分							
内资企业	2667	224100	209647	1848283	1815911	143761911	132648686
国有企业	159	12444	12599	95909	99044	9462416	8695348
集体企业	16	340	360	6356	6468	403984	462901
股份合作企业	6	348	357	3975	3988	439764	465972
联营企业	4	255	238	1303	1158	27597	30873
国有联营企业	1	209	188	902	739	19230	21706
集体联营企业							
国有与集体联营企业	1	5	5	26	35	928	928
其他联营企业	2	41	45	375	384	7439	8239
有限责任公司	1134	88420	83343	695507	678955	39848179	39423535
国有独资公司	32	1928	2048	14224	15853	3103128	2678965
其他有限责任公司	1102	86492	81295	681283	663102	36745051	36744570
股份有限公司	280	52306	49892	631890	634918	75721096	67336908
私营企业	1051	67975	60935	404547	382189	17607766	15999587
私营独资企业	25	890	701	4435	4205	113141	119261
私营合伙企业	4	457	493	917	908	67125	65785
私营有限责任公司	985	58936	52586	346006	327550	15472086	13905640
私营股份有限公司	37	7692	7155	53189	49526	1955414	1908901
其他企业	17	2012	1923	8796	9191	251109	233562
港、澳、台商投资企业	121	13329	11816	266201	253517	18333558	17725164
港澳台商合资经营企业	24	3803	3691	30991	29551	1784214	1980962
港澳台商合作经营企业	5	244	239	58834	63255	3454618	3093037
港、澳、台商独资经营企业	87	8153	6925	124198	112842	5965013	5830867
港、澳、台商投资股份有限公司	3	280	278	1728	1464	121279	118215
其他港、澳、台商投资企业	2	849	683	50450	46405	7008434	6702083
外商投资企业	146	12282	11432	275461	278383	17151319	17108011
中外合资经营企业	47	5029	4896	114942	121930	8541937	8840151
中外合作经营企业	7	544	432	13769	13334	1496706	1483199
外资企业	87	5983	5405	140863	137593	5976355	5713178
外商投资股份有限公司	4	613	586	5230	4804	1084321	1019483
其他外商投资企业	1	113	113	657	722	52000	52000
二、按行业分							
批发业	**313**	**40245**	**39493**	**227341**	**222189**	**31188273**	**28754380**
农、林、牧、渔产品批发	14	4477	4870	11257	12155	375843	390914
食品、饮料及烟草制品批发	50	3637	3346	27249	24177	519884	535553
纺织、服装及家庭用品批发	19	1852	1139	25110	19235	2650240	1657360
文化、体育用品及器材批发	12	1147	882	18534	17001	582151	563310
医药及医疗器材批发	38	2179	2085	8932	8582	207641	206083
矿产品、建材及化工产品批发	162	26469	26510	132698	137211	26813315	25336943
机械设备、五金产品及电子产品批发	9	220	315	2098	2206	30886	52483
贸易经纪与代理							
其他批发业	9	264	346	1463	1622	8313	11734
零售业	**2621**	**209466**	**193402**	**2162604**	**2125622**	**148058515**	**138727481**
综合零售	809	64899	63519	1229644	1258039	87155295	84371848
食品、饮料及烟草制品专门零售	178	23306	21390	92667	88284	1442525	1313849
纺织、服装及日用品专门零售	187	19539	18904	140532	123578	3992091	3902247
文化、体育用品及器材专门零售	93	1790	1968	35727	34565	1747671	1618116
医药及医疗器材专门零售	909	73632	62523	350264	307805	9039567	9049156

1-2 续表 1

项目	连锁总店数（个）	门店数（个）		年末从业人员（人）		年末零售营业面积（平方米）	
	2018年	2018年	2017年	2018年	2017年	2018年	2017年
汽车、摩托车、零配件和燃料及其他动力销售	213	16770	16257	127611	135276	29799488	24998617
家用电器及电子产品专门零售	203	8299	7648	173799	165922	14241052	12883159
五金、家具及室内装饰材料专门零售	16	447	376	7346	7533	512949	462367
货摊、无店铺及其他零售业	13	784	817	5014	4620	127877	128122
三、按业态分							
便利店	122	28895	25277	100461	90141	2738325	1993205
折扣店	2	72	73	939	973	79740	99842
超市	386	28164	29587	403484	413588	20611499	21504693
大型超市	156	4760	5605	451439	459591	35623773	33688222
仓储会员店	2	100	98	13136	13174	714083	681161
百货店	100	5942	5894	251221	273505	25086363	24230142
专业店	1689	137136	124630	886805	842106	84391391	76614934
其中：加油站	322	35551	34691	238066	249155	54530397	48192917
专卖店	384	34054	31186	233913	213032	6298932	5930240
家居建材商店	13	78	57	2289	2184	191754	183587
厂家直销中心	7	686	699	4195	4020	169561	168057
其他	73	9824	9789	42063	35497	3341367	2387778
直营门店合计		**175336**	**158574**	**2126694**	**2082692**	**164656526**	**157428587**
一、按登记注册类型分							
内资企业		153646	138786	1665229	1633955	134133186	127159136
国有企业		9337	9395	93057	94021	9298020	8500350
集体企业		319	338	6294	6404	392484	451401
股份合作企业		333	340	3859	3843	433948	459487
联营企业		199	196	1078	1044	23438	27434
国有联营企业		153	146	677	625	15071	18267
集体联营企业							
国有与集体联营企业		5	5	26	35	928	928
其他联营企业		41	45	375	384	7439	8239
有限责任公司		64806	57445	636419	618667	38008940	37480399
国有独资公司		1927	1885	14221	15677	3103013	2663705
其他有限责任公司		62879	55560	622198	602990	34905927	34816694
股份有限公司		35521	34012	581332	586341	70063653	65887839
私营企业		41736	35867	336095	316272	15697889	14159014
私营独资企业		725	510	4168	3803	105220	109449
私营合伙企业		145	128	913	904	41475	40135
私营有限责任公司		35778	30786	288133	271642	13806748	12303232
私营股份有限公司		5088	4443	42881	39923	1744446	1706198
其他企业		1395	1193	7095	7363	214814	193212
港、澳、台商投资企业		10819	9711	201111	183976	14406340	14194327
港澳台商合资经营企业		3336	3343	29310	28387	1721087	1928924
港澳台商合作经营企业		75	74	2659	2625	74618	81837
港、澳、台商独资经营企业		6323	5378	117052	105211	5482409	5364843
港、澳、台商投资股份有限公司		280	278	1728	1464	121279	118215
其他港、澳、台商投资企业		805	638	50362	46289	7006947	6700508
外商投资企业		10871	10077	260354	264761	16117000	16075124
中外合资经营企业		4556	4458	106113	114143	8178552	8480017
中外合作经营企业		522	410	8494	8166	942719	929212
外资企业		5067	4510	139860	136926	5859408	5594412
外商投资股份有限公司		613	586	5230	4804	1084321	1019483
其他外商投资企业		113	113	657	722	52000	52000

1-2 续表 2

项目	连锁总店数(个)	门店数(个)		年末从业人员(人)		年末零售营业面积(平方米)	
	2018年	2018年	2017年	2018年	2017年	2018年	2017年
二、按行业分							
批发业		**25177**	**23809**	**196859**	**189463**	**30118545**	**27611390**
农、林、牧、渔产品批发		264	360	1620	2207	94716	106825
食品、饮料及烟草制品批发		796	783	19656	16269	202026	201440
纺织、服装及家庭用品批发		1373	570	22879	16559	2570932	1562500
文化、体育用品及器材批发		1145	880	18524	16990	581541	562700
医药及医疗器材批发		1017	931	6548	5969	136948	124101
矿产品、建材及化工产品批发		20168	19805	124222	127845	26496223	25004111
机械设备、五金产品及电子产品批发		198	265	2019	2146	29766	43219
贸易经纪与代理							
其他批发业		216	215	1391	1478	6393	6494
零售业		**150159**	**134765**	**1929835**	**1893229**	**134537981**	**129817197**
综合零售		39043	36393	1078014	1097336	80086282	77484513
食品、饮料及烟草制品专门零售		11561	10411	60945	59975	812118	779547
纺织、服装及日用品专门零售		12093	11617	127646	114717	3496674	3452833
文化、体育用品及器材专门零售		1664	1935	34927	33969	1723811	1617515
医药及医疗器材专门零售		61682	51204	320718	279445	8172019	8240343
汽车、摩托车、零配件和燃料及其他动力销售		15768	15431	125203	133373	25475610	24885400
家用电器及电子产品专门零售		7854	7296	173194	165220	14222311	12865112
五金、家具及室内装饰材料专门零售		283	259	6860	7073	454879	398000
货摊、无店铺及其他零售业		211	219	2328	2121	94277	93934
三、按业态分							
便利店		13038	11183	61648	55608	1742128	1118740
折扣店		72	73	939	973	79740	99842
超市		16646	16404	357673	362721	18810888	19537931
大型超市		4339	3872	388427	389228	31622734	29929092
仓储会员店		100	98	13136	13174	714083	681161
百货店		3342	3269	238255	259903	24591129	23743510
专业店		113370	101610	829613	787627	78551671	75079139
其中：加油站		34444	33766	234868	246651	50172269	48052645
专卖店		21097	19097	198217	181724	5220011	4890046
家居建材商店		78	57	2289	2184	191754	183587
厂家直销中心		323	336	3351	3176	101161	99657
其他		2931	2575	33146	26374	3031227	2065882
加盟门店总计		**74375**	**74321**	**263251**	**265119**	**14590262**	**10053274**
一、按登记注册类型分							
内资企业		70454	70861	183054	181956	9628725	5489550
国有企业		3107	3204	2852	5023	164396	194998
集体企业		21	22	62	64	11500	11500
股份合作企业		15	17	116	145	5816	6485
联营企业		56	42	225	114	4159	3439
国有联营企业		56	42	225	114	4159	3439
集体联营企业							
国有与集体联营企业							
其他联营企业							
有限责任公司		23614	25898	59088	60288	1839239	1943136
国有独资公司		1	163	3	176	115	15260
其他有限责任公司		23613	25735	59085	60112	1839124	1927876
股份有限公司		16785	15880	50558	48577	5657443	1449069
私营企业		26239	25068	68452	65917	1909877	1840573
私营独资企业		165	191	267	402	7921	9812
私营合伙企业		312	365	4	4	25650	25650

1-2 续表 3

项目	连锁总店数（个）	门店数（个）		年末从业人员（人）		年末零售营业面积（平方米）	
	2018年	2018年	2017年	2018年	2017年	2018年	2017年
私营有限责任公司		23158	21800	57873	55908	1665338	1602408
私营股份有限公司		2604	2712	10308	9603	210968	202703
其他企业		617	730	1701	1828	36295	40350
港、澳、台商投资企业		2510	2105	65090	69541	3927218	3530837
港澳台商合资经营企业		467	348	1681	1164	63127	52038
港澳台商合作经营企业		169	165	56175	60630	3380000	3011200
港、澳、台商独资经营企业		1830	1547	7146	7631	482604	466024
港、澳、台商投资股份有限公司							
其他港、澳、台商投资企业		44	45	88	116	1487	1575
外商投资企业		1411	1355	15107	13622	1034319	1032887
中外合资经营企业		473	438	8829	7787	363385	360134
中外合作经营企业		22	22	5275	5168	553987	553987
外资企业		916	895	1003	667	116947	118766
外商投资股份有限公司							
其他外商投资企业							
二、按行业分							
批发业		**15068**	**15684**	**30482**	**32726**	**1069728**	**1142990**
农、林、牧、渔产品批发		4213	4510	9637	9948	281127	284089
食品、饮料及烟草制品批发		2841	2563	7593	7908	317858	334113
纺织、服装及家庭用品批发		479	569	2231	2676	79308	94860
文化、体育用品及器材批发		2	2	10	11	610	610
医药及医疗器材批发		1162	1154	2384	2613	70693	81982
矿产品、建材及化工产品批发		6301	6705	8476	9366	317092	332832
机械设备、五金产品及电子产品批发		22	50	79	60	1120	9264
贸易经纪与代理							
其他批发业		48	131	72	144	1920	5240
零售业		**59307**	**58637**	**232769**	**232393**	**13520534**	**8910284**
综合零售		25856	27126	151630	160703	7069013	6887335
食品、饮料及烟草制品专门零售		11745	10979	31722	28309	630407	534302
纺织、服装及日用品专门零售		7446	7287	12886	8861	495417	449414
文化、体育用品及器材专门零售		126	33	800	596	23860	601
医药及医疗器材专门零售		11950	11319	29546	28360	867548	808813
汽车、摩托车、零配件和燃料及其他动力销售		1002	826	2408	1903	4323878	113217
家用电器及电子产品专门零售		445	352	605	702	18741	18047
五金、家具及室内装饰材料专门零售		164	117	486	460	58070	64367
货摊、无店铺及其他零售业		573	598	2686	2499	33600	34188
三、按业态分							
便利店		15857	14094	38813	34533	996197	874465
折扣店							
超市		11518	13183	45811	50867	1800611	1966762
大型超市		421	1733	63012	70363	4001039	3759130
仓储会员店							
百货店		2600	2625	12966	13602	495234	486632
专业店		23766	23020	57192	54479	5839720	1535795
其中：加油站		1107	925	3198	2504	4358128	140272
专卖店		12957	12089	35696	31308	1078921	1040194
家居建材商店							
厂家直销中心		363	363	844	844	68400	68400
其他		6893	7214	8917	9123	310140	321896

1-3 连锁零售企业

项目	商品购进总额		统一配送商品购进额	
	2018年	2017年	2018年	2017年
总计	**321330388**	**298017060**	**242943725**	**229240558**
一、按登记注册类型分				
内资企业	262128693	241895337	206659901	191818428
国有企业	31753677	28710288	27177603	25347450
集体企业	490971	771138	46471	45438
股份合作企业	955259	914881	868862	830322
联营企业	94360	88085	84264	88085
国有联营企业	70526	60075	70526	60075
集体联营企业				
国有与集体联营企业	798	805	798	805
其他联营企业	23037	27205	12941	27205
有限责任公司	78818526	72387938	66446778	59744305
国有独资公司	7260723	6348299	6849869	6031546
其他有限责任公司	71557803	66039640	59596909	53712759
股份有限公司	124208241	115401930	90031558	85451382
私营企业	25505775	23416560	21716092	20117822
私营独资企业	225695	202054	201913	174756
私营合伙企业	62195	59723	52339	51047
私营有限责任公司	21990338	19871701	18508539	16940878
私营股份有限公司	3227548	3283082	2953301	2951141
其他企业	301884	204517	288273	193623
港、澳、台商投资企业	27163579	25631931	18917614	19336751
港澳台商合资经营企业	2769371	2823650	1282421	1534852
港澳台商合作经营企业	4243334	4559873	4240746	4557118
港、澳、台商独资经营企业	11966499	12136969	7903366	8594697
港、澳、台商投资股份有限公司	184071	143659	184071	143659
其他港、澳、台商投资企业	8000304	5967781	5307010	4506425
外商投资企业	32038116	30489792	17366210	18085379
中外合资经营企业	14773033	14226810	9773514	9394003
中外合作经营企业	1432886	1325982	954211	946585
外资企业	15074108	14274283	6093801	7299823
外商投资股份有限公司	758089	662717	544685	444969
其他外商投资企业				
二、按行业分				
批发业	**88066628**	**80107275**	**76645510**	**70296731**
农、林、牧、渔产品批发	2014338	1965067	1965896	1923985
食品、饮料及烟草制品批发	6470433	5915116	5376138	4967991
纺织、服装及家庭用品批发	1854081	1655514	1404428	1106730
文化、体育用品及器材批发	2911843	2542244	2735269	2357327
医药及医疗器材批发	775421	819288	523242	520225
矿产品、建材及化工产品批发	72624508	65913564	63237271	58140699
机械设备、五金产品及电子产品批发	1188397	1109913	1188397	1109913
贸易经纪与代理				
其他批发业	227607	186569	214870	169863
零售业	**233263760**	**217909785**	**166298214**	**158943827**
综合零售	115116498	108957747	74099369	72670990
食品、饮料及烟草制品专门零售	3377960	2987589	2510213	2198099
纺织、服装及日用品专门零售	7674420	6938160	5222275	5169261
文化、体育用品及器材专门零售	8330656	6643508	8116927	6452665
医药及医疗器材专门零售	13383847	11900454	11451122	10074926

经营情况

单位：万元

自有配送中心配送商品购进额		非自有配送中心配送商品购进额		商品销售总额		零售额	
2018年	2017年	2018年	2017年	2018年	2017年	2018年	2017年
149790009	**138494437**	**30163310**	**29680295**	**380126751**	**350289452**	**289190303**	**270776845**
133272730	120648901	22972761	22627880	306147168	282419026	224214977	210568539
11358001	10415011	5502761	5401915	36455276	34564591	22235453	21031552
30793	29631	14896	14874	562981	740403	391031	482277
868862	828829			1298813	1217204	934268	923653
12941	15366			111295	104998	107673	100694
				81533	73674	81533	73674
				1019	973	1019	973
12941	15366			28743	30350	25121	26046
43942087	35854361	6670624	7682728	92054109	84288239	67398052	63380079
4231483	3852495	251391	69318	7941824	6802039	4459599	3733197
39710604	32001867	6419233	7613409	84112286	77486200	62938453	59646882
65025195	62249229	9090540	8016441	145111777	134404865	107044123	101566385
11887199	11143759	1689820	1507142	30243714	26821559	25795181	22807336
86788	83812	33151	27658	265986	238369	265986	225451
52339	51047			71367	65224	60838	65224
9124265	8400621	1656669	1445844	26100328	22615548	22328204	19386249
2623807	2608278		33640	3806033	3902419	3140152	3130412
147651	112716	4121	4781	309203	277168	309198	276564
8186651	8385001	5386591	4992371	31010269	27921354	27719042	25339245
996438	1239652	168901	129870	3145982	3175691	3068461	2980098
10352	11020			4702325	4448063	4702325	4448063
5861360	5635151	1094462	1722732	15972898	14754995	13659871	12368479
21678	18134	113041	114389	221965	183384	221965	183384
1296823	1481044	4010188	3025381	6967100	5359221	6066421	5359221
8330628	9460535	1803958	2060044	42969314	39949072	37256284	34869062
6189060	5761788	339090	431206	19075550	17996212	16460298	15100579
917702	844411	36508	102174	1565224	1450567	1046833	1022311
986604	2640440	1120937	1295591	19714338	18397150	17387775	16791078
237262	213895	307423	231074	2108907	1700045	1955680	1602926
				505295	405099	405697	352168
54235582	**49788006**	**4666646**	**4205265**	**98450303**	**89780206**	**51990568**	**47416351**
1931026	1885886	1032	1468	2093355	2059441	56350	64262
3669306	3472201	93567	96955	8239043	7895659	832531	775318
1332136	1043776	29775	27231	3206083	2971594	1536763	1370753
2690732	2313998			3119686	2888539	1360993	1342739
304381	363294	150859	91580	836831	881475	287156	276108
43141287	39754901	4389783	3986704	79426101	71612777	47576284	43253548
1102953	942735	1630	1328	1252240	1222234	260934	257385
63760	11216			276964	248488	79558	76238
95554427	**88706430**	**25496665**	**25475030**	**281676448**	**260509246**	**237199735**	**223360495**
44215170	43066424	12390249	11148407	131805108	125129534	113731079	109166091
1491588	1422079	240728	224179	4703116	4317376	3839496	3618939
1253415	1109708	993420	1592833	13143686	11241778	12271874	10569957
7286272	5730028	484136	443115	8913185	7303796	4028351	3781750
6560166	5890643	2019637	1744188	16772075	14788162	15032061	13109696

1-3 续表 1

项　　目	商品购进总额		统一配送商品购进额	
	2018年	2017年	2018年	2017年
汽车、摩托车、零配件和燃料及其他动力销售	49598116	46816358	41212290	39604501
家用电器及电子产品专门零售	34998104	32717019	23217446	22332269
五金、家具及室内装饰材料专门零售	481447	466664	345060	331012
货摊、无店铺及其他零售业	302712	482287	123513	110107
三、按业态分				
便利店	4457435	3759229	3517812	3053104
折扣店	120964	115273		
超市	31376134	29574758	24496610	24644437
大型超市	41262353	39861261	28250626	28596727
仓储会员店	2140089	2046688	267549	263292
百货店	31866561	30888358	14154101	14003595
专业店	185019505	169001468	156126811	143581525
其中：加油站	117036941	106421429	99873516	92041235
专卖店	20122712	18097949	12792481	12011190
家居建材商店	243267	305822	104004	173053
厂家直销中心	569705	500590	562764	499122
其他	4151663	3865664	2670966	2414515
直营门店合计	**307302640**	**283724086**	**230963782**	**216729750**
一、按登记注册类型分				
内资企业	253507184	233298557	199610401	184670859
国有企业	31339162	28269410	26864180	25010324
集体企业	490221	729208	46471	45438
股份合作企业	953335	913064	866938	828505
联营企业	79107	83024	69011	83024
国有联营企业	55273	55014	55273	55014
集体联营企业				
国有与集体联营企业	798	805	798	805
其他联营企业	23037	27205	12941	27205
有限责任公司	75916869	69544356	64047163	57333016
国有独资公司	7260719	6340082	6849865	6023347
其他有限责任公司	68656150	63204274	57197298	51309669
股份有限公司	121124132	112101801	87550674	82709060
私营企业	23311398	21463065	19886538	18477687
私营独资企业	219927	191059	197167	163861
私营合伙企业	52868	51471	52339	51047
私营有限责任公司	20246624	18372784	16988207	15636601
私营股份有限公司	2791979	2847751	2648824	2626178
其他企业	292960	194629	279428	183804
港、澳、台商投资企业	22563737	20711106	14737310	14695329
港澳台商合资经营企业	2689930	2746613	1273316	1486423
港澳台商合作经营企业	237088	250100	234500	247345
港、澳、台商独资经营企业	11455337	11605850	7741406	8314373
港、澳、台商投资股份有限公司	184071	143659	184071	143659
其他港、澳、台商投资企业	7997312	5964886	5304018	4503530
外商投资企业	31231719	29714423	16616071	17363562
中外合资经营企业	14395455	13814839	9399127	8985606
中外合作经营企业	1079735	995478	654032	665656
外资企业	14998441	14241389	6018227	7267331
外商投资股份有限公司	758089	662717	544685	444969
其他外商投资企业				

单位：万元

自有配送中心配送商品购进额		非自有配送中心配送商品购进额		商品销售总额		零售额	
2018年	2017年	2018年	2017年	2018年	2017年	2018年	2017年
19271153	17249163	7222378	8403886	67877853	61174836	53709530	48747692
15322169	13919122	1948516	1846398	37233330	35345661	33388815	33186327
73872	248344	197601	57736	832797	813746	822766	802036
80623	70920		14287	395297	394357	375763	378006
1620374	1398286	839743	932066	5420155	4782193	4912451	4370442
				144856	140802	144856	140802
17968591	16450736	2838922	2768117	34309539	33461008	29029668	28383252
13609974	14731630	6833191	5617570	46654251	43313138	40690527	38597886
				2352686	2304643	2345305	2240081
9936774	9951987	1698342	1682823	37814131	37435382	31962091	32046812
97628344	88380920	15939147	16376148	218792524	197600419	156151993	142411814
61802897	55762386	8518134	8904972	141538183	125688877	98233454	89025858
6729669	5548738	1508227	1819681	27762474	24777431	20838356	19783998
47760	90385	5886	57736	351436	416227	349685	404517
66976	66645	464800	405225	672181	611784	86717	88703
2181547	1875110	35052	20928	5852521	5446425	2678655	2308540
144679240	**132949922**	**28654651**	**28276082**	**364313112**	**334796032**	**275228315**	**257461657**
129020233	115949160	21496399	21365335	296311745	272462469	216182987	202708843
11304856	10369947	5429692	5347256	35996244	34020363	21973557	20733896
30793	29631	14896	14874	561881	718496	391031	482277
866938	827012			1296699	1215201	932153	921650
12941	15366			93661	99961	90040	95656
				63900	68637	63900	68637
				1019	973	1019	973
12941	15366			28743	30350	25121	26046
42234724	34062552	6220326	7352354	88761877	80969341	64774822	60737931
4231483	3844451	251387	69163	7941814	6794061	4459589	3731499
38003241	30218101	5968939	7283191	80820062	74175280	60315232	57006432
63674837	60478151	8394312	7422534	141667701	130659757	104164195	98723825
10754332	10061325	1434095	1225016	27636239	24515024	23559747	20749882
82975	73498	33151	27658	260164	224995	260164	212076
52339	51047			61463	55723	60838	55723
8266434	7599801	1400944	1180818	24009702	20817449	20568614	17794754
2352583	2336979		16540	3304911	3416856	2670131	2687329
140814	105176	3079	3301	297443	264328	297443	263726
8032069	8112356	5377673	4983536	25840802	23025555	22585345	20520394
995729	1207947	162975	123930	3051358	3082718	2973837	2892697
10352	11020			288596	315967	288596	315967
5707488	5394212	1094462	1722732	15315335	14087949	13038078	11772808
21678	18134	113041	114389	221965	183384	221965	183384
1296823	1481044	4007195	3022486	6963548	5355538	6062869	5355538
7626937	8888406	1780579	1927211	42160566	39308008	36459983	34232421
5833404	5487697	336482	307633	18719158	17690861	16103906	14795227
617524	563483	36508	102174	1239986	1154565	721595	726310
938747	2623331	1100166	1286330	19587220	18357438	17273105	16755790
237262	213895	307423	231074	2108907	1700045	1955680	1602926
				505295	405099	405697	352168

1-3 续表 2

项　　目	商品购进总额		统一配送商品购进额	
	2018年	2017年	2018年	2017年
二、按行业分				
批发业	**86315722**	**77824908**	**75013871**	**68210754**
农、林、牧、渔产品批发	1678103	1618439	1661094	1615110
食品、饮料及烟草制品批发	6306048	5770909	5228059	4831234
纺织、服装及家庭用品批发	1807175	1598190	1390562	1067294
文化、体育用品及器材批发	2910988	2540836	2734414	2355918
医药及医疗器材批发	708096	690553	483198	486541
矿产品、建材及化工产品批发	71515427	64348181	62139396	56613563
机械设备、五金产品及电子产品批发	1166147	1071649	1166147	1071649
贸易经纪与代理				
其他批发业	223737	186152	211000	169446
零售业	**220986918**	**205899178**	**155949911**	**148518996**
综合零售	105878334	99447295	66047657	64245453
食品、饮料及烟草制品专门零售	2498500	2239667	2059886	1744897
纺织、服装及日用品专门零售	7156016	6630982	4901410	4982691
文化、体育用品及器材专门零售	8325203	6641578	8111474	6450735
医药及医疗器材专门零售	12597456	11130507	10754008	9387456
汽车、摩托车、零配件和燃料及其他动力销售	49140691	46389937	40778433	39178538
家用电器及电子产品专门零售	34678083	32506175	22899995	22124021
五金、家具及室内装饰材料专门零售	461680	460434	325292	324782
货摊、无店铺及其他零售业	250956	452602	71758	80422
三、按业态分				
便利店	2904066	2355554	2394926	1958949
折扣店	120964	115273		
超市	28604262	26857971	22356886	22537247
大型超市	36785328	35038739	23869418	23868483
仓储会员店	2140089	2046688	267549	263292
百货店	31300166	30202580	13614810	13387756
专业店	181946238	165832297	153412661	140665289
其中：加油站	115851456	105419741	98711599	91040004
专卖店	19060526	17119106	12046298	11362915
家居建材商店	243267	305822	104004	173053
厂家直销中心	555796	485921	549924	485921
其他	3641938	3364135	2347308	2026846
加盟门店总计	**14027748**	**14292974**	**11979943**	**12510808**
一、按登记注册类型分				
内资企业	8621509	8596780	7049500	7147569
国有企业	414514	440877	313423	337126
集体企业	749	41930		
股份合作企业	1925	1817	1925	1817
联营企业	15253	5061	15253	5061
国有联营企业	15253	5061	15253	5061
集体联营企业				
国有与集体联营企业				
其他联营企业				
有限责任公司	2901658	2843583	2399615	2411289
国有独资公司	4	8217	4	8199
其他有限责任公司	2901654	2835366	2399611	2403090
股份有限公司	3084109	3300130	2480885	2742322
私营企业	2194378	1953495	1829554	1640135
私营独资企业	5768	10995	4746	10895
私营合伙企业	9328	8252		

单位：万元

自有配送中心配送商品购进额		非自有配送中心配送商品购进额		商品销售总额		零售额	
2018年	2017年	2018年	2017年	2018年	2017年	2018年	2017年
52843940	**48022152**	**4659387**	**4192408**	**96662280**	**87436843**	**51242261**	**46690138**
1644477	1610271			1787977	1747376	32557	38337
3525364	3346438	90840	87707	8043636	7707480	668256	623721
1319276	1005396	29775	27231	3150562	2896939	1481640	1296760
2689877	2312590			3118831	2887131	1360138	1341331
270504	334860	147359	89440	762728	741542	268596	233516
42231511	38465866	4389783	3986704	78300356	70026647	47091063	42823107
1099171	935516	1630	1328	1224879	1181590	260453	257129
63760	11216			273310	248140	79558	76238
91835300	**84927770**	**23995264**	**24083673**	**267650833**	**247359189**	**223986054**	**210771519**
41460725	40259236	11387838	10088123	121562238	115239267	103527186	99376102
1058493	991304	237735	214882	3479856	3221418	2995168	2751239
1107973	996524	835926	1576545	12500363	10789025	11771643	10231859
7280819	5728108	484136	443105	8906535	7301900	4021701	3779854
6267224	5596694	1746525	1471807	15910486	13895454	14249909	12287039
19271153	17249163	7176755	8370792	67317950	60655736	53225105	48264520
15285596	13823022	1948516	1846398	36895819	35140001	33147323	32992578
73872	242114	177833	57736	779770	787452	769740	775743
29446	41604		14287	297815	328936	278280	312585
941757	826788	557654	561788	3519395	3186256	3112362	2885379
				144856	140802	144856	140802
16535600	14980046	2209811	2181559	31359793	30408530	26113273	25359796
13250308	14336467	6817895	5594263	41802153	38712142	35838429	33996890
				2352686	2304643	2345305	2240081
9517262	9447274	1622785	1613947	37135583	36665202	31283743	31329005
96063189	86389118	15599057	16041431	215485145	194192477	154038961	140431376
61074904	55126115	8472511	8871878	140250217	124589595	97272745	88176473
6189105	5051485	1346371	1810852	26213685	23327940	19541860	18547900
47760	90385	5886	57736	351436	416227	349685	404517
55167	54912	463769	403757	655544	593569	70212	70505
2079092	1773448	31423	10749	5292837	4848244	2389630	2055406
5110769	**5544514**	**1508659**	**1404214**	**15813639**	**15491546**	**13961988**	**13315188**
4252496	4699741	1476362	1262546	9835423	9954683	8031990	7859696
53145	45064	73068	54658	459032	544228	261896	297656
				1100	21907		
1925	1817			2115	2003	2115	2003
				17634	5037	17634	5037
				17634	5037	17634	5037
1707363	1791809	450298	330374	3292232	3317024	2623230	2642148
	8043	4	156	9	7978	9	1698
1707363	1783766	450294	330218	3292223	3309046	2623221	2640450
1350359	1771078	696228	593907	3444076	3745108	2879927	2842560
1132868	1082434	255725	282126	2607475	2306536	2235433	2057453
3813	10315			5823	13374	5823	13374
				9904	9501		9501

1-3 续表 3

项　　目	商品购进总额		统一配送商品购进额	
	2018年	2017年	2018年	2017年
私营有限责任公司	1743713	1498917	1520332	1304277
私营股份有限公司	435569	435332	304476	324963
其他企业	8924	9888	8845	9819
港、澳、台商投资企业	4599842	4920825	4180304	4641422
港澳台商合资经营企业	79441	77037	9105	48429
港澳台商合作经营企业	4006246	4309774	4006246	4309774
港、澳、台商独资经营企业	511163	531119	161960	280325
港、澳、台商投资股份有限公司				
其他港、澳、台商投资企业	2993	2895	2993	2895
外商投资企业	806396	775370	750139	721817
中外合资经营企业	377579	411972	374387	408398
中外合作经营企业	353151	330504	300179	280928
外资企业	75666	32894	75574	32492
外商投资股份有限公司				
其他外商投资企业				
二、按行业分				
批发业	**1750906**	**2282367**	**1631640**	**2085977**
农、林、牧、渔产品批发	336235	346628	304802	308875
食品、饮料及烟草制品批发	164385	144207	148079	136757
纺织、服装及家庭用品批发	46906	57324	13866	39436
文化、体育用品及器材批发	855	1408	855	1408
医药及医疗器材批发	67325	128735	40044	33684
矿产品、建材及化工产品批发	1109080	1565383	1097874	1527136
机械设备、五金产品及电子产品批发	22249	38264	22249	38264
贸易经纪与代理				
其他批发业	3870	418	3870	418
零售业	**12276842**	**12010607**	**10348303**	**10424832**
综合零售	9238164	9510452	8051712	8425536
食品、饮料及烟草制品专门零售	879460	747922	450327	453202
纺织、服装及日用品专门零售	518405	307177	320865	186569
文化、体育用品及器材专门零售	5453	1930	5453	1930
医药及医疗器材专门零售	786391	769947	697115	687469
汽车、摩托车、零配件和燃料及其他动力销售	457425	426420	433857	425963
家用电器及电子产品专门零售	320021	210845	317451	208247
五金、家具及室内装饰材料专门零售	19768	6230	19768	6230
货摊、无店铺及其他零售业	51756	29685	51756	29685
三、按业态分				
便利店	1553369	1403675	1122886	1094155
折扣店				
超市	2771872	2716787	2139724	2107190
大型超市	4477025	4822522	4381208	4728244
仓储会员店				
百货店	566395	685778	539291	615839
专业店	3073267	3169172	2714150	2916235
其中：加油站	1185485	1001689	1161917	1001231
专卖店	1062186	978843	746184	648275
家居建材商店				
厂家直销中心	13909	14669	12841	13201
其他	509725	501529	323658	387669

单位：万元

自有配送中心配送商品购进额		非自有配送中心配送商品购进额		商品销售总额		零售额	
2018年	2017年	2018年	2017年	2018年	2017年	2018年	2017年
857831	800820	255725	265026	2090627	1798098	1759590	1591495
271224	271299		17100	501122	485562	470021	443083
6837	7540	1043	1480	11760	12840	11755	12839
154581	272644	8918	8835	5169468	4895799	5133697	4818851
709	31705	5926	5940	94624	92974	94624	87401
				4413729	4132096	4413729	4132096
153872	240940			657563	667047	621792	595671
		2993	2895	3552	3683	3552	3683
703691	572129	23379	132833	808748	641064	796301	636641
355656	274091	2608	123573	356392	305352	356392	305352
300179	280928			325239	296002	325239	296002
47857	17110	20771	9260	127118	39711	114670	35288
1391642	**1765854**	**7258**	**12857**	**1788024**	**2341489**	**748307**	**726213**
286549	275615	1032	1468	305378	312066	23793	25925
143943	125763	2727	9249	195407	188179	164274	151597
12860	38380			55521	74655	55123	73993
855	1408			855	1408	855	1408
33877	28434	3500	2140	74104	139933	18560	42592
909776	1289035			1125745	1584256	485221	430441
3782	7219			27361	40644	481	256
				3654	348		
3719127	**3778660**	**1501401**	**1391357**	**14025616**	**13150057**	**13213681**	**12588976**
2754445	2807188	1002411	1060285	10242871	9890267	10203893	9789989
433095	430775	2993	9298	1223260	1095958	844329	867701
145442	113184	157494	16289	643323	452753	500231	338098
5453	1920		10	6650	1896	6650	1896
292942	293949	273112	272382	861589	892708	782152	822657
		45623	33095	559903	519101	484425	483173
36573	96099			337511	205660	241492	193748
	6230	19768		53027	26294	53027	26294
51177	29316			97483	65420	97483	65420
678617	571498	282088	370278	1900760	1595937	1800089	1485063
1432991	1470690	629111	586558	2949746	3052478	2916395	3023456
359666	395163	15296	23307	4852098	4600996	4852098	4600996
419512	504713	75557	68876	678548	770181	678348	717806
1565156	1991802	340091	334718	3307379	3407943	2113032	1980438
727993	636271	45623	33095	1287966	1099282	960709	849385
540565	497254	161856	8829	1548788	1447616	1296495	1236098
11809	11733	1032	1468	16637	18215	16505	18198
102455	101662	3629	10180	559684	598181	289025	253134

1-4 按行业与部分登记注册类型分连锁零售企业基本情况

内资企业

项　　目	连锁总店数（个）	门店数（个）		年末从业人员（人）		年末零售营业面积（平方米）	
	2018年	2018年	2017年	2018年	2017年	2018年	2017年
总　计	**2667**	**224100**	**209647**	**1848283**	**1815911**	**143761911**	**132648686**
批发业	**298**	**38498**	**38440**	**215239**	**211799**	**30371658**	**28016554**
农、林、牧、渔产品批发	14	4477	4870	11257	12155	375843	390914
食品、饮料及烟草制品批发	46	3465	3141	25066	21432	410629	401539
纺织、服装及家庭用品批发	16	1119	1122	22205	18175	2544741	1653292
文化、体育用品及器材批发	11	1141	874	18481	16953	581713	562788
医药及医疗器材批发	38	2179	2085	8932	8582	207641	206083
矿产品、建材及化工产品批发	157	25763	25820	126937	131985	26214894	24741023
机械设备、五金产品及电子产品批发	9	220	315	2098	2206	30886	52483
贸易经纪与代理							
其他批发业	7	134	213	263	311	5311	8432
零售业	**2369**	**185602**	**171207**	**1633044**	**1604112**	**113390253**	**104632132**
综合零售	676	54489	54005	843256	864748	59178915	56714347
食品、饮料及烟草制品专门零售	161	21978	20078	84735	80453	1310716	1187101
纺织、服装及日用品专门零售	128	11382	11132	43533	40692	1260857	1267122
文化、体育用品及器材专门零售	88	1553	1767	33232	32392	1068951	1100034
医药及医疗器材专门零售	902	72449	61583	343051	301828	8859543	8904014
汽车、摩托车、零配件和燃料及其他动力销售	191	14528	14025	110166	116566	27215871	22367302
家用电器及电子产品专门零售	199	8041	7477	164120	156755	14007281	12658563
五金、家具及室内装饰材料专门零售	12	440	368	6442	6564	432668	377953
货摊、无店铺及其他零售业	12	742	772	4509	4114	55451	55696
直营门店合计		**153646**	**138786**	**1665229**	**1633955**	**134133186**	**127159136**
批发业		**23575**	**22932**	**186737**	**181586**	**29404050**	**27000437**
农、林、牧、渔产品批发		264	360	1620	2207	94716	106825
食品、饮料及烟草制品批发		769	754	19453	16037	194891	194299
纺织、服装及家庭用品批发		640	553	19974	15499	2465433	1558432
文化、体育用品及器材批发		1139	872	18471	16942	581103	562178
医药及医疗器材批发		1017	931	6548	5969	136948	124101
矿产品、建材及化工产品批发		19462	19115	118461	122619	25897802	24408191
机械设备、五金产品及电子产品批发		198	265	2019	2146	29766	43219
贸易经纪与代理							
其他批发业		86	82	191	167	3391	3192

1-4 续表 1

内资企业

项　　目	连锁总店数（个）	门店数（个）		年末从业人员（人）		年末零售营业面积（平方米）	
	2018年	2018年	2017年	2018年	2017年	2018年	2017年
零售业		**130071**	**115854**	**1478492**	**1452369**	**104729136**	**100158699**
综合零售		30935	28720	767581	782791	56772128	54077012
食品、饮料及烟草制品专门零售		10365	9226	53277	52420	684227	656655
纺织、服装及日用品专门零售		5278	5161	32645	33459	958713	1000703
文化、体育用品及器材专门零售		1427	1734	32432	31796	1045091	1099433
医药及医疗器材专门零售		60499	50264	313505	273468	7991995	8095201
汽车、摩托车、零配件和燃料及其他动力销售		13526	13199	107758	114663	22891993	22254085
家用电器及电子产品专门零售		7596	7125	163515	156053	13988540	12640516
五金、家具及室内装饰材料专门零售		276	251	5956	6104	374598	313586
货摊、无店铺及其他零售业		169	174	1823	1615	21851	21508
加盟门店合计		**70454**	**70861**	**183054**	**181956**	**9628725**	**5489550**
批发业		**14923**	**15508**	**28502**	**30213**	**967608**	**1016117**
农、林、牧、渔产品批发		4213	4510	9637	9948	281127	284089
食品、饮料及烟草制品批发		2696	2387	5613	5395	215738	207240
纺织、服装及家庭用品批发		479	569	2231	2676	79308	94860
文化、体育用品及器材批发		2	2	10	11	610	610
医药及医疗器材批发		1162	1154	2384	2613	70693	81982
矿产品、建材及化工产品批发		6301	6705	8476	9366	317092	332832
机械设备、五金产品及电子产品批发		22	50	79	60	1120	9264
贸易经纪与代理							
其他批发业		48	131	72	144	1920	5240
零售业		**55531**	**55353**	**154552**	**151743**	**8661117**	**4473433**
综合零售		23554	25285	75675	81957	2406787	2637335
食品、饮料及烟草制品专门零售		11613	10852	31458	28033	626489	530446
纺织、服装及日用品专门零售		6104	5971	10888	7233	302144	266419
文化、体育用品及器材专门零售		126	33	800	596	23860	601
医药及医疗器材专门零售		11950	11319	29546	28360	867548	808813
汽车、摩托车、零配件和燃料及其他动力销售		1002	826	2408	1903	4323878	113217
家用电器及电子产品专门零售		445	352	605	702	18741	18047
五金、家具及室内装饰材料专门零售		164	117	486	460	58070	64367
货摊、无店铺及其他零售业		573	598	2686	2499	33600	34188

1-4 续表 2

国有企业

项目	连锁总店数（个）	门店数（个）		年末从业人员（人）		年末零售营业面积（平方米）	
	2018年	2018年	2017年	2018年	2017年	2018年	2017年
总　计	**159**	**12444**	**12599**	**95909**	**99044**	**9462416**	**8695348**
批发业	**58**	**5883**	**5925**	**34341**	**34848**	**4731076**	**4004086**
农、林、牧、渔产品批发	2	13	106	178	182	3378	3316
食品、饮料及烟草制品批发	21	200	194	9445	9458	98934	99111
纺织、服装及家庭用品批发							
文化、体育用品及器材批发	2	11	11	3113	3192	65296	65296
医药及医疗器材批发	2	49	53	178	186	3768	4073
矿产品、建材及化工产品批发	31	5610	5561	21427	21830	4559700	3832290
机械设备、五金产品及电子产品批发							
贸易经纪与代理							
其他批发业							
零售业	**101**	**6561**	**6674**	**61568**	**64196**	**4731340**	**4691262**
综合零售	14	2053	2221	18044	20535	676137	710297
食品、饮料及烟草制品专门零售	5	96	98	577	618	4485	2889
纺织、服装及日用品专门零售	2	210	205	2337	2302	46853	47517
文化、体育用品及器材专门零售	22	256	261	4489	4614	205714	207770
医药及医疗器材专门零售	12	1022	1003	2951	2827	118187	113409
汽车、摩托车、零配件和燃料及其他动力销售	45	2910	2872	33132	33260	3679164	3608580
家用电器及电子产品专门零售							
五金、家具及室内装饰材料专门零售							
货摊、无店铺及其他零售业	1	14	14	38	40	800	800
直营门店合计		**9337**	**9395**	**93057**	**94021**	**9298020**	**8500350**
批发业		**3863**	**3900**	**34106**	**34568**	**4649496**	**3921961**
农、林、牧、渔产品批发		13	106	178	182	3378	3316
食品、饮料及烟草制品批发		200	194	9445	9458	98934	99111
纺织、服装及家庭用品批发							
文化、体育用品及器材批发		11	11	3113	3192	65296	65296
医药及医疗器材批发		9	8	73	76	1148	1148
矿产品、建材及化工产品批发		3630	3581	21297	21660	4480740	3753090
机械设备、五金产品及电子产品批发							
贸易经纪与代理							
其他批发业							

1-4 续表 3

国有企业

项 目	连锁总店数（个）	门店数（个）		年末从业人员（人）		年末零售营业面积（平方米）	
	2018年	2018年	2017年	2018年	2017年	2018年	2017年
零售业		**5474**	**5495**	**58951**	**59453**	**4648524**	**4578389**
综合零售		1369	1444	15609	15994	621743	625796
食品、饮料及烟草制品专门零售		96	98	577	618	4485	2889
纺织、服装及日用品专门零售		210	205	2337	2302	46853	47517
文化、体育用品及器材专门零售		255	260	4487	4612	205664	207720
医药及医疗器材专门零售		623	604	2807	2683	89967	85189
汽车、摩托车、零配件和燃料及其他动力销售		2907	2870	33096	33204	3679012	3608478
家用电器及电子产品专门零售							
五金、家具及室内装饰材料专门零售							
货摊、无店铺及其他零售业		14	14	38	40	800	800
加盟门店合计		**3107**	**3204**	**2852**	**5023**	**164396**	**194998**
批发业		**2020**	**2025**	**235**	**280**	**81580**	**82125**
农、林、牧、渔产品批发							
食品、饮料及烟草制品批发							
纺织、服装及家庭用品批发							
文化、体育用品及器材批发							
医药及医疗器材批发		40	45	105	110	2620	2925
矿产品、建材及化工产品批发		1980	1980	130	170	78960	79200
机械设备、五金产品及电子产品批发							
贸易经纪与代理							
其他批发业							
零售业		**1087**	**1179**	**2617**	**4743**	**82816**	**112873**
综合零售		684	777	2435	4541	54394	84501
食品、饮料及烟草制品专门零售							
纺织、服装及日用品专门零售							
文化、体育用品及器材专门零售		1	1	2	2	50	50
医药及医疗器材专门零售		399	399	144	144	28220	28220
汽车、摩托车、零配件和燃料及其他动力销售		3	2	36	56	152	102
家用电器及电子产品专门零售							
五金、家具及室内装饰材料专门零售							
货摊、无店铺及其他零售业							

1-4 续表 4

有限责任公司

项 目	连锁总店数（个）	门店数（个）		年末从业人员（人）		年末零售营业面积（平方米）	
	2018年	2018年	2017年	2018年	2017年	2018年	2017年
总 计	**1134**	**88420**	**83343**	**695507**	**678955**	**39848179**	**39423535**
批发业	**91**	**8089**	**8125**	**52679**	**48612**	**4136821**	**3911151**
农、林、牧、渔产品批发	3	576	603	1707	1737	138020	139620
食品、饮料及烟草制品批发	12	420	459	8003	4843	24288	26113
纺织、服装及家庭用品批发	5	277	244	3245	3112	56598	50327
文化、体育用品及器材批发	7	1054	790	14794	13291	510691	490450
医药及医疗器材批发	20	935	927	4206	4126	108466	110315
矿产品、建材及化工产品批发	37	4770	5047	19755	20865	3288571	3078965
机械设备、五金产品及电子产品批发	4	48	49	933	587	9550	14923
贸易经纪与代理							
其他批发业	3	9	6	36	51	637	438
零售业	**1043**	**80331**	**75218**	**642828**	**630343**	**35711358**	**35512384**
综合零售	299	22937	24440	314740	324253	19906956	19299089
食品、饮料及烟草制品专门零售	82	7284	6542	36428	34421	502025	496484
纺织、服装及日用品专门零售	65	8338	8001	27279	23349	686582	641224
文化、体育用品及器材专门零售	34	778	900	15662	15041	578060	611783
医药及医疗器材专门零售	408	36108	30811	182659	163134	4879347	5555916
汽车、摩托车、零配件和燃料及其他动力销售	36	2018	1911	16925	19531	3486419	3753328
家用电器及电子产品专门零售	108	2696	2456	47671	49024	5550915	5052337
五金、家具及室内装饰材料专门零售	7	111	89	1098	1050	113306	94143
货摊、无店铺及其他零售业	4	61	68	366	540	7748	8080
直营门店合计		**64806**	**57445**	**636419**	**618667**	**38008940**	**37480399**
批发业		**4722**	**4456**	**45741**	**40876**	**3827465**	**3570149**
农、林、牧、渔产品批发		48	47	368	337	65680	65680
食品、饮料及烟草制品批发		339	367	7846	4667	22578	24223
纺织、服装及家庭用品批发		277	244	3245	3112	56598	50327
文化、体育用品及器材批发		1052	788	14784	13280	510081	489840
医药及医疗器材批发		569	505	3608	3112	87552	71950
矿产品、建材及化工产品批发		2394	2466	14976	15780	3075239	2853218
机械设备、五金产品及电子产品批发		34	33	878	537	9100	14473
贸易经纪与代理							
其他批发业		9	6	36	51	637	438

1-4 续表 5

有限责任公司

项　　目	连锁总店数（个）	门店数（个）		年末从业人员（人）		年末零售营业面积（平方米）	
	2018年	2018年	2017年	2018年	2017年	2018年	2017年
零售业		**60084**	**52989**	**590678**	**577791**	**34181475**	**33910250**
综合零售		14586	13780	293546	297920	19127419	18341066
食品、饮料及烟草制品专门零售		5073	4384	27543	26299	331926	352191
纺织、服装及日用品专门零售		3118	2946	19159	19071	484487	478212
文化、体育用品及器材专门零售		684	898	15492	15037	562210	611493
医药及医疗器材专门零售		31761	26475	169025	149586	4541198	5225751
汽车、摩托车、零配件和燃料及其他动力销售		2005	1904	16893	19408	3467869	3752328
家用电器及电子产品专门零售		2685	2446	47556	48881	5545312	5047286
五金、家具及室内装饰材料专门零售		111	89	1098	1050	113306	94143
货摊、无店铺及其他零售业		61	67	366	539	7748	7780
加盟门店合计		**23614**	**25898**	**59088**	**60288**	**1839239**	**1943136**
批发业		**3367**	**3669**	**6938**	**7736**	**309356**	**341002**
农、林、牧、渔产品批发		528	556	1339	1400	72340	73940
食品、饮料及烟草制品批发		81	92	157	176	1710	1890
纺织、服装及家庭用品批发							
文化、体育用品及器材批发		2	2	10	11	610	610
医药及医疗器材批发		366	422	598	1014	20914	38365
矿产品、建材及化工产品批发		2376	2581	4779	5085	213332	225747
机械设备、五金产品及电子产品批发		14	16	55	50	450	450
贸易经纪与代理							
其他批发业							
零售业		**20247**	**22229**	**52150**	**52552**	**1529883**	**1602134**
综合零售		8351	10660	21194	26333	779537	958023
食品、饮料及烟草制品专门零售		2211	2158	8885	8122	170099	144293
纺织、服装及日用品专门零售		5220	5055	8120	4278	202095	163012
文化、体育用品及器材专门零售		94	2	170	4	15850	290
医药及医疗器材专门零售		4347	4336	13634	13548	338149	330165
汽车、摩托车、零配件和燃料及其他动力销售		13	7	32	123	18550	1000
家用电器及电子产品专门零售		11	10	115	143	5603	5051
五金、家具及室内装饰材料专门零售							
货摊、无店铺及其他零售业			1		1		300

1-4 续表 6

股份有限公司

项目	连锁总店数(个)	门店数(个)		年末从业人员(人)		年末零售营业面积(平方米)	
	2018年	2018年	2017年	2018年	2017年	2018年	2017年
总　计	**280**	**52306**	**49892**	**631890**	**634918**	**75721096**	**67336908**
批发业	**86**	**20039**	**19783**	**111548**	**111897**	**20966334**	**19547762**
农、林、牧、渔产品批发	1	2988	2988	8018	8765	166530	166530
食品、饮料及烟草制品批发	2	1509	1167	1519	1246	28309	21063
纺织、服装及家庭用品批发	1	556	585	16031	11814	2463702	1579479
文化、体育用品及器材批发	1	74	71	543	437	5106	6422
医药及医疗器材批发	3	135	132	1652	1594	26298	25948
矿产品、建材及化工产品批发	77	14704	14684	83663	87847	18273469	17742080
机械设备、五金产品及电子产品批发							
贸易经纪与代理							
其他批发业	1	73	156	122	194	2920	6240
零售业	**194**	**32267**	**30109**	**520342**	**523021**	**54754762**	**47789146**
综合零售	59	9104	8702	320885	332122	27645306	26531953
食品、饮料及烟草制品专门零售	5	6504	5601	17333	15498	373594	260585
纺织、服装及日用品专门零售	2	34	37	318	331	8937	9090
文化、体育用品及器材专门零售	5	271	372	9807	9813	181382	172544
医药及医疗器材专门零售	24	3288	2854	17502	15007	359997	314759
汽车、摩托车、零配件和燃料及其他动力销售	89	9222	8887	57003	60795	19877465	14836996
家用电器及电子产品专门零售	9	3549	3410	92948	84789	6029084	5428642
五金、家具及室内装饰材料专门零售	1	295	246	4546	4666	278997	234577
货摊、无店铺及其他零售业							
直营门店合计		**35521**	**34012**	**581332**	**586341**	**70063653**	**65887839**
批发业		**13481**	**13170**	**97841**	**97216**	**20685957**	**19251977**
农、林、牧、渔产品批发		73	73	730	1316	6205	6205
食品、饮料及烟草制品批发		71	49	278	219	2508	1682
纺织、服装及家庭用品批发		111	54	13961	9338	2384494	1484963
文化、体育用品及器材批发		74	71	543	437	5106	6422
医药及医疗器材批发		133	130	1646	1588	26175	25825
矿产品、建材及化工产品批发		12994	12768	80633	84268	18260469	17725880
机械设备、五金产品及电子产品批发							
贸易经纪与代理							
其他批发业		25	25	50	50	1000	1000

1-4 续表 7

股份有限公司

项　　目	连锁总店数（个）	门店数（个）		年末从业人员（人）		年末零售营业面积（平方米）	
	2018年	2018年	2017年	2018年	2017年	2018年	2017年
零售业		**22040**	**20842**	**483491**	**489125**	**49377696**	**46635862**
综合零售		6359	6008	304716	315230	26980018	25817714
食品、饮料及烟草制品专门零售		1056	655	2756	3295	96017	46778
纺织、服装及日用品专门零售		34	37	318	331	8937	9090
文化、体育用品及器材专门零售		240	343	9179	9225	173422	172543
医药及医疗器材专门零售		2443	2198	14891	13021	297236	266238
汽车、摩托车、零配件和燃料及其他动力销售		8236	8070	54663	59071	15572289	14724881
家用电器及电子产品专门零售		3541	3402	92908	84746	6028850	5428408
五金、家具及室内装饰材料专门零售		131	129	4060	4206	220927	170210
货摊、无店铺及其他零售业							
加盟门店合计		**16785**	**15880**	**50558**	**48577**	**5657443**	**1449069**
批发业		**6558**	**6613**	**13707**	**14681**	**280377**	**295785**
农、林、牧、渔产品批发		2915	2915	7288	7449	160325	160325
食品、饮料及烟草制品批发		1438	1118	1241	1027	25801	19381
纺织、服装及家庭用品批发		445	531	2070	2476	79208	94516
文化、体育用品及器材批发							
医药及医疗器材批发		2	2	6	6	123	123
矿产品、建材及化工产品批发		1710	1916	3030	3579	13000	16200
机械设备、五金产品及电子产品批发							
贸易经纪与代理							
其他批发业		48	131	72	144	1920	5240
零售业		**10227**	**9267**	**36851**	**33896**	**5377066**	**1153284**
综合零售		2745	2694	16169	16892	665288	714239
食品、饮料及烟草制品专门零售		5448	4946	14577	12203	277577	213807
纺织、服装及日用品专门零售							
文化、体育用品及器材专门零售		31	29	628	588	7960	1
医药及医疗器材专门零售		845	656	2611	1986	62761	48521
汽车、摩托车、零配件和燃料及其他动力销售		986	817	2340	1724	4305176	112115
家用电器及电子产品专门零售		8	8	40	43	234	234
五金、家具及室内装饰材料专门零售		164	117	486	460	58070	64367
货摊、无店铺及其他零售业							

1-4 续表 8

私营企业

项 目	连锁总店数(个)	门店数(个)		年末从业人员(人)		年末零售营业面积(平方米)	
	2018年	2018年	2017年	2018年	2017年	2018年	2017年
总 计	**1051**	**67975**	**60935**	**404547**	**382189**	**17607766**	**15999587**
批发业	**60**	**4272**	**4294**	**16125**	**15778**	**520103**	**532542**
农、林、牧、渔产品批发	8	900	1173	1354	1471	67915	81448
食品、饮料及烟草制品批发	11	1336	1321	6099	5885	259098	255252
纺织、服装及家庭用品批发	10	286	293	2929	3249	24441	23486
文化、体育用品及器材批发	1	2	2	31	33	620	620
医药及医疗器材批发	12	955	770	2636	2298	62909	55947
矿产品、建材及化工产品批发	10	569	418	1806	1157	82030	76475
机械设备、五金产品及电子产品批发	5	172	266	1165	1619	21336	37560
贸易经纪与代理							
其他批发业	3	52	51	105	66	1754	1754
零售业	**991**	**63703**	**56641**	**388422**	**366411**	**17087663**	**15467045**
综合零售	287	19552	17797	178803	177082	10075551	9217982
食品、饮料及烟草制品专门零售	67	7844	7589	29649	29015	419416	416038
纺织、服装及日用品专门零售	58	2793	2882	13429	14547	517444	568250
文化、体育用品及器材专门零售	25	238	224	3096	2733	101997	105686
医药及医疗器材专门零售	443	30636	25696	134046	114883	3359510	2786664
汽车、摩托车、零配件和燃料及其他动力销售	19	165	138	1453	1281	155473	151048
家用电器及电子产品专门零售	81	1774	1592	23043	22488	2371004	2125328
五金、家具及室内装饰材料专门零售	4	34	33	798	848	40365	49233
货摊、无店铺及其他零售业	7	667	690	4105	3534	46903	46816
直营门店合计		**41736**	**35867**	**336095**	**316272**	**15697889**	**14159014**
批发业		**1396**	**1293**	**8747**	**8624**	**229478**	**244607**
农、林、牧、渔产品批发		130	134	344	372	19453	31624
食品、饮料及烟草制品批发		159	144	1884	1693	70871	69283
纺织、服装及家庭用品批发		252	255	2768	3049	24341	23142
文化、体育用品及器材批发		2	2	31	33	620	620
医药及医疗器材批发		303	285	1205	1177	21543	24648
矿产品、建材及化工产品批发		334	190	1269	625	70230	64790
机械设备、五金产品及电子产品批发		164	232	1141	1609	20666	28746
贸易经纪与代理							
其他批发业		52	51	105	66	1754	1754

1-4 续表 9

私营企业

项　　目	连锁总店数（个）	门店数（个）		年末从业人员（人）		年末零售营业面积（平方米）	
	2018年	2018年	2017年	2018年	2017年	2018年	2017年
零售业		**40340**	**34574**	**327348**	**307648**	**15468411**	**13914407**
综合零售		8093	6961	144225	144224	9198844	8368940
食品、饮料及烟草制品专门零售		3890	3841	21653	21307	240603	243692
纺织、服装及日用品专门零售		1909	1966	10661	11592	417395	464843
文化、体育用品及器材专门零售		238	223	3096	2731	101997	105426
医药及医疗器材专门零售		24569	20061	121450	102657	2942331	2405731
汽车、摩托车、零配件和燃料及其他动力销售		165	138	1453	1281	155473	151048
家用电器及电子产品专门零售		1348	1258	22593	21972	2358100	2112566
五金、家具及室内装饰材料专门零售		34	33	798	848	40365	49233
货摊、无店铺及其他零售业		94	93	1419	1036	13303	12928
加盟门店合计		**26239**	**25068**	**68452**	**65917**	**1909877**	**1840573**
批发业		**2876**	**3001**	**7378**	**7154**	**290625**	**287935**
农、林、牧、渔产品批发		770	1039	1010	1099	48462	49824
食品、饮料及烟草制品批发		1177	1177	4215	4192	188227	185969
纺织、服装及家庭用品批发		34	38	161	200	100	344
文化、体育用品及器材批发							
医药及医疗器材批发		652	485	1431	1121	41366	31299
矿产品、建材及化工产品批发		235	228	537	532	11800	11685
机械设备、五金产品及电子产品批发		8	34	24	10	670	8814
贸易经纪与代理							
其他批发业							
零售业		**23363**	**22067**	**61074**	**58763**	**1619252**	**1552638**
综合零售		11459	10836	34578	32858	876707	849042
食品、饮料及烟草制品专门零售		3954	3748	7996	7708	178813	172346
纺织、服装及日用品专门零售		884	916	2768	2955	100049	103407
文化、体育用品及器材专门零售			1		2		260
医药及医疗器材专门零售		6067	5635	12596	12226	417179	380933
汽车、摩托车、零配件和燃料及其他动力销售							
家用电器及电子产品专门零售		426	334	450	516	12904	12762
五金、家具及室内装饰材料专门零售							
货摊、无店铺及其他零售业		573	597	2686	2498	33600	33888

1-4 续表 10

港澳台商投资企业

项　　目	连锁总店数（个）	门店数（个）		年末从业人员（人）		年末零售营业面积（平方米）	
	2018年	2018年	2017年	2018年	2017年	2018年	2017年
总　计	**121**	**13329**	**11816**	**266201**	**253517**	**18333558**	**17725164**
批发业	**9**	**1033**	**354**	**5748**	**4475**	**223872**	**146778**
农、林、牧、渔产品批发							
食品、饮料及烟草制品批发	3	156	189	2168	2705	108820	133579
纺织、服装及家庭用品批发	2	727	10	2104	161	104112	1875
文化、体育用品及器材批发	1	6	8	53	48	438	522
医药及医疗器材批发							
矿产品、建材及化工产品批发	1	14	14	223	250	7500	7500
机械设备、五金产品及电子产品批发							
贸易经纪与代理							
其他批发业	2	130	133	1200	1311	3002	3302
零售业	**112**	**12296**	**11462**	**260453**	**249042**	**18109686**	**17578386**
综合零售	56	6728	6017	210671	206004	17138190	16422488
食品、饮料及烟草制品专门零售	13	922	907	6067	5927	67224	62297
纺织、服装及日用品专门零售	35	3773	3791	37861	32060	769645	967101
文化、体育用品及器材专门零售	1	4	3	53	55	1300	1200
医药及医疗器材专门零售	5	861	735	5573	4737	109263	101236
汽车、摩托车、零配件和燃料及其他动力销售	1	4	4	104	119	500	500
家用电器及电子产品专门零售							
五金、家具及室内装饰材料专门零售	1	4	5	124	140	23564	23564
货摊、无店铺及其他零售业							
直营门店合计		**10819**	**9711**	**201111**	**183976**	**14406340**	**14194327**
批发业		**900**	**190**	**3780**	**1987**	**122002**	**20155**
农、林、牧、渔产品批发							
食品、饮料及烟草制品批发		23	25	200	217	6950	6956
纺织、服装及家庭用品批发		727	10	2104	161	104112	1875
文化、体育用品及器材批发		6	8	53	48	438	522
医药及医疗器材批发							
矿产品、建材及化工产品批发		14	14	223	250	7500	7500
机械设备、五金产品及电子产品批发							
贸易经纪与代理							
其他批发业		130	133	1200	1311	3002	3302

1-4 续表 11

港澳台商投资企业

项 目	连锁总店数(个)	门店数(个)		年末从业人员(人)		年末零售营业面积(平方米)	
	2018年	2018年	2017年	2018年	2017年	2018年	2017年
零售业		**9919**	**9521**	**197331**	**181989**	**14284338**	**14174172**
综合零售		5012	4677	149302	140282	13400431	13088542
食品、饮料及烟草制品专门零售		794	784	5807	5655	63637	58772
纺织、服装及日用品专门零售		3240	3313	36368	31001	685643	900358
文化、体育用品及器材专门零售		4	3	53	55	1300	1200
医药及医疗器材专门零售		861	735	5573	4737	109263	101236
汽车、摩托车、零配件和燃料及其他动力销售		4	4	104	119	500	500
家用电器及电子产品专门零售							
五金、家具及室内装饰材料专门零售		4	5	124	140	23564	23564
货摊、无店铺及其他零售业							
加盟门店合计		**2510**	**2105**	**65090**	**69541**	**3927218**	**3530837**
批发业		**133**	**164**	**1968**	**2488**	**101870**	**126623**
农、林、牧、渔产品批发							
食品、饮料及烟草制品批发		133	164	1968	2488	101870	126623
纺织、服装及家庭用品批发							
文化、体育用品及器材批发							
医药及医疗器材批发							
矿产品、建材及化工产品批发							
机械设备、五金产品及电子产品批发							
贸易经纪与代理							
其他批发业							
零售业		**2377**	**1941**	**63122**	**67053**	**3825348**	**3404214**
综合零售		1716	1340	61369	65722	3737759	3333946
食品、饮料及烟草制品专门零售		128	123	260	272	3587	3525
纺织、服装及日用品专门零售		533	478	1493	1059	84002	66743
文化、体育用品及器材专门零售							
医药及医疗器材专门零售							
汽车、摩托车、零配件和燃料及其他动力销售							
家用电器及电子产品专门零售							
五金、家具及室内装饰材料专门零售							
货摊、无店铺及其他零售业							

1-4 续表 12

外商投资企业

项　　目	连锁总店数（个）	门店数（个）		年末从业人员（人）		年末零售营业面积（平方米）	
	2018年	2018年	2017年	2018年	2017年	2018年	2017年
总　计	**146**	**12282**	**11432**	**275461**	**278383**	**17151319**	**17108011**
批发业	**6**	**714**	**699**	**6354**	**5915**	**592743**	**591048**
农、林、牧、渔产品批发							
食品、饮料及烟草制品批发	1	16	16	15	40	435	435
纺织、服装及家庭用品批发	1	6	7	801	899	1387	2193
文化、体育用品及器材批发							
医药及医疗器材批发							
矿产品、建材及化工产品批发	4	692	676	5538	4976	590921	588420
机械设备、五金产品及电子产品批发							
贸易经纪与代理							
其他批发业							
零售业	**140**	**11568**	**10733**	**269107**	**272468**	**16558576**	**16516963**
综合零售	77	3682	3497	175717	187287	10838190	11235013
食品、饮料及烟草制品专门零售	4	406	405	1865	1904	64585	64451
纺织、服装及日用品专门零售	24	4384	3981	59138	50826	1961589	1668024
文化、体育用品及器材专门零售	4	233	198	2442	2118	677420	516882
医药及医疗器材专门零售	2	322	205	1640	1240	70761	43906
汽车、摩托车、零配件和燃料及其他动力销售	21	2238	2228	17341	18591	2583117	2630815
家用电器及电子产品专门零售	4	258	171	9679	9167	233771	224596
五金、家具及室内装饰材料专门零售	3	3	3	780	829	56717	60850
货摊、无店铺及其他零售业	1	42	45	505	506	72426	72426
直营门店合计		**10871**	**10077**	**260354**	**264761**	**16117000**	**16075124**
批发业		**702**	**687**	**6342**	**5890**	**592493**	**590798**
农、林、牧、渔产品批发							
食品、饮料及烟草制品批发		4	4	3	15	185	185
纺织、服装及家庭用品批发		6	7	801	899	1387	2193
文化、体育用品及器材批发							
医药及医疗器材批发							
矿产品、建材及化工产品批发		692	676	5538	4976	590921	588420
机械设备、五金产品及电子产品批发							
贸易经纪与代理							
其他批发业							

1-4 续表 13

外商投资企业

项　目	连锁总店数（个）	门店数（个）		年末从业人员（人）		年末零售营业面积（平方米）	
	2018年	2018年	2017年	2018年	2017年	2018年	2017年
零售业		**10169**	**9390**	**254012**	**258871**	**15524507**	**15484326**
综合零售		3096	2996	161131	174263	9913723	10318959
食品、饮料及烟草制品专门零售		402	401	1861	1900	64254	64120
纺织、服装及日用品专门零售		3575	3143	58633	50257	1852318	1551772
文化、体育用品及器材专门零售		233	198	2442	2118	677420	516882
医药及医疗器材专门零售		322	205	1640	1240	70761	43906
汽车、摩托车、零配件和燃料及其他动力销售		2238	2228	17341	18591	2583117	2630815
家用电器及电子产品专门零售		258	171	9679	9167	233771	224596
五金、家具及室内装饰材料专门零售		3	3	780	829	56717	60850
货摊、无店铺及其他零售业		42	45	505	506	72426	72426
加盟门店合计		**1411**	**1355**	**15107**	**13622**	**1034319**	**1032887**
批发业		**12**	**12**	**12**	**25**	**250**	**250**
农、林、牧、渔产品批发							
食品、饮料及烟草制品批发		12	12	12	25	250	250
纺织、服装及家庭用品批发							
文化、体育用品及器材批发							
医药及医疗器材批发							
矿产品、建材及化工产品批发							
机械设备、五金产品及电子产品批发							
贸易经纪与代理							
其他批发业							
零售业		**1399**	**1343**	**15095**	**13597**	**1034069**	**1032637**
综合零售		586	501	14586	13024	924467	916054
食品、饮料及烟草制品专门零售		4	4	4	4	331	331
纺织、服装及日用品专门零售		809	838	505	569	109271	116252
文化、体育用品及器材专门零售							
医药及医疗器材专门零售							
汽车、摩托车、零配件和燃料及其他动力销售							
家用电器及电子产品专门零售							
五金、家具及室内装饰材料专门零售							
货摊、无店铺及其他零售业							

1-5　按行业与部分登记注册类型分

内资企业

项　　目	商品购进总额		统一配送商品购进额	
	2018年	2017年	2018年	2017年
总　计	**262128693**	**241895337**	**206659901**	**191818428**
批发业	**86806088**	**79017689**	**75619641**	**69423900**
农、林、牧、渔产品批发	2014338	1965067	1965896	1923985
食品、饮料及烟草制品批发	6462302	5901742	5368006	4954617
纺织、服装及家庭用品批发	1797703	1622451	1360618	1073667
文化、体育用品及器材批发	2910776	2541133	2734202	2356216
医药及医疗器材批发	775421	819288	523242	520225
矿产品、建材及化工产品批发	71561305	65028086	62396170	57471975
机械设备、五金产品及电子产品批发	1188397	1109913	1188397	1109913
贸易经纪与代理				
其他批发业	95847	30010	83110	13304
零售业	**175322605**	**162877648**	**131040260**	**122394528**
综合零售	73711024	68842740	48309053	45171858
食品、饮料及烟草制品专门零售	3111023	2705619	2272927	2010232
纺织、服装及日用品专门零售	2015711	1805983	1349920	1213411
文化、体育用品及器材专门零售	7873710	6248476	7661507	6058587
医药及医疗器材专门零售	13137129	11709441	11224550	9901659
汽车、摩托车、零配件和燃料及其他动力销售	44355072	42175904	37729037	36440804
家用电器及电子产品专门零售	30483938	28608216	22057243	21211365
五金、家具及室内装饰材料专门零售	358041	321732	338266	299256
货摊、无店铺及其他零售业	276957	459538	97759	87358
直营门店合计	**253507184**	**233298557**	**199610401**	**184670859**
批发业	**85057049**	**76740664**	**73989868**	**67343265**
农、林、牧、渔产品批发	1678103	1618439	1661094	1615110
食品、饮料及烟草制品批发	6299783	5762876	5221794	4823202
纺织、服装及家庭用品批发	1750797	1565127	1346752	1034231
文化、体育用品及器材批发	2909921	2539725	2733347	2354807
医药及医疗器材批发	708096	690553	483198	486541
矿产品、建材及化工产品批发	70452225	63462703	61298296	55944839
机械设备、五金产品及电子产品批发	1166147	1071649	1166147	1071649
贸易经纪与代理				
其他批发业	91977	29592	79240	12886

连锁零售企业经营情况

单位：万元

自有配送中心配送商品购进额		非自有配送中心配送商品购进额		商品销售总额		零售额	
2018年	2017年	2018年	2017年	2018年	2017年	2018年	2017年
133272730	**120648901**	**22972761**	**22627880**	**306147168**	**282419026**	**224214977**	**210568539**
53370086	**49092923**	**4647854**	**4192788**	**95537623**	**87262814**	**49599016**	**45428646**
1931026	1885886	1032	1468	2093355	2059441	56350	64262
3661845	3458827	92897	96955	8177138	7804501	777828	699734
1306632	1023190	11653	14754	3142413	2934401	1507624	1366057
2690732	2313998			3118420	2887002	1359727	1341202
304381	363294	150859	91580	836831	881475	287156	276108
42308758	39093777	4389783	3986704	76820371	69439757	45343190	41417817
1102953	942735	1630	1328	1252240	1222234	260934	257385
63760	11216			96857	34004	6209	6081
79902643	**71555979**	**18324907**	**18435092**	**210609545**	**195156212**	**174615961**	**165139893**
30318941	27376468	7022088	6513181	86788151	82663254	74808145	71729100
1321086	1267381	227283	211700	4170306	3854042	3373758	3235353
580655	564526	495486	333308	2836915	2592380	2258311	2115324
7171918	5604763	176713	212041	8188733	6692990	3303899	3170944
6509499	5849852	1858098	1620852	16435746	14516695	14766255	12893194
18523880	16654604	6985060	8204872	59126637	53422066	46162908	42486502
15322169	13919122	1368465	1276701	32080150	30477707	28971363	28589629
73872	248344	191715	48151	625334	572984	616631	561439
80623	70920		14287	357572	364094	354693	358409
4252496	**4699741**	**21496399**	**21365335**	**296311745**	**272462469**	**216182987**	**202708843**
1389775	**1760512**	**4640595**	**4179931**	**93791921**	**84982990**	**48893031**	**44765972**
286549	275615			1787977	1747376	32557	38337
142076	120421	90170	87707	8024053	7679860	655875	611676
12860	38380	11653	14754	3086892	2859746	1452500	1292064
855	1408			3117565	2885594	1358872	1339794
33877	28434	147359	89440	762728	741542	268596	233516
909776	1289035	4389783	3986704	75694626	67853627	44857969	40987375
3782	7219	1630	1328	1224879	1181590	260453	257129
				93203	33656	6209	6081

1-5 续表 1

内资企业

项　目	商品购进总额		统一配送商品购进额	
	2018年	2017年	2018年	2017年
零售业	**168450135**	**156557893**	**125620534**	**117327594**
综合零售	69712189	64897382	45104318	42016167
食品、饮料及烟草制品专门零售	2238983	1965332	1830020	1564665
纺织、服装及日用品专门零售	1654930	1616929	1103235	1107259
文化、体育用品及器材专门零售	7868257	6246546	7656053	6056657
医药及医疗器材专门零售	12350739	10939494	10527436	9214190
汽车、摩托车、零配件和燃料及其他动力销售	43897647	41749484	37295179	36014841
家用电器及电子产品专门零售	30163917	28397371	21739792	21003117
五金、家具及室内装饰材料专门零售	338274	315502	318498	293026
货摊、无店铺及其他零售业	225201	429854	46003	57673
加盟门店合计	**8621509**	**8596780**	**7049500**	**7147569**
批发业	**1749040**	**2277025**	**1629773**	**2080635**
农、林、牧、渔产品批发	336235	346628	304802	308875
食品、饮料及烟草制品批发	162519	138866	146213	131415
纺织、服装及家庭用品批发	46906	57324	13866	39436
文化、体育用品及器材批发	855	1408	855	1408
医药及医疗器材批发	67325	128735	40044	33684
矿产品、建材及化工产品批发	1109080	1565383	1097874	1527136
机械设备、五金产品及电子产品批发	22249	38264	22249	38264
贸易经纪与代理				
其他批发业	3870	418	3870	418
零售业	**6872470**	**6319755**	**5419727**	**5066934**
综合零售	3998835	3945358	3204735	3155691
食品、饮料及烟草制品专门零售	872040	740287	442907	445567
纺织、服装及日用品专门零售	360781	189054	246685	106152
文化、体育用品及器材专门零售	5453	1930	5453	1930
医药及医疗器材专门零售	786391	769947	697115	687469
汽车、摩托车、零配件和燃料及其他动力销售	457425	426420	433857	425963
家用电器及电子产品专门零售	320021	210845	317451	208247
五金、家具及室内装饰材料专门零售	19768	6230	19768	6230
货摊、无店铺及其他零售业	51756	29685	51756	29685

单位：万元

自有配送中心配送商品购进额		非自有配送中心配送商品购进额		商品销售总额		零售额	
2018年	2017年	2018年	2017年	2018年	2017年	2018年	2017年
2862721	**2939229**	**16855804**	**17185403**	**202519824**	**187479479**	**167289956**	**157942871**
1959175	1996624	6048981	5591669	82302867	78123076	70361837	67252260
428668	426034	227283	205297	2955693	2767241	2533224	2371574
88733	89057	337992	317020	2363254	2253706	1884376	1852108
5453	1920	176713	212031	8182083	6691094	3297249	3169048
292942	293949	1584985	1348470	15574157	13623987	13984103	12070537
		6939437	8171777	58566734	52902966	45678484	42003329
36573	96099	1368465	1276701	31742639	30272047	28729870	28395880
	6230	171947	48151	572308	546690	563604	535145
51177	29316		14287	260089	298674	257210	292989
129020233	**115949160**	**1476362**	**1262546**	**9835423**	**9954683**	**8031990**	**7859696**
51980311	**47332410**	**7258**	**12857**	**1745702**	**2277950**	**705985**	**662674**
1644477	1610271	1032	1468	305378	312066	23793	25925
3519769	3338406	2727	9249	153085	124641	121953	88059
1293772	984810			55521	74655	55123	73993
2689877	2312590			855	1408	855	1408
270504	334860	3500	2140	74104	139933	18560	42592
41398981	37804742			1125745	1584256	485221	430441
1099171	935516			27361	40644	481	256
63760	11216			3654	348		
77039922	**68616750**	**1469104**	**1249689**	**8089721**	**7676732**	**7326005**	**7197022**
28359766	25379844	973107	921511	4485285	4540178	4446307	4476839
892418	841347		6403	1214614	1086801	840535	863779
491923	475468	157494	16289	473661	338674	373935	263216
7166465	5602844		10	6650	1896	6650	1896
6216557	5555903	273112	272382	861589	892708	782152	822657
18523880	16654604	45623	33095	559903	519101	484425	483173
15285596	13823022			337511	205660	241492	193748
73872	242114	19768		53027	26294	53027	26294
29446	41604			97483	65420	97483	65420

1-5 续表 2

国有企业

项　目	商品购进总额		统一配送商品购进额	
	2018年	2017年	2018年	2017年
总　计	**31753677**	**28710288**	**27177603**	**25347450**
批发业	**16883473**	**14940123**	**15224987**	**13444879**
农、林、牧、渔产品批发	15520	28277	14207	26965
食品、饮料及烟草制品批发	4324990	4055972	3471537	3300252
纺织、服装及家庭用品批发				
文化、体育用品及器材批发	806931	563476	806931	563476
医药及医疗器材批发	36452	48212	36054	47723
矿产品、建材及化工产品批发	11699580	10244186	10896257	9506463
机械设备、五金产品及电子产品批发				
贸易经纪与代理				
其他批发业				
零售业	**14870203**	**13770165**	**11952616**	**11902571**
综合零售	1148573	1091196	510721	476534
食品、饮料及烟草制品专门零售	40678	31049	24142	25092
纺织、服装及日用品专门零售	247267	176738	247267	176738
文化、体育用品及器材专门零售	386319	396709	347671	361902
医药及医疗器材专门零售	180191	165002	172368	157921
汽车、摩托车、零配件和燃料及其他动力销售	12866653	11908993	10650446	10704384
家用电器及电子产品专门零售				
五金、家具及室内装饰材料专门零售				
货摊、无店铺及其他零售业	522	478		
直营门店合计	**31339162**	**28269410**	**26864180**	**25010324**
批发业	**16694883**	**14701272**	**15036795**	**13206517**
农、林、牧、渔产品批发	15520	28277	14207	26965
食品、饮料及烟草制品批发	4324990	4055972	3471537	3300252
纺织、服装及家庭用品批发				
文化、体育用品及器材批发	806931	563476	806931	563476
医药及医疗器材批发	35072	46712	35072	46712
矿产品、建材及化工产品批发	11512370	10006834	10709047	9269112
机械设备、五金产品及电子产品批发				
贸易经纪与代理				
其他批发业				

单位：万元

自有配送中心配送商品购进额		非自有配送中心配送商品购进额		商品销售总额		零售额	
2018年	2017年	2018年	2017年	2018年	2017年	2018年	2017年
11358001	**10415011**	**5502761**	**5401915**	**36455276**	**34564591**	**22235453**	**21031552**
6567991	**5844342**	**1174113**	**1155558**	**19197170**	**18245389**	**8786684**	**8352004**
14207	26965			17185	26065	854	873
3407049	3237546			5921184	5821900	211506	247702
804405	561312			632532	578167	65894	60401
7183	6903			38718	51608	5272	5136
2335147	2011616	1174113	1155558	12587551	11767650	8503158	8037892
4790009	**4570669**	**4328648**	**4246357**	**17258106**	**16319201**	**13448769**	**12679549**
304847	286389	136997	113258	1460283	1408699	1178747	1242669
		21543	22213	46325	58985	30746	38073
9304	8660	237964	168078	272386	277727	272386	277727
209551	223346	3044	4455	380693	383912	343959	354984
111298	95684	45567	45855	218080	211556	178058	175307
4155010	3956590	3883533	3892498	14879427	13977339	11443962	10589805
				912	982	912	982
53145	**45064**	**5429692**	**5347256**	**35996244**	**34020363**	**21973557**	**20733896**
982	**1011**	**1174113**	**1155558**	**19003676**	**18003909**	**8784355**	**8349643**
				17185	26065	854	873
				5921184	5821900	211506	247702
				632532	578167	65894	60401
982	1011			36390	49246	2943	2775
		1174113	1155558	12396386	11528531	8503158	8037892

1-5 续表 3

国有企业

项目	商品购进总额		统一配送商品购进额	
	2018年	2017年	2018年	2017年
零售业	**14644279**	**13568139**	**11827385**	**11803807**
综合零售	977537	947101	439900	435244
食品、饮料及烟草制品专门零售	40678	31049	24142	25092
纺织、服装及日用品专门零售	247267	176738	247267	176738
文化、体育用品及器材专门零售	386209	396609	347561	361802
医药及医疗器材专门零售	125892	107628	118069	100548
汽车、摩托车、零配件和燃料及其他动力销售	12866175	11908536	10650446	10704384
家用电器及电子产品专门零售				
五金、家具及室内装饰材料专门零售				
货摊、无店铺及其他零售业	522	478		
加盟门店合计	**414514**	**440877**	**313423**	**337126**
批发业	**188590**	**238851**	**188192**	**238362**
农、林、牧、渔产品批发				
食品、饮料及烟草制品批发				
纺织、服装及家庭用品批发				
文化、体育用品及器材批发				
医药及医疗器材批发	1380	1500	982	1011
矿产品、建材及化工产品批发	187210	237351	187210	237351
机械设备、五金产品及电子产品批发				
贸易经纪与代理				
其他批发业				
零售业	**225924**	**202026**	**125231**	**98764**
综合零售	171036	144095	70821	41290
食品、饮料及烟草制品专门零售				
纺织、服装及日用品专门零售				
文化、体育用品及器材专门零售	110	101	110	101
医药及医疗器材专门零售	54300	57373	54300	57373
汽车、摩托车、零配件和燃料及其他动力销售	479	457		
家用电器及电子产品专门零售				
五金、家具及室内装饰材料专门零售				
货摊、无店铺及其他零售业				

单位：万元

自有配送中心配送商品购进额		非自有配送中心配送商品购进额		商品销售总额		零售额	
2018年	2017年	2018年	2017年	2018年	2017年	2018年	2017年
52163	**44053**	**4255579**	**4191698**	**16992568**	**16016454**	**13189202**	**12384254**
28405	17921	94581	89942	1257037	1169672	975500	1003642
		21543	22213	46325	58985	30746	38073
		237964	168078	272386	277727	272386	277727
110	101	3044	4455	380616	383836	343882	354907
23647	26031	14915	14513	156345	148369	121922	119117
		3883533	3892498	14878948	13976882	11443854	10589805
				912	982	912	982
11304856	**10369947**	**73068**	**54658**	**459032**	**544228**	**261896**	**297656**
6567009	**5843332**			**193494**	**241480**	**2329**	**2361**
14207	26965						
3407049	3237546						
804405	561312						
6201	5892			2329	2361	2329	2361
2335147	2011616			191165	239119		
4737847	**4526616**	**73068**	**54658**	**265538**	**302748**	**259567**	**295295**
276442	268468	42416	23316	203247	239027	203247	239027
9304	8660						
209440	223245			77	77	77	77
87651	69653	30652	31342	61736	63186	56135	56191
4155010	3956590			479	457	108	

1-5 续表 4

有限责任公司

项目	商品购进总额		统一配送商品购进额	
	2018年	2017年	2018年	2017年
总　计	**78818526**	**72387938**	**66446778**	**59744305**
批发业	**17524496**	**15503509**	**16070151**	**14127197**
农、林、牧、渔产品批发	51915	55715	50451	54248
食品、饮料及烟草制品批发	1790214	1561698	1650921	1427671
纺织、服装及家庭用品批发	253259	211175	253259	211175
文化、体育用品及器材批发	1993433	1900024	1816859	1715107
医药及医疗器材批发	554739	567049	377619	336898
矿产品、建材及化工产品批发	12279000	10740996	11323584	9924770
机械设备、五金产品及电子产品批发	533697	446114	533697	446114
贸易经纪与代理				
其他批发业	68239	20738	63760	11216
零售业	**61294031**	**56884429**	**50376627**	**45617109**
综合零售	25379551	23114800	20768089	17483642
食品、饮料及烟草制品专门零售	1660002	1345759	1281082	1050006
纺织、服装及日用品专门零售	1088526	943443	693088	592870
文化、体育用品及器材专门零售	5270625	4047676	5123425	3911634
医药及医疗器材专门零售	7242227	6487085	5791734	5086010
汽车、摩托车、零配件和燃料及其他动力销售	5290245	6849606	4708618	6314876
家用电器及电子产品专门零售	15235279	13956301	11892485	11048303
五金、家具及室内装饰材料专门零售	98856	101702	89385	91709
货摊、无店铺及其他零售业	28721	38059	28721	38059
直营门店合计	**75916869**	**69544356**	**64047163**	**57333016**
批发业	**16654511**	**14528332**	**15219613**	**13271516**
农、林、牧、渔产品批发	27560	15391	27165	15391
食品、饮料及烟草制品批发	1789660	1561069	1650367	1427041
纺织、服装及家庭用品批发	253259	211175	253259	211175
文化、体育用品及器材批发	1992578	1898616	1816004	1713699
医药及医疗器材批发	519945	463719	349998	313349
矿产品、建材及化工产品批发	11488039	9942555	10543830	9164576
机械设备、五金产品及电子产品批发	515230	415069	515230	415069
贸易经纪与代理				
其他批发业	68239	20738	63760	11216

单位：万元

自有配送中心配送商品购进额		非自有配送中心配送商品购进额		商品销售总额		零售额	
2018年	2017年	2018年	2017年	2018年	2017年	2018年	2017年
43942087	**35854361**	**6670624**	**7682728**	**92054109**	**84288239**	**67398052**	**63380079**
10929902	**9613317**	**718062**	**600712**	**19185806**	**17117508**	**8450092**	**7548539**
27137	26377	1032	1468	48216	50510	21638	23594
37673	31403	88757	87707	1857294	1640983	342187	270915
247733	204647	5526	6527	329056	290446	97480	76489
1778679	1678039			2377137	2219796	1274497	1247185
215075	236862	150859	91580	570173	584607	179585	192264
8066469	7053425	471888	413431	13366677	11844494	6323112	5577264
493375	371349			567825	463554	210467	159992
63760	11216			69428	23119	1126	836
33012185	**26241045**	**5952562**	**7082015**	**72868303**	**67170731**	**58947960**	**55831540**
12221854	8110321	2795200	2422467	28761412	27564602	23768072	23047539
778134	721684	118542	110248	2061876	1820220	1596691	1477394
258442	237646	239985	155131	1564257	1415416	1196193	1075625
4872343	3633806	166995	206596	5379987	4163532	1354270	1332173
2608325	2376464	1437067	1207982	8974218	7985994	8229097	7349528
2689546	2681893	321967	2065700	10259047	9062794	7996620	7284640
9528709	8398683	872806	865740	15676413	14978366	14627505	14088510
26113	42489		48151	150891	137549	142188	137461
28721	38059			40203	42257	37324	38669
1707363	**1791809**	**6220326**	**7352354**	**88761877**	**80969341**	**64774822**	**60737931**
815556	**793765**	**713530**	**597104**	**18310972**	**16135489**	**7935088**	**7063388**
11809	11733			21418	19747	5133	5396
258	279	88757	87707	1856555	1640000	341449	269931
		5526	6527	329056	290446	97480	76489
855	1408			2376282	2218388	1273642	1245777
23700	20815	147359	89440	542358	483099	167830	157663
778934	759530	471888	413431	12567309	11031385	5837961	5147303
				548565	429308	210467	159992
				69428	23119	1126	836

1-5 续表 5

有限责任公司

项　　目	商品购进总额		统一配送商品购进额	
	2018年	2017年	2018年	2017年
零售业	**59262358**	**55016024**	**48827550**	**44061501**
综合零售	24367180	22073349	19971045	16617642
食品、饮料及烟草制品专门零售	1225885	1018481	1036104	792138
纺织、服装及日用品专门零售	859134	848197	509123	537940
文化、体育用品及器材专门零售	5268469	4047654	5121269	3911613
医药及医疗器材专门零售	6901055	6193882	5483265	4820428
汽车、摩托车、零配件和燃料及其他动力销售	5285363	6788518	4703737	6253788
家用电器及电子产品专门零售	15227697	13906219	11884903	10998222
五金、家具及室内装饰材料专门零售	98856	101702	89385	91709
货摊、无店铺及其他零售业	28721	38022	28721	38022
加盟门店合计	**2901658**	**2843583**	**2399615**	**2411289**
批发业	**869985**	**975177**	**850538**	**855681**
农、林、牧、渔产品批发	24355	40325	23286	38857
食品、饮料及烟草制品批发	554	629	554	629
纺织、服装及家庭用品批发				
文化、体育用品及器材批发	855	1408	855	1408
医药及医疗器材批发	34794	103330	27622	23548
矿产品、建材及化工产品批发	790960	798441	779754	760194
机械设备、五金产品及电子产品批发	18467	31045	18467	31045
贸易经纪与代理				
其他批发业				
零售业	**2031673**	**1868405**	**1549077**	**1555608**
综合零售	1012371	1041451	797045	866000
食品、饮料及烟草制品专门零售	434117	327278	244979	257868
纺织、服装及日用品专门零售	229392	95246	183965	54930
文化、体育用品及器材专门零售	2156	22	2156	22
医药及医疗器材专门零售	341173	293203	308469	265582
汽车、摩托车、零配件和燃料及其他动力销售	4882	61088	4882	61088
家用电器及电子产品专门零售	7582	50082	7582	50082
五金、家具及室内装饰材料专门零售				
货摊、无店铺及其他零售业		37		37

单位：万元

自有配送中心配送商品购进额		非自有配送中心配送商品购进额		商品销售总额		零售额	
2018年	2017年	2018年	2017年	2018年	2017年	2018年	2017年
891808	**998044**	**5506796**	**6755250**	**70450905**	**64833852**	**56839733**	**53674543**
489524	561945	2626990	2222582	27563965	26315657	22577841	21804681
238888	246900	118542	103846	1547632	1398547	1297910	1150698
43981	48707	100028	148941	1237490	1206994	910767	908253
2156	22	166995	206596	5376601	4163510	1350885	1332152
111879	90461	1299467	1093694	8612062	7635746	7908279	7034336
		321967	2065700	10254165	9006616	7991738	7228462
5380	49973	872806	865740	15667895	14927059	14622802	14039916
			48151	150891	137549	142188	137461
	37			40203	42173	37324	38585
42234724	**34062552**	**450298**	**330374**	**3292232**	**3317024**	**2623230**	**2642148**
10114347	**8819552**	**4532**	**3608**	**874834**	**980145**	**515004**	**485151**
15328	14644	1032	1468	26798	30763	16505	18198
37416	31125			738	984	738	984
247733	204647						
1777824	1676630			855	1408	855	1408
191375	216046	3500	2140	27814	101508	11755	34601
7287536	6293895			799369	811235	485150	429961
493375	371349			19260	34247		
63760	11216						
32120377	**25243000**	**445766**	**326766**	**2417399**	**2336879**	**2108227**	**2156997**
11732331	7548376	168210	199884	1197446	1248944	1190231	1242859
539246	474784		6403	514244	421673	298782	326696
214461	188940	139956	6191	326767	208422	285427	167372
4870187	3633784			3386	22	3386	22
2496446	2286003	137600	114289	362156	350248	320817	315192
2689546	2681893			4882	56179	4882	56179
9523329	8348710			8518	51307	4702	48594
26113	42489						
28721	38022				84		84

1-5 续表 6

股份有限公司

项　　目	商品购进总额		统一配送商品购进额	
	2018年	2017年	2018年	2017年
总　计	**124208241**	**115401930**	**90031558**	**85451382**
批发业	**51078283**	**47315564**	**43298429**	**40834548**
农、林、牧、渔产品批发	1862413	1808168	1862413	1808168
食品、饮料及烟草制品批发	120299	100102	120299	100102
纺织、服装及家庭用品批发	1466760	1336430	1038668	798924
文化、体育用品及器材批发	107648	74648	107648	74648
医药及医疗器材批发	73129	89551	46625	64346
矿产品、建材及化工产品批发	47428684	43904579	40103425	37986273
机械设备、五金产品及电子产品批发				
贸易经纪与代理				
其他批发业	19350	2088	19350	2088
零售业	**73129958**	**68086366**	**46733129**	**44616834**
综合零售	34574406	33154615	16761435	17976320
食品、饮料及烟草制品专门零售	539932	511620	174517	172307
纺织、服装及日用品专门零售	3645	3466	3645	3466
文化、体育用品及器材专门零售	2021573	1675715	2021573	1675715
医药及医疗器材专门零售	866911	810414	864822	810056
汽车、摩托车、零配件和燃料及其他动力销售	25120446	22457574	21441580	18514204
家用电器及电子产品专门零售	9811330	9352662	5273842	5344467
五金、家具及室内装饰材料专门零售	191715	120300	191715	120300
货摊、无店铺及其他零售业				
直营门店合计	**121124132**	**112101801**	**87550674**	**82709060**
批发业	**50576744**	**46432875**	**42829457**	**39968731**
农、林、牧、渔产品批发	1601942	1555283	1601942	1555283
食品、饮料及烟草制品批发	28596	26053	28596	26053
纺织、服装及家庭用品批发	1421437	1281300	1025808	760544
文化、体育用品及器材批发	107648	74648	107648	74648
医药及医疗器材批发	73025	89429	46625	64346
矿产品、建材及化工产品批发	47328617	43404493	40003358	37486188
机械设备、五金产品及电子产品批发				
贸易经纪与代理				
其他批发业	15480	1670	15480	1670

单位：万元

自有配送中心配送商品购进额		非自有配送中心配送商品购进额		商品销售总额		零售额	
2018年	2017年	2018年	2017年	2018年	2017年	2018年	2017年
65025195	**62249229**	**9090540**	**8016441**	**145111777**	**134404865**	**107044123**	**101566385**
35028964	**32820632**	**2724724**	**2417555**	**55639739**	**50385388**	**32043678**	**29221589**
1862413	1808168			1947722	1890992		
120299	100102			120288	100789	107267	87873
1038668	798924			2653669	2491708	1381019	1262250
107648	74648			104767	84928	18554	32667
46625	64346			95499	110371	59485	62050
31853310	29974445	2724724	2417555	50699524	45704862	30477354	27776750
				18270	1739		
29996232	**29428597**	**6365816**	**5598886**	**89472037**	**84019476**	**75000445**	**72344796**
11532172	13019009	3076872	3077264	41667617	40758631	36127192	35732127
174517	172307			804984	764143	662390	623602
3561	3364			12040	10481	11951	10407
2021573	1675715			2256130	2001897	1462239	1369694
672241	635297	64815	52798	1083711	939124	732438	669748
10863097	9230337	2765864	2236799	32553290	29088144	25739641	23604211
4729070	4572268	266551	232026	10686369	10128383	9856697	10006332
	120300	191715		407898	328675	407898	328675
1350359	**1771078**	**8394312**	**7422534**	**141667701**	**130659757**	**104164195**	**98723825**
465034	**865314**	**2724724**	**2417555**	**55147604**	**49502415**	**31898424**	**29075133**
260472	252885			1704644	1654994		
91703	74049			28585	26740	15565	13824
12860	38380			2600188	2419390	1327538	1189932
				104767	84928	18554	32667
				95351	110200	59485	62050
100000	500000	2724724	2417555	50599453	45204772	30477284	27776660
				14616	1391		

1-5 续表 7

股份有限公司

项　　目	商品购进总额		统一配送商品购进额	
	2018年	2017年	2018年	2017年
零售业	**70547388**	**65668926**	**44721216**	**42740329**
综合零售	32879053	31487804	15374448	16628215
食品、饮料及烟草制品专门零售	183519	170629	57264	53505
纺织、服装及日用品专门零售	3645	3466	3645	3466
文化、体育用品及器材专门零售	2018386	1673938	2018386	1673938
医药及医疗器材专门零售	813340	776737	811292	776418
汽车、摩托车、零配件和燃料及其他动力销售	24668381	22092699	21012605	18149329
家用电器及电子产品专门零售	9809117	9349584	5271629	5341389
五金、家具及室内装饰材料专门零售	171947	114070	171947	114070
货摊、无店铺及其他零售业				
加盟门店合计	**3084109**	**3300130**	**2480885**	**2742322**
批发业	**501539**	**882689**	**468972**	**865817**
农、林、牧、渔产品批发	260472	252885	260472	252885
食品、饮料及烟草制品批发	91703	74049	91703	74049
纺织、服装及家庭用品批发	45323	55130	12860	38380
文化、体育用品及器材批发				
医药及医疗器材批发	104	122		
矿产品、建材及化工产品批发	100067	500085	100067	500085
机械设备、五金产品及电子产品批发				
贸易经纪与代理				
其他批发业	3870	418	3870	418
零售业	**2582570**	**2417441**	**2011913**	**1876505**
综合零售	1695353	1666811	1386987	1348105
食品、饮料及烟草制品专门零售	356414	340991	117253	118802
纺织、服装及日用品专门零售				
文化、体育用品及器材专门零售	3187	1778	3187	1778
医药及医疗器材专门零售	53571	33677	53531	33638
汽车、摩托车、零配件和燃料及其他动力销售	452065	364875	428975	364875
家用电器及电子产品专门零售	2213	3078	2213	3078
五金、家具及室内装饰材料专门零售	19768	6230	19768	6230
货摊、无店铺及其他零售业				

单位：万元

自有配送中心配送商品购进额		非自有配送中心配送商品购进额		商品销售总额		零售额	
2018年	2017年	2018年	2017年	2018年	2017年	2018年	2017年
885324	**905764**	**5669588**	**5004979**	**86520097**	**81157342**	**72265771**	**69648692**
761759	774928	2497887	2548302	39969007	38984722	34452081	33970752
117253	118802			216429	202918	192496	180403
				12040	10481	11951	10407
3187	1778			2252943	2000119	1459052	1367916
913	949	12963	20947	1032271	905276	680998	635901
		2720241	2203704	31998747	28625680	25260206	23177216
2213	3078	266551	232026	10683790	10125767	9854118	10003716
	6230	171947		354871	302381	354871	302381
63674837	**60478151**	**696228**	**593907**	**3444076**	**3745108**	**2879927**	**2842560**
34563929	**31955318**			**492135**	**882974**	**145254**	**146456**
1601942	1555283			243079	235999		
28596	26053			91703	74049	91703	74049
1025808	760544			53481	72318	53481	72318
107648	74648						
46625	64346			149	171		
31753310	29474445			100070	500089	70	89
				3654	348		
29110907	**28522833**	**696228**	**593907**	**2951940**	**2862134**	**2734673**	**2696104**
10770414	12244081	578985	528961	1698610	1773909	1675111	1761375
57264	53505			588554	561225	469895	443200
3561	3364						
2018386	1673938			3187	1778	3187	1778
671328	634348	51852	31851	51440	33847	51440	33847
10863097	9230337	45623	33095	554543	462465	479435	426994
4726858	4569190			2579	2616	2579	2616
	114070	19768		53027	26294	53027	26294

1-5 续表 8

私营企业

项 目	商品购进总额		统一配送商品购进额	
	2018年	2017年	2018年	2017年
总 计	**25505775**	**23416560**	**21716092**	**20117822**
批发业	**1261177**	**1198796**	**1019644**	**1011228**
农、林、牧、渔产品批发	84489	72907	38824	34604
食品、饮料及烟草制品批发	226799	183970	125249	126592
纺织、服装及家庭用品批发	77685	74847	68691	63569
文化、体育用品及器材批发	2763	2986	2763	2986
医药及医疗器材批发	110540	113599	62454	70448
矿产品、建材及化工产品批发	95943	79505	66964	49230
机械设备、五金产品及电子产品批发	654700	663799	654700	663799
贸易经纪与代理				
其他批发业	8258	7184		
零售业	**24244598**	**22217763**	**20696448**	**19106595**
综合零售	12000797	10605362	10118354	9088886
食品、饮料及烟草制品专门零售	849600	795211	785026	757413
纺织、服装及日用品专门零售	664417	671017	394064	429017
文化、体育用品及器材专门零售	138194	120544	111839	101503
医药及医疗器材专门零售	4611215	4055897	4179201	3666225
汽车、摩托车、零配件和燃料及其他动力销售	268946	187098	131929	145761
家用电器及电子产品专门零售	5396244	5261903	4849831	4781245
五金、家具及室内装饰材料专门零售	67471	99730	57166	87247
货摊、无店铺及其他零售业	247714	421002	69038	49299
直营门店合计	**23311398**	**21463065**	**19886538**	**18477687**
批发业	**1072662**	**1019264**	**897912**	**891161**
农、林、牧、渔产品批发	33081	19488	17781	17471
食品、饮料及烟草制品批发	156537	119783	71293	69856
纺织、服装及家庭用品批发	76102	72653	67685	62513
文化、体育用品及器材批发	2763	2986	2763	2986
医药及医疗器材批发	79904	90591	51353	62031
矿产品、建材及化工产品批发	65101	50000	36121	19725
机械设备、五金产品及电子产品批发	650917	656580	650917	656580
贸易经纪与代理				
其他批发业	8258	7184		

单位：万元

自有配送中心配送商品购进额		非自有配送中心配送商品购进额		商品销售总额		零售额	
2018年	2017年	2018年	2017年	2018年	2017年	2018年	2017年
11887199	**11143759**	**1689820**	**1507142**	**30243714**	**26821559**	**25795181**	**22807336**
836799	**808583**	**30955**	**18963**	**1452921**	**1474763**	**300064**	**304436**
27269	24376			80232	91875	33858	39795
96823	89776	4140	9249	278372	240829	116867	93244
20231	19619	6127	8226	159687	152247	29125	27318
				3984	4111	782	950
35008	54373			131501	133356	41874	15125
47891	49053	19058	160	105571	84519	22008	25367
609578	571386	1630	1328	684415	758680	50468	97393
				9158	9146	5083	5245
11050400	**10335175**	**1658865**	**1488179**	**28790794**	**25346797**	**25495117**	**22502899**
6144505	5847049	1008898	895411	14211474	12082389	13223235	11125508
368436	373391	87198	79239	1234517	1187308	1061326	1072898
297493	303536	17538	10099	960995	861653	750543	724462
67754	71057	6674	990	162435	133612	133942	104658
2988395	2649352	295753	299343	5882551	5134514	5352683	4456306
19765	24205	13697	9875	299134	204773	163906	166245
1064390	948170	229108	178935	5656686	5314933	4426479	4438760
47760	85556			66545	106760	66545	95304
51902	32861		14287	316457	320855	316457	318758
1132868	**1082434**	**1434095**	**1225016**	**27636239**	**24515024**	**23559747**	**20749882**
107864	**99715**	**28229**	**9714**	**1268343**	**1302694**	**257327**	**277015**
14268	10996			44730	46571	26571	32068
50115	46094	1413		217728	191221	87355	80218
		6127	8226	157647	149910	27483	25643
				3984	4111	782	950
8855	5900			88352	98747	38060	10778
30843	29506	19058	160	70430	50706	22008	24976
3782	7219	1630	1328	676315	752282	49986	97137
				9158	9146	5083	5245

1-5 续表 9

私营企业

项　　目	商品购进总额		统一配送商品购进额	
	2018年	2017年	2018年	2017年
零售业	**22238735**	**20443801**	**18988625**	**17586527**
综合零售	10888021	9561528	9175621	8196427
食品、饮料及烟草制品专门零售	768090	723193	704350	688516
纺织、服装及日用品专门零售	533028	577209	331344	377795
文化、体育用品及器材专门零售	138194	120514	111839	101473
医药及医疗器材专门零售	4293009	3678957	3916919	3343500
汽车、摩托车、零配件和燃料及其他动力销售	268946	187098	131929	145761
家用电器及电子产品专门零售	5086018	5104218	4542175	4626157
五金、家具及室内装饰材料专门零售	67471	99730	57166	87247
货摊、无店铺及其他零售业	195958	391354	17282	19652
加盟门店合计	**2194378**	**1953495**	**1829554**	**1640135**
批发业	**188515**	**179533**	**121731**	**120067**
农、林、牧、渔产品批发	51409	53419	21044	17133
食品、饮料及烟草制品批发	70262	64187	53956	56737
纺织、服装及家庭用品批发	1583	2194	1006	1056
文化、体育用品及器材批发				
医药及医疗器材批发	30637	23008	11101	8417
矿产品、建材及化工产品批发	30843	29506	30843	29506
机械设备、五金产品及电子产品批发	3782	7219	3782	7219
贸易经纪与代理				
其他批发业				
零售业	**2005863**	**1773963**	**1707823**	**1520068**
综合零售	1112776	1043834	942733	892460
食品、饮料及烟草制品专门零售	81510	72018	80676	68896
纺织、服装及日用品专门零售	131389	93808	62720	51222
文化、体育用品及器材专门零售		30		30
医药及医疗器材专门零售	318206	376940	262282	322725
汽车、摩托车、零配件和燃料及其他动力销售				
家用电器及电子产品专门零售	310226	157685	307656	155088
五金、家具及室内装饰材料专门零售				
货摊、无店铺及其他零售业	51756	29647	51756	29647

单位：万元

自有配送中心配送商品购进额		非自有配送中心配送商品购进额		商品销售总额		零售额	
2018年	2017年	2018年	2017年	2018年	2017年	2018年	2017年
1025004	**982719**	**1405867**	**1215302**	**26367896**	**23212330**	**23302420**	**20472868**
673381	635474	826445	727542	12833208	10833020	11853033	9899851
72528	60332	87198	79239	1122702	1083405	989468	979014
44752	40351		1	814101	731401	662035	628618
	20	6674	980	162435	133592	133942	104638
154186	174216	242745	204443	5520524	4700664	5022249	4049554
		13697	9875	299134	204773	163906	166245
28981	43048	229108	178935	5330272	5163196	4192269	4296222
				66545	106760	66545	95304
51177	29278		14287	218975	255519	218975	253421
10754332	**10061325**	**255725**	**282126**	**2607475**	**2306536**	**2235433**	**2057453**
728936	**708869**	**2727**	**9249**	**184577**	**172069**	**42737**	**27422**
13001	13379			35502	45304	7287	7727
46708	43682	2727	9249	60644	49608	29512	13026
20231	19619			2040	2337	1642	1676
26153	48473			43150	34609	3814	4347
17048	19548			35142	33813		391
605796	564167			8101	6398	481	256
10025396	**9352456**	**252998**	**272877**	**2422897**	**2134467**	**2192696**	**2030032**
5471125	5211575	182453	167869	1378265	1249369	1370202	1225658
295908	313058			111815	103903	71858	93884
252741	263185	17538	10098	146894	130252	88509	95844
67754	71037		10		20		20
2834209	2475135	53008	94900	362027	433850	330434	406752
19765	24205						
1035410	905122			326414	151737	234211	142538
47760	85556						
725	3583			97483	65336	97483	65336

1-5 续表 10

港澳台商投资企业

项　目	商品购进总额		统一配送商品购进额	
	2018年	2017年	2018年	2017年
总　计	**27163579**	**25631931**	**18917614**	**19336751**
批发业	**176849**	**187566**	**164281**	**187566**
农、林、牧、渔产品批发				
食品、饮料及烟草制品批发	4577	9819	4577	9819
纺织、服装及家庭用品批发	30874	12477	18306	12477
文化、体育用品及器材批发	1067	1111	1067	1111
医药及医疗器材批发				
矿产品、建材及化工产品批发	8571	7600	8571	7600
机械设备、五金产品及电子产品批发				
贸易经纪与代理				
其他批发业	131760	156559	131760	156559
零售业	**26986730**	**25444365**	**18753332**	**19149185**
综合零售	24047325	22364002	17585720	17353184
食品、饮料及烟草制品专门零售	243225	259415	214426	166141
纺织、服装及日用品专门零售	2457359	2621103	756169	1448716
文化、体育用品及器材专门零售	1526	954		
医药及医疗器材专门零售	195351	156779	175205	139032
汽车、摩托车、零配件和燃料及其他动力销售	20905	19942	20905	19942
家用电器及电子产品专门零售				
五金、家具及室内装饰材料专门零售	21039	22171	908	22171
货摊、无店铺及其他零售业				
直营门店合计	**22563737**	**20711106**	**14737310**	**14695329**
批发业	**176049**	**183291**	**163481**	**183291**
农、林、牧、渔产品批发				
食品、饮料及烟草制品批发	3776	5544	3776	5544
纺织、服装及家庭用品批发	30874	12477	18306	12477
文化、体育用品及器材批发	1067	1111	1067	1111
医药及医疗器材批发				
矿产品、建材及化工产品批发	8571	7600	8571	7600
机械设备、五金产品及电子产品批发				
贸易经纪与代理				
其他批发业	131760	156559	131760	156559

单位：万元

自有配送中心配送商品购进额		非自有配送中心配送商品购进额		商品销售总额		零售额	
2018年	2017年	2018年	2017年	2018年	2017年	2018年	2017年
8186651	**8385001**	**5386591**	**4992371**	**31010269**	**27921354**	**27719042**	**25339245**
3907	**9819**	**18792**	**12477**	**284762**	**321332**	**152129**	**145543**
3907	9819	670		57805	87062	50602	71488
		18122	12477	33119	2361	26912	2361
				1266	1537	1266	1537
				12465	15887		
				180108	214484	73349	70157
8182744	**8375182**	**5367799**	**4979894**	**30725507**	**27600022**	**27566912**	**25193702**
7850974	8076442	4885344	3860949	25244187	23049509	22244076	20805642
149599	135221	11488	10230	410967	349159	345533	271036
177400	156849	309428	985380	4757235	3915567	4664801	3832273
				1638	1720	1638	1720
4770	6670	161540	123336	259676	217397	259060	216361
				31084	32690	31084	32690
				20721	33980	20721	33980
154581	**272644**	**5377673**	**4983536**	**25840802**	**23025555**	**22585345**	**20520394**
800	**4275**	**18792**	**12477**	**243296**	**258649**	**110663**	**82859**
800	4275	670		16339	24379	9136	8805
		18122	12477	33119	2361	26912	2361
				1266	1537	1266	1537
				12465	15887		
				180108	214484	73349	70157

1-5 续表 11

港澳台商投资企业

项目	商品购进总额		统一配送商品购进额	
	2018年	2017年	2018年	2017年
零售业	**22387688**	**20527815**	**14573829**	**14512038**
综合零售	19558464	17549577	13433047	12780858
食品、饮料及烟草制品专门零售	235914	251887	207114	158613
纺织、服装及日用品专门零售	2354490	2526506	736650	1391422
文化、体育用品及器材专门零售	1526	954		
医药及医疗器材专门零售	195351	156779	175205	139032
汽车、摩托车、零配件和燃料及其他动力销售	20905	19942	20905	19942
家用电器及电子产品专门零售				
五金、家具及室内装饰材料专门零售	21039	22171	908	22171
货摊、无店铺及其他零售业				
加盟门店合计	**4599842**	**4920825**	**4180304**	**4641422**
批发业	**800**	**4275**	**800**	**4275**
农、林、牧、渔产品批发				
食品、饮料及烟草制品批发	800	4275	800	4275
纺织、服装及家庭用品批发				
文化、体育用品及器材批发				
医药及医疗器材批发				
矿产品、建材及化工产品批发				
机械设备、五金产品及电子产品批发				
贸易经纪与代理				
其他批发业				
零售业	**4599042**	**4916550**	**4179504**	**4637147**
综合零售	4488861	4814425	4152673	4572326
食品、饮料及烟草制品专门零售	7312	7528	7312	7528
纺织、服装及日用品专门零售	102870	94597	19519	57294
文化、体育用品及器材专门零售				
医药及医疗器材专门零售				
汽车、摩托车、零配件和燃料及其他动力销售				
家用电器及电子产品专门零售				
五金、家具及室内装饰材料专门零售				
货摊、无店铺及其他零售业				

单位：万元

自有配送中心配送商品购进额		非自有配送中心配送商品购进额		商品销售总额		零售额	
2018年	2017年	2018年	2017年	2018年	2017年	2018年	2017年
153781	**268369**	**5358881**	**4971059**	**25597506**	**22766906**	**22474681**	**20437534**
140502	256612	4879418	3855009	20196814	18309396	17196703	16102469
4319	4633	8495	7335	402562	340241	341981	267353
8960	7125	309428	985380	4685011	3831482	4623495	3782961
				1638	1720	1638	1720
		161540	123336	259676	217397	259060	216361
				31084	32690	31084	32690
				20721	33980	20721	33980
8032069	**8112356**	**8918**	**8835**	**5169468**	**4895799**	**5133697**	**4818851**
3106	**5544**			**41466**	**62683**	**41466**	**62683**
3106	5544			41466	62683	41466	62683
8028963	**8106813**	**8918**	**8835**	**5128002**	**4833116**	**5092231**	**4756168**
7710472	7819830	5926	5940	5047373	4740113	5047373	4703172
145280	130589	2993	2895	8404	8918	3552	3683
168440	149724			72224	84086	41306	49313
4770	6670						

1-5 续表 12

外商投资企业

项 目	商品购进总额		统一配送商品购进额	
	2018年	2017年	2018年	2017年
总 计	**32038116**	**30489792**	**17366210**	**18085379**
批发业	**1083691**	**902020**	**861589**	**685265**
农、林、牧、渔产品批发				
食品、饮料及烟草制品批发	3555	3555	3555	3555
纺织、服装及家庭用品批发	25504	20586	25504	20586
文化、体育用品及器材批发				
医药及医疗器材批发				
矿产品、建材及化工产品批发	1054632	877879	832530	661124
机械设备、五金产品及电子产品批发				
贸易经纪与代理				
其他批发业				
零售业	**30954425**	**29587773**	**16504622**	**17400114**
综合零售	17358149	17751005	8204596	10145948
食品、饮料及烟草制品专门零售	23712	22555	22860	21727
纺织、服装及日用品专门零售	3201350	2511074	3116186	2507134
文化、体育用品及器材专门零售	455420	394078	455420	394078
医药及医疗器材专门零售	51367	34235	51367	34235
汽车、摩托车、零配件和燃料及其他动力销售	5222140	4620512	3462349	3143755
家用电器及电子产品专门零售	4514166	4108804	1160203	1120904
五金、家具及室内装饰材料专门零售	102367	122762	5886	9586
货摊、无店铺及其他零售业	25755	22749	25755	22749
直营门店合计	**31231719**	**29714423**	**16616071**	**17363562**
批发业	**1082624**	**900953**	**860522**	**684199**
农、林、牧、渔产品批发				
食品、饮料及烟草制品批发	2489	2489	2489	2489
纺织、服装及家庭用品批发	25504	20586	25504	20586
文化、体育用品及器材批发				
医药及医疗器材批发				
矿产品、建材及化工产品批发	1054632	877879	832530	661124
机械设备、五金产品及电子产品批发				
贸易经纪与代理				
其他批发业				

单位：万元

自有配送中心配送商品购进额		非自有配送中心配送商品购进额		商品销售总额		零售额	
2018年	2017年	2018年	2017年	2018年	2017年	2018年	2017年
8330628	**9460535**	**1803958**	**2060044**	**42969314**	**39949072**	**37256284**	**34869062**
861589	**685265**			**2627918**	**2196060**	**2239422**	**1842162**
3555	3555			4101	4096	4101	4096
25504	20586			30552	34831	2228	2335
832530	661124			2593266	2157133	2233094	1835731
7469040	**8775269**	**1803958**	**2060044**	**40341396**	**37753012**	**35016862**	**33026900**
6045254	7613514	482818	774278	19772770	19416772	16678858	16631349
20903	19476	1958	2250	121843	114175	120206	112550
495359	388334	188506	274146	5549536	4733831	5348763	4622360
114354	125265	307423	231074	722814	609086	722814	609086
45897	34122			76653	54070	6746	141
747273	594559	237317	199015	8720133	7720080	7515538	6228500
		580051	569697	5153181	4867954	4417452	4596698
		5886	9586	186742	206783	185415	206618
				37725	30262	21070	19597
703691	**572129**	**1780579**	**1927211**	**42160566**	**39308008**	**36459983**	**34232421**
1067	**1067**			**2627063**	**2195205**	**2238567**	**1841307**
1067	1067			3245	3241	3245	3241
				30552	34831	2228	2335
				2593266	2157133	2233094	1835731

1-5 续表 13

外商投资企业

项　　目	商品购进总额		统一配送商品购进额	
	2018年	2017年	2018年	2017年
零售业	**30149095**	**28813470**	**15755549**	**16679364**
综合零售	16607681	17000336	7510293	9448429
食品、饮料及烟草制品专门零售	23603	22447	22752	21619
纺织、服装及日用品专门零售	3146596	2487548	3061525	2484010
文化、体育用品及器材专门零售	455420	394078	455420	394078
医药及医疗器材专门零售	51367	34235	51367	34235
汽车、摩托车、零配件和燃料及其他动力销售	5222140	4620512	3462349	3143755
家用电器及电子产品专门零售	4514166	4108804	1160203	1120904
五金、家具及室内装饰材料专门零售	102367	122762	5886	9586
货摊、无店铺及其他零售业	25755	22749	25755	22749
加盟门店合计	**806396**	**775370**	**750139**	**721817**
批发业	**1067**	**1067**	**1067**	**1067**
农、林、牧、渔产品批发				
食品、饮料及烟草制品批发	1067	1067	1067	1067
纺织、服装及家庭用品批发				
文化、体育用品及器材批发				
医药及医疗器材批发				
矿产品、建材及化工产品批发				
机械设备、五金产品及电子产品批发				
贸易经纪与代理				
其他批发业				
零售业	**805330**	**774303**	**749073**	**720751**
综合零售	750468	750669	694303	697519
食品、饮料及烟草制品专门零售	108	108	108	108
纺织、服装及日用品专门零售	54754	23526	54661	23123
文化、体育用品及器材专门零售				
医药及医疗器材专门零售				
汽车、摩托车、零配件和燃料及其他动力销售				
家用电器及电子产品专门零售				
五金、家具及室内装饰材料专门零售				
货摊、无店铺及其他零售业				

单位：万元

自有配送中心配送商品购进额		非自有配送中心配送商品购进额		商品销售总额		零售额	
2018年	2017年	2018年	2017年	2018年	2017年	2018年	2017年
702625	**571062**	**1780579**	**1927211**	**39533503**	**37112804**	**34221417**	**32391114**
654768	553952	459439	641445	19062557	18806795	15968645	16021372
108	108	1958	2250	121601	113936	119964	112312
47749	17002	188506	274146	5452098	4703838	5263773	4596791
		307423	231074	722814	609086	722814	609086
				76653	54070	6746	141
		237317	199015	8720133	7720080	7515538	6228500
		580051	569697	5153181	4867954	4417452	4596698
		5886	9586	186742	206783	185415	206618
				37725	30262	21070	19597
7626937	**8888406**	**23379**	**132833**	**808748**	**641064**	**796301**	**636641**
860522	**684199**			**856**	**856**	**856**	**856**
2489	2489			856	856	856	856
25504	20586						
832530	661124						
6766415	**8204207**	**23379**	**132833**	**807893**	**640209**	**795445**	**635786**
5390486	7059562	23379	132833	710213	609977	710213	609977
20794	19369			242	239	242	239
447610	371332			97438	29993	84990	25570
114354	125265						
45897	34122						
747273	594559						

1-6 按行业与部分业态分连锁零售企业基本情况

便利店

项 目	连锁总店数（个）	门店数（个）		年末从业人员（人）		年末零售营业面积（平方米）	
	2018年	2018年	2017年	2018年	2017年	2018年	2017年
总 计	**122**	**28895**	**25277**	**100461**	**90141**	**2738325**	**1993205**
批发业							
农、林、牧、渔产品批发							
食品、饮料及烟草制品批发							
纺织、服装及家庭用品批发							
文化、体育用品及器材批发							
医药及医疗器材批发							
矿产品、建材及化工产品批发							
机械设备、五金产品及电子产品批发							
贸易经纪与代理							
其他批发业							
零售业	**122**	**28895**	**25277**	**100461**	**90141**	**2738325**	**1993205**
综合零售	118	23442	19972	88143	76981	2431080	1709707
食品、饮料及烟草制品专门零售	4	5453	5305	12318	13160	307245	283498
纺织、服装及日用品专门零售							
文化、体育用品及器材专门零售							
医药及医疗器材专门零售							
汽车、摩托车、零配件和燃料及其他动力销售							
家用电器及电子产品专门零售							
五金、家具及室内装饰材料专门零售							
货摊、无店铺及其他零售业							
直营门店合计		**13038**	**11183**	**61648**	**55608**	**1742128**	**1118740**
批发业							
农、林、牧、渔产品批发							
食品、饮料及烟草制品批发							
纺织、服装及家庭用品批发							
文化、体育用品及器材批发							
医药及医疗器材批发							
矿产品、建材及化工产品批发							
机械设备、五金产品及电子产品批发							
贸易经纪与代理							
其他批发业							

1-6 续表 1

便利店

项目	连锁总店数（个）	门店数（个）		年末从业人员（人）		年末零售营业面积（平方米）	
	2018年	2018年	2017年	2018年	2017年	2018年	2017年
零售业		**13038**	**11183**	**61648**	**55608**	**1742128**	**1118740**
综合零售		12364	10665	59529	52411	1697903	1083758
食品、饮料及烟草制品专门零售		674	518	2119	3197	44225	34982
纺织、服装及日用品专门零售							
文化、体育用品及器材专门零售							
医药及医疗器材专门零售							
汽车、摩托车、零配件和燃料及其他动力销售							
家用电器及电子产品专门零售							
五金、家具及室内装饰材料专门零售							
货摊、无店铺及其他零售业							
加盟门店合计		**15857**	**14094**	**38813**	**34533**	**996197**	**874465**
批发业							
农、林、牧、渔产品批发							
食品、饮料及烟草制品批发							
纺织、服装及家庭用品批发							
文化、体育用品及器材批发							
医药及医疗器材批发							
矿产品、建材及化工产品批发							
机械设备、五金产品及电子产品批发							
贸易经纪与代理							
其他批发业							
零售业		**15857**	**14094**	**38813**	**34533**	**996197**	**874465**
综合零售		11078	9307	28614	24570	733177	625949
食品、饮料及烟草制品专门零售		4779	4787	10199	9963	263020	248516
纺织、服装及日用品专门零售							
文化、体育用品及器材专门零售							
医药及医疗器材专门零售							
汽车、摩托车、零配件和燃料及其他动力销售							
家用电器及电子产品专门零售							
五金、家具及室内装饰材料专门零售							
货摊、无店铺及其他零售业							

1-6 续表 2

超市

项　　目	连锁总店数（个）	门店数（个）		年末从业人员（人）		年末零售营业面积（平方米）	
	2018年	2018年	2017年	2018年	2017年	2018年	2017年
总　计	**386**	**28164**	**29587**	**403484**	**413588**	**20611499**	**21504693**
批发业							
农、林、牧、渔产品批发							
食品、饮料及烟草制品批发							
纺织、服装及家庭用品批发							
文化、体育用品及器材批发							
医药及医疗器材批发							
矿产品、建材及化工产品批发							
机械设备、五金产品及电子产品批发							
贸易经纪与代理							
其他批发业							
零售业	**386**	**28164**	**29587**	**403484**	**413588**	**20611499**	**21504693**
综合零售	383	28132	29543	403337	413381	20608489	21499823
食品、饮料及烟草制品专门零售	3	32	44	147	207	3010	4870
纺织、服装及日用品专门零售							
文化、体育用品及器材专门零售							
医药及医疗器材专门零售							
汽车、摩托车、零配件和燃料及其他动力销售							
家用电器及电子产品专门零售							
五金、家具及室内装饰材料专门零售							
货摊、无店铺及其他零售业							
直营门店合计		**16646**	**16404**	**357673**	**362721**	**18810888**	**19537931**
批发业							
农、林、牧、渔产品批发							
食品、饮料及烟草制品批发							
纺织、服装及家庭用品批发							
文化、体育用品及器材批发							
医药及医疗器材批发							
矿产品、建材及化工产品批发							
机械设备、五金产品及电子产品批发							
贸易经纪与代理							
其他批发业							

1-6 续表 3

超市

项　　目	连锁总店数（个）	门店数（个）		年末从业人员（人）		年末零售营业面积（平方米）	
	2018年	2018年	2017年	2018年	2017年	2018年	2017年
零售业		**16646**	**16404**	**357673**	**362721**	**18810888**	**19537931**
综合零售		16614	16360	357526	362514	18807878	19533061
食品、饮料及烟草制品专门零售		32	44	147	207	3010	4870
纺织、服装及日用品专门零售							
文化、体育用品及器材专门零售							
医药及医疗器材专门零售							
汽车、摩托车、零配件和燃料及其他动力销售							
家用电器及电子产品专门零售							
五金、家具及室内装饰材料专门零售							
货摊、无店铺及其他零售业							
加盟门店合计		**11518**	**13183**	**45811**	**50867**	**1800611**	**1966762**
批发业							
农、林、牧、渔产品批发							
食品、饮料及烟草制品批发							
纺织、服装及家庭用品批发							
文化、体育用品及器材批发							
医药及医疗器材批发							
矿产品、建材及化工产品批发							
机械设备、五金产品及电子产品批发							
贸易经纪与代理							
其他批发业							
零售业		**11518**	**13183**	**45811**	**50867**	**1800611**	**1966762**
综合零售		11518	13183	45811	50867	1800611	1966762
食品、饮料及烟草制品专门零售							
纺织、服装及日用品专门零售							
文化、体育用品及器材专门零售							
医药及医疗器材专门零售							
汽车、摩托车、零配件和燃料及其他动力销售							
家用电器及电子产品专门零售							
五金、家具及室内装饰材料专门零售							
货摊、无店铺及其他零售业							

1-6 续表 4

大型超市

项　　目	连锁总店数（个）	门店数（个）		年末从业人员（人）		年末零售营业面积（平方米）	
	2018年	2018年	2017年	2018年	2017年	2018年	2017年
总　计	**156**	**4760**	**5605**	**451439**	**459591**	**35623773**	**33688222**
批发业							
农、林、牧、渔产品批发							
食品、饮料及烟草制品批发							
纺织、服装及家庭用品批发							
文化、体育用品及器材批发							
医药及医疗器材批发							
矿产品、建材及化工产品批发							
机械设备、五金产品及电子产品批发							
贸易经纪与代理							
其他批发业							
零售业	**156**	**4760**	**5605**	**451439**	**459591**	**35623773**	**33688222**
综合零售	156	4760	5605	451439	459591	35623773	33688222
食品、饮料及烟草制品专门零售							
纺织、服装及日用品专门零售							
文化、体育用品及器材专门零售							
医药及医疗器材专门零售							
汽车、摩托车、零配件和燃料及其他动力销售							
家用电器及电子产品专门零售							
五金、家具及室内装饰材料专门零售							
货摊、无店铺及其他零售业							
直营门店合计		**4339**	**3872**	**388427**	**389228**	**31622734**	**29929092**
批发业							
农、林、牧、渔产品批发							
食品、饮料及烟草制品批发							
纺织、服装及家庭用品批发							
文化、体育用品及器材批发							
医药及医疗器材批发							
矿产品、建材及化工产品批发							
机械设备、五金产品及电子产品批发							
贸易经纪与代理							
其他批发业							

1-6 续表 5

大型超市

项　　目	连锁总店数（个）	门店数（个）		年末从业人员（人）		年末零售营业面积（平方米）	
	2018年	2018年	2017年	2018年	2017年	2018年	2017年
零售业		**4339**	**3872**	**388427**	**389228**	**31622734**	**29929092**
综合零售		4339	3872	388427	389228	31622734	29929092
食品、饮料及烟草制品专门零售							
纺织、服装及日用品专门零售							
文化、体育用品及器材专门零售							
医药及医疗器材专门零售							
汽车、摩托车、零配件和燃料及其他动力销售							
家用电器及电子产品专门零售							
五金、家具及室内装饰材料专门零售							
货摊、无店铺及其他零售业							
加盟门店合计		**421**	**1733**	**63012**	**70363**	**4001039**	**3759130**
批发业							
农、林、牧、渔产品批发							
食品、饮料及烟草制品批发							
纺织、服装及家庭用品批发							
文化、体育用品及器材批发							
医药及医疗器材批发							
矿产品、建材及化工产品批发							
机械设备、五金产品及电子产品批发							
贸易经纪与代理							
其他批发业							
零售业		**421**	**1733**	**63012**	**70363**	**4001039**	**3759130**
综合零售		421	1733	63012	70363	4001039	3759130
食品、饮料及烟草制品专门零售							
纺织、服装及日用品专门零售							
文化、体育用品及器材专门零售							
医药及医疗器材专门零售							
汽车、摩托车、零配件和燃料及其他动力销售							
家用电器及电子产品专门零售							
五金、家具及室内装饰材料专门零售							
货摊、无店铺及其他零售业							

1-6 续表 6

百货店

项　　目	连锁总店数（个）	门店数（个）		年末从业人员（人）		年末零售营业面积（平方米）	
	2018年	2018年	2017年	2018年	2017年	2018年	2017年
总　计	**100**	**5942**	**5894**	**251221**	**273505**	**25086363**	**24230142**
批发业							
农、林、牧、渔产品批发							
食品、饮料及烟草制品批发							
纺织、服装及家庭用品批发							
文化、体育用品及器材批发							
医药及医疗器材批发							
矿产品、建材及化工产品批发							
机械设备、五金产品及电子产品批发							
贸易经纪与代理							
其他批发业							
零售业	**100**	**5942**	**5894**	**251221**	**273505**	**25086363**	**24230142**
综合零售	98	5778	5742	250224	272930	25074803	24226472
食品、饮料及烟草制品专门零售							
纺织、服装及日用品专门零售	1	160	148	160	71	8000	110
文化、体育用品及器材专门零售							
医药及医疗器材专门零售							
汽车、摩托车、零配件和燃料及其他动力销售							
家用电器及电子产品专门零售							
五金、家具及室内装饰材料专门零售							
货摊、无店铺及其他零售业	1	4	4	837	504	3560	3560
直营门店合计		**3342**	**3269**	**238255**	**259903**	**24591129**	**23743510**
批发业							
农、林、牧、渔产品批发							
食品、饮料及烟草制品批发							
纺织、服装及家庭用品批发							
文化、体育用品及器材批发							
医药及医疗器材批发							
矿产品、建材及化工产品批发							
机械设备、五金产品及电子产品批发							
贸易经纪与代理							
其他批发业							

1-6 续表 7

百货店

项　目	连锁总店数（个）	门店数（个）		年末从业人员（人）		年末零售营业面积（平方米）	
	2018年	2018年	2017年	2018年	2017年	2018年	2017年
零售业		**3342**	**3269**	**238255**	**259903**	**24591129**	**23743510**
综合零售		3338	3264	237418	259398	24587569	23739860
食品、饮料及烟草制品专门零售							
纺织、服装及日用品专门零售			1		1		90
文化、体育用品及器材专门零售							
医药及医疗器材专门零售							
汽车、摩托车、零配件和燃料及其他动力销售							
家用电器及电子产品专门零售							
五金、家具及室内装饰材料专门零售							
货摊、无店铺及其他零售业		4	4	837	504	3560	3560
加盟门店合计		**2600**	**2625**	**12966**	**13602**	**495234**	**486632**
批发业							
农、林、牧、渔产品批发							
食品、饮料及烟草制品批发							
纺织、服装及家庭用品批发							
文化、体育用品及器材批发							
医药及医疗器材批发							
矿产品、建材及化工产品批发							
机械设备、五金产品及电子产品批发							
贸易经纪与代理							
其他批发业							
零售业		**2600**	**2625**	**12966**	**13602**	**495234**	**486632**
综合零售		2440	2478	12806	13532	487234	486612
食品、饮料及烟草制品专门零售							
纺织、服装及日用品专门零售		160	147	160	70	8000	20
文化、体育用品及器材专门零售							
医药及医疗器材专门零售							
汽车、摩托车、零配件和燃料及其他动力销售							
家用电器及电子产品专门零售							
五金、家具及室内装饰材料专门零售							
货摊、无店铺及其他零售业							

1-6 续表 8

专业店(含加油站)

项 目	连锁总店数(个)	门店数(个)		年末从业人员(人)		年末零售营业面积(平方米)	
	2018年	2018年	2017年	2018年	2017年	2018年	2017年
总 计	**1689**	**137136**	**124630**	**886805**	**842106**	**84391391**	**76614934**
批发业	**229**	**31447**	**31579**	**181195**	**181966**	**27713056**	**26239750**
农、林、牧、渔产品批发	8	3753	4126	9542	10403	221228	235803
食品、饮料及烟草制品批发	18	261	274	12373	9271	53056	54284
纺织、服装及家庭用品批发	1	38	38	65	234	4005	4005
文化、体育用品及器材批发	11	1145	880	18503	16968	581531	562690
医药及医疗器材批发	28	1638	1538	6715	6447	156419	141116
矿产品、建材及化工产品批发	154	24401	24421	132034	136570	26668001	25191639
机械设备、五金产品及电子产品批发	7	194	287	1913	2031	28466	50063
贸易经纪与代理							
其他批发业	2	17	15	50	42	350	**150**
零售业	**1460**	**105689**	**93051**	**705610**	**660140**	**56678335**	**50375184**
综合零售	38	1880	1633	16907	15771	2480421	2346697
食品、饮料及烟草制品专门零售	60	5885	4801	22851	20762	362450	339713
纺织、服装及日用品专门零售	62	2135	1988	17978	17118	612808	564796
文化、体育用品及器材专门零售	70	1412	1609	29612	29211	1544328	1415640
医药及医疗器材专门零售	850	69852	59544	331833	291894	8653954	8729157
汽车、摩托车、零配件和燃料及其他动力销售	202	16671	16147	126118	132922	29762219	24961592
家用电器及电子产品专门零售	171	7638	7097	159508	151647	13245806	12001534
五金、家具及室内装饰材料专门零售							
货摊、无店铺及其他零售业	7	216	232	803	815	16349	16055
直营门店合计		**113370**	**101610**	**829613**	**787627**	**78551671**	**75079139**
批发业		**22717**	**22159**	**162678**	**162373**	**27224141**	**25730807**
农、林、牧、渔产品批发		121	209	1014	1555	16579	29054
食品、饮料及烟草制品批发		261	274	12373	9271	53056	54284
纺织、服装及家庭用品批发		38	38	65	234	4005	4005
文化、体育用品及器材批发		1143	878	18493	16957	580921	562080
医药及医疗器材批发		841	766	5059	4871	108773	99186
矿产品、建材及化工产品批发		20110	19726	123735	127422	26432661	24940799
机械设备、五金产品及电子产品批发		186	253	1889	2021	27796	41249
贸易经纪与代理							
其他批发业		17	15	50	42	350	150

1-6 续表 9

专业店(含加油站)

项　　目	连锁总店数(个)	门店数(个)		年末从业人员(人)		年末零售营业面积(平方米)	
	2018年	2018年	2017年	2018年	2017年	2018年	2017年
零售业		**90653**	**79451**	**666935**	**625254**	**51327530**	**49348332**
综合零售		1552	1315	15624	14500	2438430	2306816
食品、饮料及烟草制品专门零售		4433	3816	18654	18518	280675	286102
纺织、服装及日用品专门零售		2035	1882	17468	16591	601261	553136
文化、体育用品及器材专门零售		1286	1577	28812	28617	1520468	1415299
医药及医疗器材专门零售		58368	48679	303166	264369	7807675	7941206
汽车、摩托车、零配件和燃料及其他动力销售		15669	15328	123710	131142	25438341	24849375
家用电器及电子产品专门零售		7194	6746	158905	150947	13227182	11983716
五金、家具及室内装饰材料专门零售							
货摊、无店铺及其他零售业		116	108	596	570	13498	12682
加盟门店合计		**23766**	**23020**	**57192**	**54479**	**5839720**	**1535795**
批发业		**8730**	**9420**	**18517**	**19593**	**488915**	**508943**
农、林、牧、渔产品批发		3632	3917	8528	8848	204649	206749
食品、饮料及烟草制品批发							
纺织、服装及家庭用品批发							
文化、体育用品及器材批发		2	2	10	11	610	610
医药及医疗器材批发		797	772	1656	1576	47646	41930
矿产品、建材及化工产品批发		4291	4695	8299	9148	235340	250840
机械设备、五金产品及电子产品批发		8	34	24	10	670	8814
贸易经纪与代理							
其他批发业							
零售业		**15036**	**13600**	**38675**	**34886**	**5350805**	**1026852**
综合零售		328	318	1283	1271	41991	39881
食品、饮料及烟草制品专门零售		1452	985	4197	2244	81775	53611
纺织、服装及日用品专门零售		100	106	510	527	11547	11660
文化、体育用品及器材专门零售		126	32	800	594	23860	341
医药及医疗器材专门零售		11484	10865	28667	27525	846279	787951
汽车、摩托车、零配件和燃料及其他动力销售		1002	819	2408	1780	4323878	112217
家用电器及电子产品专门零售		444	351	603	700	18624	17818
五金、家具及室内装饰材料专门零售							
货摊、无店铺及其他零售业		100	124	207	245	2851	3373

1-6 续表 10

加油站

项目	连锁总店数（个）	门店数（个）		年末从业人员（人）		年末零售营业面积（平方米）	
	2018年	2018年	2017年	2018年	2017年	2018年	2017年
总　计	**322**	**35551**	**34691**	**238066**	**249155**	**54530397**	**48192917**
批发业	**137**	**19440**	**19107**	**122580**	**126620**	**26411695**	**24880039**
农、林、牧、渔产品批发							
食品、饮料及烟草制品批发							
纺织、服装及家庭用品批发							
文化、体育用品及器材批发							
医药及医疗器材批发							
矿产品、建材及化工产品批发	137	19440	19107	122580	126620	26411695	24880039
机械设备、五金产品及电子产品批发							
贸易经纪与代理							
其他批发业							
零售业	**185**	**16111**	**15584**	**115486**	**122535**	**28118702**	**23312878**
综合零售							
食品、饮料及烟草制品专门零售							
纺织、服装及日用品专门零售							
文化、体育用品及器材专门零售							
医药及医疗器材专门零售							
汽车、摩托车、零配件和燃料及其他动力销售	185	16111	15584	115486	122535	28118702	23312878
家用电器及电子产品专门零售							
五金、家具及室内装饰材料专门零售							
货摊、无店铺及其他零售业							
直营门店合计		**34444**	**33766**	**234868**	**246651**	**50172269**	**48052645**
批发业		**19335**	**19001**	**121790**	**125896**	**26377445**	**24851984**
农、林、牧、渔产品批发							
食品、饮料及烟草制品批发							
纺织、服装及家庭用品批发							
文化、体育用品及器材批发							
医药及医疗器材批发							
矿产品、建材及化工产品批发		19335	19001	121790	125896	26377445	24851984
机械设备、五金产品及电子产品批发							
贸易经纪与代理							
其他批发业							

1-6 续表 11

加油站

项目	连锁总店数（个）	门店数（个）		年末从业人员（人）		年末零售营业面积（平方米）	
	2018年	2018年	2017年	2018年	2017年	2018年	2017年
零售业		**15109**	**14765**	**113078**	**120755**	**23794824**	**23200661**
综合零售							
食品、饮料及烟草制品专门零售							
纺织、服装及日用品专门零售							
文化、体育用品及器材专门零售							
医药及医疗器材专门零售							
汽车、摩托车、零配件和燃料及其他动力销售		15109	14765	113078	120755	23794824	23200661
家用电器及电子产品专门零售							
五金、家具及室内装饰材料专门零售							
货摊、无店铺及其他零售业							
加盟门店合计		**1107**	**925**	**3198**	**2504**	**4358128**	**140272**
批发业		**105**	**106**	**790**	**724**	**34250**	**28055**
农、林、牧、渔产品批发							
食品、饮料及烟草制品批发							
纺织、服装及家庭用品批发							
文化、体育用品及器材批发							
医药及医疗器材批发							
矿产品、建材及化工产品批发		105	106	790	724	34250	28055
机械设备、五金产品及电子产品批发							
贸易经纪与代理							
其他批发业							
零售业		**1002**	**819**	**2408**	**1780**	**4323878**	**112217**
综合零售							
食品、饮料及烟草制品专门零售							
纺织、服装及日用品专门零售							
文化、体育用品及器材专门零售							
医药及医疗器材专门零售							
汽车、摩托车、零配件和燃料及其他动力销售		1002	819	2408	1780	4323878	112217
家用电器及电子产品专门零售							
五金、家具及室内装饰材料专门零售							
货摊、无店铺及其他零售业							

1-6 续表 12

专卖店

项　　目	连锁总店数（个）	门店数（个）		年末从业人员（人）		年末零售营业面积（平方米）	
	2018年	2018年	2017年	2018年	2017年	2018年	2017年
总　计	**384**	**34054**	**31186**	**233913**	**213032**	**6298932**	**5930240**
批发业	**47**	**4316**	**3293**	**19976**	**18438**	**471320**	**397167**
农、林、牧、渔产品批发	4	122	142	282	320	11465	11961
食品、饮料及烟草制品批发	18	2791	2473	10732	11082	300288	316648
纺织、服装及家庭用品批发	12	1087	345	6302	4355	126643	23263
文化、体育用品及器材批发							
医药及医疗器材批发	4	96	97	1075	1006	18637	30877
矿产品、建材及化工产品批发	3	40	53	189	184	7454	7204
机械设备、五金产品及电子产品批发	1	8	8	110	105	1870	1870
贸易经纪与代理							
其他批发业	5	172	175	1286	1386	4963	5344
零售业	**337**	**29738**	**27893**	**213937**	**194594**	**5827612**	**5533073**
综合零售	4	141	133	657	792	35478	47098
食品、饮料及烟草制品专门零售	103	11489	11033	54537	52703	730837	654340
纺织、服装及日用品专门零售	118	13453	12932	115916	100106	3187528	3171158
文化、体育用品及器材专门零售	21	317	304	5306	4593	144367	148306
医药及医疗器材专门零售	43	3183	2502	16359	14144	346543	283369
汽车、摩托车、零配件和燃料及其他动力销售	10	50	58	1248	2108	34689	33875
家用电器及电子产品专门零售	30	638	531	13772	13856	934766	840145
五金、家具及室内装饰材料专门零售	4	393	319	5336	5349	337290	278780
货摊、无店铺及其他零售业	4	74	81	806	943	76114	76002
直营门店合计		**21097**	**19097**	**198217**	**181724**	**5220011**	**4890046**
批发业		**1740**	**989**	**12903**	**10760**	**188368**	**80208**
农、林、牧、渔产品批发		47	55	158	205	7967	7601
食品、饮料及烟草制品批发		337	314	4015	4081	20964	20423
纺织、服装及家庭用品批发		1053	307	6141	4155	126543	22919
文化、体育用品及器材批发							
医药及医疗器材批发		87	81	1025	666	18637	14877
矿产品、建材及化工产品批发		36	49	168	162	7424	7174
机械设备、五金产品及电子产品批发		8	8	110	105	1870	1870
贸易经纪与代理							
其他批发业		172	175	1286	1386	4963	5344

1-6 续表 13

专卖店

项 目	连锁总店数（个）	门店数（个）		年末从业人员（人）		年末零售营业面积（平方米）	
	2018年	2018年	2017年	2018年	2017年	2018年	2017年
零售业		**19357**	**18108**	**185314**	**170964**	**5031643**	**4809838**
综合零售		141	133	657	792	35478	47098
食品、饮料及烟草制品专门零售		6045	5853	37491	36709	447325	422975
纺织、服装及日用品专门零售		8998	8752	105280	93454	2747458	2758624
文化、体育用品及器材专门零售		317	303	5306	4591	144367	148046
医药及医疗器材专门零售		2866	2203	15906	13747	332343	269889
汽车、摩托车、零配件和燃料及其他动力销售		50	51	1248	1985	34689	32875
家用电器及电子产品专门零售		637	530	13770	13854	934649	839916
五金、家具及室内装饰材料专门零售		229	202	4850	4889	279220	214413
货摊、无店铺及其他零售业		74	81	806	943	76114	76002
加盟门店合计		**12957**	**12089**	**35696**	**31308**	**1078921**	**1040194**
批发业		**2576**	**2304**	**7073**	**7678**	**282952**	**316959**
农、林、牧、渔产品批发		75	87	124	115	3498	4360
食品、饮料及烟草制品批发		2454	2159	6717	7001	279324	296225
纺织、服装及家庭用品批发		34	38	161	200	100	344
文化、体育用品及器材批发							
医药及医疗器材批发		9	16	50	340		16000
矿产品、建材及化工产品批发		4	4	21	22	30	30
机械设备、五金产品及电子产品批发							
贸易经纪与代理							
其他批发业							
零售业		**10381**	**9785**	**28623**	**23630**	**795969**	**723235**
综合零售							
食品、饮料及烟草制品专门零售		5444	5180	17046	15994	283512	231365
纺织、服装及日用品专门零售		4455	4180	10636	6652	440070	412534
文化、体育用品及器材专门零售			1		2		260
医药及医疗器材专门零售		317	299	453	397	14200	13480
汽车、摩托车、零配件和燃料及其他动力销售			7		123		1000
家用电器及电子产品专门零售		1	1	2	2	117	229
五金、家具及室内装饰材料专门零售		164	117	486	460	58070	64367
货摊、无店铺及其他零售业							

1-6 续表 14

其他

项　目	连锁总店数（个）	门店数（个）		年末从业人员（人）		年末零售营业面积（平方米）	
	2018年	2018年	2017年	2018年	2017年	2018年	2017年
总　计	**73**	**9824**	**9789**	**42063**	**35497**	**3341367**	**2387778**
批发业	**32**	**4025**	**4156**	**23334**	**18921**	**2865051**	**1978417**
农、林、牧、渔产品批发	1	194	194	261	262	10900	10900
食品、饮料及烟草制品批发	13	581	595	4090	3772	166344	164425
纺织、服装及家庭用品批发	4	686	715	17332	13146	2513192	1623492
文化、体育用品及器材批发	1	2	2	31	33	620	620
医药及医疗器材批发	6	445	450	1142	1129	32585	34090
矿产品、建材及化工产品批发	4	2024	2024	276	315	137860	138100
机械设备、五金产品及电子产品批发	1	18	20	75	70	550	550
贸易经纪与代理							
其他批发业	2	75	156	127	194	3000	6240
零售业	**41**	**5799**	**5633**	**18729**	**16576**	**476316**	**409361**
综合零售	9	599	726	5251	4880	177118	162618
食品、饮料及烟草制品专门零售	7	444	204	2726	1364	37083	29568
纺织、服装及日用品专门零售	3	3536	3599	4539	4781	69155	49240
文化、体育用品及器材专门零售	2	61	55	809	761	58976	54170
医药及医疗器材专门零售	16	597	477	2072	1767	39070	36630
汽车、摩托车、零配件和燃料及其他动力销售	1	49	52	245	246	2580	3150
家用电器及电子产品专门零售	2	23	20	519	419	60480	41480
五金、家具及室内装饰材料专门零售							
货摊、无店铺及其他零售业	1	490	500	2568	2358	31854	32505
直营门店合计		**2931**	**2575**	**33146**	**26374**	**3031227**	**2065882**
批发业		**626**	**559**	**19286**	**14310**	**2635590**	**1729729**
农、林、牧、渔产品批发		51	51	120	121	6320	6320
食品、饮料及烟草制品批发		194	191	3214	2865	127810	126537
纺织、服装及家庭用品批发		241	184	15262	10670	2433984	1528976
文化、体育用品及器材批发		2	2	31	33	620	620
医药及医疗器材批发		89	84	464	432	9538	10038
矿产品、建材及化工产品批发		18	18	120	119	56138	56138
机械设备、五金产品及电子产品批发		4	4	20	20	100	100
贸易经纪与代理							
其他批发业		27	25	55	50	1080	1000

1-6 续表 15

其他

项目	连锁总店数（个）	门店数（个）		年末从业人员（人）		年末零售营业面积（平方米）	
	2018年	2018年	2017年	2018年	2017年	2018年	2017年
零售业		**2305**	**2016**	**13860**	**12064**	**395637**	**336153**
综合零售		528	619	5147	4780	172157	153617
食品、饮料及烟草制品专门零售		374	177	2446	1256	34983	28758
纺织、服装及日用品专门零售		805	745	2959	3169	33355	24040
文化、体育用品及器材专门零售		61	55	809	761	58976	54170
医药及医疗器材专门零售		448	322	1646	1329	32001	29248
汽车、摩托车、零配件和燃料及其他动力销售		49	52	245	246	2580	3150
家用电器及电子产品专门零售		23	20	519	419	60480	41480
五金、家具及室内装饰材料专门零售							
货摊、无店铺及其他零售业		17	26	89	104	1105	1690
加盟门店合计		**6893**	**7214**	**8917**	**9123**	**310140**	**321896**
批发业		**3399**	**3597**	**4048**	**4611**	**229461**	**248688**
农、林、牧、渔产品批发		143	143	141	141	4580	4580
食品、饮料及烟草制品批发		387	404	876	907	38534	37888
纺织、服装及家庭用品批发		445	531	2070	2476	79208	94516
文化、体育用品及器材批发							
医药及医疗器材批发		356	366	678	697	23047	24052
矿产品、建材及化工产品批发		2006	2006	156	196	81722	81962
机械设备、五金产品及电子产品批发		14	16	55	50	450	450
贸易经纪与代理							
其他批发业		48	131	72	144	1920	5240
零售业		**3494**	**3617**	**4869**	**4512**	**80679**	**73208**
综合零售		71	107	104	100	4961	9001
食品、饮料及烟草制品专门零售		70	27	280	108	2100	810
纺织、服装及日用品专门零售		2731	2854	1580	1612	35800	25200
文化、体育用品及器材专门零售							
医药及医疗器材专门零售		149	155	426	438	7069	7382
汽车、摩托车、零配件和燃料及其他动力销售							
家用电器及电子产品专门零售							
五金、家具及室内装饰材料专门零售							
货摊、无店铺及其他零售业		473	474	2479	2254	30749	30815

1-7 按行业与部分业态分

便利店

项　　目	商品购进总额		统一配送商品购进额	
	2018年	2017年	2018年	2017年
总　计	**4457435**	**3759229**	**3517812**	**3053104**
批发业				
农、林、牧、渔产品批发				
食品、饮料及烟草制品批发				
纺织、服装及家庭用品批发				
文化、体育用品及器材批发				
医药及医疗器材批发				
矿产品、建材及化工产品批发				
机械设备、五金产品及电子产品批发				
贸易经纪与代理				
其他批发业				
零售业	**4457435**	**3759229**	**3517812**	**3053104**
综合零售	4265044	3570901	3325421	2864775
食品、饮料及烟草制品专门零售	192392	188329	192392	188329
纺织、服装及日用品专门零售				
文化、体育用品及器材专门零售				
医药及医疗器材专门零售				
汽车、摩托车、零配件和燃料及其他动力销售				
家用电器及电子产品专门零售				
五金、家具及室内装饰材料专门零售				
货摊、无店铺及其他零售业				
直营门店合计	**2904066**	**2355554**	**2394926**	**1958949**
批发业				
农、林、牧、渔产品批发				
食品、饮料及烟草制品批发				
纺织、服装及家庭用品批发				
文化、体育用品及器材批发				
医药及医疗器材批发				
矿产品、建材及化工产品批发				
机械设备、五金产品及电子产品批发				
贸易经纪与代理				
其他批发业				

连锁零售企业经营情况

单位：万元

自有配送中心配送商品购进额		非自有配送中心配送商品购进额		商品销售总额		零售额	
2018年	2017年	2018年	2017年	2018年	2017年	2018年	2017年
1620374	**1398286**	**839743**	**932066**	**5420155**	**4782193**	**4912451**	**4370442**
1620374	**1398286**	**839743**	**932066**	**5420155**	**4782193**	**4912451**	**4370442**
1443173	1230160	839743	932066	5202170	4574237	4791530	4257168
177202	168126			217986	207956	120921	113274
941757	**826788**	**557654**	**561788**	**3519395**	**3186256**	**3112362**	**2885379**

1-7 续表 1

便利店

项　　目	商品购进总额		统一配送商品购进额	
	2018年	2017年	2018年	2017年
零售业	**2904066**	**2355554**	**2394926**	**1958949**
综合零售	2852346	2303635	2343207	1907030
食品、饮料及烟草制品专门零售	51720	51918	51720	51918
纺织、服装及日用品专门零售				
文化、体育用品及器材专门零售				
医药及医疗器材专门零售				
汽车、摩托车、零配件和燃料及其他动力销售				
家用电器及电子产品专门零售				
五金、家具及室内装饰材料专门零售				
货摊、无店铺及其他零售业				
加盟门店合计	**1553369**	**1403675**	**1122886**	**1094155**
批发业				
农、林、牧、渔产品批发				
食品、饮料及烟草制品批发				
纺织、服装及家庭用品批发				
文化、体育用品及器材批发				
医药及医疗器材批发				
矿产品、建材及化工产品批发				
机械设备、五金产品及电子产品批发				
贸易经纪与代理				
其他批发业				
零售业	**1553369**	**1403675**	**1122886**	**1094155**
综合零售	1412697	1267265	982214	957745
食品、饮料及烟草制品专门零售	140672	136410	140672	136410
纺织、服装及日用品专门零售				
文化、体育用品及器材专门零售				
医药及医疗器材专门零售				
汽车、摩托车、零配件和燃料及其他动力销售				
家用电器及电子产品专门零售				
五金、家具及室内装饰材料专门零售				
货摊、无店铺及其他零售业				

单位：万元

自有配送中心配送商品购进额		非自有配送中心配送商品购进额		商品销售总额		零售额	
2018年	2017年	2018年	2017年	2018年	2017年	2018年	2017年
941757	**826788**	**557654**	**561788**	**3519395**	**3186256**	**3112362**	**2885379**
905228	795072	557654	561788	3459437	3125741	3052403	2824864
36530	31716			59959	60515	59959	60515
678617	**571498**	**282088**	**370278**	**1900760**	**1595937**	**1800089**	**1485063**
678617	**571498**	**282088**	**370278**	**1900760**	**1595937**	**1800089**	**1485063**
537945	435088	282088	370278	1742733	1448496	1739127	1432304
140672	136410			158027	147441	60963	52759

1-7　续表 2

超市

项　　目	商品购进总额		统一配送商品购进额	
	2018年	2017年	2018年	2017年
总　计	**31376134**	**29574758**	**24496610**	**24644437**
批发业				
农、林、牧、渔产品批发				
食品、饮料及烟草制品批发				
纺织、服装及家庭用品批发				
文化、体育用品及器材批发				
医药及医疗器材批发				
矿产品、建材及化工产品批发				
机械设备、五金产品及电子产品批发				
贸易经纪与代理				
其他批发业				
零售业	**31376134**	**29574758**	**24496610**	**24644437**
综合零售	31365406	29560776	24485882	24630456
食品、饮料及烟草制品专门零售	10728	13981	10728	13981
纺织、服装及日用品专门零售				
文化、体育用品及器材专门零售				
医药及医疗器材专门零售				
汽车、摩托车、零配件和燃料及其他动力销售				
家用电器及电子产品专门零售				
五金、家具及室内装饰材料专门零售				
货摊、无店铺及其他零售业				
直营门店合计	**28604262**	**26857971**	**22356886**	**22537247**
批发业				
农、林、牧、渔产品批发				
食品、饮料及烟草制品批发				
纺织、服装及家庭用品批发				
文化、体育用品及器材批发				
医药及医疗器材批发				
矿产品、建材及化工产品批发				
机械设备、五金产品及电子产品批发				
贸易经纪与代理				
其他批发业				

单位：万元

自有配送中心配送商品购进额		非自有配送中心配送商品购进额		商品销售总额		零售额	
2018年	2017年	2018年	2017年	2018年	2017年	2018年	2017年
17968591	**16450736**	**2838922**	**2768117**	**34309539**	**33461008**	**29029668**	**28383252**
17968591	**16450736**	**2838922**	**2768117**	**34309539**	**33461008**	**29029668**	**28383252**
17959383	16438054	2838922	2768117	34290644	33446248	29016108	28372859
9208	12681			18895	14760	13560	10393
16535600	**14980046**	**2209811**	**2181559**	**31359793**	**30408530**	**26113273**	**25359796**

1-7 续表 3

超市

项　　目	商品购进总额		统一配送商品购进额	
	2018年	2017年	2018年	2017年
零售业	**28604262**	**26857971**	**22356886**	**22537247**
综合零售	28593534	26843989	22346158	22523266
食品、饮料及烟草制品专门零售	10728	13981	10728	13981
纺织、服装及日用品专门零售				
文化、体育用品及器材专门零售				
医药及医疗器材专门零售				
汽车、摩托车、零配件和燃料及其他动力销售				
家用电器及电子产品专门零售				
五金、家具及室内装饰材料专门零售				
货摊、无店铺及其他零售业				
加盟门店合计	**2771872**	**2716787**	**2139724**	**2107190**
批发业				
农、林、牧、渔产品批发				
食品、饮料及烟草制品批发				
纺织、服装及家庭用品批发				
文化、体育用品及器材批发				
医药及医疗器材批发				
矿产品、建材及化工产品批发				
机械设备、五金产品及电子产品批发				
贸易经纪与代理				
其他批发业				
零售业	**2771872**	**2716787**	**2139724**	**2107190**
综合零售	2771872	2716787	2139724	2107190
食品、饮料及烟草制品专门零售				
纺织、服装及日用品专门零售				
文化、体育用品及器材专门零售				
医药及医疗器材专门零售				
汽车、摩托车、零配件和燃料及其他动力销售				
家用电器及电子产品专门零售				
五金、家具及室内装饰材料专门零售				
货摊、无店铺及其他零售业				

单位：万元

自有配送中心配送商品购进额		非自有配送中心配送商品购进额		商品销售总额		零售额	
2018年	2017年	2018年	2017年	2018年	2017年	2018年	2017年
16535600	**14980046**	**2209811**	**2181559**	**31359793**	**30408530**	**26113273**	**25359796**
16526392	14967364	2209811	2181559	31340898	30393770	26099713	25349404
9208	12681			18895	14760	13560	10393
1432991	**1470690**	**629111**	**586558**	**2949746**	**3052478**	**2916395**	**3023456**
1432991	**1470690**	**629111**	**586558**	**2949746**	**3052478**	**2916395**	**3023456**
1432991	1470690	629111	586558	2949746	3052478	2916395	3023456

1-7 续表 4

大型超市

项目	商品购进总额		统一配送商品购进额	
	2018年	2017年	2018年	2017年
总 计	**41262353**	**39861261**	**28250626**	**28596727**
批发业				
农、林、牧、渔产品批发				
食品、饮料及烟草制品批发				
纺织、服装及家庭用品批发				
文化、体育用品及器材批发				
医药及医疗器材批发				
矿产品、建材及化工产品批发				
机械设备、五金产品及电子产品批发				
贸易经纪与代理				
其他批发业				
零售业	**41262353**	**39861261**	**28250626**	**28596727**
综合零售	41262353	39861261	28250626	28596727
食品、饮料及烟草制品专门零售				
纺织、服装及日用品专门零售				
文化、体育用品及器材专门零售				
医药及医疗器材专门零售				
汽车、摩托车、零配件和燃料及其他动力销售				
家用电器及电子产品专门零售				
五金、家具及室内装饰材料专门零售				
货摊、无店铺及其他零售业				
直营门店合计	**36785328**	**35038739**	**23869418**	**23868483**
批发业				
农、林、牧、渔产品批发				
食品、饮料及烟草制品批发				
纺织、服装及家庭用品批发				
文化、体育用品及器材批发				
医药及医疗器材批发				
矿产品、建材及化工产品批发				
机械设备、五金产品及电子产品批发				
贸易经纪与代理				
其他批发业				

单位：万元

自有配送中心配送商品购进额		非自有配送中心配送商品购进额		商品销售总额		零售额	
2018年	2017年	2018年	2017年	2018年	2017年	2018年	2017年
13609974	**14731630**	**6833191**	**5617570**	**46654251**	**43313138**	**40690527**	**38597886**
13609974	**14731630**	**6833191**	**5617570**	**46654251**	**43313138**	**40690527**	**38597886**
13609974	14731630	6833191	5617570	46654251	43313138	40690527	38597886
13250308	**14336467**	**6817895**	**5594263**	**41802153**	**38712142**	**35838429**	**33996890**

1-7 续表 5

大型超市

项 目	商品购进总额		统一配送商品购进额	
	2018年	2017年	2018年	2017年
零售业	**36785328**	**35038739**	**23869418**	**23868483**
综合零售	36785328	35038739	23869418	23868483
食品、饮料及烟草制品专门零售				
纺织、服装及日用品专门零售				
文化、体育用品及器材专门零售				
医药及医疗器材专门零售				
汽车、摩托车、零配件和燃料及其他动力销售				
家用电器及电子产品专门零售				
五金、家具及室内装饰材料专门零售				
货摊、无店铺及其他零售业				
加盟门店合计	**4477025**	**4822522**	**4381208**	**4728244**
批发业				
农、林、牧、渔产品批发				
食品、饮料及烟草制品批发				
纺织、服装及家庭用品批发				
文化、体育用品及器材批发				
医药及医疗器材批发				
矿产品、建材及化工产品批发				
机械设备、五金产品及电子产品批发				
贸易经纪与代理				
其他批发业				
零售业	**4477025**	**4822522**	**4381208**	**4728244**
综合零售	4477025	4822522	4381208	4728244
食品、饮料及烟草制品专门零售				
纺织、服装及日用品专门零售				
文化、体育用品及器材专门零售				
医药及医疗器材专门零售				
汽车、摩托车、零配件和燃料及其他动力销售				
家用电器及电子产品专门零售				
五金、家具及室内装饰材料专门零售				
货摊、无店铺及其他零售业				

单位：万元

自有配送中心配送商品购进额		非自有配送中心配送商品购进额		商品销售总额		零售额	
2018年	2017年	2018年	2017年	2018年	2017年	2018年	2017年
13250308	**14336467**	**6817895**	**5594263**	**41802153**	**38712142**	**35838429**	**33996890**
13250308	14336467	6817895	5594263	41802153	38712142	35838429	33996890
359666	**395163**	**15296**	**23307**	**4852098**	**4600996**	**4852098**	**4600996**
359666	**395163**	**15296**	**23307**	**4852098**	**4600996**	**4852098**	**4600996**
359666	395163	15296	23307	4852098	4600996	4852098	4600996

1-7 续表 6

百货店

项　目	商品购进总额		统一配送商品购进额	
	2018年	2017年	2018年	2017年
总　计	**31866561**	**30888358**	**14154101**	**14003595**
批发业				
农、林、牧、渔产品批发				
食品、饮料及烟草制品批发				
纺织、服装及家庭用品批发				
文化、体育用品及器材批发				
医药及医疗器材批发				
矿产品、建材及化工产品批发				
机械设备、五金产品及电子产品批发				
贸易经纪与代理				
其他批发业				
零售业	**31866561**	**30888358**	**14154101**	**14003595**
综合零售	31671931	30506556	14136564	13993496
食品、饮料及烟草制品专门零售				
纺织、服装及日用品专门零售	17538	10099	17538	10099
文化、体育用品及器材专门零售				
医药及医疗器材专门零售				
汽车、摩托车、零配件和燃料及其他动力销售				
家用电器及电子产品专门零售				
五金、家具及室内装饰材料专门零售				
货摊、无店铺及其他零售业	177092	371703		
直营门店合计	**31300166**	**30202580**	**13614810**	**13387756**
批发业				
农、林、牧、渔产品批发				
食品、饮料及烟草制品批发				
纺织、服装及家庭用品批发				
文化、体育用品及器材批发				
医药及医疗器材批发				
矿产品、建材及化工产品批发				
机械设备、五金产品及电子产品批发				
贸易经纪与代理				
其他批发业				

单位：万元

自有配送中心配送商品购进额		非自有配送中心配送商品购进额		商品销售总额		零售额	
2018年	2017年	2018年	2017年	2018年	2017年	2018年	2017年
9936774	**9951987**	**1698342**	**1682823**	**37814131**	**37435382**	**31962091**	**32046812**
9936774	**9951987**	**1698342**	**1682823**	**37814131**	**37435382**	**31962091**	**32046812**
9936774	9951987	1680805	1672724	37603140	37181554	31751100	31792986
		17538	10099	23270	25098	23270	25095
				187721	228731	187721	228731
9517262	**9447274**	**1622785**	**1613947**	**37135583**	**36665202**	**31283743**	**31329005**

1-7 续表 7

百货店

项　目	商品购进总额		统一配送商品购进额	
	2018年	2017年	2018年	2017年
零售业	**31300166**	**30202580**	**13614810**	**13387756**
综合零售	31123074	29830877	13614810	13387755
食品、饮料及烟草制品专门零售				
纺织、服装及日用品专门零售				
文化、体育用品及器材专门零售				
医药及医疗器材专门零售				
汽车、摩托车、零配件和燃料及其他动力销售				
家用电器及电子产品专门零售				
五金、家具及室内装饰材料专门零售				
货摊、无店铺及其他零售业	177092	371703		
加盟门店合计	**566395**	**685778**	**539291**	**615839**
批发业				
农、林、牧、渔产品批发				
食品、饮料及烟草制品批发				
纺织、服装及家庭用品批发				
文化、体育用品及器材批发				
医药及医疗器材批发				
矿产品、建材及化工产品批发				
机械设备、五金产品及电子产品批发				
贸易经纪与代理				
其他批发业				
零售业	**566395**	**685778**	**539291**	**615839**
综合零售	548857	675679	521753	605741
食品、饮料及烟草制品专门零售				
纺织、服装及日用品专门零售	17538	10098	17538	10098
文化、体育用品及器材专门零售				
医药及医疗器材专门零售				
汽车、摩托车、零配件和燃料及其他动力销售				
家用电器及电子产品专门零售				
五金、家具及室内装饰材料专门零售				
货摊、无店铺及其他零售业				

单位：万元

自有配送中心配送商品购进额		非自有配送中心配送商品购进额		商品销售总额		零售额	
2018年	2017年	2018年	2017年	2018年	2017年	2018年	2017年
9517262	**9447274**	**1622785**	**1613947**	**37135583**	**36665202**	**31283743**	**31329005**
9517262	9447274	1622785	1613946	36947862	36436468	31096022	31100275
				187721	228731	187721	228731
419512	**504713**	**75557**	**68876**	**678548**	**770181**	**678348**	**717806**
419512	**504713**	**75557**	**68876**	**678548**	**770181**	**678348**	**717806**
419512	504713	58019	58778	655278	745086	655078	692712
		17538	10098	23270	25095	23270	25095

1-7 续表 8

专业店(含加油站)

项 目	商品购进总额		统一配送商品购进额	
	2018年	2017年	2018年	2017年
总 计	**185019505**	**169001468**	**156126811**	**143581525**
批发业	**82602269**	**75000329**	**72904280**	**66881294**
农、林、牧、渔产品批发	1942996	1910444	1909910	1871858
食品、饮料及烟草制品批发	4416405	3977580	4067755	3657448
纺织、服装及家庭用品批发	4797	5060	4797	5060
文化、体育用品及器材批发	2909080	2539258	2732506	2354341
医药及医疗器材批发	596731	649447	397749	455449
矿产品、建材及化工产品批发	71509715	64863115	62572387	57484594
机械设备、五金产品及电子产品批发	1156679	1041329	1156679	1041329
贸易经纪与代理				
其他批发业	65866	14097	62497	11216
零售业	**102417237**	**94001140**	**83222532**	**76700231**
综合零售	4107806	2999122	3543625	2227913
食品、饮料及烟草制品专门零售	1068207	816119	724476	548566
纺织、服装及日用品专门零售	875286	843478	739154	709285
文化、体育用品及器材专门零售	4451475	4007746	4297296	3864085
医药及医疗器材专门零售	12919993	11492038	11115747	9758428
汽车、摩托车、零配件和燃料及其他动力销售	49311694	46401544	41023107	39316214
家用电器及电子产品专门零售	29655494	27413943	21752367	20249068
五金、家具及室内装饰材料专门零售				
货摊、无店铺及其他零售业	27283	27150	26761	26673
直营门店合计	**181946238**	**165832297**	**153412661**	**140665289**
批发业	**81335220**	**73317796**	**71684944**	**65274225**
农、林、牧、渔产品批发	1635301	1589930	1632580	1587629
食品、饮料及烟草制品批发	4416405	3977580	4067755	3657448
纺织、服装及家庭用品批发	4797	5060	4797	5060
文化、体育用品及器材批发	2908225	2537850	2731651	2352933
医药及医疗器材批发	556571	618286	363732	425221
矿产品、建材及化工产品批发	70595158	63540884	61669036	56200610
机械设备、五金产品及电子产品批发	1152897	1034110	1152897	1034110
贸易经纪与代理				
其他批发业	65866	14097	62497	11216

单位：万元

自有配送中心配送商品购进额		非自有配送中心配送商品购进额		商品销售总额		零售额	
2018年	2017年	2018年	2017年	2018年	2017年	2018年	2017年
97628344	**88380920**	**15939147**	**16376148**	**218792524**	**197600419**	**156151993**	**142411814**
51721461	**47575108**	**4021733**	**3673596**	**91010690**	**82471475**	**49745779**	**45344744**
1887627	1845455			2010086	1970050	12728	13032
2552279	2361526			5654508	5185240	324426	247845
4797	5060			6272	6305	872	3445
2690732	2313998			3115702	2884428	1360211	1341789
298306	359352	95718	90649	649888	696616	230768	231207
43128613	39740934	3926014	3582947	78289075	70564451	47557918	43252466
1096609	937567			1219344	1149622	258275	254961
62497	11216			65817	14764	581	
45906884	**40805812**	**11917415**	**12702552**	**127781834**	**115128944**	**106406214**	**97067069**
1250201	701121	146857	150410	5223404	3911381	4671789	3526467
247469	245983	69102	69974	1311399	1083500	900415	766787
436226	421646	61855	59303	1464187	1374435	1190686	1087249
3680001	3297406	478621	442775	5032784	4636509	3635153	3418960
6339896	5678840	2001587	1726393	16075942	14265105	14418907	12610316
19186574	17143395	7211983	8394011	67458949	60714089	53452779	48429738
14756893	13307187	1947411	1845399	31174019	29106658	28098215	27195972
9625	10235		14287	41150	37267	38271	31581
96063189	**86389118**	**15599057**	**16041431**	**215485145**	**194192477**	**154038961**	**140431376**
50517551	**45998050**	**4019111**	**3672387**	**89760425**	**80809113**	**49239084**	**44890154**
1620743	1586882			1734496	1689486	6289	6412
2552279	2361526			5654508	5185240	324426	247845
4797	5060			6272	6305	872	3445
2689877	2312590			3114847	2883019	1359356	1340381
269202	333392	93096	89440	609591	662516	216029	214645
42225329	38457037	3926014	3582947	77363652	69224558	47073738	42822723
1092827	930348			1211243	1143224	257794	254705
62497	11216			65817	14764	581	

1-7 续表 9

专业店(含加油站)

项　目	商品购进总额		统一配送商品购进额	
	2018年	2017年	2018年	2017年
零售业	**100611018**	**92514501**	**81727716**	**75391064**
综合零售	4085732	2976125	3522451	2206497
食品、饮料及烟草制品专门零售	866478	716698	697350	518870
纺织、服装及日用品专门零售	853251	818614	737814	705427
文化、体育用品及器材专门零售	4446021	4005846	4291843	3862185
医药及医疗器材专门零售	12143516	10731415	10428538	9080280
汽车、摩托车、零配件和燃料及其他动力销售	48854269	46036211	40589250	38951339
家用电器及电子产品专门零售	29335674	27203469	21434916	20040820
五金、家具及室内装饰材料专门零售				
货摊、无店铺及其他零售业	26078	26124	25556	25647
加盟门店合计	**3073267**	**3169172**	**2714150**	**2916235**
批发业	**1267048**	**1682533**	**1219335**	**1607068**
农、林、牧、渔产品批发	307695	320514	277330	284229
食品、饮料及烟草制品批发				
纺织、服装及家庭用品批发				
文化、体育用品及器材批发	855	1408	855	1408
医药及医疗器材批发	40159	31161	34017	30229
矿产品、建材及化工产品批发	914557	1322230	903351	1283984
机械设备、五金产品及电子产品批发	3782	7219	3782	7219
贸易经纪与代理				
其他批发业				
零售业	**1806218**	**1486639**	**1494815**	**1309167**
综合零售	22074	22998	21174	21416
食品、饮料及烟草制品专门零售	201729	99421	27125	29696
纺织、服装及日用品专门零售	22036	24864	1340	3859
文化、体育用品及器材专门零售	5453	1900	5453	1900
医药及医疗器材专门零售	776477	760624	687209	678148
汽车、摩托车、零配件和燃料及其他动力销售	457425	365333	433857	364875
家用电器及电子产品专门零售	319819	210474	317451	208247
五金、家具及室内装饰材料专门零售				
货摊、无店铺及其他零售业	1205	1026	1205	1026

单位：万元

自有配送中心配送商品购进额		非自有配送中心配送商品购进额		商品销售总额		零售额	
2018年	2017年	2018年	2017年	2018年	2017年	2018年	2017年
45545638	**40391069**	**11579946**	**12369045**	**125724720**	**113383364**	**104799876**	**95541221**
1246899	701121	128984	129047	5185862	3872261	4634748	3489183
224330	224927	69102	64554	1076945	960681	865308	743975
436197	419832	60994	58055	1433953	1344028	1160452	1056842
3674547	3295507	478621	442775	5026134	4634633	3628503	3417084
6047773	5385623	1728474	1454011	15227184	13384060	13649580	11799321
19186574	17143395	7166360	8360917	66899046	60251167	52968355	48002744
14720319	13211088	1947411	1845399	30836783	28901469	27856998	27002695
8999	9578		14287	38813	35064	35934	29379
1565156	**1991802**	**340091**	**334718**	**3307379**	**3407943**	**2113032**	**1980438**
1203910	**1577059**	**2622**	**1209**	**1250265**	**1662363**	**506694**	**454589**
266885	258573			275590	280564	6440	6621
855	1408			855	1408	855	1408
29104	25960	2622	1209	40297	34100	14738	16562
903284	1283899			925423	1339893	484180	429743
3782	7219			8101	6398	481	256
361246	**414743**	**337469**	**333509**	**2057114**	**1745580**	**1606339**	**1525848**
3302		17872	21363	37541	39120	37041	37284
23140	21056		5421	234454	122819	35107	22812
29	1814	861	1248	30234	30407	30234	30407
5453	1900			6650	1876	6650	1876
292123	293217	273112	272382	848758	881045	769327	810995
		45623	33095	559903	462922	484425	426994
36573	96099			337236	205189	241217	193277
626	657			2337	2203	2337	2203

1-7 续表 10

加油站

项　目	商品购进总额		统一配送商品购进额	
	2018年	2017年	2018年	2017年
总　计	**117036941**	**106421429**	**99873516**	**92041235**
批发业	**71031033**	**63765086**	**62142942**	**56455135**
农、林、牧、渔产品批发				
食品、饮料及烟草制品批发				
纺织、服装及家庭用品批发				
文化、体育用品及器材批发				
医药及医疗器材批发				
矿产品、建材及化工产品批发	71031033	63765086	62142942	56455135
机械设备、五金产品及电子产品批发				
贸易经纪与代理				
其他批发业				
零售业	**46005909**	**42656344**	**37730574**	**35586100**
综合零售				
食品、饮料及烟草制品专门零售				
纺织、服装及日用品专门零售				
文化、体育用品及器材专门零售				
医药及医疗器材专门零售				
汽车、摩托车、零配件和燃料及其他动力销售	46005909	42656344	37730574	35586100
家用电器及电子产品专门零售				
五金、家具及室内装饰材料专门零售				
货摊、无店铺及其他零售业				
直营门店合计	**115851456**	**105419741**	**98711599**	**91040004**
批发业	**70302972**	**63128730**	**61414882**	**55818779**
农、林、牧、渔产品批发				
食品、饮料及烟草制品批发				
纺织、服装及家庭用品批发				
文化、体育用品及器材批发				
医药及医疗器材批发				
矿产品、建材及化工产品批发	70302972	63128730	61414882	55818779
机械设备、五金产品及电子产品批发				
贸易经纪与代理				
其他批发业				

单位：万元

自有配送中心配送商品购进额		非自有配送中心配送商品购进额		商品销售总额		零售额	
2018年	2017年	2018年	2017年	2018年	2017年	2018年	2017年
61802897	**55762386**	**8518134**	**8904972**	**141538183**	**125688877**	**98233454**	**89025858**
42707894	**38719965**	**3922091**	**3579117**	**77790092**	**69440925**	**47532733**	**43227552**
42707894	38719965	3922091	3579117	77790092	69440925	47532733	43227552
19095003	**17042421**	**4596043**	**5325855**	**63748091**	**56247952**	**50700721**	**45798305**
19095003	17042421	4596043	5325855	63748091	56247952	50700721	45798305
61074904	**55126115**	**8472511**	**8871878**	**140250217**	**124589595**	**97272745**	**88176473**
41979901	**38083695**	**3922091**	**3579117**	**77062029**	**68804565**	**47056448**	**42805162**
41979901	38083695	3922091	3579117	77062029	68804565	47056448	42805162

1-7 续表 11

加油站

项目	商品购进总额		统一配送商品购进额	
	2018年	2017年	2018年	2017年
零售业	**45548484**	**42291011**	**37296717**	**35221225**
综合零售				
食品、饮料及烟草制品专门零售				
纺织、服装及日用品专门零售				
文化、体育用品及器材专门零售				
医药及医疗器材专门零售				
汽车、摩托车、零配件和燃料及其他动力销售	45548484	42291011	37296717	35221225
家用电器及电子产品专门零售				
五金、家具及室内装饰材料专门零售				
货摊、无店铺及其他零售业				
加盟门店合计	**1185485**	**1001689**	**1161917**	**1001231**
批发业	**728060**	**636356**	**728060**	**636356**
农、林、牧、渔产品批发				
食品、饮料及烟草制品批发				
纺织、服装及家庭用品批发				
文化、体育用品及器材批发				
医药及医疗器材批发				
矿产品、建材及化工产品批发	728060	636356	728060	636356
机械设备、五金产品及电子产品批发				
贸易经纪与代理				
其他批发业				
零售业	**457425**	**365333**	**433857**	**364875**
综合零售				
食品、饮料及烟草制品专门零售				
纺织、服装及日用品专门零售				
文化、体育用品及器材专门零售				
医药及医疗器材专门零售				
汽车、摩托车、零配件和燃料及其他动力销售	457425	365333	433857	364875
家用电器及电子产品专门零售				
五金、家具及室内装饰材料专门零售				
货摊、无店铺及其他零售业				

单位：万元

自有配送中心配送商品购进额		非自有配送中心配送商品购进额		商品销售总额		零售额	
2018年	2017年	2018年	2017年	2018年	2017年	2018年	2017年
19095003	**17042421**	**4550420**	**5292761**	**63188188**	**55785030**	**50216297**	**45371311**
19095003	17042421	4550420	5292761	63188188	55785030	50216297	45371311
727993	**636271**	**45623**	**33095**	**1287966**	**1099282**	**960709**	**849385**
727993	**636271**			**728063**	**636360**	**476285**	**422390**
727993	636271			728063	636360	476285	422390
		45623	**33095**	**559903**	**462922**	**484425**	**426994**
		45623	33095	559903	462922	484425	426994

1-7 续表 12

专卖店

项目	商品购进总额		统一配送商品购进额	
	2018年	2017年	2018年	2017年
总 计	**20122712**	**18097949**	**12792481**	**12011190**
批发业	**1675870**	**1574604**	**952601**	**891172**
农、林、牧、渔产品批发	35983	20309	22091	19281
食品、饮料及烟草制品批发	1145443	1058337	555217	542236
纺织、服装及家庭用品批发	186505	166660	164943	155382
文化、体育用品及器材批发				
医药及医疗器材批发	97531	91094	64123	6082
矿产品、建材及化工产品批发	61306	61325	6493	5137
机械设备、五金产品及电子产品批发	7974	6495	7974	6495
贸易经纪与代理				
其他批发业	141128	170384	131760	156559
零售业	**18446842**	**16523345**	**11839881**	**11120018**
综合零售	51751	76383	51751	76383
食品、饮料及烟草制品专门零售	2021512	1909967	1506214	1388518
纺织、服装及日用品专门零售	6392905	5849168	4443889	4431726
文化、体育用品及器材专门零售	3833524	2591396	3789359	2557854
医药及医疗器材专门零售	424637	372079	305939	290472
汽车、摩托车、零配件和燃料及其他动力销售	201844	312921	104604	186394
家用电器及电子产品专门零售	5229101	5196889	1351570	1977013
五金、家具及室内装饰材料专门零售	244485	160843	241056	157959
货摊、无店铺及其他零售业	47084	53700	45499	53700
直营门店合计	**19060526**	**17119106**	**12046298**	**11362915**
批发业	**1533109**	**1379337**	**817157**	**776392**
农、林、牧、渔产品批发	24206	11349	10314	10321
食品、饮料及烟草制品批发	1029275	958709	439049	442608
纺织、服装及家庭用品批发	184922	164466	163937	154326
文化、体育用品及器材批发				
医药及医疗器材批发	90792	11745	64123	6082
矿产品、建材及化工产品批发	54813	56188		
机械设备、五金产品及电子产品批发	7974	6495	7974	6495
贸易经纪与代理				
其他批发业	141128	170384	131760	156559

单位：万元

自有配送中心配送商品购进额		非自有配送中心配送商品购进额		商品销售总额		零售额	
2018年	2017年	2018年	2017年	2018年	2017年	2018年	2017年
6729669	**5548738**	**1508227**	**1819681**	**27762474**	**24777431**	**20838356**	**19783998**
608365	**588796**	**174301**	**116140**	**2062231**	**2211586**	**424261**	**439366**
10536	9053			42079	47427	21984	27636
461230	449634	88757	87707	1378933	1531001	186522	231290
123762	119805	29651	27105	280180	254443	94927	64589
		54263		95639	97525	22257	37189
6493	5137			65853	41886	16935	
6344	5167	1630	1328	8133	7320	2659	2424
				191413	231985	78977	76238
6121305	**4959942**	**1333925**	**1703542**	**25700243**	**22565845**	**20414095**	**19344632**
8418	8038	25929		90660	89389	87484	83530
1046324	989406	170082	153017	3052078	2943408	2708210	2672585
795511	669929	914027	1523431	11276370	9482888	10755355	9165207
3575999	2401895	5515	340	3837452	2626686	350248	322189
197428	192140	15157	15881	647351	482570	564830	459296
	3875	10395	9875	301331	346257	246614	306491
451767	505747	1105	999	5934019	6134845	5165307	5886197
26113	157959	191715		493121	397519	484841	397519
19745	30952			67862	62284	51207	51618
6189105	**5051485**	**1346371**	**1810852**	**26213685**	**23327940**	**19541860**	**18547900**
481816	**482603**	**174301**	**116140**	**1868765**	**1949461**	**288394**	**277184**
5534	6230			31557	36451	21136	26530
346176	351401	88757	87707	1214424	1371260	53146	94205
123762	119805	29651	27105	278140	252106	93285	62913
		54263		87360	14874	22257	14874
				57737	35465	16935	
6344	5167	1630	1328	8133	7320	2659	2424
				191413	231985	78977	76238

1-7 续表 13

专卖店

项　　目	商品购进总额		统一配送商品购进额	
	2018年	2017年	2018年	2017年
零售业	**17527417**	**15739769**	**11229141**	**10586523**
综合零售	51751	76383	51751	76383
食品、饮料及烟草制品专门零售	1487188	1399298	1225470	1102702
纺织、服装及日用品专门零售	6036014	5651698	4141902	4259113
文化、体育用品及器材专门零售	3833524	2591366	3789359	2557824
医药及医疗器材专门零售	416396	364360	297698	282753
汽车、摩托车、零配件和燃料及其他动力销售	201844	251834	104604	125306
家用电器及电子产品专门零售	5228899	5196518	1351570	1977013
五金、家具及室内装饰材料专门零售	224717	154613	221288	151729
货摊、无店铺及其他零售业	47084	53700	45499	53700
加盟门店合计	**1062186**	**978843**	**746184**	**648275**
批发业	**142760**	**195267**	**135444**	**114780**
农、林、牧、渔产品批发	11777	8960	11777	8960
食品、饮料及烟草制品批发	116168	99628	116168	99628
纺织、服装及家庭用品批发	1583	2194	1006	1056
文化、体育用品及器材批发				
医药及医疗器材批发	6739	79349		
矿产品、建材及化工产品批发	6493	5137	6493	5137
机械设备、五金产品及电子产品批发				
贸易经纪与代理				
其他批发业				
零售业	**919425**	**783576**	**610740**	**533495**
综合零售				
食品、饮料及烟草制品专门零售	534324	510669	280744	285816
纺织、服装及日用品专门零售	356891	197470	301987	172613
文化、体育用品及器材专门零售		30		30
医药及医疗器材专门零售	8241	7719	8241	7719
汽车、摩托车、零配件和燃料及其他动力销售		61088		61088
家用电器及电子产品专门零售	201	371		
五金、家具及室内装饰材料专门零售	19768	6230	19768	6230
货摊、无店铺及其他零售业				

单位：万元

自有配送中心配送商品购进额		非自有配送中心配送商品购进额		商品销售总额		零售额	
2018年	2017年	2018年	2017年	2018年	2017年	2018年	2017年
5707289	**4568882**	**1172069**	**1694712**	**24344920**	**21378479**	**19253466**	**18270716**
8418	8038	25929		90660	89389	87484	83530
777989	716239	167090	149140	2225328	2120020	1963981	1882765
650098	558559	774932	1518488	10811992	9211642	10403150	8973842
3575999	2401875	5515	330	3837452	2626666	350248	322169
197160	191867	15157	15881	636458	472802	553936	449528
	3875	10395	9875	301331	290078	246614	250312
451767	505747	1105	999	5933743	6134374	5165032	5885726
26113	151729	171947		440095	371225	431815	371225
19745	30952			67862	62284	51207	51618
540565	**497254**	**161856**	**8829**	**1548788**	**1447616**	**1296495**	**1236098**
126549	**106193**			**193466**	**260251**	**135867**	**162182**
5002	2823			10522	10976	848	1106
115054	98234			164509	159741	133377	137085
				2040	2337	1642	1676
				8279	82651		22315
6493	5137			8116	4547		
414016	**391060**	**161856**	**8829**	**1355323**	**1187365**	**1160629**	**1073916**
268334	273167	2993	3877	826749	823388	744229	789820
145413	111370	139095	4942	464378	271246	352205	191365
	20		10		20		20
268	273			10893	9768	10893	9768
					56179		56179
				275	471	275	471
	6230	19768		53027	26294	53027	26294

1-7 续表 14

其他

项　　目	商品购进总额		统一配送商品购进额	
	2018年	2017年	2018年	2017年
总　计	**4151663**	**3865664**	**2670966**	**2414515**
批发业	**3245939**	**3054244**	**2247544**	**2047634**
农、林、牧、渔产品批发	5726	5001	5726	5001
食品、饮料及烟草制品批发	893125	864573	737706	753680
纺织、服装及家庭用品批发	1629090	1453391	1200999	915885
文化、体育用品及器材批发	2763	2986	2763	2986
医药及医疗器材批发	81159	78747	61370	58693
矿产品、建材及化工产品批发	589718	585368	194623	247212
机械设备、五金产品及电子产品批发	23743	62089	23743	62089
贸易经纪与代理				
其他批发业	20614	2088	20614	2088
零售业	**905724**	**811421**	**423423**	**366881**
综合零售	231116	317680	37952	17949
食品、饮料及烟草制品专门零售	79645	54836	76403	54349
纺织、服装及日用品专门零售	260747	120388	17	17
文化、体育用品及器材专门零售	45657	44367	30272	30726
医药及医疗器材专门零售	39217	36337	29437	26025
汽车、摩托车、零配件和燃料及其他动力销售	84579	101893	84579	101893
家用电器及电子产品专门零售	113510	106188	113510	106188
五金、家具及室内装饰材料专门零售				
货摊、无店铺及其他零售业	51253	29734	51253	29734
直营门店合计	**3641938**	**3364135**	**2347308**	**2026846**
批发业	**2918750**	**2664345**	**1983524**	**1696707**
农、林、牧、渔产品批发	2873	2516	2873	2516
食品、饮料及烟草制品批发	844907	819993	705795	716552
纺织、服装及家庭用品批发	1583767	1398261	1188139	877505
文化、体育用品及器材批发	2763	2986	2763	2986
医药及医疗器材批发	60733	60522	55343	55239
矿产品、建材及化工产品批发	401688	347352	6592	9196
机械设备、五金产品及电子产品批发	5276	31045	5276	31045
贸易经纪与代理				
其他批发业	16743	1670	16743	1670

单位：万元

自有配送中心配送商品购进额		非自有配送中心配送商品购进额		商品销售总额		零售额	
2018年	2017年	2018年	2017年	2018年	2017年	2018年	2017年
2181547	**1875110**	**35052**	**20928**	**5852521**	**5446425**	**2678655**	**2308540**
1860458	**1579947**	**5811**	**10305**	**4765504**	**4545335**	**1794112**	**1603512**
5726	5001			5921	5186		
640337	646414	4810	9249	1190152	1164105	319153	293786
1200875	915760	123	125	2829762	2625080	1438615	1299982
				3984	4111	782	950
6075	3942	878	931	91305	87334	34131	7712
6182	8830			599882	592488	1431	1082
				24763	65291		
1263				19734	1739		
321089	**295163**	**29241**	**10623**	**1087017**	**901091**	**884543**	**705028**
7248	5433	24804	7520	360731	282835	349815	269004
11385	1526	1544	1188	96156	62179	89786	50328
				196969	190265	119673	123314
30272	30726			42949	40602	42949	40602
22842	19663	2894	1915	48782	40487	48325	40084
84579	101893			117573	114490	10137	11464
113510	106188			125293	104158	125293	104158
51253	29734			98564	66075	98564	66075
2079092	**1773448**	**31423**	**10749**	**5292837**	**4848244**	**2389630**	**2055406**
1811083	**1509078**	**2207**	**125**	**4437848**	**4144674**	**1704871**	**1512269**
2873	2516			3292	2875		
611448	618885	2083		1159254	1135666	288256	279274
1188015	877380	123	125	2776281	2552763	1385134	1227665
				3984	4111	782	950
1301	1469			65777	64152	30310	3997
6182	8830			407677	352672	390	384
				5503	31045		
1263				16080	1391		

1-7 续表 15

其他

项　目	商品购进总额		统一配送商品购进额	
	2018年	2017年	2018年	2017年
零售业	**723187**	**699790**	**363784**	**330139**
综合零售	225478	312478	32314	12748
食品、饮料及烟草制品专门零售	76910	53415	74617	53068
纺织、服装及日用品专门零售	138806	45642	17	17
文化、体育用品及器材专门零售	45657	44367	30272	30726
医药及医疗器材专门零售	37544	34733	27773	24423
汽车、摩托车、零配件和燃料及其他动力销售	84579	101893	84579	101893
家用电器及电子产品专门零售	113510	106188	113510	106188
五金、家具及室内装饰材料专门零售				
货摊、无店铺及其他零售业	703	1075	703	1075
加盟门店合计	**509725**	**501529**	**323658**	**387669**
批发业	**327188**	**389898**	**264020**	**350927**
农、林、牧、渔产品批发	2854	2486	2854	2486
食品、饮料及烟草制品批发	48217	44580	31911	37129
纺织、服装及家庭用品批发	45323	55130	12860	38380
文化、体育用品及器材批发				
医药及医疗器材批发	20427	18225	6027	3455
矿产品、建材及化工产品批发	188031	238016	188031	238016
机械设备、五金产品及电子产品批发	18467	31045	18467	31045
贸易经纪与代理				
其他批发业	3870	418	3870	418
零售业	**182537**	**111631**	**59639**	**36742**
综合零售	5638	5201	5638	5201
食品、饮料及烟草制品专门零售	2735	1421	1785	1280
纺织、服装及日用品专门零售	121941	74745		
文化、体育用品及器材专门零售				
医药及医疗器材专门零售	1673	1604	1664	1602
汽车、摩托车、零配件和燃料及其他动力销售				
家用电器及电子产品专门零售				
五金、家具及室内装饰材料专门零售				
货摊、无店铺及其他零售业	50551	28659	50551	28659

单位：万元

自有配送中心配送商品购进额		非自有配送中心配送商品购进额		商品销售总额		零售额	
2018年	2017年	2018年	2017年	2018年	2017年	2018年	2017年
268009	**264370**	**29217**	**10623**	**854989**	**703570**	**684758**	**543137**
6218	3899	24780	7520	355257	278744	345660	265767
10436	1385	1544	1188	92125	59869	85756	48018
				71528	64259	25151	32082
30272	30726			42949	40602	42949	40602
22292	19204	2894	1915	46845	38592	46393	38190
84579	101893			117573	114490	10137	11464
113510	106188			125293	104158	125293	104158
703	1075			3419	2858	3419	2858
102455	**101662**	**3629**	**10180**	**559684**	**598181**	**289025**	**253134**
49375	**70869**	**3605**	**10180**	**327656**	**400660**	**89241**	**91243**
2854	2486			2629	2311		
28888	27530	2727	9249	30898	28439	30898	14512
12860	38380			53481	72318	53481	72318
4773	2474	878	931	25528	23182	3821	3715
				192205	239817	1041	698
				19260	34247		
				3654	348		
53080	**30793**	**24**		**232028**	**197521**	**199785**	**161891**
1030	1534	24		5475	4092	4155	3237
949	141			4030	2310	4030	2310
				125441	126006	94522	91233
550	459			1937	1896	1932	1894
50551	28659			95146	63218	95146	63218

1-8　按登记注册类型与部分业态分连锁零售企业基本情况

便利店

项　　目	连锁总店数（个）	门店数（个）		年末从业人员（人）		年末零售营业面积（平方米）	
	2018年	2018年	2017年	2018年	2017年	2018年	2017年
总　计	**122**	**28895**	**25277**	**100461**	**90141**	**2738325**	**1993205**
内资企业	107	25092	21948	87174	77978	2387527	1682981
国有企业	4	1545	1694	7032	7350	93966	99107
集体企业							
股份合作企业							
联营企业							
有限责任公司	59	8549	7598	33998	27427	1153346	622410
股份有限公司	2	2778	2616	9376	9906	259948	224043
私营企业	41	12177	9998	36363	32986	878067	735421
其他企业	1	43	42	405	309	2200	2000
港、澳、台商投资企业	5	2759	2435	7453	6560	254403	226087
外商投资企业	10	1044	894	5834	5603	96395	84137
直营门店合计		**13038**	**11183**	**61648**	**55608**	**1742128**	**1118740**
内资企业		10932	9111	51625	45626	1546216	924492
国有企业		980	1049	5769	6038	69516	72561
集体企业							
股份合作企业							
联营企业							
有限责任公司		5423	4843	27760	21685	941760	439916
股份有限公司		1472	1135	5986	6425	155468	126446
私营企业		3014	2042	11705	11169	377272	283569
其他企业		43	42	405	309	2200	2000
港、澳、台商投资企业		1248	1289	5070	4799	113220	117118
外商投资企业		858	783	4953	5183	82692	77130
加盟门店合计		**15857**	**14094**	**38813**	**34533**	**996197**	**874465**
内资企业		14160	12837	35549	32352	841311	758489
国有企业		565	645	1263	1312	24450	26546
集体企业							
股份合作企业							
联营企业							
有限责任公司		3126	2755	6238	5742	211586	182494
股份有限公司		1306	1481	3390	3481	104480	97597
私营企业		9163	7956	24658	21817	500795	451852
其他企业							
港、澳、台商投资企业		1511	1146	2383	1761	141183	108969
外商投资企业		186	111	881	420	13703	7007

1-8 续表 1

超市

项　目	连锁总店数（个）	门店数（个）		年末从业人员（人）		年末零售营业面积（平方米）	
	2018年	2018年	2017年	2018年	2017年	2018年	2017年
总　计	**386**	**28164**	**29587**	**403484**	**413588**	**20611499**	**21504693**
内资企业	372	25540	27042	347603	356176	17358722	17986423
国有企业	5	290	301	9445	11570	220510	255129
集体企业	2	13	13	102	114	6250	6200
股份合作企业	2	99	104	1960	1941	405303	431511
联营企业	1	16	17	160	165	4200	5000
有限责任公司	146	11299	12680	159176	163700	8981245	9502062
股份有限公司	21	5637	5404	91722	93975	4148013	4355844
私营企业	192	7654	8014	82457	82141	3530522	3373120
其他企业	3	532	509	2581	2570	62679	57557
港、澳、台商投资企业	10	837	807	12218	11546	541231	549955
外商投资企业	4	1787	1738	43663	45866	2711546	2968315
直营门店合计		**16646**	**16404**	**357673**	**362721**	**18810888**	**19537931**
内资企业		14389	14216	310082	312605	15903998	16363831
国有企业		237	238	8352	8425	192734	199442
集体企业		13	13	102	114	6250	6200
股份合作企业		84	87	1844	1796	399487	425026
联营企业		16	17	160	165	4200	5000
有限责任公司		6519	6574	146475	148374	8495027	8939797
股份有限公司		3411	3240	77117	78738	3523060	3681070
私营企业		3876	3837	74632	73607	3235606	3064784
其他企业		233	210	1400	1386	47634	42512
港、澳、台商投资企业		837	807	12218	11546	541231	549955
外商投资企业		1420	1381	35373	38570	2365659	2624145
加盟门店合计		**11518**	**13183**	**45811**	**50867**	**1800611**	**1966762**
内资企业		11151	12826	37521	43571	1454724	1622592
国有企业		53	63	1093	3145	27776	55687
集体企业							
股份合作企业		15	17	116	145	5816	6485
联营企业							
有限责任公司		4780	6106	12701	15326	486218	562265
股份有限公司		2226	2164	14605	15237	624953	674774
私营企业		3778	4177	7825	8534	294916	308336
其他企业		299	299	1181	1184	15045	15045
港、澳、台商投资企业							
外商投资企业		367	357	8290	7296	345887	344170

1-8 续表 2

大型超市

项　目	连锁总店数（个）	门店数（个）		年末从业人员（人）		年末零售营业面积（平方米）	
	2018年	2018年	2017年	2018年	2017年	2018年	2017年
总　计	**156**	**4760**	**5605**	**451439**	**459591**	**35623773**	**33688222**
内资企业	80	2569	3722	190451	192345	16488908	15076176
国有企业	1	9	9	219	232	38900	38900
集体企业							
股份合作企业							
联营企业							
有限责任公司	43	1237	2536	88406	87150	5974522	5728156
股份有限公司	10	798	662	68283	68513	7204979	6587474
私营企业	26	525	515	33543	36450	3270507	2721646
其他企业							
港、澳、台商投资企业	22	1487	1165	155637	153577	13335237	12667888
外商投资企业	54	704	718	105351	113669	5799628	5944158
直营门店合计		**4339**	**3872**	**388427**	**389228**	**31622734**	**29929092**
内资企业		2350	2187	189029	187920	16432746	14893123
国有企业		9	9	219	232	38900	38900
集体企业							
股份合作企业							
联营企业							
有限责任公司		1024	1006	87046	82780	5919910	5546153
股份有限公司		794	659	68243	68483	7203479	6586474
私营企业		523	513	33521	36425	3270457	2721596
其他企业							
港、澳、台商投资企业		1318	1000	99462	92947	9955237	9656688
外商投资企业		671	685	99936	108361	5234751	5379281
加盟门店合计		**421**	**1733**	**63012**	**70363**	**4001039**	**3759130**
内资企业		219	1535	1422	4425	56162	183053
国有企业							
集体企业							
股份合作企业							
联营企业							
有限责任公司		213	1530	1360	4370	54612	182003
股份有限公司		4	3	40	30	1500	1000
私营企业		2	2	22	25	50	50
其他企业							
港、澳、台商投资企业		169	165	56175	60630	3380000	3011200
外商投资企业		33	33	5415	5308	564877	564877

1-8　续表 3

百货店

项　　目	连锁总店数（个）	门店数（个）		年末从业人员（人）		年末零售营业面积（平方米）	
	2018年	2018年	2017年	2018年	2017年	2018年	2017年
总　计	**100**	**5942**	**5894**	**251221**	**273505**	**25086363**	**24230142**
内资企业	78	4358	4341	209743	232034	20629226	19761196
国有企业	1	83	83	98	98	3561	3561
集体企业	6	112	129	5342	5437	383986	442411
股份合作企业							
联营企业							
有限责任公司	31	392	318	21758	35520	2911565	2695505
股份有限公司	24	1646	1665	154968	164183	16078541	15387229
私营企业	16	2125	2146	27577	26796	1251573	1232490
其他企业							
港、澳、台商投资企业	16	1545	1512	34816	33742	3003758	2974863
外商投资企业	6	39	41	6662	7729	1453379	1494083
直营门店合计		**3342**	**3269**	**238255**	**259903**	**24591129**	**23743510**
内资企业		1794	1745	199588	221763	20350568	19488341
国有企业		17	17	19	19	1393	1393
集体企业		111	127	5340	5433	373986	432411
股份合作企业							
联营企业							
有限责任公司		392	318	21758	35520	2911565	2695505
股份有限公司		1131	1138	153444	162558	16039706	15348764
私营企业		143	145	19027	18233	1023918	1010268
其他企业							
港、澳、台商投资企业		1509	1483	32005	30411	2787182	2761086
外商投资企业		39	41	6662	7729	1453379	1494083
加盟门店合计		**2600**	**2625**	**12966**	**13602**	**495234**	**486632**
内资企业		2564	2596	10155	10271	278658	272855
国有企业		66	66	79	79	2168	2168
集体企业		1	2	2	4	10000	10000
股份合作企业							
联营企业							
有限责任公司							
股份有限公司		515	527	1524	1625	38835	38465
私营企业		1982	2001	8550	8563	227655	222222
其他企业							
港、澳、台商投资企业		36	29	2811	3331	216576	213777
外商投资企业							

1-8 续表 4

专业店(含加油站)

项　目	连锁总店数(个)	门店数(个)		年末从业人员(人)		年末零售营业面积(平方米)	
	2018年	2018年	2017年	2018年	2017年	2018年	2017年
总　计	**1689**	**137136**	**124630**	**886805**	**842106**	**84391391**	**76614934**
内资企业	1631	131288	119241	840939	798258	79860185	72259274
国有企业	129	8076	8066	70823	71484	8867971	8047928
集体企业	7	177	180	623	618	10186	10728
股份合作企业	2	213	217	1653	1699	17350	17350
联营企业	3	239	221	1143	993	23397	25873
有限责任公司	669	51452	45336	317039	296621	18732677	18938317
股份有限公司	208	34205	33342	270878	268443	44780609	38539262
私营企业	606	36245	31256	176314	156090	7368027	6628280
其他企业	7	681	623	2466	2310	59968	51536
港、澳、台商投资企业	19	1930	1690	12883	11594	275231	246951
外商投资企业	39	3918	3699	32983	32254	4255975	4108709
直营门店合计		**113370**	**101610**	**829613**	**787627**	**78551671**	**75079139**
内资企业		107614	96309	783944	743974	74023326	70726303
国有企业		7673	7661	70641	71277	8839549	8019456
集体企业		157	160	563	558	8686	9228
股份合作企业		213	217	1653	1699	17350	17350
联营企业		183	179	918	879	19238	22434
有限责任公司		42671	36844	292726	274005	18018347	18279724
股份有限公司		27712	27003	254943	253076	40231230	38201943
私营企业		28525	23928	160494	140756	6843678	6143087
其他企业		480	317	2006	1724	45248	33081
港、澳、台商投资企业		1846	1612	12711	11438	273131	245001
外商投资企业		3910	3689	32958	32215	4255214	4107835
加盟门店合计		**23766**	**23020**	**57192**	**54479**	**5839720**	**1535795**
内资企业		23674	22932	56995	54284	5836859	1532971
国有企业		403	405	182	207	28422	28472
集体企业		20	20	60	60	1500	1500
股份合作企业							
联营企业		56	42	225	114	4159	3439
有限责任公司		8781	8492	24313	22616	714330	658593
股份有限公司		6493	6339	15935	15367	4549379	337319
私营企业		7720	7328	15820	15334	524349	485193
其他企业		201	306	460	586	14720	18455
港、澳、台商投资企业		84	78	172	156	2100	1950
外商投资企业		8	10	25	39	761	874

1-8 续表 5

加油站

项　　目	连锁总店数（个）	门店数（个）		年末从业人员（人）		年末零售营业面积（平方米）	
	2018年	2018年	2017年	2018年	2017年	2018年	2017年
总　计	**322**	**35551**	**34691**	**238066**	**249155**	**54530397**	**48192917**
内资企业	297	32675	31845	215175	225536	51362568	44980790
国有企业	74	6404	6320	45864	46771	7351402	6553168
集体企业							
股份合作企业	2	213	217	1653	1699	17350	17350
联营企业							
有限责任公司	50	4097	3967	30754	33084	6508003	6512651
股份有限公司	162	21846	21278	135879	143241	37377529	31804738
私营企业	9	115	63	1025	741	108284	92883
其他企业							
港、澳、台商投资企业	2	18	18	327	369	8000	8000
外商投资企业	23	2858	2828	22564	23250	3159829	3204127
直营门店合计		**34444**	**33766**	**234868**	**246651**	**50172269**	**48052645**
内资企业		31568	30920	211977	223032	47004440	44840518
国有企业		6401	6318	45828	46715	7351250	6553066
集体企业							
股份合作企业		213	217	1653	1699	17350	17350
联营企业							
有限责任公司		3989	3881	29962	32394	6456203	6485796
股份有限公司		20850	20441	133509	141483	33071353	31691423
私营企业		115	63	1025	741	108284	92883
其他企业							
港、澳、台商投资企业		18	18	327	369	8000	8000
外商投资企业		2858	2828	22564	23250	3159829	3204127
加盟门店合计		**1107**	**925**	**3198**	**2504**	**4358128**	**140272**
内资企业		1107	925	3198	2504	4358128	140272
国有企业		3	2	36	56	152	102
集体企业							
股份合作企业							
联营企业							
有限责任公司		108	86	792	690	51800	26855
股份有限公司		996	837	2370	1758	4306176	113315
私营企业							
其他企业							
港、澳、台商投资企业							
外商投资企业							

1-8 续表 6

专卖店

项　　目	连锁总店数（个）	门店数（个）		年末从业人员（人）		年末零售营业面积（平方米）	
	2018年	2018年	2017年	2018年	2017年	2018年	2017年
总　计	**384**	**34054**	**31186**	**233913**	**213032**	**6298932**	**5930240**
内资企业	315	25263	23380	127538	121050	3485569	3257150
国有企业	12	385	385	6322	6448	99488	112158
集体企业	1	38	38	289	299	3562	3562
股份合作企业	1	29	29	156	156	7124	7124
联营企业							
有限责任公司	149	10173	9664	60561	55289	1575866	1475553
股份有限公司	11	6605	5446	20257	17696	782188	657141
私营企业	136	7300	7092	36654	37205	892229	880293
其他企业	5	733	726	3299	3957	125112	121319
港、澳、台商投资企业	45	4183	3647	40687	34288	821374	978669
外商投资企业	24	4608	4159	65688	57694	1991989	1694421
直营门店合计		**21097**	**19097**	**198217**	**181724**	**5220011**	**4890046**
内资企业		13679	12680	95195	93327	2676048	2511406
国有企业		385	385	6322	6448	99488	112158
集体企业		38	38	289	299	3562	3562
股份合作企业		29	29	156	156	7124	7124
联营企业							
有限责任公司		6707	6042	48675	45609	1295353	1212765
股份有限公司		857	742	7335	7479	525020	456983
私营企业		5024	4820	29134	29392	625769	603195
其他企业		639	624	3284	3944	119732	115619
港、澳、台商投资企业		3615	3090	37818	31237	660815	799928
外商投资企业		3803	3327	65204	57160	1883148	1578712
加盟门店合计		**12957**	**12089**	**35696**	**31308**	**1078921**	**1040194**
内资企业		11584	10700	32343	27723	809521	745744
国有企业							
集体企业							
股份合作企业							
联营企业							
有限责任公司		3466	3622	11886	9680	280513	262788
股份有限公司		5748	4704	12922	10217	257168	200158
私营企业		2276	2272	7520	7813	266460	277098
其他企业		94	102	15	13	5380	5700
港、澳、台商投资企业		568	557	2869	3051	160559	178741
外商投资企业		805	832	484	534	108841	115709

1-8 续表 7

其他

项　目	连锁总店数（个）	门店数（个）		年末从业人员（人）		年末零售营业面积（平方米）	
	2018年	2018年	2017年	2018年	2017年	2018年	2017年
总　计	**73**	**9824**	**9789**	**42063**	**35497**	**3341367**	**2387778**
内资企业	67	9387	9383	39587	32930	3219815	2285565
国有企业	7	2056	2061	1970	1862	138020	138565
集体企业							
股份合作企业	1	7	7	206	192	9987	9987
联营企业							
有限责任公司	32	4897	4787	13089	11711	331695	279342
股份有限公司	2	629	741	16153	12008	2466622	1585719
私营企业	24	1775	1764	8124	7112	272341	270802
其他企业	1	23	23	45	45	1150	1150
港、澳、台商投资企业	2	358	324	1112	1002	49945	30036
外商投资企业	4	79	82	1364	1565	71607	72177
直营门店合计		**2931**	**2575**	**33146**	**26374**	**3031227**	**2065882**
内资企业		2648	2311	31362	24444	2936725	1980119
国有企业		36	36	1735	1582	56440	56440
集体企业							
股份合作企业		7	7	206	192	9987	9987
联营企业							
有限责任公司		2012	1757	11343	10001	308115	252749
股份有限公司		136	79	14011	9388	2385494	1485963
私营企业		457	432	4067	3281	176689	174980
其他企业							
港、澳、台商投资企业		216	194	432	390	23145	13836
外商投资企业		67	70	1352	1540	71357	71927
加盟门店合计		**6893**	**7214**	**8917**	**9123**	**310140**	**321896**
内资企业		6739	7072	8225	8486	283090	305446
国有企业		2020	2025	235	280	81580	82125
集体企业							
股份合作企业							
联营企业							
有限责任公司		2885	3030	1746	1710	23580	26593
股份有限公司		493	662	2142	2620	81128	99756
私营企业		1318	1332	4057	3831	95652	95822
其他企业		23	23	45	45	1150	1150
港、澳、台商投资企业		142	130	680	612	26800	16200
外商投资企业		12	12	12	25	250	250

1-9 按登记注册类型与部分业态分

便利店

项　　目	商品购进总额		统一配送商品购进额	
	2018年	2017年	2018年	2017年
总　计	**4457435**	**3759229**	**3517812**	**3053104**
内资企业	3380937	2851822	2971021	2458597
国有企业	289091	248003	258517	218745
集体企业				
股份合作企业				
联营企业				
有限责任公司	1561074	1328336	1324952	1056781
股份有限公司	302864	284924	302864	284924
私营企业	1222500	990022	1079280	897608
其他企业	5408	539	5408	539
港、澳、台商投资企业	557654	499463	27948	186563
外商投资企业	518844	407944	518844	407944
直营门店合计	**2904066**	**2355554**	**2394926**	**1958949**
内资企业	2212478	1833371	1923811	1536175
国有企业	215529	204357	190104	179891
集体企业				
股份合作企业				
联营企业				
有限责任公司	1174483	971957	955023	718880
股份有限公司	213857	193225	213857	193225
私营企业	603200	463293	559419	443640
其他企业	5408	539	5408	539
港、澳、台商投资企业	248421	254772	27948	155363
外商投资企业	443168	267411	443168	267411
加盟门店合计	**1553369**	**1403675**	**1122886**	**1094155**
内资企业	1168459	1018452	1047210	922422
国有企业	73562	43645	68413	38854
集体企业				
股份合作企业				
联营企业				
有限责任公司	386591	356378	369929	337901
股份有限公司	89007	91699	89007	91699
私营企业	619299	526729	519861	453968
其他企业				
港、澳、台商投资企业	309234	244691		31200
外商投资企业	75677	140533	75677	140533

连锁零售企业经营情况

单位：万元

自有配送中心配送商品购进额		非自有配送中心配送商品购进额		商品销售总额		零售额	
2018年	2017年	2018年	2017年	2018年	2017年	2018年	2017年
1620374	**1398286**	**839743**	**932066**	**5420155**	**4782193**	**4912451**	**4370442**
1444560	1213240	766694	708120	3946614	3493463	3626994	3274940
99237	80100	136825	113121	400603	425647	319971	356238
508116	449589	276780	276964	1783095	1595107	1665719	1568719
234414	203543	68450	81381	327372	308417	228239	211614
602794	480008	284638	236654	1427496	1156299	1405017	1130378
				8048	7992	8048	7992
25660	185046	765	594	816993	762179	816993	732461
150154		72284	223353	656549	526551	468465	363041
941757	**826788**	**557654**	**561788**	**3519395**	**3186256**	**3112362**	**2885379**
804692	672942	505376	467641	2569962	2295270	2351013	2182048
73240	64562	94410	89805	306462	299074	225830	229665
349140	329750	163704	149437	1358543	1212908	1244772	1187705
145407	111844	68450	81381	230308	213735	228239	211614
236906	166786	178813	147019	666603	561560	644123	545073
				8048	7992	8048	7992
25660	153846	765	594	342058	386313	342058	362168
111405		51513	93554	607375	504673	419291	341164
678617	**571498**	**282088**	**370278**	**1900760**	**1595937**	**1800089**	**1485063**
639868	540299	261318	240479	1376651	1198193	1275981	1092892
25997	15538	42416	23316	94141	126573	94141	126573
158976	119839	113076	127527	424553	382199	420946	381014
89007	91699			97064	94682		
365888	313222	105825	89636	760894	594739	760894	585305
	31200			474934	375866	474934	370293
38749		20771	129799	49174	21878	49174	21878

1-9 续表 1

超市

项　　目	商品购进总额		统一配送商品购进额	
	2018年	2017年	2018年	2017年
总　计	**31376134**	**29574758**	**24496610**	**24644437**
内资企业	26878318	25171013	20266251	20480268
国有企业	602816	495975	246719	251062
集体企业	8569	8714	1580	1797
股份合作企业	74213	68743	72400	68743
联营企业	12941	15366	12941	15366
有限责任公司	13324430	12539671	11341774	10643209
股份有限公司	8646843	8272744	5582895	6612618
私营企业	4160148	3719330	2959584	2837002
其他企业	48359	50472	48359	50472
港、澳、台商投资企业	791472	770846	533754	540698
外商投资企业	3706345	3632899	3696606	3623471
直营门店合计	**28604262**	**26857971**	**22356886**	**22537247**
内资企业	24422286	22727251	18442366	18646103
国有企业	506654	396851	245622	249952
集体企业	8569	8714	1580	1797
股份合作企业	72289	66925	70475	66925
联营企业	12941	15366	12941	15366
有限责任公司	12825276	12045893	11000730	10263694
股份有限公司	6999669	6653208	4244087	5311789
私营企业	3953755	3495842	2823796	2692128
其他企业	43135	44452	43135	44452
港、澳、台商投资企业	791472	770846	533754	540698
外商投资企业	3390505	3359875	3380766	3350447
加盟门店合计	**2771872**	**2716787**	**2139724**	**2107190**
内资企业	2456032	2443763	1823884	1834166
国有企业	96162	99124	1097	1110
集体企业				
股份合作企业	1925	1817	1925	1817
联营企业				
有限责任公司	499155	493778	341043	379515
股份有限公司	1647174	1619536	1338808	1300830
私营企业	206393	223488	135788	144875
其他企业	5224	6020	5224	6020
港、澳、台商投资企业				
外商投资企业	315840	273024	315840	273024

单位：万元

自有配送中心配送商品购进额		非自有配送中心配送商品购进额		商品销售总额		零售额	
2018年	2017年	2018年	2017年	2018年	2017年	2018年	2017年
17968591	**16450736**	**2838922**	**2768117**	**34309539**	**33461008**	**29029668**	**28383252**
14132318	12694498	2579828	2498793	29507621	28714288	25356122	24709810
201455	202178			580937	578148	483836	555833
1580	1797			8350	8428	6645	6546
72400	67250			84956	75215	84956	75215
12941	15366			13574	16055	9952	11751
8257865	5722855	599040	588163	14728085	14348683	11619177	11286691
3943538	5002968	1419729	1388248	9302963	9349703	8767856	8801043
1622883	1661425	556938	517600	4726577	4277065	4321522	3911741
19657	20660	4121	4781	62179	60992	62179	60992
168112	171982	259094	269324	941032	953596	878661	883218
3668160	3584256			3860886	3793124	2794886	2790224
16535600	**14980046**	**2209811**	**2181559**	**31359793**	**30408530**	**26113273**	**25359796**
13015168	11496832	1950717	1912235	26886875	25946211	22768727	21970755
200358	201068			472891	466773	375789	444458
1580	1797			8350	8428	6645	6546
70475	65432			82841	73211	82841	73211
12941	15366			13574	16055	9952	11751
7982805	5391189	574490	553952	14096481	13683465	10990682	10624537
3185737	4233065	840744	859286	7656639	7617289	7145031	7081163
1545796	1572795	532404	495696	4499322	4025915	4101010	3674014
15476	16121	3079	3301	56778	55074	56778	55074
168112	171982	259094	269324	941032	953596	878661	883218
3352320	3311232			3531886	3508724	2465886	2505824
1432991	**1470690**	**629111**	**586558**	**2949746**	**3052478**	**2916395**	**3023456**
1117151	1197666	629111	586558	2620746	2768078	2587395	2739056
1097	1110			108047	111375	108047	111375
1925	1817			2115	2003	2115	2003
275060	331667	24549	34212	631605	665218	628496	662153
757801	769903	578985	528961	1646324	1732414	1622825	1719880
77087	88630	24534	21905	227255	251150	220511	237727
4182	4539	1043	1480	5402	5918	5402	5918
315840	273024			329000	284400	329000	284400

1-9 续表 2

大型超市

项　目	商品购进总额		统一配送商品购进额	
	2018年	2017年	2018年	2017年
总　计	**41262353**	**39861261**	**28250626**	**28596727**
内资企业	13534247	13289955	11211669	9903544
国有企业	30050	24729	2210	2194
集体企业				
股份合作企业				
联营企业				
有限责任公司	6902161	6105213	5686541	3887074
股份有限公司	4511309	5253520	3809505	4426919
私营企业	2090727	1906493	1713412	1587356
其他企业				
港、澳、台商投资企业	17561905	15728058	13317359	12841942
外商投资企业	10166201	10843249	3721597	5851242
直营门店合计	**36785328**	**35038739**	**23869418**	**23868483**
内资企业	13422419	13114319	11139494	9769036
国有企业	30050	24729	2210	2194
集体企业				
股份合作企业				
联营企业				
有限责任公司	6795363	5934906	5619396	3757896
股份有限公司	4507351	5248496	3805548	4421895
私营企业	2089655	1906188	1712340	1587051
其他企业				
港、澳、台商投资企业	13555660	11418284	9311114	8532168
外商投资企业	9807250	10506137	3418810	5567280
加盟门店合计	**4477025**	**4822522**	**4381208**	**4728244**
内资企业	111829	175636	72176	134508
国有企业				
集体企业				
股份合作企业				
联营企业				
有限责任公司	106799	170307	67146	129178
股份有限公司	3957	5025	3957	5025
私营企业	1072	305	1072	305
其他企业				
港、澳、台商投资企业	4006246	4309774	4006246	4309774
外商投资企业	358951	337112	302787	283962

单位：万元

自有配送中心配送商品购进额		非自有配送中心配送商品购进额		商品销售总额		零售额	
2018年	2017年	2018年	2017年	2018年	2017年	2018年	2017年
13609974	**14731630**	**6833191**	**5617570**	**46654251**	**43313138**	**40690527**	**38597886**
6935700	6185668	2125421	1756844	17009975	15811007	15675929	14611150
2039	2057	172	138	33956	27844	33956	27844
2494264	1205148	1328652	994560	7582452	7109826	6426815	6096945
3057533	3708722	742672	708938	6951379	6527040	6787992	6366036
1381864	1269741	53925	53208	2442188	2146296	2427166	2120325
4447334	4516704	4297236	3309801	18058244	16091852	15261012	14130908
2226940	4029258	410534	550925	11586033	11410280	9753586	9855829
13250308	**14336467**	**6817895**	**5594263**	**41802153**	**38712142**	**35838429**	**33996890**
6876212	6071433	2112732	1736571	16903644	15645806	15569598	14445949
2039	2057	172	138	33956	27844	33956	27844
2439807	1096243	1315964	974287	7477922	6945870	6322285	5932989
3053576	3703698	742672	708938	6950622	6526198	6787235	6365194
1380791	1269436	53925	53208	2441144	2145894	2426122	2119922
4447334	4516704	4297236	3309801	13644515	11959756	10847283	9998812
1926762	3748330	407926	547891	11253994	11106580	9421548	9552129
359666	**395163**	**15296**	**23307**	**4852098**	**4600996**	**4852098**	**4600996**
59487	114235	12688	20273	106331	165201	106331	165201
54458	108905	12688	20273	104530	163956	104530	163956
3957	5025			757	842	757	842
1072	305			1044	403	1044	403
				4413729	4132096	4413729	4132096
300179	280928	2608	3034	332039	303700	332039	303700

1-9 续表 3

百货店

项　　目	商品购进总额		统一配送商品购进额	
	2018年	2017年	2018年	2017年
总　计	**31866561**	**30888358**	**14154101**	**14003595**
内资企业	25995541	24792902	10491055	10262426
国有企业	2117	2055	2117	2055
集体企业	437520	712512	9184	9062
股份合作企业				
联营企业				
有限责任公司	2135887	2153271	1393663	1356389
股份有限公司	21017483	19244246	6970264	6765318
私营企业	2402534	2680818	2115828	2129601
其他企业				
港、澳、台商投资企业	5091076	5321464	3663046	3741169
外商投资企业	779944	773992		
直营门店合计	**31300166**	**30202580**	**13614810**	**13387756**
内资企业	25602528	24367085	10098192	9877939
国有企业	805	782	805	782
集体企业	437370	671182	9184	9062
股份合作企业				
联营企业				
有限责任公司	2135887	2153271	1393663	1356389
股份有限公司	20973261	19201995	6926042	6723067
私营企业	2055204	2339855	1768499	1788638
其他企业				
港、澳、台商投资企业	4917694	5061503	3516618	3509817
外商投资企业	779944	773992		
加盟门店合计	**566395**	**685778**	**539291**	**615839**
内资企业	393013	425817	392863	384487
国有企业	1312	1273	1312	1273
集体企业	150	41330		
股份合作企业				
联营企业				
有限责任公司				
股份有限公司	44222	42250	44222	42250
私营企业	347329	340963	347329	340963
其他企业				
港、澳、台商投资企业	173382	259961	146428	231352
外商投资企业				

单位：万元

自有配送中心配送商品购进额		非自有配送中心配送商品购进额		商品销售总额		零售额	
2018年	2017年	2018年	2017年	2018年	2017年	2018年	2017年
9936774	**9951987**	**1698342**	**1682823**	**37814131**	**37435382**	**31962091**	**32046812**
6726906	6749276	1370384	1402720	31203607	30932047	25490713	25725570
2117	2055			1798	1742	1798	1742
8402	8130			485964	659394	324420	410881
569278	594448	419357	410946	2876841	2808891	2517263	2494057
4223740	4227190	846020	898697	24979828	24470799	20334132	20368711
1923369	1917453	105007	93077	2859176	2991221	2313100	2450179
3209868	3202710	327958	280104	5396807	5213093	5257660	5030999
				1213718	1290243	1213718	1290243
9517262	**9447274**	**1622785**	**1613947**	**37135583**	**36665202**	**31283743**	**31329005**
6447897	6469976	1300752	1339784	30683769	30394017	24971075	25208547
805	782			739	717	739	717
8402	8130			485764	638387	324420	410881
569278	594448	419357	410946	2876841	2808891	2517263	2494057
4223740	4227190	846020	898697	24928298	24430146	20282602	20328058
1645671	1639426	35375	30141	2392127	2515876	1846051	1974834
3069365	2977298	322033	274164	5238096	4980942	5098950	4830216
				1213718	1290243	1213718	1290243
419512	**504713**	**75557**	**68876**	**678548**	**770181**	**678348**	**717806**
279010	279300	69632	62936	519838	538030	519638	517023
1312	1273			1059	1025	1059	1025
				200	21007		
				51530	40653	51530	40653
277698	278027	69632	62936	467049	475345	467049	475345
140502	225412	5926	5940	158710	232151	158710	200783

1-9　续表 4

专业店(含加油站)

项　　目	商品购进总额		统一配送商品购进额	
	2018年	2017年	2018年	2017年
总　计	**185019505**	**169001468**	**156126811**	**143581525**
内资企业	176993044	161946383	150084196	138222008
国有企业	28673905	25873671	25124026	23327112
集体企业	29986	35038	20811	19705
股份合作企业	808782	772633	796462	761580
联营企业	81420	72719	71323	72719
有限责任公司	46869877	43496907	40308886	37424311
股份有限公司	86848456	79413754	71332482	65364132
私营企业	13616655	12224315	12373167	11201564
其他企业	63965	57345	57038	50884
港、澳、台商投资企业	481003	407087	479399	405727
外商投资企业	7545458	6647998	5563215	4953790
直营门店合计	**181946238**	**165832297**	**153412661**	**140665289**
内资企业	173924188	158782246	147374365	135310405
国有企业	28619016	25815687	25069617	23269586
集体企业	29386	34439	20811	19705
股份合作企业	808782	772633	796462	761580
联营企业	66167	67659	56070	67659
有限责任公司	45481522	42201591	39139544	36263480
股份有限公司	85976881	78257327	70484142	64207867
私营企业	12881196	11578635	11753337	10672645
其他企业	61238	54278	54382	47884
港、澳、台商投资企业	476685	402454	475081	401094
外商投资企业	7545365	6647595	5563215	4953790
加盟门店合计	**3073267**	**3169172**	**2714150**	**2916235**
内资企业	3068855	3164137	2709832	2911603
国有企业	54889	57983	54410	57526
集体企业	599	599		
股份合作企业				
联营企业	15253	5061	15253	5061
有限责任公司	1388355	1295317	1169342	1160832
股份有限公司	871575	1156428	848342	1156266
私营企业	735459	645681	619830	528919
其他企业	2726	3067	2656	3000
港、澳、台商投资企业	4319	4633	4319	4633
外商投资企业	93	403		

单位：万元

自有配送中心配送商品购进额		非自有配送中心配送商品购进额		商品销售总额		零售额	
2018年	2017年	2018年	2017年	2018年	2017年	2018年	2017年
97628344	**88380920**	**15939147**	**16376148**	**218792524**	**197600419**	**156151993**	**142411814**
95633487	86746236	14627147	15222386	205039046	185523642	144121501	132360476
10157947	9221598	5127800	5120579	32886979	30769849	20828593	19479677
20811	19705			47820	53171	39120	45440
796462	761580			1135740	1089015	818780	841601
				97721	88943	97721	88943
26836052	23750090	3576106	5055652	55817626	50655053	40836468	37717870
52353889	48034710	5358185	4535421	98988360	89167726	68184789	62941726
5411288	4907670	565057	510734	15981678	13626312	13232908	11171648
57038	50884			83122	73573	83122	73573
102014	100754	161829	124463	703554	614540	684876	587439
1892843	1533930	1150172	1029301	13049924	11462237	11345617	9463899
96063189	**86389118**	**15599057**	**16041431**	**215485145**	**194192477**	**154038961**	**140431376**
94072650	84759067	14287057	14887668	201736622	182121105	142008571	130380209
10134189	9195467	5097148	5089237	32824688	30706076	20772272	19423356
20811	19705			46920	52271	39120	45440
796462	761580			1135740	1089015	818780	841601
				80088	83906	80088	83906
25901716	22815202	3417151	4915614	54355887	49264050	39938921	36857090
51987104	47276021	5260710	4470475	98033458	87930821	67648222	62476461
5177985	4643209	512049	412343	15181819	12927263	12633145	10584652
54382	47884			78023	67705	78023	67705
97695	96121	161829	124463	698701	609306	684876	587439
1892843	1533930	1150172	1029301	13049822	11462065	11345515	9463728
1565156	**1991802**	**340091**	**334718**	**3307379**	**3407943**	**2113032**	**1980438**
1560837	1987169	340091	334718	3302424	3402537	2112929	1980267
23757	26131	30652	31342	62292	63774	56321	56321
				900	900		
				17634	5037	17634	5037
934336	934888	158955	140039	1461739	1391004	897547	860779
366785	758689	97475	64946	954902	1236905	536567	465265
233303	264460	53008	98391	799859	699049	599762	586996
2656	3000			5099	5868	5099	5868
4319	4633			4852	5235		
				103	171	103	171

1-9 续表 5

加油站

项　　目	商品购进总额		统一配送商品购进额	
	2018年	2017年	2018年	2017年
总　计	**117036941**	**106421429**	**99873516**	**92041235**
内资企业	110918907	101088423	95737376	88401740
国有企业	21866718	18938705	18847188	16996373
集体企业				
股份合作企业	808782	772633	796462	761580
联营企业				
有限责任公司	16650810	16462495	15638622	15632361
股份有限公司	71388926	64818449	60384802	54956773
私营企业	203671	96141	70302	54653
其他企业				
港、澳、台商投资企业	29476	27542	29476	27542
外商投资企业	6088558	5305464	4106664	3611953
直营门店合计	**115851456**	**105419741**	**98711599**	**91040004**
内资企业	109733422	100086734	94575459	87400509
国有企业	21866239	18938247	18847188	16996373
集体企业				
股份合作企业	808782	772633	796462	761580
联营企业				
有限责任公司	15917935	15826225	14905747	14996090
股份有限公司	70936795	64453489	59955760	54591813
私营企业	203671	96141	70302	54653
其他企业				
港、澳、台商投资企业	29476	27542	29476	27542
外商投资企业	6088558	5305464	4106664	3611953
加盟门店合计	**1185485**	**1001689**	**1161917**	**1001231**
内资企业	1185485	1001689	1161917	1001231
国有企业	479	457		
集体企业				
股份合作企业				
联营企业				
有限责任公司	732875	636271	732875	636271
股份有限公司	452132	364961	429043	364961
私营企业				
其他企业				
港、澳、台商投资企业				
外商投资企业				

单位：万元

自有配送中心配送商品购进额		非自有配送中心配送商品购进额		商品销售总额		零售额	
2018年	2017年	2018年	2017年	2018年	2017年	2018年	2017年
61802897	**55762386**	**8518134**	**8904972**	**141538183**	**125688877**	**98233454**	**89025858**
60307673	54608596	8384452	8796991	130426002	116002937	88591068	81065760
6490158	5968206	2545342	2070933	24765201	22278467	18306615	17091883
796462	761580			1135740	1089015	818780	841601
10484341	9359681	790069	2475461	22580242	19721921	13954407	12404935
42519862	38501629	5026819	4250597	81723932	72815386	55444640	50663560
16850	17500	22223		220888	98148	66626	63781
				43548	48578	31084	32690
1495223	1153790	133683	107982	11068633	9637362	9611303	7927408
61074904	**55126115**	**8472511**	**8871878**	**140250217**	**124589595**	**97272745**	**88176473**
59579680	53972325	8338829	8763896	129138036	114903655	87630359	80216375
6490158	5968206	2545342	2070933	24764722	22278010	18306507	17091883
796462	761580			1135740	1089015	818780	841601
9756348	8723410	790069	2475461	21847367	19085651	13473311	11982634
42519862	38501629	4981196	4217502	81169319	72352832	54965135	50236476
16850	17500	22223		220888	98148	66626	63781
				43548	48578	31084	32690
1495223	1153790	133683	107982	11068633	9637362	9611303	7927408
727993	**636271**	**45623**	**33095**	**1287966**	**1099282**	**960709**	**849385**
727993	636271	45623	33095	1287966	1099282	960709	849385
				479	457	108	
727993	636271			732875	636271	481096	422301
		45623	33095	554613	462554	479505	427084

1-9 续表 6

专卖店

项目	商品购进总额		统一配送商品购进额	
	2018年	2017年	2018年	2017年
总计	**20122712**	**18097949**	**12792481**	**12011190**
内资企业	10748983	9443115	8415363	7563609
国有企业	1244282	1092826	692232	631133
集体企业	14896	14874	14896	14874
股份合作企业	52159	53582		
联营企业				
有限责任公司	6927905	5654421	5888971	4906669
股份有限公司	915948	1175841	496301	778076
私营企业	1409650	1355412	1145496	1141129
其他企业	184144	96159	177467	91729
港、澳、台商投资企业	2429833	2792367	872852	1577086
外商投资企业	6943896	5862467	3504266	2870495
直营门店合计	**19060526**	**17119106**	**12046298**	**11362915**
内资企业	9765330	8551968	7747260	7003029
国有企业	1244282	1092826	692232	631133
集体企业	14896	14874	14896	14874
股份合作企业	52159	53582		
联营企业				
有限责任公司	6484897	5215134	5473508	4552270
股份有限公司	536967	846198	356481	670621
私营企业	1248950	1233993	1033641	1043202
其他企业	183179	95360	176502	90930
港、澳、台商投资企业	2406070	2727903	849541	1512622
外商投资企业	6889127	5839236	3449496	2847264
加盟门店合计	**1062186**	**978843**	**746184**	**648275**
内资企业	983653	891148	668103	560580
国有企业				
集体企业				
股份合作企业				
联营企业				
有限责任公司	443008	439286	415463	354399
股份有限公司	378981	329644	139820	107455
私营企业	160700	121419	111856	97927
其他企业	965	799	965	799
港、澳、台商投资企业	23763	64464	23311	64464
外商投资企业	54770	23231	54770	23231

单位：万元

自有配送中心配送商品购进额		非自有配送中心配送商品购进额		商品销售总额		零售额	
2018年	2017年	2018年	2017年	2018年	2017年	2018年	2017年
6729669	**5548738**	**1508227**	**1819681**	**27762474**	**24777431**	**20838356**	**19783998**
6213400	5154800	1004106	564715	12983678	11906456	7062006	7347583
323116	331355	237964	168078	1376733	1534442	357656	406046
		14896	14874	20847	19410	20847	19410
				54924	33159	16935	
4906212	3818561	439538	295269	7973535	6631057	3622747	3622662
157952	258545	191715		1403197	1658466	1357667	1612608
755164	705168	119993	86494	1998594	1895313	1530306	1552850
70956	41172			155849	134610	155849	134008
211985	186408	339038	1008086	4941116	4126805	4744719	3885303
304285	207530	165083	246881	9837680	8744170	9031632	8551111
6189105	**5051485**	**1346371**	**1810852**	**26213685**	**23327940**	**19541860**	**18547900**
5730452	4686056	845243	558780	11618791	10602705	5936963	6252802
323116	331355	237964	168078	1376733	1534442	357656	406046
		14896	14874	20847	19410	20847	19410
				54924	33159	16935	
4636016	3535917	300443	289345	7443780	6065413	3171695	3165031
38004	151163	171947		766832	1091520	742899	1069006
662361	626449	119993	86484	1801081	1725203	1472339	1460354
70956	41172			154594	133557	154594	132955
202225	175008	336045	1005191	4854792	4011126	4658395	3769625
256428	190420	165083	246881	9740103	8714109	8946502	8525474
540565	**497254**	**161856**	**8829**	**1548788**	**1447616**	**1296495**	**1236098**
482947	468744	158863	5934	1364887	1301877	1125042	1094782
270196	282643	139095	5924	529755	563769	451052	457631
119949	107382	19768		636364	566946	614769	543603
92803	78719		10	197513	170109	57967	92496
				1255	1053	1255	1053
9760	11400	2993	2895	86324	115679	86324	115679
47857	17110			97577	30061	85129	25637

1-9 续表 7

其他

项目	商品购进总额		统一配送商品购进额	
	2018年	2017年	2018年	2017年
总计	**4151663**	**3865664**	**2670966**	**2414515**
内资企业	3808770	3641527	2582050	2305692
国有企业	911416	973029	851781	915148
集体企业				
股份合作企业	20105	19924		
联营企业				
有限责任公司	1021474	1019648	433780	387978
股份有限公司	1486110	1338518	1058018	801012
私营企业	369657	290407	238470	201555
其他企业	8	2		
港、澳、台商投资企业	207919	72343	670	3263
外商投资企业	134973	151794	88247	105560
直营门店合计	**3641938**	**3364135**	**2347308**	**2026846**
内资企业	3383012	3178368	2259458	1919089
国有企业	722826	734178	663589	676786
集体企业				
股份合作企业	20105	19924		
联营企业				
有限责任公司	957633	945801	409929	351714
股份有限公司	1436917	1282970	1041288	762214
私营企业	245531	195496	144652	128376
其他企业				
港、澳、台商投资企业	125020	35040	670	3263
外商投资企业	133906	150727	87180	104494
加盟门店合计	**509725**	**501529**	**323658**	**387669**
内资企业	425759	463159	322592	386603
国有企业	188590	238851	188192	238362
集体企业				
股份合作企业				
联营企业				
有限责任公司	63842	73847	23852	36264
股份有限公司	49193	55548	16730	38798
私营企业	124125	94911	93818	73179
其他企业	8	2		
港、澳、台商投资企业	82900	37303		
外商投资企业	1067	1067	1067	1067

单位：万元

自有配送中心配送商品购进额		非自有配送中心配送商品购进额		商品销售总额		零售额	
2018年	2017年	2018年	2017年	2018年	2017年	2018年	2017年
2181547	**1875110**	**35052**	**20928**	**5852521**	**5446425**	**2678655**	**2308540**
2093300	1766287	34382	20928	5549316	5164473	2560289	2199987
572091	575669			1174269	1226918	209644	204173
				23193	19815	13597	6838
343164	282463	30119	11554	1191537	1034139	622981	500927
1038668	798924			2671939	2493447	1381019	1262250
139377	109231	4263	9374	488371	390153	333049	225800
				6	2		
	3263	670		78106	70909	704	537
88247	105560			225098	211044	117662	108017
2079092	**1773448**	**31423**	**10749**	**5292837**	**4848244**	**2389630**	**2055406**
1991912	1665691	30753	10749	5021407	4601921	2272119	1947708
571109	574658			980776	985437	207315	201812
				23193	19815	13597	6838
340635	280329	29217	10623	1068123	901475	518827	402509
1025808	760544			2614804	2420781	1327538	1189932
54360	50161	1537	125	334510	274412	204843	146618
	3263	670		47188	36135	704	537
87180	104494			224242	210188	116807	107161
102455	**101662**	**3629**	**10180**	**559684**	**598181**	**289025**	**253134**
101388	100595	3629	10180	527910	562552	288170	252279
982	1011			193494	241480	2329	2361
2529	2134	902	931	123414	132664	104154	98417
12860	38380			57135	72666	53481	72318
85017	59070	2727	9249	153861	115741	128206	79182
				6	2		
				30918	34773		
1067	1067			856	856	856	856

1-10 连锁零售企业门店分布情况

门店所在地	合计(个)		直营门店(个)		加盟门店(个)	
	2018年	2017年	2018年	2017年	2018年	2017年
总 计	**249711**	**232895**	**175336**	**158574**	**74375**	**74321**
北 京	10073	8968	7800	6772	2273	2196
天 津	2750	2391	2007	1676	743	715
河 北	7770	6994	6640	5913	1130	1081
山 西	5624	4814	3273	2775	2351	2039
内蒙古	1403	1197	756	604	647	593
辽 宁	8553	7324	7039	5744	1514	1580
吉 林	2539	2336	2390	2162	149	174
黑龙江	1852	1860	1564	1555	288	305
上 海	16611	16179	10692	10707	5919	5472
江 苏	20669	18492	14170	12138	6499	6354
浙 江	23694	25076	12244	11505	11450	13571
安 徽	12933	11620	6611	5433	6322	6187
福 建	9217	8520	5502	5118	3715	3402
江 西	7530	6790	4314	3864	3216	2926
山 东	16684	15290	13937	12678	2747	2612
河 南	7500	6942	6009	5286	1491	1656
湖 北	10275	9686	7817	7680	2458	2006
湖 南	11670	10765	7997	7098	3673	3667
广 东	19978	18764	15368	14437	4610	4327
广 西	7156	6441	5276	4688	1880	1753
海 南	923	868	878	821	45	47
重 庆	10092	10523	5255	5066	4837	5457
四 川	13759	12766	9438	8960	4321	3806
贵 州	1894	1532	1717	1338	177	194
云 南	6454	5967	6089	5587	365	380
西 藏	124	108	81	75	43	33
陕 西	4754	3656	4171	3049	583	607
甘 肃	1555	1417	1479	1342	76	75
青 海	236	385	170	165	66	220
宁 夏	1555	1506	1373	1322	182	184
新 疆	3714	3566	3111	2866	603	700
港澳台及国外	170	152	168	150	2	2

1-11 连锁零售企业配送中心分布情况

所在地	配送中心数(个)		自有配送中心数(个)	
	2018年	2017年	2018年	2017年
全国	**2815**	**2734**	**2437**	**2358**
北京	218	154	173	107
天津	26	25	22	24
河北	90	95	75	76
山西	49	52	42	45
内蒙古	14	14	10	12
辽宁	64	66	52	54
吉林	27	27	24	24
黑龙江	26	28	23	24
上海	66	67	49	51
江苏	261	272	196	211
浙江	280	277	247	243
安徽	122	118	108	108
福建	134	127	118	113
江西	59	63	52	55
山东	201	172	193	163
河南	95	98	86	92
湖北	121	124	104	103
湖南	112	113	99	102
广东	238	230	219	213
广西	72	76	64	67
海南	6	7	6	7
重庆	94	104	90	95
四川	127	127	98	97
贵州	20	24	18	20
云南	29	31	24	27
西藏	1			
陕西	60	61	54	54
甘肃	13	14	10	11
青海	26	27	26	27
宁夏	45	41	39	36
新疆	119	99	116	96
港澳台及国外		1		1

1-12 连锁零售企业门店在36城市分布情况

门店所在地	合计(个)		直营门店(个)		加盟门店(个)	
	2018年	2017年	2018年	2017年	2018年	2017年
合 计	**124444**	**114604**	**90614**	**82684**	**33830**	**31920**
北 京	10073	8968	7800	6772	2273	2196
天 津	2750	2391	2007	1676	743	715
石家庄	7770	6994	6640	5913	1130	1081
太 原	3298	2748	1445	1131	1853	1617
呼和浩特	688	496	422	283	266	213
沈 阳	1970	1564	1743	1477	227	87
大 连	2837	2835	1735	1639	1102	1196
长 春	1364	1505	1339	1468	25	37
哈尔滨	1265	1207	1122	1071	143	136
上 海	16611	16179	10692	10707	5919	5472
南 京	3574	2588	3152	2177	422	411
杭 州	4455	4261	3068	2987	1387	1274
宁 波	2319	2159	1631	1498	688	661
合 肥	2602	2063	2099	1568	503	495
福 州	1507	1522	1094	1006	413	516
厦 门	2876	2006	1390	1363	1486	643
南 昌	1998	1638	1414	1071	584	567
济 南	1074	1041	971	966	103	75
青 岛	4478	4229	3545	3247	933	982
郑 州	1847	2009	1682	1534	165	475
武 汉	5372	5053	4267	4202	1105	851
长 沙	3864	3559	2536	2296	1328	1263
广 州	6159	5453	4555	4026	1604	1427
深 圳	5319	5152	3433	3382	1886	1770
南 宁	1391	1385	784	852	607	533
海 口	403	383	378	357	25	26
重 庆	10092	10523	5255	5066	4837	5457
成 都	7295	6855	5940	5877	1355	978
贵 阳	1126	901	1109	882	17	19
昆 明	2628	2542	2587	2512	41	30
拉 萨	116	103	81	75	35	28
西 安	2402	1538	2176	1266	226	272
兰 州	813	687	783	664	30	23
西 宁	139	198	124	128	15	70
银 川	464	483	452	463	12	20
乌鲁木齐	1505	1386	1163	1082	342	304

1-13 连锁零售企业配送中心在36城市分布情况

所在地	配送中心数(个)		自有配送中心数(个)	
	2018年	2017年	2018年	2017年
合　计	**1191**	**1167**	**989**	**972**
北　京	218	154	173	107
天　津	26	25	22	24
石家庄	90	95	75	76
太　原	13	15	10	13
呼和浩特	2	3	2	3
沈　阳	10	10	8	9
大　连	14	17	6	9
长　春	10	11	8	9
哈尔滨	12	13	11	11
上　海	66	67	49	51
南　京	22	27	15	18
杭　州	51	49	44	43
宁　波	25	23	21	21
合　肥	35	32	29	27
福　州	15	14	12	12
厦　门	40	39	34	35
南　昌	14	19	12	16
济　南	6	8	5	7
青　岛	40	40	32	35
郑　州	19	21	14	19
武　汉	63	61	50	44
长　沙	57	58	53	54
广　州	84	88	81	85
深　圳	28	28	21	23
南　宁	10	14	9	13
海　口		1		1
重　庆	94	104	90	95
成　都	42	44	34	37
贵　阳	8	10	6	7
昆　明	12	14	10	13
拉　萨	1			
西　安	17	17	14	16
兰　州	6	7	4	5
西　宁	3	3	3	3
银　川	14	13	10	10
乌鲁木齐	24	23	22	21

第二部分

零售企业地区篇

2-1 各地区连锁零售企业基本情况

地区	连锁总店数（个）	门店数（个）		年末从业人员（人）		年末零售营业面积（平方米）	
	2018年	2018年	2017年	2018年	2017年	2018年	2017年
全　国	**2934**	**249711**	**232895**	**2389945**	**2347811**	**179246788**	**167481861**
北　京	180	9862	8540	167363	169621	9222516	9059133
天　津	32	2271	2081	25668	24278	2047757	1891656
河　北	117	6557	6024	57940	55503	6551190	6492688
山　西	63	5136	4392	40505	38058	3350031	3118459
内蒙古	18	1041	836	6399	5420	347723	314164
辽　宁	99	7428	6175	55015	50920	3326306	4474073
吉　林	28	2165	1964	13608	12779	725185	599155
黑龙江	33	1480	1483	14170	15060	484694	494047
上　海	136	23079	22256	279190	283776	13059273	12589906
江　苏	191	22353	19986	275719	259010	19325223	18281477
浙　江	221	23443	25160	121913	141209	11057926	11257934
安　徽	75	11603	10388	91815	92253	6762938	5781918
福　建	181	11719	10777	119655	112849	11669115	11080646
江　西	75	5744	4781	49271	48216	3708196	3332075
山　东	168	15362	14048	188257	178437	25086064	19098429
河　南	117	6127	5788	60022	63482	5805037	5520544
湖　北	144	10667	9644	127942	126066	7309062	7094733
湖　南	121	10766	10148	93196	87853	9027054	8593936
广　东	309	24257	22986	215409	210120	13412614	13700585
广　西	85	6491	5771	43379	42055	5154168	4587774
海　南	5	782	738	5035	5093	439853	368633
重　庆	79	9218	9733	83243	84907	4678768	4587071
四　川	146	13581	12576	97028	94714	4817354	3940253
贵　州	29	1558	1228	11611	10277	643005	442631
云　南	32	6136	5673	37719	34426	1446832	2049660
西　藏	3	110	97	883	840	33075	31307
陕　西	71	3958	3021	41531	35649	2588961	2550886
甘　肃	18	1362	1224	9901	9795	826522	767104
青　海	10	187	341	4841	4758	169494	160729
宁　夏	53	1394	1344	15701	15940	2203674	2174573
新　疆	95	3874	3692	36016	34447	3967178	3045682

2-2 各地区连锁零售企业直营门店基本情况

地区	门店数（个）		年末从业人员（人）		年末零售营业面积（平方米）	
	2018年	2017年	2018年	2017年	2018年	2017年
全国	**175336**	**158574**	**2126694**	**2082692**	**164656526**	**157428587**
北京	7743	6530	155028	155205	8909947	8695558
天津	1750	1553	24298	22901	1992887	1836786
河北	6122	5496	57096	54337	6519776	6453573
山西	3076	2629	30317	29266	3221732	3005172
内蒙古	596	449	5398	4636	323785	293990
辽宁	6260	4975	49402	45055	3193093	4326976
吉林	2161	1960	13600	12771	724785	598755
黑龙江	1363	1368	13897	14775	481724	491337
上海	15079	14676	200319	200615	8662155	8560050
江苏	15694	13510	247019	234578	18374653	17362071
浙江	11528	10838	97283	112193	10288142	10351101
安徽	5904	4771	78549	79046	6325087	5366169
福建	7090	6671	108343	102120	11245324	10693770
江西	3957	3434	44396	43259	3439767	3091924
山东	13297	12063	181237	171568	20687833	18875309
河南	5449	4828	57819	61186	5698217	5414279
湖北	7967	7650	121531	121304	7106707	6904225
湖南	7423	6758	85758	80660	8816168	8390564
广东	16306	15432	196003	193227	12622323	12923967
广西	4944	4354	38264	37049	5019062	4462049
海南	782	738	5035	5093	439853	368633
重庆	4830	4667	76097	75697	4405459	4291036
四川	8945	8429	86627	85548	4494168	3709998
贵州	1520	1162	11573	10098	641477	441043
云南	5837	5345	37183	33850	1433338	2033022
西藏	80	74	800	795	30525	30157
陕西	3661	2680	40339	34341	2567621	2522676
甘肃	1359	1223	9894	9790	826262	767004
青海	138	137	4768	4523	167474	148489
宁夏	1310	1248	15416	15510	2193945	2162184
新疆	3165	2926	33405	31696	3803237	2856720

2-3 各地区连锁零售企业加盟门店基本情况

地区	门店数（个）		年末从业人员（人）		年末零售营业面积（平方米）	
	2018年	2017年	2018年	2017年	2018年	2017年
全　国	**74375**	**74321**	**263251**	**265119**	**14590262**	**10053274**
北　京	2119	2010	12335	14416	312569	363575
天　津	521	528	1370	1377	54870	54870
河　北	435	528	844	1166	31414	39115
山　西	2060	1763	10188	8792	128299	113287
内蒙古	445	387	1001	784	23938	20174
辽　宁	1168	1200	5613	5865	133213	147097
吉　林	4	4	8	8	400	400
黑龙江	117	115	273	285	2970	2710
上　海	8000	7580	78871	83161	4397118	4029856
江　苏	6659	6476	28700	24432	950570	919406
浙　江	11915	14322	24630	29016	769784	906833
安　徽	5699	5617	13266	13207	437851	415749
福　建	4629	4106	11312	10729	423791	386876
江　西	1787	1347	4875	4957	268429	240151
山　东	2065	1985	7020	6869	4398231	223120
河　南	678	960	2203	2296	106820	106265
湖　北	2700	1994	6411	4762	202355	190508
湖　南	3343	3390	7438	7193	210886	203372
广　东	7951	7554	19406	16893	790291	776618
广　西	1547	1417	5115	5006	135106	125725
海　南						
重　庆	4388	5066	7146	9210	273309	296035
四　川	4636	4147	10401	9166	323186	230255
贵　州	38	66	38	179	1528	1588
云　南	299	328	536	576	13494	16638
西　藏	30	23	83	45	2550	1150
陕　西	297	341	1192	1308	21340	28210
甘　肃	3	1	7	5	260	100
青　海	49	204	73	235	2020	12240
宁　夏	84	96	285	430	9729	12389
新　疆	709	766	2611	2751	163941	188962

2-4 各地区连锁零售企业

地 区	商品购进总额		统一配送商品购进额		自有配送中心配送商品购进额	
	2018年	2017年	2018年	2017年	2018年	2017年
全 国	**321330387**	**298017063**	**242943725**	**229240561**	**149790011**	**138494440**
北 京	29443373	26906337	21105279	19130984	14288081	11431233
天 津	4694054	4238488	2868175	2996889	2355337	2209934
河 北	8612196	7855068	6485425	5745508	3783561	3491298
山 西	3579565	3326306	2036323	1933624	1091709	1157390
内蒙古	342874	316681	212602	213123	109304	109766
辽 宁	6399018	5886033	4163293	3651396	1061383	1081844
吉 林	1403850	1438855	1344599	1374595	1214073	1178984
黑龙江	2115825	2180699	2072041	2134741	417232	458080
上 海	33281496	30698752	26666854	24690807	12192835	9765030
江 苏	43486319	41708967	38332674	36655083	32869339	31469923
浙 江	21327983	19127931	18058102	16704024	15837704	14688601
安 徽	16022821	15193432	11567159	10797016	5592304	4867079
福 建	13827368	10928116	9153504	7833407	2519098	2668649
江 西	5628481	5613208	4637684	4840721	3024759	3280692
山 东	18597404	17354622	13511092	12119999	7701503	7012345
河 南	7899342	7722379	4563284	4186281	2827796	2335144
湖 北	19313949	17375482	10374792	10741054	7646790	8360450
湖 南	8475707	7986194	7169612	6808694	4903107	4453772
广 东	26960077	27524033	18155361	21603143	10706785	12280286
广 西	8149238	6935620	8075233	6850258	3269935	2685811
海 南	1920707	1739893	1886862	1703282		
重 庆	7463283	6897386	6001575	4848175	4648153	3308477
四 川	7516449	6990656	4610469	4411583	2266201	1927903
贵 州	751276	624439	693453	566857	369169	303245
云 南	2505763	2410551	2149469	2043398	1026076	821419
西 藏	50815	29546	24571	29544		
陕 西	8847304	7629037	7131864	5897443	3362652	2987089
甘 肃	1660749	1497774	1330810	1242110	175091	133289
青 海	140587	150249	100240	89476	17209	20241
宁 夏	3777945	3642037	2108780	2094899	1153707	1168327
新 疆	7134569	6088292	6352544	5302447	3359118	2838139

经营情况

单位：万元

非自有配送中心配送商品购进额		商品销售总额		零售额	
2018年	2017年	2018年	2017年	2018年	2017年
30163310	**29680295**	**380126752**	**350289456**	**289190306**	**270776849**
4034925	3337798	33562639	31771152	26707544	25970971
330182	94084	5682991	5000517	4570406	3938791
497995	352687	9963286	9336363	7600214	7300610
2264	3107	4757076	4588123	3699618	3698695
1795	1864	389655	346840	259988	241055
113872	78478	6353856	5790496	5054015	4808291
10795	9924	1778294	1764043	1445256	1516066
208010	149232	2179824	2197570	1511070	1499653
2864600	3463415	41878476	37549577	32886798	30254527
757447	779612	46351512	43563934	33368021	31175029
1559557	1384341	23376851	20976343	16252043	14714955
464972	486480	16908592	16098409	10961884	10746773
4407279	3374476	16735387	14062814	14814877	12652451
674335	528585	10256501	9595681	6620269	6635952
1254936	1311576	21635036	20176412	16316107	15245814
300243	252114	8859548	8559033	7207046	7620006
1026583	924024	21965937	19972777	17985607	17116411
953377	833262	13645414	12404727	12422290	11455087
5129799	7106188	34842834	32199907	28702079	26597412
142949	114770	8842812	7843189	5449008	4839595
		2201999	1910240	1224304	1159517
1083792	1062081	9803728	9391235	8081666	7718402
416329	418129	8546655	7753279	7774487	7107167
2520	3263	769262	665154	718756	621565
212112	360059	4737888	4596855	4055221	3799086
		50541	27275	24889	27273
678895	765421	10440464	9750234	4908853	4438528
11102	10242	1947598	1746413	1720858	1506853
		239923	231952	217123	224888
29758	11117	3562608	3431058	2169350	1967474
2992888	2463968	7859565	6987854	4460659	4177952

2-5 各地区连锁零售企业

地区	商品购进总额		统一配送商品购进额		自有配送中心配送商品购进额	
	2018年	2017年	2018年	2017年	2018年	2017年
全国	**307302641**	**283724087**	**230963781**	**216729750**	**144679241**	**132949926**
北京	28942736	26443231	20699954	18768619	14017084	11175823
天津	4571765	4142710	2868171	2996885	2355333	2209930
河北	8536361	7779671	6410449	5672669	3709415	3422132
山西	3308713	3084291	1866451	1766073	924338	992661
内蒙古	314141	294465	183869	190906	106702	107233
辽宁	6341402	5819891	4110855	3585278	1061039	1081230
吉林	1403780	1438785	1344529	1374525	1214003	1178914
黑龙江	2114827	2179431	2071246	2133910	416475	457287
上海	26773968	24110778	20571601	18422231	10776987	8505322
江苏	42013084	40234985	36954235	35228481	31912676	30139782
浙江	20714734	18278967	17470969	15929224	15435754	14133077
安徽	14790640	13928054	10645056	9846972	5084862	4377051
福建	13541908	10676548	8870730	7584079	2373846	2555897
江西	5384665	5305600	4403906	4538198	2791544	2978686
山东	18383778	17136417	13356702	11963385	7609991	6913850
河南	7488875	7357624	4153967	3821770	2818245	2326006
湖北	19038014	17158413	10301410	10687117	7578652	8314322
湖南	8264622	7778674	7002135	6650478	4824774	4388917
广东	26284261	26871084	17663082	21082811	10297941	11886555
广西	8089150	6881916	8015328	6800310	3228052	2651700
海南	1920707	1739893	1886862	1703282		
重庆	7262326	6624119	5853013	4619054	4541006	3123061
四川	7112499	6622709	4499208	4313433	2209250	1871593
贵州	750981	621516	693158	566265	369169	303245
云南	2501553	2404637	2145259	2037938	1022795	817210
西藏	24571	29544	24571	29544		
陕西	8824446	7583098	7109006	5851503	3357295	2956877
甘肃	1660476	1497536	1330537	1241872	174855	133051
青海	135973	148487	95626	87747	16465	18929
宁夏	3772493	3563934	2108550	2033666	1153476	1168182
新疆	7035192	5987079	6253346	5201525	3297217	2761403

直营门店经营情况

单位：万元

非自有配送中心配送商品购进额		商品销售总额		零售额	
2018年	2017年	2018年	2017年	2018年	2017年
28654652	**28276084**	**364313115**	**334796033**	**275228317**	**257461659**
3920895	3245360	32869100	31100224	26019043	25300043
330182	94084	5549890	4887029	4438302	3826133
497995	352687	9884352	9259765	7521280	7224012
2264	3107	4477242	4350102	3419784	3460673
1510	1607	358246	323400	231022	219146
61778	25640	6249753	5671549	4957156	4689409
10795	9924	1778205	1763954	1445167	1515976
208010	149232	2178596	2196136	1510031	1498368
2302729	2862287	34278976	30337068	25610665	23331020
618508	772274	44718542	41863284	31953122	30005338
1404292	1203376	22730267	20088718	15785055	14091255
283623	304043	16167125	15356267	10687814	10501088
4285270	3257966	16275213	13688841	14406883	12311613
674289	528577	10024338	9309047	6388106	6380686
1250285	1306859	21392668	19949440	16104180	15040801
300235	252089	8399413	8154586	6798605	7255712
1024492	921264	21640580	19711222	17888629	17023403
874029	753685	13439956	12202343	12255490	11309963
5121487	7091490	33879249	31333527	27808064	25810188
141379	113445	8779692	7784805	5433153	4822604
		2201999	1910240	1224304	1159517
1071445	1043532	9555448	9067793	7892317	7460033
380059	394769	8096278	7309549	7358518	6698427
2520	3263	768902	662030	718395	618442
211235	358962	4733881	4591693	4051214	3794346
		24889	27273	24889	27273
678895	765421	10410023	9701531	4878412	4389825
11102	10242	1947362	1746175	1720622	1506616
		235418	229590	216272	223415
29758	11117	3555039	3363939	2168124	1908613
2955591	2439782	7712473	6854913	4313699	4057721

2-6 各地区连锁零售企业

地区	商品购进总额		统一配送商品购进额		自有配送中心配送商品购进额	
	2018年	2017年	2018年	2017年	2018年	2017年
全国	**14027752**	**14292975**	**11979942**	**12510808**	**5110768**	**5544516**
北京	500637	463106	405325	362365	270997	255410
天津	122289	95778	4	4	4	4
河北	75835	75397	74977	72839	74146	69167
山西	270853	242015	169872	167551	167371	164729
内蒙古	28733	22216	28733	22216	2602	2533
辽宁	57616	66142	52438	66118	344	614
吉林	70	70	70	70	70	70
黑龙江	999	1269	795	831	757	793
上海	6507528	6587974	6095253	6268576	1415848	1259709
江苏	1473235	1473982	1378439	1426602	956664	1330141
浙江	613249	848964	587132	774800	401951	555524
安徽	1232181	1265378	922103	950045	507442	490028
福建	285460	251568	282773	249327	145252	112753
江西	243816	307608	233778	302523	233215	302006
山东	213625	218205	154391	156613	91511	98495
河南	410467	364755	409316	364511	9552	9137
湖北	275936	217069	73382	53937	68138	46127
湖南	211086	207520	167477	158216	78332	64855
广东	675816	652948	492278	520332	408844	393731
广西	60088	53704	59905	49948	41883	34111
海南						
重庆	200957	273268	148562	229121	107146	185417
四川	403951	367947	111261	98150	56950	56311
贵州	295	2923	295	592		
云南	4210	5913	4210	5460	3281	4209
西藏	26245	2				
陕西	22859	45939	22859	45939	5357	30212
甘肃	272	238	272	238	236	238
青海	4614	1761	4614	1729	744	1311
宁夏	5453	78103	230	61233	230	145
新疆	99377	101213	99198	100922	61901	76736

加盟门店经营情况

单位：万元

非自有配送中心配送商品购进额		商品销售总额		零售额	
2018年	2017年	2018年	2017年	2018年	2017年
1508662	**1404214**	**15813641**	**15491548**	**13961990**	**13315185**
114030	92438	693540	670928	688501	670928
		133101	113488	132105	112658
		78934	76598	78934	76598
		279834	238021	279834	238021
284	257	31409	23440	28966	21909
52094	52838	104103	118947	96859	118882
		89	89	89	89
		1228	1434	1039	1284
561872	601128	7599500	7212509	7276133	6923507
138939	7338	1632970	1700650	1414898	1169692
155265	180965	646584	887625	466988	623700
181349	182438	741467	742142	274070	245686
122009	116510	460174	373974	407995	340837
46	7	232163	286634	232163	255266
4652	4717	242368	226973	211928	205013
8	25	460135	404447	408440	364293
2091	2760	325356	261555	96978	93007
79348	79577	205459	202383	166800	145123
8313	14699	963586	866379	894015	787224
1570	1325	63120	58384	15855	16991
12347	18549	248281	321568	189349	258368
36271	23360	450377	443730	415968	408740
		361	3123	361	3123
877	1097	4007	5162	4007	4739
		25652	2		
		30441	48703	30441	48703
		236	238	236	238
		4506	2362	852	1474
		7569	67119	1226	58861
37297	24186	147091	132941	146960	120231

2-7 按部分登记注册类型分各地区连锁零售企业基本情况

内资企业

地区	连锁总店数（个）	门店数（个）		年末从业人员（人）		年末零售营业面积（平方米）	
	2018年	2018年	2017年	2018年	2017年	2018年	2017年
全国	**2667**	**224100**	**209647**	**1848283**	**1815911**	**143761911**	**132648686**
北京	148	8576	7296	137552	138482	7589957	7410865
天津	25	1739	1709	16207	17212	1547817	1431932
河北	113	6156	5619	53781	50443	5541377	5477675
山西	62	5133	4390	40195	37853	3324983	3093411
内蒙古	18	1041	836	6399	5420	347723	314164
辽宁	92	7385	6128	49028	44178	3006799	3954394
吉林	26	2141	1942	13480	12644	721846	596634
黑龙江	31	1421	1427	12718	13255	393361	403566
上海	88	15832	15804	117784	126338	4653828	4870242
江苏	170	19694	17446	196596	179986	14275150	12825525
浙江	211	23134	24875	109698	128161	10387025	10605737
安徽	72	11587	10363	90317	88703	6556542	5555793
福建	163	8509	7616	52122	48831	3299768	3049270
江西	70	5335	4397	40039	39022	3047302	2670856
山东	163	14850	13571	181859	171800	24655641	18687090
河南	114	5845	5535	53864	55731	4839626	4716753
湖北	134	9969	9047	112373	110626	6823001	6621918
湖南	114	9737	9268	82885	78945	8674712	8253860
广东	257	19461	18856	131143	129162	8763102	9020620
广西	84	6215	5571	41999	40855	5091311	4544268
海南	5	782	738	5035	5093	439853	368633
重庆	74	8767	9319	78427	80246	4431851	4348538
四川	134	12549	11597	76763	74811	3891471	3020958
贵州	29	1558	1228	11611	10277	643005	442631
云南	27	6009	5541	33261	29189	1236834	1839048
西藏	3	110	97	883	840	33075	31307
陕西	65	3751	2833	36287	33449	2398713	2365540
甘肃	18	1362	1224	9901	9795	826522	767104
青海	10	187	341	4841	4758	169494	160729
宁夏	53	1394	1344	15701	15940	2203674	2174573
新疆	94	3871	3689	35534	33866	3946548	3025052

2-7 续表 1

国有企业

地区	连锁总店数（个）	门店数（个）		年末从业人员（人）		年末零售营业面积（平方米）	
	2018年	2018年	2017年	2018年	2017年	2018年	2017年
全国	**159**	**12444**	**12599**	**95909**	**99044**	**9462416**	**8695348**
北京	5	199	205	4865	6909	112587	144324
天津	2	224	225	2117	2237	103246	103346
河北	3	370	367	1744	1818	981633	977633
山西	6	262	264	3201	3474	234816	243316
内蒙古							
辽宁	3	379	398	2152	2324	62749	68348
吉林							
黑龙江							
上海	4	1732	1872	7396	7752	148085	163329
江苏	3	213	181	984	821	36750	31310
浙江							
安徽	3	3603	3588	7482	7459	784653	759219
福建	5	216	214	1925	1940	244542	242133
江西	14	586	578	6245	6557	781780	757240
山东	7	331	331	5437	5633	126516	117975
河南	8	138	151	1378	1440	56124	57567
湖北	10	619	620	8051	8585	431391	427131
湖南	7	459	451	3904	3858	942272	941893
广东	12	793	784	13770	13339	1138735	1130360
广西	1	137	137	764	835	164400	221840
海南							
重庆	3	170	170	483	487	19700	19700
四川	1	82	82	548	688	20770	20770
贵州							
云南	1	128	121	1727	1203	123542	116786
西藏							
陕西	18	854	845	11973	12413	1092066	1081075
甘肃	5	253	253	2062	2116	478300	472708
青海							
宁夏	10	79	79	1584	1593	23106	23106
新疆	28	617	683	6117	5563	1354653	574239

2-7 续表 2

有限责任公司

地 区	连锁总店数（个）	门店数（个）		年末从业人员（人）		年末零售营业面积（平方米）	
	2018年	2018年	2017年	2018年	2017年	2018年	2017年
全 国	**1134**	**88420**	**83343**	**695507**	**678955**	**39848179**	**39423535**
北 京	79	4433	3755	71344	69437	3313904	3378530
天 津	16	1323	1295	11776	12630	1419942	1299774
河 北	47	2934	2587	22953	21177	1721063	1666501
山 西	20	1419	1094	9692	8461	988417	767490
内 蒙 古	9	697	536	5423	4583	323788	295446
辽 宁	38	3859	3007	24680	20568	882077	1954205
吉 林	11	613	556	4761	4356	483394	418230
黑 龙 江	16	465	458	4584	4702	170366	164706
上 海	50	8479	8509	54400	60584	1927241	1784871
江 苏	64	7117	5843	37552	33443	1271120	1192561
浙 江	79	9090	11434	44154	61242	2449658	2587316
安 徽	30	2225	1215	26747	18566	1565739	1340331
福 建	67	2205	1959	20465	18199	1242459	1067122
江 西	25	1943	1702	18367	17360	897128	657612
山 东	64	4829	4444	62911	55808	5005013	5113437
河 南	57	3040	2496	33777	30326	1960370	1900980
湖 北	77	5332	4950	39251	36927	1786357	1592257
湖 南	34	3886	3323	28742	25817	1474897	1283026
广 东	125	9211	9032	59539	60616	3418149	3430747
广 西	37	3605	3138	19769	18850	2579750	2177347
海 南	3	271	250	1966	1697	340611	274513
重 庆	23	2122	2759	29943	31359	1324961	1289485
四 川	58	4506	4342	21797	21920	1119452	1064570
贵 州	18	788	632	7573	6409	557601	372470
云 南	17	1636	1533	10586	11010	595024	1233678
西 藏							
陕 西	29	1162	1057	10270	10295	270520	262972
甘 肃	2	51	47	112	209	4420	3680
青 海	8	111	182	2787	2725	115256	103218
宁 夏	12	499	481	6851	6880	379313	349331
新 疆	19	569	727	2735	2799	260189	397129

2-7 续表 3

股份有限公司

地区	连锁总店数（个）	门店数（个）		年末从业人员（人）		年末零售营业面积（平方米）	
	2018年	2018年	2017年	2018年	2017年	2018年	2017年
全　国	**280**	**52306**	**49892**	**631890**	**634918**	**75721096**	**67336908**
北　京	11	1655	1641	43769	44797	3466562	3237292
天　津	1	55	57	259	297	5842	6182
河　北	20	1448	1459	18027	15896	2229350	2208999
山　西	6	646	627	8721	9141	1315652	1344076
内蒙古							
辽　宁	12	1060	1013	9171	9747	1581833	1558765
吉　林	1	793	676	3666	2859	129773	86600
黑龙江	4	620	583	4805	4344	51892	53141
上　海	7	2277	2186	37169	39145	1992208	2094896
江　苏	8	7523	7166	114996	106602	10257183	9369369
浙　江	14	5312	5256	30553	32620	6509395	6605330
安　徽	9	4507	4439	46340	53602	3691636	2966787
福　建	14	1149	1143	4447	4446	616444	627066
江　西	18	2258	1887	10161	10482	1082187	1008193
山　东	18	5399	5134	91858	89658	18234985	12128019
河　南	19	1419	1430	8721	13038	2453896	2412515
湖　北	7	1675	1549	43067	43545	3883972	3894321
湖　南	20	2305	2064	33986	32227	5603339	5351012
广　东	31	5062	4710	27255	26389	2921384	3142839
广　西	18	790	764	12772	12779	2150453	1933236
海　南	1	301	301	2101	2441	65000	65000
重　庆	3	821	820	26411	27007	2283210	2257476
四　川	8	3457	3261	27522	27314	818487	738115
贵　州							
云　南							
西　藏							
陕　西	6	428	384	4972	5427	830989	866354
甘　肃	1	56	56	519	500	125150	125135
青　海	2	76	159	2054	2033	54238	57511
宁　夏	9	404	391	4628	4616	1635025	1673751
新　疆	12	810	736	13940	13966	1731011	1524928

2-7 续表 4

私营企业

地区	连锁总店数（个）	门店数（个）		年末从业人员（人）		年末零售营业面积（平方米）	
	2018年	2018年	2017年	2018年	2017年	2018年	2017年
全　国	**1051**	**67975**	**60935**	**404547**	**382189**	**17607766**	**15999587**
北　京	51	2269	1674	17069	16841	647196	599105
天　津	6	137	132	2055	2048	18787	22630
河　北	43	1404	1206	11057	11552	609331	624542
山　西	30	2806	2405	18581	16777	786098	738529
内蒙古	8	329	285	845	706	21565	16348
辽　宁	39	2087	1710	13025	11539	480140	373076
吉　林	13	524	495	3437	3764	91679	74804
黑龙江	10	315	362	3301	4181	170743	185359
上　海	24	3267	3157	18220	18244	577938	818790
江　苏	91	4781	4193	42711	38740	2700627	2223065
浙　江	116	8713	8168	34838	34156	1424095	1409464
安　徽	29	1021	892	9049	8224	503898	478931
福　建	75	4913	4277	24776	23739	1139395	1059590
江　西	13	548	230	5266	4623	286207	247811
山　东	68	4003	3358	18786	17890	731987	687822
河　南	30	1248	1458	9988	10927	369236	345691
湖　北	38	2283	1866	17697	17171	520133	507061
湖　南	52	3076	3419	16183	16963	648704	672429
广　东	86	4150	4106	29351	27760	1257439	1286803
广　西	28	1683	1532	8694	8391	196708	211845
海　南							
重　庆	41	5444	5254	21139	20806	792860	766468
四　川	64	4015	3452	24960	22982	1891683	1156794
贵　州	10	467	429	2550	2623	56292	51911
云　南	8	4242	3884	20924	16948	518063	488379
西　藏	2	87	74	838	795	31925	30157
陕　西	12	1307	547	9072	5314	205138	155139
甘　肃	8	579	456	4803	4161	164762	111891
青　海							
宁　夏	22	412	393	2638	2851	166230	128385
新　疆	34	1865	1521	12694	11473	598907	526768

2-7 续表 5

港、澳、台商投资企业

地区	连锁总店数（个）	门店数（个）		年末从业人员（人）		年末零售营业面积（平方米）	
	2018年	2018年	2017年	2018年	2017年	2018年	2017年
全国	**121**	**13329**	**11816**	**266201**	**253517**	**18333558**	**17725164**
北京	9	432	453	7120	7927	443291	454651
天津	4	227	88	7157	4611	312969	283253
河北							
山西	1	3	2	310	205	25048	25048
内蒙古							
辽宁	2	15	19	1361	1552	100678	280815
吉林	2	24	22	128	135	3339	2521
黑龙江	1	52	49	387	422	15940	15088
上海	23	3954	3292	87589	88215	4203174	3739492
江苏	10	376	353	28111	25893	1597555	1710207
浙江	5	245	220	5544	5164	235954	231445
安徽	2	10	11	895	815	97464	108054
福建	5	1352	1477	52302	49496	7118467	6877607
江西	2	117	99	5180	6088	324946	325271
山东	2	429	405	3433	3731	124002	120367
河南	3	282	253	6158	7751	965411	803791
湖北	4	280	273	7076	6391	71950	68650
湖南	4	909	760	8107	6363	159108	146842
广东	31	3599	3103	35077	31953	2282458	2301816
广西							
海南							
重庆	3	232	198	1772	1660	45917	39533
四川	3	562	510	3673	3369	96280	84010
贵州							
云南	3	109	114	956	987	57509	58123
西藏							
陕西	2	120	115	3865	789	52098	48580
甘肃							
青海							
宁夏							
新疆							

2-7 续表 6

外商投资企业

地　区	连锁总店数（个）	门店数（个）	
	2018年	2018年	2017年
全　国	**146**	**12282**	**11432**
北　京	23	854	791
天　津	3	305	284
河　北	4	401	405
山　西			
内蒙古			
辽　宁	5	28	28
吉　林			
黑龙江	1	7	7
上　海	25	3293	3160
江　苏	11	2283	2187
浙　江	5	64	65
安　徽	1	6	14
福　建	13	1858	1684
江　西	3	292	285
山　东	3	83	72
河　南			
湖　北	6	418	324
湖　南	3	120	120
广　东	21	1197	1027
广　西	1	276	200
海　南			
重　庆	2	219	216
四　川	9	470	469
贵　州			
云　南	2	18	18
西　藏			
陕　西	4	87	73
甘　肃			
青　海			
宁　夏			
新　疆	1	3	3

年末从业人员（人）		年末零售营业面积（平方米）	
2018年	2017年	2018年	2017年
275461	**278383**	**17151319**	**17108011**
22691	23212	1189268	1193617
2304	2455	186971	176471
4159	5060	1009813	1015013
4626	5190	218829	238864
1065	1383	75393	75393
73817	69223	4202271	3980172
51012	53131	3452518	3745745
6671	7884	434947	420752
603	2735	108932	118071
15231	14522	1250880	1153769
4052	3106	335948	335948
2965	2906	306421	290972
8493	9049	414111	404165
2204	2545	193234	193234
49189	49005	2367054	2378149
1380	1200	62857	43506
3044	3001	201000	199000
16592	16534	829603	835285
3502	4250	152489	152489
1379	1411	138150	136766
482	581	20630	20630

2-8 按部分登记注册类型分各地区连锁零售企业直营门店基本情况

内资企业

地 区	门店数（个）		年末从业人员（人）		年末零售营业面积（平方米）	
	2018年	2017年	2018年	2017年	2018年	2017年
全 国	**153646**	**138786**	**1665229**	**1633955**	**134133186**	**127159136**
北 京	6647	5479	127444	126682	7384176	7176640
天 津	1218	1181	14837	15835	1492947	1377062
河 北	5721	5091	52937	49277	5509963	5438560
山 西	3073	2627	30007	29061	3196684	2980124
内蒙古	596	449	5398	4636	323785	293990
辽 宁	6217	4928	43415	38313	2873586	3807297
吉 林	2137	1938	13472	12636	721446	596234
黑龙江	1304	1312	12445	12970	390391	400856
上 海	10249	10385	97464	106070	3900673	4084179
江 苏	13402	11327	176186	162850	13670467	12250289
浙 江	11284	10612	85310	99354	9632504	9713534
安 徽	5888	4746	77051	75496	6118691	5140044
福 建	4043	3675	41001	38355	2903600	2690629
江 西	3566	3064	37810	37224	2978776	2630809
山 东	12848	11628	175190	165219	20262530	18467330
河 南	5167	4575	51661	53435	4732806	4610488
湖 北	7276	7059	105987	105897	6622020	6432669
湖 南	6394	5878	75447	71752	8463826	8050488
广 东	11991	11648	118967	118519	8582301	8840141
广 西	4668	4154	36884	35849	4956205	4418543
海 南	782	738	5035	5093	439853	368633
重 庆	4379	4253	71281	71036	4158542	4052503
四 川	8063	7567	66806	65811	3574411	2793387
贵 州	1520	1162	11573	10098	641477	441043
云 南	5710	5213	32725	28613	1223340	1822410
西 藏	80	74	800	795	30525	30157
陕 西	3454	2492	35095	32141	2377373	2337330
甘 肃	1359	1223	9894	9790	826262	767004
青 海	138	137	4768	4523	167474	148489
宁 夏	1310	1248	15416	15510	2193945	2162184
新 疆	3162	2923	32923	31115	3782607	2836090

2-8 续表 1

国有企业

地区	门店数（个）		年末从业人员（人）		年末零售营业面积（平方米）	
	2018年	2017年	2018年	2017年	2018年	2017年
全　国	**9337**	**9395**	**93057**	**94021**	**9298020**	**8500350**
北　京	146	142	3772	3764	84811	88637
天　津	224	225	2117	2237	103246	103346
河　北	370	367	1744	1818	981633	977633
山　西	262	264	3201	3474	234816	243316
内蒙古						
辽　宁	379	398	2152	2324	62749	68348
吉　林						
黑龙江						
上　海	869	926	6119	6421	101395	114443
江　苏	213	181	984	821	36750	31310
浙　江						
安　徽	1623	1608	7352	7289	705693	680019
福　建	216	214	1925	1940	244542	242133
江　西	586	578	6245	6557	781780	757240
山　东	331	331	5437	5633	126516	117975
河　南	125	138	1336	1398	55424	56867
湖　北	619	620	8051	8585	431391	427131
湖　南	459	451	3904	3858	942272	941893
广　东	749	736	13627	13171	1135913	1127283
广　西	137	137	764	835	164400	221840
海　南						
重　庆	82	82	395	399	14420	14420
四　川	82	82	548	688	20770	20770
贵　州						
云　南	128	121	1727	1203	123542	116786
西　藏						
陕　西	854	845	11973	12413	1092066	1081075
甘　肃	253	253	2062	2116	478300	472708
青　海						
宁　夏	79	79	1584	1593	23106	23106
新　疆	551	617	6038	5484	1352485	572071

2-8 续表 2

有限责任公司

地 区	门店数（个）		年末从业人员（人）		年末零售营业面积（平方米）	
	2018年	2017年	2018年	2017年	2018年	2017年
全 国	**64806**	**57445**	**636419**	**618667**	**38008940**	**37480399**
北 京	3163	2598	65061	63557	3181004	3246927
天 津	803	768	10410	11257	1365172	1245004
河 北	2580	2172	22332	20333	1693979	1632532
山 西	1363	1033	9441	8116	982903	759938
内蒙古	405	305	4616	3990	306741	282063
辽 宁	3845	2832	24656	20078	881797	1930521
吉 林	613	556	4761	4356	483394	418230
黑龙江	442	439	4515	4638	168526	163186
上 海	5932	6136	45771	52180	1679046	1551363
江 苏	4475	3488	27215	26907	865428	819510
浙 江	3515	3400	34045	46143	2083077	2067870
安 徽	2131	1176	26411	18441	1544203	1338555
福 建	1836	1638	18985	16795	1213421	1041434
江 西	1637	1513	17749	16977	865938	648677
山 东	4347	3969	61148	54038	4951731	5060390
河 南	2820	2305	33252	29843	1948015	1890160
湖 北	3681	3743	34608	33929	1639661	1455810
湖 南	2978	2446	27737	24817	1450415	1260121
广 东	6175	5862	57742	58568	3385824	3400236
广 西	2560	2206	16275	15617	2508169	2115988
海 南	271	250	1966	1697	340611	274513
重 庆	1351	1398	27910	27528	1259924	1205818
四 川	3444	3226	20224	20371	1054842	1002982
贵 州	765	581	7550	6256	556681	371490
云 南	1610	1484	10580	10994	593380	1228890
西 藏						
陕 西	910	816	9201	9245	254930	248122
甘 肃	49	47	110	209	4260	3680
青 海	110	109	2786	2634	115156	96218
宁 夏	458	433	6696	6602	372634	341652
新 疆	537	516	2666	2551	258078	378519

2-8 续表 3

股份有限公司

地区	门店数（个）		年末从业人员（人）		年末零售营业面积（平方米）	
	2018年	2017年	2018年	2017年	2018年	2017年
全国	**35521**	**34012**	**581332**	**586341**	**70063653**	**65887839**
北京	1159	1162	41438	42458	3430833	3200542
天津	55	57	259	297	5842	6182
河北	1448	1459	18027	15896	2229350	2208999
山西	642	624	8681	9111	1314152	1343076
内蒙古						
辽宁	1060	1013	9171	9747	1581833	1558765
吉林	793	676	3666	2859	129773	86600
黑龙江	536	499	4611	4135	51182	52431
上海	980	918	28879	30419	1589759	1644312
江苏	5823	5270	111996	103057	10245183	9354369
浙江	3944	3703	27029	29001	6399215	6501833
安徽	1075	1007	34372	41498	3377311	2652462
福建	454	433	3397	3375	567619	577191
江西	820	769	8920	9455	1056386	988812
山东	4267	4076	87576	85557	13929774	11995038
河南	1299	1322	8112	12378	2384468	2350030
湖北	1439	1355	42600	43086	3866779	3879278
湖南	1581	1534	31814	30695	5545419	5307832
广东	2360	2474	22322	22986	2880429	3108799
广西	688	660	12049	11951	2109105	1890492
海南	301	301	2101	2441	65000	65000
重庆	821	820	26411	27007	2283210	2257476
四川	2414	2402	22346	22994	704608	680248
贵州						
云南						
西藏						
陕西	428	384	4972	5427	830989	866354
甘肃	56	56	519	500	125150	125135
青海	28	28	1982	1889	52318	52271
宁夏	404	391	4628	4616	1635025	1673751
新疆	646	619	13454	13506	1672941	1460561

2-8 续表 4

私营企业

地区	门店数（个）		年末从业人员（人）		年末零售营业面积（平方米）	
	2018年	2017年	2018年	2017年	2018年	2017年
全国	**41736**	**35867**	**336095**	**316272**	**15697889**	**14159014**
北京	2159	1556	16668	16405	637820	588920
天津	136	131	2051	2044	18687	22530
河北	1323	1093	10834	11230	605001	619396
山西	806	706	8684	8360	664813	633794
内蒙古	180	133	680	545	15224	10107
辽宁	933	685	7436	6164	347207	249663
吉林	520	491	3429	3756	91279	74404
黑龙江	305	350	3291	4169	170323	184879
上海	2391	2325	16096	16437	522117	765705
江苏	2833	2329	35644	31697	2514076	2036320
浙江	3806	3492	24083	24067	1146335	1140204
安徽	828	726	8217	7416	480868	458483
福建	1511	1367	16185	15738	821090	776512
江西	523	204	4896	4235	274672	236080
山东	3745	3089	18355	17402	720065	677775
河南	923	810	8961	9816	344899	313431
湖北	1477	1279	16421	15899	483041	469302
湖南	1365	1436	11922	12302	520220	535142
广东	2518	2394	24273	22850	1156899	1177391
广西	1283	1151	7796	7446	174531	190223
海南						
重庆	2017	1837	16358	15877	595538	568650
四川	2026	1792	23114	21213	1776217	1071718
贵州	452	414	2535	2597	55684	51303
云南	3969	3605	20394	16388	506213	476529
西藏	80	74	800	795	30525	30157
陕西	1262	447	8949	5056	199388	141779
甘肃	578	455	4798	4156	164662	111791
青海						
宁夏	369	345	2508	2699	163180	123675
新疆	1418	1151	10717	9513	497315	423151

2-8 续表 5

港、澳、台商投资企业

地区	门店数（个）		年末从业人员（人）		年末零售营业面积（平方米）	
	2018年	2017年	2018年	2017年	2018年	2017年
全国	**10819**	**9711**	**201111**	**183976**	**14406340**	**14194327**
北京	299	289	5152	5439	341421	328028
天津	227	88	7157	4611	312969	283253
河北						
山西	3	2	310	205	25048	25048
内蒙古						
辽宁	15	19	1361	1552	100678	280815
吉林	24	22	128	135	3339	2521
黑龙江	52	49	387	422	15940	15088
上海	2334	1953	29467	25766	665728	608209
江苏	376	353	28111	25893	1597555	1710207
浙江	191	172	5442	5095	231581	227705
安徽	10	11	895	815	97464	108054
福建	1198	1327	52165	49333	7092194	6852372
江西	99	85	2534	2929	125043	125167
山东	429	405	3433	3731	124002	120367
河南	282	253	6158	7751	965411	803791
湖北	280	273	7076	6391	71950	68650
湖南	909	760	8107	6363	159108	146842
广东	3152	2791	33134	30896	2227205	2259914
广西						
海南						
重庆	232	198	1772	1660	45917	39533
四川	478	432	3501	3213	94180	82060
贵州						
云南	109	114	956	987	57509	58123
西藏						
陕西	120	115	3865	789	52098	48580
甘肃						
青海						
宁夏						
新疆						

2-8 续表 6

外商投资企业

地区	门店数（个）		年末从业人员（人）		年末零售营业面积（平方米）	
	2018年	2017年	2018年	2017年	2018年	2017年
全国	**10871**	**10077**	**260354**	**264761**	**16117000**	**16075124**
北京	797	762	22432	23084	1184350	1190890
天津	305	284	2304	2455	186971	176471
河北	401	405	4159	5060	1009813	1015013
山西						
内蒙古						
辽宁	28	28	4626	5190	218829	238864
吉林						
黑龙江	7	7	1065	1383	75393	75393
上海	2496	2338	73388	68779	4095754	3867662
江苏	1916	1830	42722	45835	3106631	3401575
浙江	53	54	6531	7744	424057	409862
安徽	6	14	603	2735	108932	118071
福建	1849	1669	15177	14432	1249530	1150769
江西	292	285	4052	3106	335948	335948
山东	20	30	2614	2618	301301	287612
河南						
湖北	411	318	8468	9016	412737	402906
湖南	120	120	2204	2545	193234	193234
广东	1163	993	43902	43812	1812817	1823912
广西	276	200	1380	1200	62857	43506
海南						
重庆	219	216	3044	3001	201000	199000
四川	404	430	16320	16524	825577	834551
贵州						
云南	18	18	3502	4250	152489	152489
西藏						
陕西	87	73	1379	1411	138150	136766
甘肃						
青海						
宁夏						
新疆	3	3	482	581	20630	20630

2-9 按部分登记注册类型分各地区连锁零售企业加盟门店基本情况

内资企业

地　区	门店数（个）		年末从业人员（人）		年末零售营业面积（平方米）	
	2018年	2017年	2018年	2017年	2018年	2017年
全　国	**70454**	**70861**	**183054**	**181956**	**9628725**	**5489550**
北　京	1929	1817	10108	11800	205781	234225
天　津	521	528	1370	1377	54870	54870
河　北	435	528	844	1166	31414	39115
山　西	2060	1763	10188	8792	128299	113287
内蒙古	445	387	1001	784	23938	20174
辽　宁	1168	1200	5613	5865	133213	147097
吉　林	4	4	8	8	400	400
黑龙江	117	115	273	285	2970	2710
上　海	5583	5419	20320	20268	753155	786063
江　苏	6292	6119	20410	17136	604683	575236
浙　江	11850	14263	24388	28807	754521	892203
安　徽	5699	5617	13266	13207	437851	415749
福　建	4466	3941	11121	10476	396168	358641
江　西	1769	1333	2229	1798	68526	40047
山　东	2002	1943	6669	6581	4393111	219760
河　南	678	960	2203	2296	106820	106265
湖　北	2693	1988	6386	4729	200981	189249
湖　南	3343	3390	7438	7193	210886	203372
广　东	7470	7208	12176	10643	180801	180479
广　西	1547	1417	5115	5006	135106	125725
海　南						
重　庆	4388	5066	7146	9210	273309	296035
四　川	4486	4030	9957	9000	317060	227571
贵　州	38	66	38	179	1528	1588
云　南	299	328	536	576	13494	16638
西　藏	30	23	83	45	2550	1150
陕　西	297	341	1192	1308	21340	28210
甘　肃	3	1	7	5	260	100
青　海	49	204	73	235	2020	12240
宁　夏	84	96	285	430	9729	12389
新　疆	709	766	2611	2751	163941	188962

2-9 续表 1

国有企业

地　区	门店数（个）		年末从业人员（人）		年末零售营业面积（平方米）	
	2018年	2017年	2018年	2017年	2018年	2017年
全　国	**3107**	**3204**	**2852**	**5023**	**164396**	**194998**
北　京	53	63	1093	3145	27776	55687
天　津						
河　北						
山　西						
内蒙古						
辽　宁						
吉　林						
黑龙江						
上　海	863	946	1277	1331	46690	48886
江　苏						
浙　江						
安　徽	1980	1980	130	170	78960	79200
福　建						
江　西						
山　东						
河　南	13	13	42	42	700	700
湖　北						
湖　南						
广　东	44	48	143	168	2822	3077
广　西						
海　南						
重　庆	88	88	88	88	5280	5280
四　川						
贵　州						
云　南						
西　藏						
陕　西						
甘　肃						
青　海						
宁　夏						
新　疆	66	66	79	79	2168	2168

2-9 续表 2

有限责任公司

地区	门店数（个）		年末从业人员（人）		年末零售营业面积（平方米）	
	2018年	2017年	2018年	2017年	2018年	2017年
全　国	**23614**	**25898**	**59088**	**60288**	**1839239**	**1943136**
北　京	1270	1157	6283	5880	132900	131603
天　津	520	527	1366	1373	54770	54770
河　北	354	415	621	844	27084	33969
山　西	56	61	251	345	5514	7552
内蒙古	292	231	807	593	17047	13383
辽　宁	14	175	24	490	280	23684
吉　林						
黑龙江	23	19	69	64	1840	1520
上　海	2547	2373	8629	8404	248195	233508
江　苏	2642	2355	10337	6536	405692	373051
浙　江	5575	8034	10109	15099	366581	519446
安　徽	94	39	336	125	21536	1776
福　建	369	321	1480	1404	29038	25688
江　西	306	189	618	383	31190	8935
山　东	482	475	1763	1770	53282	53047
河　南	220	191	525	483	12355	10820
湖　北	1651	1207	4643	2998	146696	136447
湖　南	908	877	1005	1000	24482	22905
广　东	3036	3170	1797	2048	32325	30511
广　西	1045	932	3494	3233	71581	61359
海　南						
重　庆	771	1361	2033	3831	65037	83667
四　川	1062	1116	1573	1549	64610	61588
贵　州	23	51	23	153	920	980
云　南	26	49	6	16	1644	4788
西　藏						
陕　西	252	241	1069	1050	15590	14850
甘　肃	2		2		160	
青　海	1	73	1	91	100	7000
宁　夏	41	48	155	278	6679	7679
新　疆	32	211	69	248	2111	18610

2-9 续表 3

股份有限公司

地 区	门店数（个）		年末从业人员（人）		年末零售营业面积（平方米）	
	2018年	2017年	2018年	2017年	2018年	2017年
全 国	**16785**	**15880**	**50558**	**48577**	**5657443**	**1449069**
北 京	496	479	2331	2339	35729	36750
天 津						
河 北						
山 西	4	3	40	30	1500	1000
内蒙古						
辽 宁						
吉 林						
黑龙江	84	84	194	209	710	710
上 海	1297	1268	8290	8726	402449	450584
江 苏	1700	1896	3000	3545	12000	15000
浙 江	1368	1553	3524	3619	110180	103497
安 徽	3432	3432	11968	12104	314325	314325
福 建	695	710	1050	1071	48825	49875
江 西	1438	1118	1241	1027	25801	19381
山 东	1132	1058	4282	4101	4305211	132981
河 南	120	108	609	660	69428	62485
湖 北	236	194	467	459	17193	15043
湖 南	724	530	2172	1532	57920	43180
广 东	2702	2236	4933	3403	40955	34040
广 西	102	104	723	828	41348	42744
海 南						
重 庆						
四 川	1043	859	5176	4320	113879	57867
贵 州						
云 南						
西 藏						
陕 西						
甘 肃						
青 海	48	131	72	144	1920	5240
宁 夏						
新 疆	164	117	486	460	58070	64367

2-9 续表 4

私营企业

地区	门店数（个）		年末从业人员（人）		年末零售营业面积（平方米）	
	2018年	2017年	2018年	2017年	2018年	2017年
全国	**26239**	**25068**	**68452**	**65917**	**1909877**	**1840573**
北京	110	118	401	436	9376	10185
天津	1	1	4	4	100	100
河北	81	113	223	322	4330	5146
山西	2000	1699	9897	8417	121285	104735
内蒙古	149	152	165	161	6341	6241
辽宁	1154	1025	5589	5375	132933	123413
吉林	4	4	8	8	400	400
黑龙江	10	12	10	12	420	480
上海	876	832	2124	1807	55821	53085
江苏	1948	1864	7067	7043	186551	186745
浙江	4907	4676	10755	10089	277760	269260
安徽	193	166	832	808	23030	20448
福建	3402	2910	8591	8001	318305	283078
江西	25	26	370	388	11535	11731
山东	258	269	431	488	11922	10047
河南	325	648	1027	1111	24337	32260
湖北	806	587	1276	1272	37092	37759
湖南	1711	1983	4261	4661	128484	137287
广东	1632	1712	5078	4910	100540	109412
广西	400	381	898	945	22177	21622
海南						
重庆	3427	3417	4781	4929	197322	197818
四川	1989	1660	1846	1769	115466	85076
贵州	15	15	15	26	608	608
云南	273	279	530	560	11850	11850
西藏	7		38		1400	
陕西	45	100	123	258	5750	13360
甘肃	1	1	5	5	100	100
青海						
宁夏	43	48	130	152	3050	4710
新疆	447	370	1977	1960	101592	103617

2-9 续表 5

港、澳、台商投资企业

地区	门店数（个）		年末从业人员（人）		年末零售营业面积（平方米）	
	2018年	2017年	2018年	2017年	2018年	2017年
全国	**2510**	**2105**	**65090**	**69541**	**3927218**	**3530837**
北京	133	164	1968	2488	101870	126623
天津						
河北						
山西						
内蒙古						
辽宁						
吉林						
黑龙江						
上海	1620	1339	58122	62449	3537446	3131283
江苏						
浙江	54	48	102	69	4373	3740
安徽						
福建	154	150	137	163	26273	25235
江西	18	14	2646	3159	199903	200104
山东						
河南						
湖北						
湖南						
广东	447	312	1943	1057	55253	41902
广西						
海南						
重庆						
四川	84	78	172	156	2100	1950
贵州						
云南						
西藏						
陕西						
甘肃						
青海						
宁夏						
新疆						

2-9 续表 6

外商投资企业

地区	门店数（个）		年末从业人员（人）		年末零售营业面积（平方米）	
	2018年	2017年	2018年	2017年	2018年	2017年
全国	**1411**	**1355**	**15107**	**13622**	**1034319**	**1032887**
北京	57	29	259	128	4918	2727
天津						
河北						
山西						
内蒙古						
辽宁						
吉林						
黑龙江						
上海	797	822	429	444	106517	112510
江苏	367	357	8290	7296	345887	344170
浙江	11	11	140	140	10890	10890
安徽						
福建	9	15	54	90	1350	3000
江西						
山东	63	42	351	288	5120	3360
河南						
湖北	7	6	25	33	1374	1259
湖南						
广东	34	34	5287	5193	554237	554237
广西						
海南						
重庆						
四川	66	39	272	10	4026	734
贵州						
云南						
西藏						
陕西						
甘肃						
青海						
宁夏						
新疆						

2-10 按部分登记注册类型分

内资企业

地　区	商品购进总额		统一配送商品购进额		自有配送中心配送商品购进额	
	2018年	2017年	2018年	2017年	2018年	2017年
全　国	**262128693**	**241895337**	**206659901**	**191818428**	**133272730**	**120648901**
北　京	24558923	21473517	19263215	17442624	13940152	11170659
天　津	3592902	3277732	2833321	2978473	2353849	2208107
河　北	7433110	6792442	5382735	4766960	3546299	3277403
山　西	3493811	3273389	2036323	1933624	1091709	1157390
内蒙古	342874	316681	212602	213123	109304	109766
辽　宁	6026294	5421184	3966839	3410548	1061383	1081844
吉　林	1401312	1436227	1342061	1371967	1214073	1178984
黑龙江	1988181	2049255	1944397	2003296	400879	442925
上　海	19819285	17142905	17486762	15100614	11598468	9425108
江　苏	34412558	32793089	29597804	27977587	25556543	24472248
浙　江	20333632	17991936	17236902	15717383	15340203	14034397
安　徽	15798327	14913464	11342665	10647930	5565694	4867079
福　建	4556786	3948311	3261625	2930499	1219304	1185483
江　西	5123787	4963824	4256057	4263136	2701283	2760885
山　东	18179264	16944441	13415883	12015540	7701503	7012345
河　南	6987414	6874507	4430971	4069036	2825524	2332309
湖　北	15892856	15076210	8782197	9250649	6363745	7194032
湖　南	7889440	7496058	6958776	6643335	4853809	4411749
广　东	18077382	18359103	14207774	15529383	7335777	6945394
广　西	8103341	6901498	8029336	6816137	3224038	2651689
海　南	1920707	1739893	1886862	1703282		
重　庆	6516934	6119730	5124580	4145815	3801878	2635244
四　川	5518646	5206805	4152529	3970606	2252373	1911485
贵　州	751276	624439	693453	566857	369169	303245
云　南	1989960	1885935	1899103	1806259	860560	809721
西　藏	50815	29546	24571	29544		
陕　西	8685156	7494538	7028312	5814963	3310216	2939090
甘　肃	1660749	1497774	1330810	1242110	175091	133289
青　海	140587	150249	100240	89476	17209	20241
宁　夏	3777945	3642037	2108780	2094899	1153707	1168327
新　疆	7104441	6058620	6322416	5272775	3328990	2808466

各地区连锁零售企业经营情况

单位：万元

非自有配送中心配送商品购进额		商品销售总额		零售额	
2018年	2017年	2018年	2017年	2018年	2017年
22972761	**22627880**	**306147168**	**282419026**	**224214977**	**210568539**
2957135	2323119	27408242	24931318	20719473	19333311
330182	94084	4401252	3823953	3388919	2928681
476250	333990	8689799	8232512	6534798	6302439
2264	3107	4661793	4533532	3604335	3644104
1795	1864	389655	346840	259988	241055
113872	78478	5961614	5310030	4661773	4327825
10482	9277	1774345	1759965	1441307	1511988
208010	149232	2063988	2077356	1395234	1379438
2068592	1954290	22602596	20130679	14341680	13356647
665875	585795	36757168	34155090	26951017	24896682
1368362	1185724	21864640	19492695	14782501	13279327
328746	372092	16682543	15814538	10735835	10462903
397091	349096	5632282	5073165	5175524	4682215
674335	528585	8665998	8100677	5169765	5260592
1175449	1221566	21073681	19616614	16001182	14927188
170203	137704	7349231	7189588	5696729	6250560
886911	802851	18252940	17610550	15327919	15270341
791837	709926	12480971	11425576	11358806	10529600
4799072	6751902	24652283	22335364	19975022	18178597
142949	114770	8772905	7789260	5449008	4839595
		2201999	1910240	1224304	1159517
1083792	1062081	8794986	8556107	7072924	6883274
392282	404360	6232410	5593945	5475904	4964333
2520	3263	769262	665154	718756	621565
212112	199980	4124793	3983920	3465450	3208218
		50541	27275	24889	27273
678895	765421	10260737	9571193	4729126	4259487
11102	10242	1947598	1746413	1720858	1506853
		239923	231952	217123	224888
29758	11117	3562608	3431058	2169350	1967474
2992888	2463968	7824387	6952471	4425481	4142569

2-10 续表 1

国有企业

地 区	商品购进总额		统一配送商品购进额		自有配送中心配送商品购进额	
	2018年	2017年	2018年	2017年	2018年	2017年
全 国	**31753677**	**28710288**	**27177603**	**25347450**	**11358001**	**10415011**
北 京	450279	328346	105966	96286	105966	96286
天 津	838843	689744	330182	594777		
河 北	564937	548912	564937	484156	128914	120589
山 西	1162545	1117682	675167	698618	233940	216321
内蒙古						
辽 宁	181798	206081	37959	41907		
吉 林						
黑龙江						
上 海	402974	378026	386364	356584	83861	75480
江 苏	46116	35759	46116	35759	46116	35759
浙 江						
安 徽	3941229	3935528	3908759	3908980		
福 建	651055	488156	70864	76197		
江 西	2220458	2239917	2218145	2235834	1470332	1656236
山 东	787971	599512	787971	599512	345335	341758
河 南	151967	118686	119170	91773	19673	19166
湖 北	2796981	2309950	2775731	2302055	2368392	1969919
湖 南	1772052	1592140	1772052	1592140	1772052	1592140
广 东	3944002	4088354	3404637	3987940	594353	770537
广 西	652450	502397	652450	502397		
海 南						
重 庆	336492	261587	106764	101883	50332	45094
四 川	270988	246687				
贵 州						
云 南	601472	664818	601472	664818		
西 藏						
陕 西	5759614	4845142	4726861	3762614	2297288	2074457
甘 肃	1153205	1076880	905587	859860		
青 海						
宁 夏	546035	529584	485176	470514	419042	407043
新 疆	2520215	1906400	2495274	1882847	1422405	994226

单位：万元

非自有配送中心配送商品购进额		商品销售总额		零售额	
2018年	2017年	2018年	2017年	2018年	2017年
5502761	**5401915**	**36455276**	**34564591**	**22235453**	**21031552**
		437653	425937	377506	400693
330182	94084	830833	747263	520525	508151
		621412	563024	467085	425701
		1370266	1306081	625099	622542
		269664	259341	224434	216261
172791	149806	517537	545408	425027	464252
		41476	41525	41476	41525
		4255871	4250787	4064706	4011668
		959138	731806	857007	687838
579937	440129	3509726	3479462	1033447	1382488
389	394	785050	596460	417604	336416
172	138	157659	134841	154150	122724
		3300171	3129935	2066580	2101353
		2273786	2040361	2109210	1870784
2781412	3176583	3766008	4298334	2735167	2524985
		652450	502397	525870	441821
		196496	277646	59236	102475
		284476	252255	185104	162643
		737380	661942	638135	576388
565009	652161	7020527	6623305	2371413	2094425
		1347044	1169697	1149645	951392
		724846	706808	221437	216174
1072869	888621	2395807	1819977	965590	768854

2-10 续表 2

有限责任公司

地　区	商品购进总额		统一配送商品购进额		自有配送中心配送商品购进额	
	2018年	2017年	2018年	2017年	2018年	2017年
全　国	**78818526**	**72387938**	**66446778**	**59744305**	**43942087**	**35854361**
北　京	11338757	9830473	10069285	8537260	7770083	4757107
天　津	2649699	2480676	2422378	2287142	2273088	2111553
河　北	2027076	1743478	1856985	1515214	1292933	1243107
山　西	659477	524786	507756	460054	134083	302598
内蒙古	309047	291495	195588	198100	101438	103056
辽　宁	1477341	1459943	918533	895353	359720	359325
吉　林	331631	408767	329098	405185	248801	262518
黑龙江	487204	482571	453641	447654	334109	341937
上　海	12146565	10531549	10562098	8915325	9385320	7511082
江　苏	2370340	2210022	2025033	1766539	1022950	1050796
浙　江	4274349	4187852	4111296	3997847	2819182	2905436
安　徽	2013317	1702400	1878357	1555191	476685	178983
福　建	1662717	1482910	1308843	1208802	652140	678094
江　西	1552477	1425199	1467436	1389912	1043073	960679
山　东	6465948	6022680	5268062	4769126	3282071	3010037
河　南	2315460	1962133	1927374	1589237	1264302	1035450
湖　北	4343525	3995339	2619842	2402796	815629	844490
湖　南	1966340	1364645	1912623	1313484	969816	911885
广　东	7052567	8040724	5237489	6418695	3720680	3020643
广　西	5528402	4737912	5508825	4709873	2890481	2352478
海　南	476200	387525	442355	350914		
重　庆	2369772	2262767	2059774	1205114	1822901	716938
四　川	1326191	1636045	806468	1172481	342288	354021
贵　州	528959	434894	476642	382598	176123	142968
云　南	669126	535062	578375	461323	147779	136100
西　藏						
陕　西	950054	788276	485377	422287	186206	143018
甘　肃	816	2085	816	2085		
青　海	101795	102137	80890	87388	17209	20241
宁　夏	698895	699044	341303	348121	238756	238739
新　疆	724482	654551	594236	529209	154243	161083

单位：万元

非自有配送中心配送商品购进额		商品销售总额		零售额	
2018年	2017年	2018年	2017年	2018年	2017年
6670624	**7682728**	**92054109**	**84288239**	**67398052**	**63380079**
593561	467742	12425823	11127079	9545501	8574551
		3437360	2939065	2762830	2312789
231679	39159	2574947	2369473	1965873	1945567
2264	3107	645621	718839	618293	687293
		356882	320406	228536	215476
59729	21622	1762671	1553143	1462904	1326712
10482	8271	288090	355337	255925	355337
23175	11925	383089	460237	333044	405089
621798	598723	13467713	12098875	6215158	6208201
602734	548717	2669218	2476275	2379268	2173397
927317	774169	4609789	4520109	3059212	3032987
84239	127082	2200386	1881356	2095985	1740067
112298	123704	1904278	1853638	1751872	1700356
54563	34529	1790366	1639810	1410380	1331182
121950	90053	7364679	6808301	5255661	4921294
169023	136557	2545251	2287494	2072139	2030436
871247	786035	4700984	4344876	3691542	3503439
336151	251280	2466887	2410615	2406690	2368967
559737	2449328	10126881	8769578	8920107	7942803
141006	113445	5908417	5132901	3252858	2826824
		576734	430521	309984	329167
219989	241790	2570626	2633161	2167827	2197188
182531	194868	1537648	1781683	1035253	1346714
1437	1748	551657	470349	509191	432402
211235	198883	2500846	2427770	1970979	1840896
92486	91863	1058053	924657	747225	673059
		1375	4650	1375	4650
		160948	154560	156418	149235
		681851	674813	618198	637612
439993	368126	785039	718671	197826	166392

2-10 续表 3

股份有限公司

地区	商品购进总额		统一配送商品购进额		自有配送中心配送商品购进额	
	2018年	2017年	2018年	2017年	2018年	2017年
全国	**124208241**	**115401930**	**90031558**	**85451382**	**65025195**	**62249229**
北京	11435826	9847916	8233127	8010459	5544495	5820837
天津	6743	6651	6743	6651	6743	6651
河北	4285759	4022165	2572998	2388022	1925681	1705751
山西	908768	848726	338655	288723	338655	288723
内蒙古						
辽宁	3901890	3180557	2727932	1927607	613762	626412
吉林	108685	99849	108685	99849	108685	99849
黑龙江	1230964	1310667	1230964	1310667	2016	1901
上海	4645551	4503619	4406205	4329275	2000345	1796965
江苏	26517954	25394413	22326474	21227356	22326474	21227356
浙江	14516760	12296544	11734310	10332039	11453618	10089519
安徽	9324146	8744370	5160195	4919225	4799519	4528212
福建	924114	776640	826104	696615	208413	190222
江西	1054598	1076002	389395	519634	158673	126656
山东	9909357	9207669	6699964	5971735	3704187	3261427
河南	4143103	4425165	2053672	2047623	1444580	1144576
湖北	7788631	7840951	2782135	4009817	2777689	4005494
湖南	3224041	3572683	2555423	2977325	1570788	1404647
广东	5196596	4434308	3869431	3517697	1633416	1786758
广西	1743781	1472861	1690159	1416612	248549	214617
海南	1419927	1327338	1419927	1327338		
重庆	2365581	2229989	1688538	1643722	857339	867976
四川	2067577	1774608	1642238	1386045	972702	807418
贵州						
云南						
西藏						
陕西	1650236	1609412	1533681	1415537	620369	570756
甘肃	224933	195737	224933	195737		
青海	38792	48112	19350	2088		
宁夏	2422766	2295928	1211295	1211880	451236	477990
新疆	3151164	2859053	2579025	2272104	1257261	1198519

单位：万元

非自有配送中心配送商品购进额		商品销售总额		零售额	
2018年	2017年	2018年	2017年	2018年	2017年
9090540	**8016441**	**145111777**	**134404865**	**107044123**	**101566385**
2136961	1668021	12956399	11875825	9320664	8915061
		8625	7980	8625	7980
137912	193118	4849919	4617220	3529381	3307715
		1800281	1639858	1559299	1497021
		3259549	2956325	2545593	2322394
		171026	144914	171026	144914
		1352876	1336038	818216	744687
1187947	1155079	5306486	5500348	4493478	4796611
		27918415	25905085	20224425	18713356
266551	232026	15373940	13149916	10075777	8609416
231782	233169	9638396	9144237	4003018	4191749
54642	43031	1175678	1062305	1071475	972832
36075	50248	3032015	2727057	2393828	2292574
961359	1033454	11735551	11164420	9456620	8958193
		4158207	4241279	3047516	3637202
		9140375	8951155	8558122	8561032
428075	393375	6704945	5912309	5947066	5387894
1417167	1084208	8525342	7162764	6866786	6301635
		1967078	1856287	1432578	1351929
		1585336	1444074	874391	794706
831199	775747	4303554	4114251	3304747	3229842
68450	81381	2214182	1904151	2094356	1814955
		1788177	1741428	1216508	1210201
		274508	256324	254320	244209
		78975	77392	60705	75653
10655		2018381	1923178	1251484	1044939
1321764	1073586	3773563	3588747	2464121	2437687

2-10 续表 4

私营企业

地区	商品购进总额		统一配送商品购进额		自有配送中心配送商品购进额	
	2018年	2017年	2018年	2017年	2018年	2017年
全国	**25505775**	**23416560**	**21716092**	**20117822**	**11887199**	**11143759**
北京	1278975	1412736	845637	789685	511206	488300
天津	97618	100661	74018	89903	74018	89903
河北	555339	477888	387815	379567	198770	207956
山西	763021	782194	514745	486230	385031	349748
内蒙古	30173	21753	13360	11589	5417	4376
辽宁	465265	574603	282415	545681	87901	96107
吉林	164533	166031	107816	105354	60124	55038
黑龙江	269432	255518	259211	244476	64173	98589
上海	2597467	1701187	2115463	1470908	127206	39771
江苏	5454079	5118733	5182088	4925905	2142909	2136309
浙江	1526501	1493303	1389407	1384314	1065514	1037751
安徽	504798	521321	387194	259119	289490	159884
福建	1277118	1162415	1014031	910695	358054	316328
江西	296253	222706	181081	117757	29205	17313
山东	787734	700060	588409	608809	299398	333564
河南	376884	368523	330755	340402	96969	133117
湖北	667191	599100	548188	528988	402036	374129
湖南	920017	959674	718678	760386	541153	503078
广东	1749677	1670741	1613835	1533657	1375472	1356137
广西	178709	188328	177903	187255	85008	84594
海南						
重庆	1428544	1348517	1263074	1189047	1064876	999187
四川	1821989	1516544	1677483	1384221	913958	725870
贵州	175706	151651	170200	146366	146435	122384
云南	718580	685123	718475	679185	712781	673620
西藏	50807	29544	24571	29544		
陕西	325252	251707	282393	214526	206354	150860
甘肃	205430	181362	123110	142717	104136	92117
青海						
宁夏	110250	117482	71006	64384	44673	44554
新疆	708433	637153	653734	587152	494933	453175

单位：万元

非自有配送中心配送商品购进额		商品销售总额		零售额	
2018年	2017年	2018年	2017年	2018年	2017年
1689820	**1507142**	**30243714**	**26821559**	**25795181**	**22807336**
226613	187356	1532511	1448226	1422873	1391190
		124434	129646	96939	99761
106660	101713	643522	682794	572458	623457
		845625	868755	801644	837248
589	766	28517	23013	27197	22159
54143	56855	669729	541221	428843	462458
	1007	195576	184756	195576	184193
184834	137307	326921	280038	242873	228619
71160	35808	3272286	1949254	3169443	1850788
63141	37077	6103018	5697834	4284430	3938338
174494	179529	1861641	1805644	1644329	1619898
12725	11841	571752	527157	555988	508417
230151	182361	1531374	1368114	1433355	1263886
3759	3679	333891	254347	332110	254347
91752	97665	922129	705909	773199	629645
1009	1009	488115	525974	422924	460198
15664	16815	838048	826023	738314	746559
27612	65271	1028388	1055393	890582	896940
40756	41783	2070357	1970753	1327257	1308397
1943	1325	244961	297675	237701	219021
32603	44544	1707284	1512809	1532828	1342428
138386	124429	2159195	1615794	2124283	1599960
1083	1515	160175	148214	152134	142573
877	1097	885786	893233	855555	789959
		50535	27273	24889	27273
21401	21396	393980	281802	393980	281802
11102	10242	247205	249982	238052	240842
19103	11117	137529	126259	78231	68749
158262	133636	869230	823670	797196	768229

2-10 续表 5

港、澳、台商投资企业

地区	商品购进总额		统一配送商品购进额		自有配送中心配送商品购进额	
	2018年	2017年	2018年	2017年	2018年	2017年
全国	**27163579**	**25631931**	**18917614**	**19336751**	**8186651**	**8385001**
北京	552412	499526	291024	176997	125427	36822
天津	458887	435955	34855	18416	1488	1826
河北						
山西	85755	52918				
内蒙古						
辽宁	58020	63577	192	2127		
吉林	2538	2628	2538	2628		
黑龙江	16353	15154	16353	15154	16353	15154
上海	6922251	7417701	4915137	5924711	26950	19628
江苏	3748014	3646628	3691049	3645674	3605156	3371598
浙江	332317	308213	162357	162433	29854	28614
安徽	174700	149087	174700	149087		
福建	8045978	6056687	5332538	4577585	1299794	1483166
江西	366800	561494	366800	561494	323476	519808
山东	156485	163007	79487	90009		
河南	911928	847872	132312	117245	2272	2835
湖北	1449157	1363408	1449157	1363408	1283045	1166418
湖南	342207	236778	210837	165359	49297	42023
广东	3136429	3455076	1727202	2094973	1385786	1656261
广西						
海南						
重庆	44465	41236	44465	41236	13745	12109
四川	144898	120021	144898	120021	13828	16418
贵州						
云南	160666	156242	88393	69471	3544	4109
西藏						
陕西	53321	38725	53321	38725	6635	8211
甘肃						
青海						
宁夏						
新疆						

单位：万元

非自有配送中心配送商品购进额		商品销售总额		零售额	
2018年	2017年	2018年	2017年	2018年	2017年
5386591	**4992371**	**31010269**	**27921354**	**27719042**	**25339245**
160188	132343	760594	654253	744948	637007
		536655	510440	436403	343985
		95283	54591	95283	54591
		62999	70918	62999	70918
313	647	3949	4078	3949	4078
		26057	23727	26057	23727
463821	1131136	9501261	8512141	9371493	8381488
74170	112152	3890681	3921568	2046351	2071221
		398973	337235	396206	334282
113041	114389	168844	150791	168844	150791
4010188	3025381	7018703	5456235	6110928	5444083
		337072	520815	337072	489447
79487	90009	222331	226539	220938	224900
130040	114410	1510317	1369446	1510317	1369446
		1618020	1356376	1433770	1217192
161540	123336	418821	323368	417459	322635
193805	148568	3852865	3913047	3777355	3716215
		84530	78434	84530	78434
		231011	188625	226158	178143
		196952	192402	173629	170335
		74350	56327	74350	56327

2-10 续表 6

外商投资企业

地　区	商品购进总额		统一配送商品购进额		自有配送中心配送商品购进额	
	2018年	2017年	2018年	2017年	2018年	2017年
全　国	**32038116**	**30489792**	**17366210**	**18085379**	**8330628**	**9460535**
北　京	4332038	4933294	1551039	1511363	222502	223752
天　津	642266	524802				
河　北	1179085	1062626	1102691	978548	237262	213895
山　西						
内蒙古						
辽　宁	314704	401272	196263	238721		
吉　林						
黑龙江	111291	116290	111291	116290		
上　海	6539959	6138146	4264955	3665482	567417	320294
江　苏	5325747	5269250	5043821	5031822	3707641	3626077
浙　江	662034	827782	658842	824208	467647	625591
安　徽	49794	130881	49794		26610	
福　建	1224604	923117	559341	325323		
江　西	137895	87890	14827	16091		
山　东	261655	247174	15722	14450		
河　南						
湖　北	1971937	935865	143439	126998		
湖　南	244060	253358				
广　东	5746266	5709854	2220385	3978788	1985222	3678631
广　西	45897	34122	45897	34122	45897	34122
海　南						
重　庆	901885	736421	832530	661124	832530	661124
四　川	1852906	1663830	313042	320957		
贵　州						
云　南	355137	368373	161973	167668	161973	7589
西　藏						
陕　西	108828	95775	50232	43755	45801	39788
甘　肃						
青　海						
宁　夏						
新　疆	30128	29672	30128	29672	30128	29672

单位：万元

非自有配送中心配送商品购进额		商品销售总额		零售额	
2018年	2017年	2018年	2017年	2018年	2017年
1803958	**2060044**	**42969314**	**39949072**	**37256284**	**34869062**
917602	882336	5393804	6185581	5243123	6000652
		745084	666125	745084	666125
21745	18698	1273487	1103851	1065416	998171
		329243	409548	329243	409548
		89779	96488	89779	96488
332187	377988	9774620	8906757	9173626	8516392
17403	81666	5703663	5487277	4370653	4207127
191195	198617	1113238	1146413	1073335	1101346
23184		57205	133079	57205	133079
		4084402	3533414	3528425	2526153
		1253431	974190	1113432	885913
		339024	333259	93987	93725
139673	121174	2094977	1005851	1223918	628878
		745622	655783	646024	602852
136922	205718	6337686	5951496	4949702	4702600
		69907	53929		
		924212	756693	924212	756693
24047	13769	2083234	1970710	2072424	1964691
	160079	416142	420532	416142	420532
		105377	122714	105377	122714
		35178	35383	35178	35383

2-11 按部分登记注册类型分各地区

内资企业

地区	商品购进总额		统一配送商品购进额		自有配送中心配送商品购进额	
	2018年	2017年	2018年	2017年	2018年	2017年
全国	**253507184**	**233298557**	**199610401**	**184670859**	**129020233**	**115949160**
北京	24069574	21017693	18869085	17087138	13669956	10919524
天津	3470613	3181953	2833316	2978470	2353845	2208103
河北	7357276	6717045	5307758	4694121	3472153	3208236
山西	3222958	3031373	1866451	1766073	924338	992661
内蒙古	314141	294465	183869	190906	106702	107233
辽宁	5968678	5355042	3914401	3344430	1061039	1081230
吉林	1401242	1436157	1341991	1371897	1214003	1178914
黑龙江	1987182	2047987	1943602	2002466	400122	442133
上海	17760229	15259033	15490327	13285346	10275192	8187277
江苏	33255163	31592132	28535205	26824010	24915719	23415131
浙江	19728038	17151560	16654233	14947597	14940107	13480852
安徽	14566146	13648086	10420562	9697885	5058252	4377051
福建	4283380	3714373	2990905	2698802	1074052	1072731
江西	5019327	4880154	4161636	4184551	2607424	2682816
山东	17977927	16735795	13273781	11868486	7609991	6913850
河南	6576947	6509752	4021655	3704525	2815972	2323171
湖北	15617243	14860193	8709137	9197763	6295607	7147904
湖南	7678354	7288538	6791298	6485118	4775477	4346894
广东	17841967	18144711	14033039	15369423	7230464	6866710
广西	8043253	6847795	7969431	6766188	3182155	2617578
海南	1920707	1739893	1886862	1703282		
重庆	6315976	5846462	4976018	3916694	3694732	2449827
四川	5133257	4851323	4059830	3884920	2199741	1859807
贵州	750981	621516	693158	566265	369169	303245
云南	1985750	1880022	1894893	1800799	857279	805512
西藏	24571	29544	24571	29544		
陕西	8662298	7448598	7005453	5769024	3304859	2908878
甘肃	1660476	1497536	1330537	1241872	174855	133051
青海	135973	148487	95626	87747	16465	18929
宁夏	3772493	3563934	2108550	2033666	1153476	1168182
新疆	7005064	5957407	6223219	5171853	3267089	2731730

连锁零售企业直营门店经营情况

单位：万元

非自有配送中心配送商品购进额		商品销售总额		零售额	
2018年	2017年	2018年	2017年	2018年	2017年
21496399	**21365335**	**296311745**	**272462469**	**216182987**	**202708843**
2849666	2232109	26770165	24326968	20086435	18728961
330182	94084	4268151	3710464	3256814	2816023
476250	333990	8610865	8155914	6455864	6225841
2264	3107	4381959	4295511	3324501	3406083
1510	1607	358246	323400	231022	219146
61778	25640	5857511	5191083	4564914	4208943
10482	9277	1774256	1759876	1441217	1511899
208010	149232	2062760	2075922	1394195	1378154
1506720	1473701	19971577	17456218	12003110	10936414
526936	578457	35453199	32738840	25865119	24011390
1215706	1007793	21227710	18615284	14325168	12665842
147397	189654	15941076	15072396	10461765	10217217
278075	235481	5190579	4716963	4773552	4354726
674289	528577	8555579	8009669	5059346	5169584
1170798	1216849	20844977	19399966	15802918	14732500
170196	137678	6889096	6785140	5288289	5886267
884820	800091	17928652	17351428	15232010	15179766
712489	630349	12275512	11223192	11192006	10384476
4796685	6743143	24123322	21867839	19515632	17784654
141379	113445	8709785	7730876	5433153	4822604
		2201999	1910240	1224304	1159517
1071445	1043532	8546706	8232665	6883575	6624906
370221	388832	5808078	5162829	5081129	4562973
2520	3263	768902	662030	718395	618442
211235	198883	4120787	3978759	3461443	3203479
		24889	27273	24889	27273
678895	765421	10230296	9522490	4698685	4210784
11102	10242	1947362	1746175	1720622	1506616
		235418	229590	216272	223415
29758	11117	3555039	3363939	2168124	1908613
2955591	2439782	7677296	6819530	4278521	4022338

2-11 续表 1

国有企业

地 区	商品购进总额		统一配送商品购进额		自有配送中心配送商品购进额	
	2018年	2017年	2018年	2017年	2018年	2017年
全 国	**31339162**	**28269410**	**26864180**	**25010324**	**11304856**	**10369947**
北 京	354118	229222	104869	95176	104869	95176
天 津	838843	689744	330182	594777		
河 北	564937	548912	564937	484156	128914	120589
山 西	1162545	1117682	675167	698618	233940	216321
内 蒙 古						
辽 宁	181798	206081	37959	41907		
吉 林						
黑 龙 江						
上 海	298760	302986	287298	286335	57864	59942
江 苏	46116	35759	46116	35759	46116	35759
浙 江						
安 徽	3754019	3698176	3721549	3671629		
福 建	651055	488156	70864	76197		
江 西	2220458	2239917	2218145	2235834	1470332	1656236
山 东	787971	599512	787971	599512	345335	341758
河 南	151207	118016	118410	91103	18913	18496
湖 北	2796981	2309950	2775731	2302055	2368392	1969919
湖 南	1772052	1592140	1772052	1592140	1772052	1592140
广 东	3942033	4086296	3403545	3986829	593261	769426
广 西	652450	502397	652450	502397		
海 南						
重 庆	313605	236227	83877	76522	27445	19733
四 川	270988	246687				
贵 州						
云 南	601472	664818	601472	664818		
西 藏						
陕 西	5759614	4845142	4726861	3762614	2297288	2074457
甘 肃	1153205	1076880	905587	859860		
青 海						
宁 夏	546035	529584	485176	470514	419042	407043
新 疆	2518903	1905127	2493962	1881574	1421093	992953

单位：万元

非自有配送中心配送商品购进额		商品销售总额		零售额	
2018年	2017年	2018年	2017年	2018年	2017年
5429692	**5347256**	**35996244**	**34020363**	**21973557**	**20733896**
		329607	314562	269460	289318
330182	94084	830833	747263	520525	508151
		621412	563024	467085	425701
		1370266	1306081	625099	622542
		269664	259341	224434	216261
99723	95148	392069	387439	299559	306283
		41476	41525	41476	41525
		4064706	4011668	4064706	4011668
		959138	731806	857007	687838
579937	440129	3509726	3479462	1033447	1382488
389	394	785050	596460	417604	336416
172	138	156846	134151	153938	122523
		3300171	3129935	2066580	2101353
		2273786	2040361	2109210	1870784
2781412	3176583	3763123	4295438	2732653	2522546
		652450	502397	525870	441821
		166900	246492	34640	77828
		284476	252255	185104	162643
		737380	661942	638135	576388
565009	652161	7020527	6623305	2371413	2094425
		1347044	1169697	1149645	951392
		724846	706808	221437	216174
1072869	888621	2394748	1818951	964531	767829

2-11 续表 2

有限责任公司

地区	商品购进总额		统一配送商品购进额		自有配送中心配送商品购进额	
	2018年	2017年	2018年	2017年	2018年	2017年
全国	**75916869**	**69544356**	**64047163**	**57333016**	**42234724**	**34062552**
北京	11001901	9523656	9732511	8232703	7529719	4534492
天津	2527414	2384901	2422378	2287142	2273088	2111553
河北	1952930	1671973	1782838	1443710	1218787	1173940
山西	657165	521569	506987	458950	133947	302449
内蒙古	287784	275736	174325	182342	101438	103056
辽宁	1477118	1446900	918344	882334	359531	358973
吉林	331631	408767	329098	405185	248801	262518
黑龙江	486977	482383	453604	447616	334109	341937
上海	11162069	9666615	9634913	8114031	8574041	6808575
江苏	1972096	1999796	1667264	1557130	838515	854760
浙江	3919249	3584601	3767269	3446299	2631130	2554478
安徽	2004703	1699896	1870692	1552828	475175	178109
福建	1645982	1467918	1294135	1195402	638492	665676
江西	1540259	1416095	1465256	1385893	1040917	956660
山东	6388655	5964286	5191344	4711287	3206231	2953129
河南	2303679	1951237	1915685	1578449	1258488	1030457
湖北	4123227	3817116	2592669	2373226	792573	820862
湖南	1933953	1335805	1880235	1284643	967928	910162
广东	6966231	7945491	5201142	6368176	3716271	3017731
广西	5481923	4697507	5462346	4673125	2856205	2326400
海南	476200	387525	442355	350914		
重庆	2348949	2176242	2038951	1118590	1815567	641923
四川	1278580	1600620	770033	1143668	310673	329230
贵州	528913	432563	476596	382598	176123	142968
云南	668894	534121	578143	460835	147599	135768
西藏						
陕西	927323	765483	462646	399493	180976	135952
甘肃	780	2085	780	2085		
青海	101051	100793	80146	86077	16465	18929
宁夏	697995	636375	341303	287033	238756	238739
新疆	723241	646304	593175	521253	153182	153128

单位：万元

非自有配送中心配送商品购进额		商品销售总额		零售额	
2018年	2017年	2018年	2017年	2018年	2017年
6220326	**7352354**	**88761877**	**80969341**	**64774822**	**60737931**
513430	398958	12006867	10740205	9131583	8187678
		3304262	2825580	2630729	2200134
231679	39159	2497557	2298181	1888484	1874275
2264	3107	642920	715049	615592	683504
		330585	300877	203360	196622
59729	21622	1762415	1537253	1462692	1310886
10482	8271	288090	355337	255925	355337
23175	11925	382854	460039	332997	405041
569381	552664	12389709	11128309	5429455	5491691
466935	544519	2213045	2136671	1923095	1833793
782889	605945	4278782	3930795	2782974	2603605
84239	127082	2190379	1877830	2085978	1736542
112298	122722	1884060	1841727	1731817	1688607
54539	34529	1775265	1628258	1395279	1319631
121071	89122	7282663	6738220	5173690	4851265
169016	136532	2529609	2273296	2060313	2018951
869297	783406	4447866	4131496	3655220	3441279
308672	224163	2433655	2379768	2373457	2338120
558777	2442050	9978308	8616084	8797135	7828961
141006	113445	5861109	5090368	3247909	2821503
		576734	430521	309984	329167
215219	237754	2512778	2508798	2127148	2087133
181075	194758	1486247	1746124	991812	1317567
1437	1748	551611	467872	509145	429924
211235	198883	2500603	2427313	1970736	1840862
92486	91863	1027768	898756	716940	647158
		1374	4650	1374	4650
		160097	152546	155567	147761
		681351	616798	618198	581433
439993	368126	783315	710623	196233	164852

2-11 续表 3

股份有限公司

地区	商品购进总额		统一配送商品购进额		自有配送中心配送商品购进额	
	2018年	2017年	2018年	2017年	2018年	2017年
全国	**121124132**	**112101801**	**87550674**	**82709060**	**63674837**	**60478151**
北京	11407213	9820478	8204514	7983022	5516068	5793582
天津	6743	6651	6743	6651	6743	6651
河北	4285759	4022165	2572998	2388022	1925681	1705751
山西	904811	843702	334697	283698	334697	283698
内蒙古						
辽宁	3901890	3180557	2727932	1927607	613762	626412
吉林	108685	99849	108685	99849	108685	99849
黑龙江	1230206	1309875	1230206	1309875	1258	1109
上海	3761811	3637188	3522570	3462966	1514346	1277179
江苏	26417954	24894413	22226474	20727356	22226474	20727356
浙江	14427441	12204550	11644991	10240044	11364367	9997609
安徽	8329807	7758920	4474222	4248814	4294895	4040239
福建	878335	743389	780325	663365	208257	190066
江西	962895	1001953	297693	445585	66971	52607
山东	9796722	9110288	6642882	5891105	3691327	3223047
河南	3759750	4093384	1670320	1715842	1444580	1144576
湖北	7760745	7821931	2754249	3994464	2750467	3990826
湖南	3172189	3540832	2503571	2945474	1570788	1404647
广东	5194343	4431190	3867218	3514619	1631204	1783680
广西	1741843	1470926	1688221	1414677	248549	214617
海南	1419927	1327338	1419927	1327338		
重庆	2365581	2229989	1688538	1643722	857339	867976
四川	1825229	1550642	1639051	1384267	969515	805640
贵州						
云南						
西藏						
陕西	1650236	1609412	1533681	1415537	620369	570756
甘肃	224933	195737	224933	195737		
青海	34922	47694	15480	1670		
宁夏	2422766	2295928	1211295	1211880	451236	477990
新疆	3131397	2852823	2559257	2265874	1257261	1192289

单位：万元

非自有配送中心配送商品购进额		商品销售总额		零售额	
2018年	2017年	2018年	2017年	2018年	2017年
8394312	**7422534**	**141667701**	**130659757**	**104164195**	**98723825**
2136961	1668021	12879774	11798578	9244040	8837814
		8625	7980	8625	7980
137912	193118	4849919	4617220	3529381	3307715
		1799524	1639016	1558542	1496179
		3259549	2956325	2545593	2322394
		171026	144914	171026	144914
		1351903	1335114	817243	743764
790311	808555	3972802	4036689	3159943	3333124
		27818415	25405085	20224425	18713356
266551	232026	15276315	13054510	10075216	8608693
50433	50731	9141744	8681833	3772943	3977483
9019	9937	1079416	966912	975213	877439
36075	50248	2940313	2653008	2302125	2218525
961359	1033454	11601245	11051450	9351609	8845222
		3729042	3874028	2664164	3305421
		9099295	8928768	8517041	8539039
376223	361524	6655561	5880458	5897682	5356043
1417167	1084208	8366506	7017680	6707950	6156551
		1965062	1854332	1430563	1349974
		1585336	1444074	874391	794706
831199	775747	4303554	4114251	3304747	3229842
68450	81381	1935855	1637107	1837624	1571254
		1788177	1741428	1216508	1210201
		274508	256324	254320	244209
		75321	77044	60705	75653
10655		2018381	1923178	1251484	1044939
1301996	1073586	3720536	3562453	2411095	2411393

2-11 续表 4

私营企业

地区	商品购进总额		统一配送商品购进额		自有配送中心配送商品购进额	
	2018年	2017年	2018年	2017年	2018年	2017年
全国	**23311398**	**21463065**	**19886538**	**18477687**	**10754332**	**10061325**
北京	1251257	1390290	817991	767303	510898	488144
天津	97614	100657	74014	89899	74014	89899
河北	553651	473995	386985	378233	198770	207956
山西	498437	548421	349600	324807	221754	190193
内蒙古	23565	16099	6752	5935	3393	2390
辽宁	407871	521503	230166	492582	87746	95846
吉林	164463	165961	107746	105284	60054	54968
黑龙江	269417	255230	259211	244476	64173	98589
上海	2510861	1623721	2028913	1393492	127206	39771
江苏	4794958	4628059	4577288	4481794	1786552	1775285
浙江	1365326	1348173	1240083	1258071	942721	927075
安徽	462781	481249	345939	219198	288183	158702
福建	1066225	976721	803798	725649	226605	216149
江西	295715	222189	180542	117240	29205	17313
山东	779963	691735	582997	602840	298512	332174
河南	362312	347116	317240	319131	93992	129643
湖北	639762	580326	530187	521026	384176	366297
湖南	793172	812845	635440	662861	464709	439946
广东	1620073	1561818	1494006	1433466	1277872	1284553
广西	167037	176965	166415	175990	77401	76562
海南						
重庆	1271707	1187910	1158563	1072520	988291	914855
四川	1733207	1427888	1631053	1336561	902018	706972
贵州	175457	151059	169951	145774	146435	122384
云南	714602	680150	714497	674213	709680	669744
西藏	24571	29544	24571	29544		
陕西	325125	228561	282266	191379	206226	127714
甘肃	205195	181124	122874	142479	103900	91879
青海						
宁夏	105697	102048	70775	64240	44443	44410
新疆	631377	551706	576677	501705	435405	391914

单位：万元

非自有配送中心配送商品购进额		商品销售总额		零售额	
2018年	2017年	2018年	2017年	2018年	2017年
1434095	**1225016**	**27636239**	**24515024**	**23559747**	**20749882**
199275	165130	1498062	1419371	1388424	1362336
		124431	129643	96935	99758
106660	101713	641977	677489	570914	618151
		569249	635365	525267	603858
589	766	24435	19908	24435	19908
2049	4018	565882	438164	332195	359402
	1007	195487	184667	195487	184104
184834	137307	326901	279726	242853	228307
32409	2460	3178424	1866986	3075580	1768520
60001	33938	5355280	5121298	3654763	3392761
166265	169822	1653344	1612953	1463795	1436517
12725	11841	528109	490063	522000	480522
156758	102822	1206151	1119217	1147700	1043539
3738	3672	330275	248940	328495	248940
87979	93879	914216	697275	765286	621012
1009	1009	473600	503665	409875	439371
15523	16684	807959	802669	719807	740136
27594	44662	905546	915708	806399	814514
39329	40303	1869324	1809739	1169823	1180856
373		231164	283779	228812	209307
25027	30031	1547109	1346166	1409415	1220046
118539	110235	2073344	1496832	2038432	1480998
1083	1515	159860	147568	151820	141927
		882022	888528	851791	785255
		24889	27273	24889	27273
21401	21396	393824	259000	393824	259000
11102	10242	246969	249744	237816	240604
19103	11117	130460	117155	77005	66066
140734	109450	777949	726133	705915	676894

2-11 续表 5

港、澳、台商投资企业

地区	商品购进总额		统一配送商品购进额		自有配送中心配送商品购进额	
	2018年	2017年	2018年	2017年	2018年	2017年
全　国	**22563737**	**20711106**	**14737310**	**14695329**	**8032069**	**8112356**
北　京	551612	495251	290224	172722	124627	32547
天　津	458887	435955	34855	18416	1488	1826
河　北						
山　西	85755	52918				
内蒙古						
辽　宁	58020	63577	192	2127		
吉　林	2538	2628	2538	2628		
黑龙江	16353	15154	16353	15154	16353	15154
上　海	2560386	2851247	902926	1609051	20984	14861
江　苏	3748014	3646628	3691049	3645674	3605156	3371598
浙　江	330462	306234	160502	160454	27999	26635
安　徽	174700	149087	174700	149087		
福　建	8040514	6044127	5327075	4565025	1299794	1483166
江　西	227444	337555	227444	337555	184120	295869
山　东	156485	163007	79487	90009		
河　南	911928	847872	132312	117245	2272	2835
湖　北	1449157	1363408	1449157	1363408	1283045	1166418
湖　南	342207	236778	210837	165359	49297	42023
广　东	3050246	3348090	1710903	2016596	1383501	1623209
广　西						
海　南						
重　庆	44465	41236	44465	41236	13745	12109
四　川	140579	115388	140579	115388	9509	11786
贵　州						
云　南	160666	156242	88393	69471	3544	4109
西　藏						
陕　西	53321	38725	53321	38725	6635	8211
甘　肃						
青　海						
宁　夏						
新　疆						

单位：万元

非自有配送中心配送商品购进额		商品销售总额		零售额	
2018年	2017年	2018年	2017年	2018年	2017年
5377673	**4983536**	**25840802**	**23025555**	**22585345**	**20520394**
160188	132343	719128	591569	703482	574324
		536655	510440	436403	343985
		95283	54591	95283	54591
		62999	70918	62999	70918
313	647	3949	4078	3949	4078
		26057	23727	26057	23727
463821	1131136	4617264	3997747	4518414	3901868
74170	112152	3890681	3921568	2046351	2071221
		396119	334719	393352	331766
113041	114389	168844	150791	168844	150791
4007195	3022486	7012680	5442887	6104906	5430734
		215328	325189	215328	325189
79487	90009	222331	226539	220938	224900
130040	114410	1510317	1369446	1510317	1369446
		1618020	1356376	1433770	1217192
161540	123336	418821	323368	417459	322635
187879	142628	3744335	3811049	3668825	3619790
		84530	78434	84530	78434
		226158	183390	226158	178143
		196952	192402	173629	170335
		74350	56327	74350	56327

2-11 续表 6

外商投资企业

地　区	商品购进总额		统一配送商品购进额		自有配送中心配送商品购进额	
	2018年	2017年	2018年	2017年	2018年	2017年
全　国	**31231719**	**29714423**	**16616071**	**17363562**	**7626937**	**8888406**
北　京	4321551	4930287	1540644	1508759	222502	223752
天　津	642266	524802				
河　北	1179085	1062626	1102691	978548	237262	213895
山　西						
内蒙古						
辽　宁	314704	401272	196263	238721		
吉　林						
黑龙江	111291	116290	111291	116290		
上　海	6453353	6000498	4178349	3527833	480811	303184
江　苏	5009907	4996226	4727981	4758798	3391801	3353053
浙　江	656234	821174	656234	821174	467647	625591
安　徽	49794	130881	49794		26610	
福　建	1218014	918048	552751	320253		
江　西	137895	87890	14827	16091		
山　东	249366	237615	3434	4891		
河　南						
湖　北	1971615	934813	143116	125946		
湖　南	244060	253358				
广　东	5392048	5378284	1919140	3696793	1683977	3396636
广　西	45897	34122	45897	34122	45897	34122
海　南						
重　庆	901885	736421	832530	661124	832530	661124
四　川	1838663	1655998	298799	313125		
贵　州						
云　南	355137	368373	161973	167668	161973	7589
西　藏						
陕　西	108828	95775	50232	43755	45801	39788
甘　肃						
青　海						
宁　夏						
新　疆	30128	29672	30128	29672	30128	29672

单位：万元

非自有配送中心配送商品购进额		商品销售总额		零售额	
2018年	2017年	2018年	2017年	2018年	2017年
1780579	**1927211**	**42160566**	**39308008**	**36459983**	**34232421**
911041	880907	5379807	6181687	5229127	5996758
		745084	666125	745084	666125
21745	18698	1273487	1103851	1065416	998171
		329243	409548	329243	409548
		89779	96488	89779	96488
332187	257449	9690135	8883103	9089141	8492738
17403	81666	5374663	5202877	4041653	3922727
188587	195583	1106438	1138715	1066535	1093648
23184		57205	133079	57205	133079
		4071955	3528990	3528425	2526153
		1253431	974190	1113432	885913
		325360	322934	80324	83401
139673	121174	2093909	1003419	1222849	626445
		745622	655783	646024	602852
136922	205718	6011592	5654639	4623608	4405743
		69907	53929		
		924212	756693	924212	756693
9837	5937	2062041	1963330	2051231	1957311
	160079	416142	420532	416142	420532
		105377	122714	105377	122714
		35178	35383	35178	35383

2-12 按部分登记注册类型分各地区

内资企业

地区	商品购进总额		统一配送商品购进额		自有配送中心配送商品购进额	
	2018年	2017年	2018年	2017年	2018年	2017年
全国	**8621509**	**8596780**	**7049500**	**7147569**	**4252496**	**4699741**
北京	489349	455824	394130	355486	270197	251135
天津	122289	95778	4	4	4	4
河北	75835	75397	74977	72839	74146	69167
山西	270853	242015	169872	167551	167371	164729
内蒙古	28733	22216	28733	22216	2602	2533
辽宁	57616	66142	52438	66118	344	614
吉林	70	70	70	70	70	70
黑龙江	999	1269	795	831	757	793
上海	2059056	1883872	1996436	1815268	1323276	1237831
江苏	1157395	1200958	1062599	1153578	640824	1057117
浙江	605594	840376	582670	769786	400096	553545
安徽	1232181	1265378	922103	950045	507442	490028
福建	273406	233938	270720	231697	145252	112753
江西	104460	83670	94422	78585	93859	78068
山东	201337	208646	142102	147054	91511	98495
河南	410467	364755	409316	364511	9552	9137
湖北	275613	216017	73060	52885	68138	46127
湖南	211086	207520	167477	158216	78332	64855
广东	235415	214392	174734	159960	105313	78685
广西	60088	53704	59905	49948	41883	34111
海南						
重庆	200957	273268	148562	229121	107146	185417
四川	385389	355483	92699	85686	52631	51678
贵州	295	2923	295	592		
云南	4210	5913	4210	5460	3281	4209
西藏	26245	2				
陕西	22859	45939	22859	45939	5357	30212
甘肃	272	238	272	238	236	238
青海	4614	1761	4614	1729	744	1311
宁夏	5453	78103	230	61233	230	145
新疆	99377	101213	99198	100922	61901	76736

连锁零售企业加盟门店经营情况

单位：万元

非自有配送中心配送商品购进额		商品销售总额		零售额	
2018年	2017年	2018年	2017年	2018年	2017年
1476362	**1262546**	**9835423**	**9954683**	**8031990**	**7859696**
107469	91010	638077	604350	633038	604350
		133101	113488	132105	112658
		78934	76598	78934	76598
		279834	238021	279834	238021
284	257	31409	23440	28966	21909
52094	52838	104103	118947	96859	118882
		89	89	89	89
		1228	1434	1039	1284
561872	480589	2631019	2674462	2338570	2420233
138939	7338	1303970	1416250	1085898	885292
152656	177931	636930	877411	457333	613486
181349	182438	741467	742142	274070	245686
119016	113615	441703	356202	401972	327489
46	7	110419	91008	110419	91008
4652	4717	228704	216648	198264	194688
8	25	460135	404447	408440	364293
2091	2760	324288	259122	95909	90575
79348	79577	205459	202383	166800	145123
2387	8759	528961	467525	459390	393943
1570	1325	63120	58384	15855	16991
12347	18549	248281	321568	189349	258368
22061	15528	424332	431115	394776	401360
		361	3123	361	3123
877	1097	4007	5162	4007	4739
		25652	2		
		30441	48703	30441	48703
		236	238	236	238
		4506	2362	852	1474
		7569	67119	1226	58861
37297	24186	147091	132941	146960	120231

2-12 续表 1

国有企业

地　区	商品购进总额		统一配送商品购进额		自有配送中心配送商品购进额	
	2018年	2017年	2018年	2017年	2018年	2017年
全　国	**414514**	**440877**	**313423**	**337126**	**53145**	**45064**
北　京	96162	99124	1097	1110	1097	1110
天　津						
河　北						
山　西						
内蒙古						
辽　宁						
吉　林						
黑龙江						
上　海	104215	75040	99065	70249	25997	15538
江　苏						
浙　江						
安　徽	187210	237351	187210	237351		
福　建						
江　西						
山　东						
河　南	760	670	760	670	760	670
湖　北						
湖　南						
广　东	1969	2058	1092	1111	1092	1111
广　西						
海　南						
重　庆	22887	25361	22887	25361	22887	25361
四　川						
贵　州						
云　南						
西　藏						
陕　西						
甘　肃						
青　海						
宁　夏						
新　疆	1312	1273	1312	1273	1312	1273

单位：万元

非自有配送中心配送商品购进额		商品销售总额		零售额	
2018年	2017年	2018年	2017年	2018年	2017年
73068	**54658**	**459032**	**544228**	**261896**	**297656**
		108047	111375	108047	111375
73068	54658	125468	157969	125468	157969
		191165	239119		
		812	690	212	201
		2885	2896	2514	2438
		29596	31154	24596	24648
		1059	1025	1059	1025

2-12 续表 2

有限责任公司

地区	商品购进总额		统一配送商品购进额		自有配送中心配送商品购进额	
	2018年	2017年	2018年	2017年	2018年	2017年
全国	**2901658**	**2843583**	**2399615**	**2411289**	**1707363**	**1791809**
北京	336857	306817	336774	304556	240364	222614
天津	122285	95774				
河北	74146	71505	74146	71505	74146	69167
山西	2312	3218	770	1103	137	149
内蒙古	21263	15759	21263	15759		
辽宁	222	13042	189	13019	189	352
吉林						
黑龙江	226	188	37	38		
上海	984496	864934	927185	801293	811280	702508
江苏	398244	210226	357769	209409	184436	196036
浙江	355101	603251	344027	551548	188051	350959
安徽	8614	2504	7665	2363	1510	874
福建	16735	14993	14708	13400	13648	12418
江西	12218	9104	2180	4019	2156	4019
山东	77293	58394	76718	57839	75840	56908
河南	11782	10896	11689	10789	5815	4994
湖北	220298	178223	27173	29570	23056	23628
湖南	32387	28840	32387	28840	1888	1723
广东	86336	95233	36347	50518	4409	2912
广西	46479	40406	46479	36748	34276	26078
海南						
重庆	20823	86525	20823	86525	7334	75015
四川	47611	35426	36435	28813	31615	24791
贵州	46	2331	46			
云南	232	941	232	488	181	333
西藏						
陕西	22732	22793	22732	22793	5230	7066
甘肃	37		37			
青海	744	1344	744	1311	744	1311
宁夏	900	62669		61088		
新疆	1241	8247	1061	7956	1061	7956

单位：万元

非自有配送中心配送商品购进额		商品销售总额		零售额	
2018年	2017年	2018年	2017年	2018年	2017年
450298	**330374**	**3292232**	**3317024**	**2623230**	**2642148**
80131	68784	418957	386874	413918	386874
		133097	113485	132101	112655
		77389	71292	77389	71292
		2701	3790	2701	3790
		26298	19529	25175	18853
		256	15890	212	15826
		235	198	46	48
52416	46059	1078004	970567	785704	716510
135799	4198	456173	339604	456173	339604
144428	168224	331008	589314	276238	429382
		10007	3525	10007	3525
	982	20218	11912	20055	11749
24		15101	11552	15101	11552
878	931	82016	70081	81971	70028
8	25	15642	14198	11826	11485
1950	2629	253118	213380	36322	62159
27478	27117	33233	30847	33233	30847
961	7278	148573	153494	122972	113842
		47308	42533	4950	5321
4770	4036	57848	122488	40678	110055
1455	110	51402	35559	43441	29147
		46	2477	46	2477
		243	457	243	34
		30285	25901	30285	25901
		852	2014	852	1474
		500	58015		56179
		1725	8048	1594	1540

2-12 续表 3

股份有限公司

地 区	商品购进总额		统一配送商品购进额		自有配送中心配送商品购进额	
	2018年	2017年	2018年	2017年	2018年	2017年
全 国	**3084109**	**3300130**	**2480885**	**2742322**	**1350359**	**1771078**
北 京	28613	27438	28613	27438	28428	27255
天 津						
河 北						
山 西	3957	5025	3957	5025	3957	5025
内蒙古						
辽 宁						
吉 林						
黑龙江	757	793	757	793	757	793
上 海	883740	866431	883635	866309	485999	519786
江 苏	100000	500000	100000	500000	100000	500000
浙 江	89319	91995	89319	91995	89252	91909
安 徽	994339	985450	685973	670410	504624	487973
福 建	45779	33251	45779	33251	156	156
江 西	91703	74049	91703	74049	91703	74049
山 东	112634	97380	57082	80630	12860	38380
河 南	383352	331781	383352	331781		
湖 北	27886	19020	27886	15353	27223	14668
湖 南	51852	31851	51852	31851		
广 东	2253	3118	2213	3078	2213	3078
广 西	1938	1935	1938	1935		
海 南						
重 庆						
四 川	242348	223967	3187	1778	3187	1778
贵 州						
云 南						
西 藏						
陕 西						
甘 肃						
青 海	3870	418	3870	418		
宁 夏						
新 疆	19768	6230	19768	6230		6230

单位：万元

非自有配送中心配送商品购进额		商品销售总额		零售额	
2018年	2017年	2018年	2017年	2018年	2017年
696228	**593907**	**3444076**	**3745108**	**2879927**	**2842560**
		76625	77247	76625	77247
		757	842	757	842
		973	924	973	924
397636	346524	1333684	1463658	1333535	1463487
		100000	500000		
		97625	95406	561	723
181349	182438	496652	462404	230075	214265
45623	33095	96262	95394	96262	95394
		91703	74049	91703	74049
		134306	112971	105011	112971
		429165	367251	383352	331781
		41080	22387	41080	21993
51852	31851	49384	31851	49384	31851
		158836	145084	158836	145084
		2016	1955	2016	1955
		278328	267045	256732	243701
		3654	348		
19768		53027	26294	53027	26294

2-12 续表 4

私营企业

地　区	商品购进总额		统一配送商品购进额		自有配送中心配送商品购进额	
	2018年	2017年	2018年	2017年	2018年	2017年
全　国	**2194378**	**1953495**	**1829554**	**1640135**	**1132868**	**1082434**
北　京	27718	22446	27646	22382	308	156
天　津	4	4	4	4	4	4
河　北	1688	3893	830	1335		
山　西	264583	233773	165145	161423	163277	159555
内蒙古	6608	5654	6608	5654	2024	1986
辽　宁	57394	53099	52249	53099	155	261
吉　林	70	70	70	70	70	70
黑龙江	15	288				
上　海	86606	77467	86551	77417		
江　苏	659121	490674	604800	444112	356358	361024
浙　江	161175	145130	149324	126243	122793	110677
安　徽	42017	40072	41255	39920	1308	1182
福　建	210893	185695	210233	185047	131449	100179
江　西	539	517	539	517		
山　东	7771	8326	5412	5969	887	1390
河　南	14573	21408	13515	21272	2977	3474
湖　北	27429	18774	18001	7963	17860	7832
湖　南	126846	146829	83238	97525	76445	63132
广　东	129604	108923	119830	100191	97600	71583
广　西	11671	11363	11488	11265	7607	8033
海　南						
重　庆	156837	160607	104512	116528	76585	84333
四　川	88782	88656	46429	47661	11939	18898
贵　州	249	592	249	592		
云　南	3978	4973	3978	4973	3101	3876
西　藏	26236					
陕　西	127	23146	127	23146	127	23146
甘　肃	236	238	236	238	236	238
青　海						
宁　夏	4553	15433	230	145	230	145
新　疆	77057	85447	77057	85447	59528	61261

单位：万元

非自有配送中心配送商品购进额		商品销售总额		零售额	
2018年	2017年	2018年	2017年	2018年	2017年
255725	**282126**	**2607475**	**2306536**	**2235433**	**2057453**
27338	22226	34449	28855	34449	28855
		4	3	4	3
		1545	5306	1545	5306
		276377	233390	276377	233390
		4082	3105	2762	2251
52094	52838	103847	103056	96647	103056
		89	89	89	89
		20	313	20	313
38751	33348	93863	82268	93863	82268
3140	3140	747739	576536	629667	545577
8229	9707	208297	192691	180534	183381
		43644	37094	33988	27895
73393	79539	325223	248897	285655	220347
22	7	3616	5407	3616	5407
3773	3786	7913	8633	7913	8633
		14515	22308	13049	20827
141	131	30089	23354	18508	6423
17	20609	122842	139685	84183	82425
1426	1480	201033	161014	157434	127541
1570	1325	13797	13896	8890	9715
7577	14513	160175	166642	123413	122382
19847	14195	85851	118962	85851	118962
		315	646	315	646
877	1097	3764	4705	3764	4705
		25646			
		156	22802	156	22802
		236	238	236	238
		7069	9104	1226	2683
17529	24186	91281	97537	91281	91335

2-12 续表 5

港、澳、台商投资企业

地区	商品购进总额		统一配送商品购进额		自有配送中心配送商品购进额	
	2018年	2017年	2018年	2017年	2018年	2017年
全国	**4599842**	**4920825**	**4180304**	**4641422**	**154581**	**272644**
北京	800	4275	800	4275	800	4275
天津						
河北						
山西						
内蒙古						
辽宁						
吉林						
黑龙江						
上海	4361865	4566454	4012211	4315660	5965	4768
江苏						
浙江	1855	1979	1855	1979	1855	1979
安徽						
福建	5463	12560	5463	12560		
江西	139357	223938	139357	223938	139357	223938
山东						
河南						
湖北						
湖南						
广东	86183	106986	16299	78377	2286	33052
广西						
海南						
重庆						
四川	4319	4633	4319	4633	4319	4633
贵州						
云南						
西藏						
陕西						
甘肃						
青海						
宁夏						
新疆						

单位：万元

非自有配送中心配送商品购进额		商品销售总额		零售额	
2018年	2017年	2018年	2017年	2018年	2017年
8918	**8835**	**5169468**	**4895799**	**5133697**	**4818851**
		41466	62683	41466	62683
		4883997	4514393	4853079	4479620
		2854	2516	2854	2516
2993	2895	6023	13348	6023	13348
		121744	195626	121744	164259
5926	5940	108531	101998	108531	96425
		4852	5235		

2-12 续表 6

外商投资企业

地区	商品购进总额		统一配送商品购进额		自有配送中心配送商品购进额	
	2018年	2017年	2018年	2017年	2018年	2017年
全国	**806396**	**775370**	**750139**	**721817**	**703691**	**572129**
北京	10488	3007	10395	2604		
天津						
河北						
山西						
内蒙古						
辽宁						
吉林						
黑龙江						
上海	86606	137649	86606	137649	86606	17110
江苏	315840	273024	315840	273024	315840	273024
浙江	5800	6608	2608	3034		
安徽						
福建	6590	5070	6590	5070		
江西						
山东	12289	9559	12289	9559		
河南						
湖北	323	1052	323	1052		
湖南						
广东	354218	331570	301245	281995	301245	281995
广西						
海南						
重庆						
四川	14243	7832	14243	7832		
贵州						
云南						
西藏						
陕西						
甘肃						
青海						
宁夏						
新疆						

单位：万元

非自有配送中心配送商品购进额		商品销售总额		零售额	
2018年	2017年	2018年	2017年	2018年	2017年
23379	**132833**	**808748**	**641064**	**796301**	**636641**
6561	1429	13997	3894	13997	3894
	120539	84484	23654	84484	23654
		329000	284400	329000	284400
2608	3034	6800	7698	6800	7698
		12448	4423		
		13664	10325	13664	10325
		1069	2433	1069	2433
		326094	296857	326094	296857
14210	7832	21193	7380	21193	7380

2-13 按部分行业分各地区连锁零售企业基本情况

批发业

地 区	连锁总店数（个）	门店数（个）		年末从业人员（人）		年末零售营业面积（平方米）	
	2018年	2018年	2017年	2018年	2017年	2018年	2017年
全 国	**313**	**40245**	**39493**	**227341**	**222189**	**31188273**	**28754380**
北 京	9	558	602	7061	7361	286684	316850
天 津	1	10	9	214	116	3000	8373
河 北	14	943	939	5508	5798	1867755	1855149
山 西	3	43	32	1351	1385	38979	38979
内 蒙 古							
辽 宁	12	826	508	7265	6179	623488	600227
吉 林							
黑 龙 江	3	215	192	2878	2682	16182	16182
上 海	9	1303	920	9558	8072	339166	254201
江 苏	11	5449	5349	31317	31729	4541990	4288302
浙 江	21	5388	5501	25433	27536	6391723	6398166
安 徽	3	6571	6556	14969	15689	933511	908187
福 建	10	1199	1193	5740	5706	377027	375345
江 西	17	2393	2036	9197	9257	881972	873861
山 东	10	3659	3683	29030	21353	3036513	2134857
河 南	14	883	913	4315	4938	1550466	1410584
湖 北	14	828	834	6965	7414	353780	372379
湖 南	11	1406	1568	8563	8091	267988	267592
广 东	29	1436	1194	6191	6103	173717	156078
广 西	32	2105	2082	11632	12429	3972812	3451938
海 南							
重 庆	15	1877	1966	9960	10301	446635	446195
四 川	5	271	266	1444	1306	44130	40440
贵 州							
云 南	5	163	170	801	770	10445	13435
西 藏							
陕 西	20	1094	1040	13507	14170	1423091	1418763
甘 肃	2	135	140	564	600	287600	285589
青 海	1	73	156	122	194	2920	6240
宁 夏	16	432	415	4543	4548	1516629	1554348
新 疆	26	985	1229	9213	8462	1800070	1262120

2-13 续表 1

零售业

地区	连锁总店数(个)	门店数(个)		年末从业人员(人)		年末零售营业面积(平方米)	
	2018年	2018年	2017年	2018年	2017年	2018年	2017年
全　国	**2621**	**209466**	**193402**	**2162604**	**2125622**	**148058515**	**138727481**
北　京	171	9304	7938	160302	162260	8935832	8742283
天　津	31	2261	2072	25454	24162	2044757	1883283
河　北	103	5614	5085	52432	49705	4683435	4637539
山　西	60	5093	4360	39154	36673	3311052	3079480
内蒙古	18	1041	836	6399	5420	347723	314164
辽　宁	87	6602	5667	47750	44741	2702818	3873846
吉　林	28	2165	1964	13608	12779	725185	599155
黑龙江	30	1265	1291	11292	12378	468512	477865
上　海	127	21776	21336	269632	275704	12720107	12335705
江　苏	180	16904	14637	244402	227281	14783233	13993175
浙　江	200	18055	19659	96480	113673	4666203	4859768
安　徽	72	5032	3832	76846	76564	5829427	4873731
福　建	171	10520	9584	113915	107143	11292088	10705301
江　西	58	3351	2745	40074	38959	2826224	2458214
山　东	158	11703	10365	159227	157084	22049551	16963572
河　南	103	5244	4875	55707	58544	4254571	4109960
湖　北	130	9839	8810	120977	118652	6955282	6722354
湖　南	110	9360	8580	84633	79762	8759066	8326344
广　东	280	22821	21792	209218	204017	13238897	13544507
广　西	53	4386	3689	31747	29626	1181356	1135836
海　南	5	782	738	5035	5093	439853	368633
重　庆	64	7341	7767	73283	74606	4232133	4140876
四　川	141	13310	12310	95584	93408	4773224	3899813
贵　州	29	1558	1228	11611	10277	643005	442631
云　南	27	5973	5503	36918	33656	1436387	2036225
西　藏	3	110	97	883	840	33075	31307
陕　西	51	2864	1981	28024	21479	1165870	1132123
甘　肃	16	1227	1084	9337	9195	538922	481515
青　海	9	114	185	4719	4564	166574	154489
宁　夏	37	962	929	11158	11392	687045	620225
新　疆	69	2889	2463	26803	25985	2167108	1783562

2-13 续表 2

综合零售

地区	连锁总店数（个）	门店数（个）		年末从业人员（人）		年末零售营业面积（平方米）	
	2018年	2018年	2017年	2018年	2017年	2018年	2017年
全国	**809**	**64899**	**63519**	**1229644**	**1258039**	**87155295**	**84371848**
北京	67	4487	3170	109041	109828	7131673	6951037
天津	9	767	694	11984	9716	570491	541748
河北	25	686	742	23481	23103	1737846	1745921
山西	17	2461	2034	23684	22194	1352143	1355761
内蒙古	6	510	427	3602	3231	218885	209617
辽宁	23	1467	1521	16944	18544	740589	738596
吉林	3	104	110	1636	2197	65200	51600
黑龙江	6	64	73	4183	4597	168156	179122
上海	45	10322	10113	165333	178026	9302175	9130410
江苏	57	5384	5179	117872	115732	6778210	6850899
浙江	65	5713	8132	49091	68189	3454744	3757714
安徽	34	1822	1560	57946	60511	3254911	3041225
福建	47	3594	2959	75653	68806	8544902	7997453
江西	17	284	243	19181	18350	1460129	1219716
山东	49	4031	3888	124745	126897	11475403	11320251
河南	38	1171	1437	32012	36505	2423818	2425802
湖北	28	3323	2878	79461	78375	5288822	5265763
湖南	36	1926	1755	43066	40931	5317936	4736792
广东	83	4713	4626	106801	105789	7348362	7433417
广西	11	557	535	12998	13258	568284	579260
海南	2	240	214	1665	1557	63057	54623
重庆	27	3443	3582	53645	54217	3484215	3463818
四川	45	5024	5035	52566	53254	3120680	2466252
贵州	10	262	275	4639	4391	410820	259947
云南	9	585	618	7431	8320	383269	379263
西藏	1	80	74	800	795	30525	30157
陕西	19	902	668	8671	8930	733937	764794
甘肃	3	112	111	1736	1489	66283	61265
青海	4	68	119	3480	3384	117854	119877
宁夏	11	350	369	7431	7664	456445	406245
新疆	12	447	378	8866	9259	1085531	833503

2-13 续表 3

食品、饮料及烟草制品专门零售

地区	连锁总店数（个）	门店数（个）		年末从业人员（人）		年末零售营业面积（平方米）	
	2018年	2018年	2017年	2018年	2017年	2018年	2017年
全　国	**178**	**23306**	**21390**	**92667**	**88284**	**1442525**	**1313849**
北　京	22	2022	2000	16744	16799	185591	190644
天　津	5	162	151	2031	1956	29713	28193
河　北	2	68	69	300	278	11669	11790
山　西	3	29	39	260	274	3360	4035
内蒙古							
辽　宁	5	128	110	1247	886	14194	17694
吉　林	2	60	57	630	512	6350	6200
黑龙江							
上　海	11	2147	2178	9869	9757	157441	151086
江　苏	15	1481	770	3226	3241	33747	29004
浙　江	18	5958	5659	14512	14846	346026	304116
安　徽	3	551	340	1936	1160	21176	30335
福　建	19	1069	982	5392	5230	81644	78139
江　西	4	167	158	2761	2651	56028	55480
山　东	3	115	88	887	959	34800	27400
河　南	4	187	205	1407	1545	18148	19759
湖　北	15	2637	2271	9215	7230	140595	116241
湖　南	8	457	449	2006	2032	23097	23497
广　东	18	3533	3039	9874	8221	71606	68364
广　西							
海　南							
重　庆	5	574	1040	2423	3516	18014	22200
四　川	7	1855	1704	7338	6589	175516	116137
贵　州							
云　南	1	18	16	77	82	855	806
西　藏							
陕　西	4	56	21	413	341	8054	6448
甘　肃							
青　海							
宁　夏	2	24	36	84	142	3430	4810
新　疆	2	8	8	35	37	1471	1471

2-13 续表 4

纺织、服装及日用品专门零售

地　区	连锁总店数（个）	门店数（个）		年末从业人员（人）		年末零售营业面积（平方米）	
	2018年	2018年	2017年	2018年	2017年	2018年	2017年
全　国	**187**	**19539**	**18904**	**140532**	**123578**	**3992091**	**3902247**
北　京	24	694	654	6730	7188	326572	382226
天　津	3	37	39	372	389	15237	13200
河　北	2	61	30	373	312	5550	800
山　西	1	3	3	30	31	350	350
内蒙古							
辽　宁	5	52	58	325	417	15866	196093
吉　林	2	24	22	128	135	3339	2521
黑龙江	1	52	49	387	422	15940	15088
上　海	30	5759	5529	68993	62299	1939620	1778253
江　苏	4	1908	1611	7179	3322	191429	161894
浙　江	11	783	810	5824	5324	154318	145007
安　徽	1	2	2	7	10	400	400
福　建	9	1766	1807	10378	9530	318358	220676
江　西	3	67	63	490	502	12771	11578
山　东	3	25	27	205	221	4814	5174
河　南	3	27	27	62	252	6200	6304
湖　北	18	809	839	6498	6538	191761	190792
湖　南	8	880	931	3094	2945	128532	174145
广　东	32	5508	5405	17448	15230	358524	312604
广　西	1	3	3	12	12	1500	1500
海　南							
重　庆	5	211	180	1572	1726	52305	58919
四　川	10	620	584	4855	4346	145786	125953
贵　州							
云　南	2	25	28	478	463	20662	21019
西　藏	1	7		38		1400	
陕　西	5	204	190	4649	1560	67394	63945
甘　肃							
青　海	1	7	7	334	352	9510	11606
宁　夏	1	2	3	65	45	3753	2000
新　疆	1	3	3	6	7	200	200

2-13 续表 5

文化、体育用品及器材专门零售

地区	连锁总店数（个）	门店数（个）		年末从业人员（人）		年末零售营业面积（平方米）	
	2018年	2018年	2017年	2018年	2017年	2018年	2017年
全　国	**93**	**1790**	**1968**	**35727**	**34565**	**1747671**	**1618116**
北　京	6	164	153	2645	2550	242529	146823
天　津							
河　北	2	15	19	584	359	11753	12803
山　西							
内蒙古							
辽　宁	1	22	27	694	616	27010	27521
吉　林							
黑龙江	2	18	18	624	986	14086	14086
上　海	5	357	362	3690	3519	539726	492777
江　苏	5	32	43	361	363	8830	13770
浙　江							
安　徽	1	14	14	720	630	17147	17147
福　建	3	11	11	201	216	4950	6263
江　西	3	268	307	3985	3744	111625	107027
山　东	5	43	41	642	612	31584	44259
河　南	5	26	25	791	813	18311	16935
湖　北	8	50	53	1249	1318	16281	18284
湖　南	4	45	41	465	334	26080	21632
广　东	13	132	137	2490	2618	142548	140644
广　西	1	4	4	238	290	15000	15000
海　南							
重　庆	3	96	133	2867	2672	105700	129671
四　川	7	266	353	8722	8273	167052	150305
贵　州							
云　南	2	68	68	1699	1618	97157	97530
西　藏							
陕　西	2	25	24	1220	1124	23101	22741
甘　肃							
青　海							
宁　夏	1	8	8	202	216	11000	11000
新　疆	14	126	127	1638	1694	116201	111898

2-13 续表 6

医药及医疗器材专门零售

地区	连锁总店数（个）	门店数（个）		年末从业人员（人）		年末零售营业面积（平方米）	
	2018年	2018年	2017年	2018年	2017年	2018年	2017年
全　国	**909**	**73632**	**62523**	**350264**	**307805**	**9039567**	**9049156**
北　京	33	994	993	6812	6724	161876	169592
天　津	7	257	253	1908	1871	61109	55123
河　北	49	2985	2415	14545	12579	281608	218492
山　西	25	1683	1370	10051	8624	616194	493305
内蒙古	10	519	398	2428	1807	58333	43415
辽　宁	42	4269	3315	21501	16903	563084	1656501
吉　林	13	1683	1496	8102	7181	493894	407384
黑龙江	16	1037	1065	4779	5018	113449	132004
上　海	25	2772	2719	13542	13497	257338	252257
江　苏	79	4450	3910	21158	19469	546705	453429
浙　江	93	5043	4516	22111	20150	547342	499314
安　徽	26	1793	1177	9584	6742	284272	216017
福　建	43	1633	1401	7839	7318	231172	206125
江　西	10	1781	1240	6087	6085	171352	134637
山　东	75	6244	5325	23892	20785	596968	552640
河　南	33	2952	2349	14355	12387	410496	356669
湖　北	41	1877	1729	10998	10246	232479	196209
湖　南	17	4047	3456	22318	19303	414187	378713
广　东	68	5103	4554	30427	27294	534437	488524
广　西	35	3718	3068	16693	14452	401780	365843
海　南	1	140	120	280	249	11200	9600
重　庆	19	2910	2738	10850	10480	325022	287818
四　川	57	5005	4098	14365	13262	461675	403033
贵　州	17	1259	925	6176	5188	122212	90102
云　南	7	4901	4385	23396	18612	544156	528286
西　藏	1	23	23	45	45	1150	1150
陕　西	13	1442	850	10201	6689	138084	102509
甘　肃	8	916	779	5494	5600	151789	102996
青　海	3	24	47	690	704	13913	4710
宁　夏	16	434	369	1686	1700	54228	45287
新　疆	27	1738	1440	7951	6841	238063	197472

2-13 续表 7

汽车、摩托车、零配件和燃料及其他动力销售

地区	连锁总店数（个）	门店数（个）		年末从业人员（人）		年末零售营业面积（平方米）	
	2018年	2018年	2017年	2018年	2017年	2018年	2017年
全　国	**213**	**16770**	**16257**	**127611**	**135276**	**29799488**	**24998617**
北　京	4	552	554	4667	5129	182589	183027
天　津	3	915	816	7064	8149	1092565	982065
河　北	17	1693	1708	11474	11486	2466853	2471936
山　西	8	769	781	3970	4587	1044093	943551
内蒙古							
辽　宁	5	543	542	4645	4970	987439	968045
吉　林	1	211	215	1616	1665	17000	17000
黑龙江							
上　海	2	244	256	3087	3225	80153	71648
江　苏	2	191	192	1757	1799	547000	547000
浙　江	3	8	8	113	108	6067	11067
安　徽	3	719	631	4651	5345	2025242	1359646
福　建	30	2114	2121	9900	11510	1649992	1725850
江　西	16	724	688	5896	6033	895901	858080
山　东	16	1149	901	6558	6095	9681534	4801324
河　南	7	671	659	3469	3569	928425	918625
湖　北	10	676	683	6093	8093	389961	388961
湖　南	27	1856	1819	11699	11933	2619863	2782945
广　东	33	2190	2150	25351	25246	3498292	3768376
广　西	1	13	12	125	76	64174	64174
海　南	2	402	404	3090	3287	365596	304410
重　庆	3	27	27	85	84	3162	3162
四　川	2	221	219	2645	2642	131912	130421
贵　州							
云　南	2	297	294	2885	3427	261200	880833
西　藏							
陕　西	6	221	221	2270	2315	169300	157236
甘　肃	4	174	169	2017	2016	315850	312254
青　海							
宁　夏	3	29	29	440	535	84449	73800
新　疆	3	161	158	2044	1952	290876	273181

2-13 续表 8

家用电器及电子产品专门零售

地　区	连锁总店数（个）	门店数（个）		年末从业人员（人）		年末零售营业面积（平方米）	
	2018年	2018年	2017年	2018年	2017年	2018年	2017年
全　国	**203**	**8299**	**7648**	**173799**	**165922**	**14241052**	**12883159**
北　京	10	369	390	11706	12308	621279	641851
天　津	3	107	105	1891	1898	270497	254106
河　北	6	106	102	1675	1588	168156	175797
山　西	6	148	133	1159	963	294912	282478
内蒙古	2	12	11	369	382	70505	61132
辽　宁	6	121	94	2394	2405	354636	269396
吉　林	6	79	59	1444	1046	139202	114200
黑龙江	5	94	86	1319	1355	156881	137565
上　海	5	144	139	4697	4772	408762	418284
江　苏	15	3432	2906	92703	83168	6640137	5900004
浙　江	8	456	463	4251	4602	109566	108171
安　徽	4	131	108	2002	2166	226279	208961
福　建	20	333	303	4552	4533	461070	470795
江　西	5	60	46	1674	1594	118418	71696
山　东	7	96	95	2298	1515	224448	212524
河　南	13	210	173	3611	3473	449173	365866
湖　北	9	460	350	7325	6707	692568	543289
湖　南	9	144	129	1967	2284	228611	208620
广　东	27	1035	1263	13050	16034	1154170	1207249
广　西	3	67	48	1515	1397	129418	109059
海　南							
重　庆	2	80	67	1841	1911	243715	175288
四　川	11	233	208	4774	4676	554582	480469
贵　州	2	37	28	796	698	109973	92582
云　南	4	79	94	952	1134	129088	128488
西　藏							
陕　西	2	14	7	600	520	26000	14450
甘　肃	1	25	25	90	90	5000	5000
青　海	1	15	12	215	124	25297	18296
宁　夏	2	101	101	1212	1050	72940	76283
新　疆	9	111	103	1717	1529	155769	131260

2-13 续表 9

五金、家具及室内装饰材料专门零售

地　区	连锁总店数（个）	门店数（个）		年末从业人员（人）		年末零售营业面积（平方米）	
	2018年	2018年	2017年	2018年	2017年	2018年	2017年
全　国	**16**	**447**	**376**	**7346**	**7533**	**512949**	**462367**
北　京	4	18	20	1120	1230	80163	73523
天　津	1	16	14	204	183	5145	8848
河　北							
山　西							
内蒙古							
辽　宁							
吉　林							
黑龙江							
上　海	3	8	9	190	215	32164	37664
江　苏	2	3	3	104	116	33525	33525
浙　江	1	76	53	553	429	46090	32329
安　徽							
福　建							
江　西							
山　东							
河　南							
湖　北	1	7	7	138	145	2815	2815
湖　南							
广　东	2	22	22	378	428	19150	13186
广　西							
海　南							
重　庆							
四　川	1	2	2	113	121	14900	25900
贵　州							
云　南							
西　藏							
陕　西							
甘　肃							
青　海							
宁　夏							
新　疆	1	295	246	4546	4666	278997	234577

2-13 续表 10

货摊、无店铺及其他零售业

地 区	连锁总店数（个）	门店数（个）	
	2018年	2018年	2017年
全 国	**13**	**784**	**817**
北 京	1	4	4
天 津			
河 北			
山 西			
内蒙古			
辽 宁			
吉 林	1	4	5
黑龙江			
上 海	1	23	31
江 苏	1	23	23
浙 江	1	18	18
安 徽			
福 建			
江 西			
山 东			
河 南			
湖 北			
湖 南	1	5	
广 东	4	585	596
广 西	1	24	19
海 南			
重 庆			
四 川	1	84	107
贵 州			
云 南			
西 藏			
陕 西			
甘 肃			
青 海			
宁 夏	1	14	14
新 疆			

年末从业人员（人）		年末零售营业面积（平方米）	
2018年	2017年	2018年	2017年
5014	**4620**	**127877**	**128122**
837	504	3560	3560
52	43	200	250
231	394	2728	3326
42	71	3650	3650
25	25	2050	2050
18		760	
3399	3157	111808	112143
166	141	1200	1000
206	245	1121	1343
38	40	800	800

2-14 按部分行业分各地区连锁零售企业直营门店基本情况

批发业

地区	门店数（个）		年末从业人员（人）		年末零售营业面积（平方米）	
	2018年	2017年	2018年	2017年	2018年	2017年
全国	**25177**	**23809**	**196859**	**189463**	**30118545**	**27611390**
北京	233	243	4571	4342	172284	177167
天津	10	9	214	116	3000	8373
河北	943	939	5508	5798	1867755	1855149
山西	43	32	1351	1385	38979	38979
内蒙古						
辽宁	666	508	6865	6179	611488	600227
吉林						
黑龙江	215	192	2878	2682	16182	16182
上海	1206	833	8792	7386	305793	227303
江苏	3577	3281	27885	27760	4521490	4264802
浙江	3345	3393	21822	23695	6222475	6223625
安徽	1676	1661	7551	8070	694226	668662
福建	292	293	2217	2208	222624	222404
江西	955	918	7956	8230	856171	854480
山东	3155	3090	26855	18749	2953876	2036912
河南	883	913	4315	4938	1550466	1410584
湖北	456	455	6071	6230	285380	287979
湖南	783	664	7736	7101	224536	221964
广东	970	686	5336	5129	150372	122319
广西	1709	1689	10744	11519	3961792	3440893
海南						
重庆	1042	1007	8169	8313	381251	376991
四川	193	166	1354	1215	39570	36140
贵州						
云南	163	168	801	768	10445	13435
西藏						
陕西	1094	1040	13507	14170	1423091	1418763
甘肃	135	140	564	600	287600	285589
青海	25	25	50	50	1000	1000
宁夏	432	415	4543	4548	1516629	1554348
新疆	976	1049	9204	8282	1800070	1247120

2-14 续表 1

零售业

地区	门店数（个）		年末从业人员（人）		年末零售营业面积（平方米）	
	2018年	2017年	2018年	2017年	2018年	2017年
全国	**150159**	**134765**	**1929835**	**1893229**	**134537981**	**129817197**
北京	7510	6287	150457	150863	8737663	8518391
天津	1740	1544	24084	22785	1989887	1828413
河北	5179	4557	51588	48539	4652021	4598424
山西	3033	2597	28966	27881	3182753	2966193
内蒙古	596	449	5398	4636	323785	293990
辽宁	5594	4467	42537	38876	2581605	3726749
吉林	2161	1960	13600	12771	724785	598755
黑龙江	1148	1176	11019	12093	465542	475155
上海	13873	13843	191527	193229	8356362	8332747
江苏	12117	10229	219134	206818	13853163	13097269
浙江	8183	7445	75461	88498	4065667	4127476
安徽	4228	3110	70998	70976	5630861	4697507
福建	6798	6378	106126	99912	11022700	10471366
江西	3002	2516	36440	35029	2583596	2237444
山东	10142	8973	154382	152819	17733957	16838397
河南	4566	3915	53504	56248	4147751	4003695
湖北	7511	7195	115460	115074	6821327	6616246
湖南	6640	6094	78022	73559	8591632	8168600
广东	15336	14746	190667	188098	12471951	12801648
广西	3235	2665	27520	25530	1057270	1021156
海南	782	738	5035	5093	439853	368633
重庆	3788	3660	67928	67384	4024208	3914045
四川	8752	8263	85273	84333	4454598	3673858
贵州	1520	1162	11573	10098	641477	441043
云南	5674	5177	36382	33082	1422893	2019587
西藏	80	74	800	795	30525	30157
陕西	2567	1640	26832	20171	1144530	1103913
甘肃	1224	1083	9330	9190	538662	481415
青海	113	112	4718	4473	166474	147489
宁夏	878	833	10873	10962	677316	607836
新疆	2189	1877	24201	23414	2003167	1609600

2-14 续表 2

综合零售

地　区	门店数（个）		年末从业人员（人）		年末零售营业面积（平方米）	
	2018年	2017年	2018年	2017年	2018年	2017年
全　国	**39043**	**36393**	**1078014**	**1097336**	**80086282**	**77484513**
北　京	3958	2714	106338	104988	7066430	6862208
天　津	253	180	10624	8356	516896	488153
河　北	414	409	23096	22497	1719846	1721032
山　西	438	303	13583	13476	1225169	1243269
内蒙古	219	193	2837	2673	202797	197043
辽　宁	485	508	11767	13181	620016	615543
吉　林	104	110	1636	2197	65200	51600
黑龙江	64	73	4183	4597	168156	179122
上　海	5695	5903	95333	103694	5221126	5400380
江　苏	3258	3054	100237	98815	6053713	6122299
浙　江	2088	2025	42257	56553	3230260	3372671
安　徽	1299	1037	53181	55741	3097901	2884215
福　建	1379	1152	71182	64991	8430845	7894834
江　西	255	221	16223	14891	1247426	1009612
山　东	3001	2864	121104	123158	11367494	11213803
河　南	1046	1009	31887	36379	2415198	2410834
湖　北	2536	2383	78649	77663	5265765	5247929
湖　南	1041	951	41315	39332	5275615	4703577
广　东	3795	3857	98309	98021	6733453	6831636
广　西	457	433	12287	12442	527236	536816
海　南	240	214	1665	1557	63057	54623
重　庆	967	991	49783	49750	3338644	3305719
四　川	3993	3938	50129	50895	3067228	2412624
贵　州	262	275	4639	4391	410820	259947
云　南	286	292	6895	7746	369775	362625
西　藏	80	74	800	795	30525	30157
陕　西	823	603	8351	8605	728917	760894
甘　肃	112	111	1736	1489	66283	61265
青　海	67	79	3479	3352	117754	112877
宁　夏	283	308	7198	7428	447406	396866
新　疆	145	129	7311	7683	995331	740340

2-14 续表 3

食品、饮料及烟草制品专门零售

地区	门店数（个）		年末从业人员（人）		年末零售营业面积（平方米）	
	2018年	2017年	2018年	2017年	2018年	2017年
全国	**11561**	**10411**	**60945**	**59975**	**812118**	**779547**
北京	963	996	11494	11593	97156	103077
天津	162	151	2031	1956	29713	28193
河北	29	30	150	126	3875	4000
山西	29	39	260	274	3360	4035
内蒙古						
辽宁	128	110	1247	886	14194	17694
吉林	60	57	630	512	6350	6200
黑龙江						
上海	2142	2173	9861	9749	157050	150695
江苏	1481	770	3226	3241	33747	29004
浙江	1129	830	4193	4797	79896	52840
安徽	481	313	1656	1052	19076	29525
福建	660	617	3785	3681	54353	54064
江西	150	140	2673	2563	54493	53749
山东	115	88	887	959	34800	27400
河南	106	116	786	858	11906	12877
湖北	1542	1634	5811	5860	78240	80165
湖南	319	311	1726	1752	16457	16857
广东	837	784	4958	4645	30571	33544
广西						
海南						
重庆	415	427	2422	2248	14604	12782
四川	721	770	2583	2686	58897	51121
贵州						
云南	18	16	77	82	855	806
西藏						
陕西	56	21	413	341	8054	6448
甘肃						
青海						
宁夏	10	10	41	77	3000	3000
新疆	8	8	35	37	1471	1471

2-14 续表 4

纺织、服装及日用品专门零售

地区	门店数（个）		年末从业人员（人）		年末零售营业面积（平方米）	
	2018年	2017年	2018年	2017年	2018年	2017年
全国	**12093**	**11617**	**127646**	**114717**	**3496674**	**3452833**
北京	683	641	6666	7110	325171	380712
天津	37	39	372	389	15237	13200
河北	61	30	373	312	5550	800
山西	3	3	30	31	350	350
内蒙古						
辽宁	51	57	322	414	15766	195993
吉林	24	22	128	135	3339	2521
黑龙江	52	49	387	422	15940	15088
上海	4087	3838	65685	58895	1768958	1615218
江苏	165	129	1082	1229	26571	30770
浙江	645	664	5614	5148	138654	127416
安徽	2	2	7	10	400	400
福建	1532	1620	10009	9146	278904	188574
江西	67	63	490	502	12771	11578
山东	25	27	205	221	4814	5174
河南	22	22	36	226	5600	5704
湖北	563	564	5846	5692	160340	155974
湖南	485	529	2891	2644	106292	141195
广东	2737	2530	16012	14067	325447	283584
广西	3	3	12	12	1500	1500
海南						
重庆	190	159	1460	1614	49285	55899
四川	460	437	4695	4276	137786	125933
贵州						
云南	25	28	478	463	20662	21019
西藏						
陕西	162	148	4441	1355	63874	60425
甘肃						
青海	7	7	334	352	9510	11606
宁夏	2	3	65	45	3753	2000
新疆	3	3	6	7	200	200

2-14 续表 5

文化、体育用品及器材专门零售

地区	门店数（个）		年末从业人员（人）		年末零售营业面积（平方米）	
	2018年	2017年	2018年	2017年	2018年	2017年
全国	**1664**	**1935**	**34927**	**33969**	**1723811**	**1617515**
北京	164	153	2645	2550	242529	146823
天津						
河北	15	19	584	359	11753	12803
山西						
内蒙古						
辽宁	22	27	694	616	27010	27521
吉林						
黑龙江	18	18	624	986	14086	14086
上海	357	362	3690	3519	539726	492777
江苏	32	43	361	363	8830	13770
浙江						
安徽	14	14	720	630	17147	17147
福建	11	11	201	216	4950	6263
江西	174	307	3815	3744	95775	107027
山东	43	40	642	610	31584	43999
河南	26	25	791	813	18311	16935
湖北	50	53	1249	1318	16281	18284
湖南	45	41	465	334	26080	21632
广东	131	136	2488	2616	142498	140594
广西	4	4	238	290	15000	15000
海南						
重庆	96	131	2867	2668	105700	129381
四川	235	324	8094	7685	159092	150304
贵州						
云南	68	68	1699	1618	97157	97530
西藏						
陕西	25	24	1220	1124	23101	22741
甘肃						
青海						
宁夏	8	8	202	216	11000	11000
新疆	126	127	1638	1694	116201	111898

2-14 续表 6

医药及医疗器材专门零售

地区	门店数（个）		年末从业人员（人）		年末零售营业面积（平方米）	
	2018年	2017年	2018年	2017年	2018年	2017年
全国	**61682**	**51204**	**320718**	**279445**	**8172019**	**8240343**
北京	799	815	4984	5451	118786	123610
天津	250	239	1898	1854	59834	53848
河北	2861	2259	14236	12171	275988	212056
山西	1646	1338	9964	8550	614869	492510
内蒙古	365	245	2192	1581	50483	35815
辽宁	4244	3129	21468	16404	562544	1632557
吉林	1679	1492	8094	7173	493494	406984
黑龙江	920	950	4506	4733	110479	129294
上海	1173	1132	8753	8766	145695	142755
江苏	3909	3407	19797	18238	508691	421398
浙江	3787	3408	18522	16918	456837	424798
安徽	1636	1034	9036	6276	270996	203857
福建	1463	1263	7540	6899	191166	180616
江西	1572	1052	5669	5723	158812	126637
山东	5885	4958	23376	20261	576451	534173
河南	2608	2021	13599	11650	391366	337339
湖北	1678	1521	10351	9596	216157	178829
湖南	2745	2314	17941	15280	317954	293774
广东	4489	3893	29279	26239	487814	442716
广西	2667	2146	13177	11172	318742	293607
海南	140	120	280	249	11200	9600
重庆	2013	1858	9470	9109	269098	231814
四川	2893	2371	12271	11380	332637	299504
贵州	1221	859	6138	5009	120684	88514
云南	4901	4385	23396	18612	544156	528286
西藏						
陕西	1266	616	9537	5911	125284	81719
甘肃	913	778	5487	5595	151529	102896
青海	24	14	690	645	13913	4710
宁夏	431	367	1677	1694	53968	45087
新疆	1504	1220	7390	6306	222392	181040

2-14 续表 7

汽车、摩托车、零配件和燃料及其他动力销售

地区	门店数（个）		年末从业人员（人）		年末零售营业面积（平方米）	
	2018年	2017年	2018年	2017年	2018年	2017年
全国	**15768**	**15431**	**125203**	**133373**	**25475610**	**24885400**
北京	552	554	4667	5129	182589	183027
天津	915	816	7064	8149	1092565	982065
河北	1693	1708	11474	11486	2466853	2471936
山西	769	781	3970	4587	1044093	943551
内蒙古						
辽宁	543	542	4645	4970	987439	968045
吉林	211	215	1616	1665	17000	17000
黑龙江						
上海	244	256	3087	3225	80153	71648
江苏	191	192	1757	1799	547000	547000
浙江	8	8	113	108	6067	11067
安徽	706	631	4619	5345	2006692	1359646
福建	1420	1412	8857	10446	1601412	1676220
江西	724	688	5896	6033	895901	858080
山东	977	901	5870	6095	5494366	4801324
河南	551	551	2860	2909	858997	856140
湖北	676	683	6093	8093	389961	388961
湖南	1856	1819	11699	11933	2619863	2782945
广东	2187	2148	25315	25190	3498140	3768274
广西	13	12	125	76	64174	64174
海南	402	404	3090	3287	365596	304410
重庆	27	27	85	84	3162	3162
四川	221	219	2645	2642	131912	130421
贵州						
云南	297	294	2885	3427	261200	880833
西藏						
陕西	221	221	2270	2315	169300	157236
甘肃	174	169	2017	2016	315850	312254
青海						
宁夏	29	22	440	412	84449	72800
新疆	161	158	2044	1952	290876	273181

2-14 续表 8

家用电器及电子产品专门零售

地区	门店数（个）		年末从业人员（人）		年末零售营业面积（平方米）	
	2018年	2017年	2018年	2017年	2018年	2017年
全国	**7854**	**7296**	**173194**	**165220**	**14222311**	**12865112**
北京	369	390	11706	12308	621279	641851
天津	107	105	1891	1898	270497	254106
河北	106	102	1675	1588	168156	175797
山西	148	133	1159	963	294912	282478
内蒙古	12	11	369	382	70505	61132
辽宁	121	94	2394	2405	354636	269396
吉林	79	59	1444	1046	139202	114200
黑龙江	94	86	1319	1355	156881	137565
上海	144	139	4697	4772	408762	418284
江苏	3055	2609	92528	82947	6637436	5896153
浙江	449	456	4204	4540	107563	106055
安徽	90	79	1779	1922	218649	202717
福建	333	303	4552	4533	461070	470795
江西	60	45	1674	1573	118418	70761
山东	96	95	2298	1515	224448	212524
河南	207	171	3545	3413	446373	363866
湖北	459	350	7323	6707	691768	543289
湖南	144	129	1967	2284	228611	208620
广东	1026	1254	13008	15989	1153819	1206786
广西	67	48	1515	1397	129418	109059
海南						
重庆	80	67	1841	1911	243715	175288
四川	226	201	4724	4627	552126	478031
贵州	37	28	796	698	109973	92582
云南	79	94	952	1134	129088	128488
西藏						
陕西	14	7	600	520	26000	14450
甘肃	25	25	90	90	5000	5000
青海	15	12	215	124	25297	18296
宁夏	101	101	1212	1050	72940	76283
新疆	111	103	1717	1529	155769	131260

2-14 续表 9

五金、家具及室内装饰材料专门零售

地　区	门店数（个）		年末从业人员（人）		年末零售营业面积（平方米）	
	2018年	2017年	2018年	2017年	2018年	2017年
全　国	**283**	**259**	**6860**	**7073**	**454879**	**398000**
北　京	18	20	1120	1230	80163	73523
天　津	16	14	204	183	5145	8848
河　北						
山　西						
内蒙古						
辽　宁						
吉　林						
黑龙江						
上　海	8	9	190	215	32164	37664
江　苏	3	3	104	116	33525	33525
浙　江	76	53	553	429	46090	32329
安　徽						
福　建						
江　西						
山　东						
河　南						
湖　北	7	7	138	145	2815	2815
湖　南						
广　东	22	22	378	428	19150	13186
广　西						
海　南						
重　庆						
四　川	2	2	113	121	14900	25900
贵　州						
云　南						
西　藏						
陕　西						
甘　肃						
青　海						
宁　夏						
新　疆	131	129	4060	4206	220927	170210

2-14 续表 10

货摊、无店铺及其他零售业

地区	门店数（个）		年末从业人员（人）		年末零售营业面积（平方米）	
	2018年	2017年	2018年	2017年	2018年	2017年
全国	**211**	**219**	**2328**	**2121**	**94277**	**93934**
北京	4	4	837	504	3560	3560
天津						
河北						
山西						
内蒙古						
辽宁						
吉林	4	5	52	43	200	250
黑龙江						
上海	23	31	231	394	2728	3326
江苏	23	22	42	70	3650	3350
浙江	1	1	5	5	300	300
安徽						
福建						
江西						
山东						
河南						
湖北						
湖南	5		18		760	
广东	112	122	920	903	81059	81328
广西	24	19	166	141	1200	1000
海南						
重庆						
四川	1	1	19	21	20	20
贵州						
云南						
西藏						
陕西						
甘肃						
青海						
宁夏	14	14	38	40	800	800
新疆						

2-15 按部分行业分各地区连锁零售企业加盟门店基本情况

批发业

地区	门店数（个）		年末从业人员（人）		年末零售营业面积（平方米）	
	2018年	2017年	2018年	2017年	2018年	2017年
全国	**15068**	**15684**	**30482**	**32726**	**1069728**	**1142990**
北京	325	359	2490	3019	114400	139683
天津						
河北						
山西						
内蒙古						
辽宁	160		400		12000	
吉林						
黑龙江						
上海	97	87	766	686	33373	26898
江苏	1872	2068	3432	3969	20500	23500
浙江	2043	2108	3611	3841	169248	174541
安徽	4895	4895	7418	7619	239285	239525
福建	907	900	3523	3498	154403	152941
江西	1438	1118	1241	1027	25801	19381
山东	504	593	2175	2604	82637	97945
河南						
湖北	372	379	894	1184	68400	84400
湖南	623	904	827	990	43452	45628
广东	466	508	855	974	23345	33759
广西	396	393	888	910	11020	11045
海南						
重庆	835	959	1791	1988	65384	69204
四川	78	100	90	91	4560	4300
贵州						
云南		2		2		
西藏						
陕西						
甘肃						
青海	48	131	72	144	1920	5240
宁夏						
新疆	9	180	9	180		15000

2-15 续表 1

零售业

地区	门店数（个）		年末从业人员（人）		年末零售营业面积（平方米）	
	2018年	2017年	2018年	2017年	2018年	2017年
全国	**59307**	**58637**	**232769**	**232393**	**13520534**	**8910284**
北京	1794	1651	9845	11397	198169	223892
天津	521	528	1370	1377	54870	54870
河北	435	528	844	1166	31414	39115
山西	2060	1763	10188	8792	128299	113287
内蒙古	445	387	1001	784	23938	20174
辽宁	1008	1200	5213	5865	121213	147097
吉林	4	4	8	8	400	400
黑龙江	117	115	273	285	2970	2710
上海	7903	7493	78105	82475	4363745	4002958
江苏	4787	4408	25268	20463	930070	895906
浙江	9872	12214	21019	25175	600536	732292
安徽	804	722	5848	5588	198566	176224
福建	3722	3206	7789	7231	269388	233935
江西	349	229	3634	3930	242628	220770
山东	1561	1392	4845	4265	4315594	125175
河南	678	960	2203	2296	106820	106265
湖北	2328	1615	5517	3578	133955	106108
湖南	2720	2486	6611	6203	167434	157744
广东	7485	7046	18551	15919	766946	742859
广西	1151	1024	4227	4096	124086	114680
海南						
重庆	3553	4107	5355	7222	207925	226831
四川	4558	4047	10311	9075	318626	225955
贵州	38	66	38	179	1528	1588
云南	299	326	536	574	13494	16638
西藏	30	23	83	45	2550	1150
陕西	297	341	1192	1308	21340	28210
甘肃	3	1	7	5	260	100
青海	1	73	1	91	100	7000
宁夏	84	96	285	430	9729	12389
新疆	700	586	2602	2571	163941	173962

2-15 续表 2

综合零售

地区	门店数（个）		年末从业人员（人）		年末零售营业面积（平方米）	
	2018年	2017年	2018年	2017年	2018年	2017年
全国	**25856**	**27126**	**151630**	**160703**	**7069013**	**6887335**
北京	529	456	2703	4840	65243	88829
天津	514	514	1360	1360	53595	53595
河北	272	333	385	606	18000	24889
山西	2023	1731	10101	8718	126974	112492
内蒙古	291	234	765	558	16088	12574
辽宁	982	1013	5177	5363	120573	123053
吉林						
黑龙江						
上海	4627	4210	70000	74332	4081049	3730030
江苏	2126	2125	17635	16917	724497	728600
浙江	3625	6107	6834	11636	224484	385043
安徽	523	523	4765	4770	157010	157010
福建	2215	1807	4471	3815	114057	102619
江西	29	22	2958	3459	212703	210104
山东	1030	1024	3641	3739	107909	106448
河南	125	428	125	126	8620	14968
湖北	787	495	812	712	23057	17834
湖南	885	804	1751	1599	42321	33215
广东	918	769	8492	7768	614909	601781
广西	100	102	711	816	41048	42444
海南						
重庆	2476	2591	3862	4467	145571	158099
四川	1031	1097	2437	2359	53452	53628
贵州						
云南	299	326	536	574	13494	16638
西藏						
陕西	79	65	320	325	5020	3900
甘肃						
青海	1	40	1	32	100	7000
宁夏	67	61	233	236	9039	9379
新疆	302	249	1555	1576	90200	93163

2-15 续表 3

食品、饮料及烟草制品专门零售

地区	门店数（个）		年末从业人员（人）		年末零售营业面积（平方米）	
	2018年	2017年	2018年	2017年	2018年	2017年
全国	**11745**	**10979**	**31722**	**28309**	**630407**	**534302**
北京	1059	1004	5250	5206	88435	87567
天津						
河北	39	39	150	152	7794	7790
山西						
内蒙古						
辽宁						
吉林						
黑龙江						
上海	5	5	8	8	391	391
江苏						
浙江	4829	4829	10319	10049	266130	251276
安徽	70	27	280	108	2100	810
福建	409	365	1607	1549	27291	24075
江西	17	18	88	88	1535	1731
山东						
河南	81	89	621	687	6242	6882
湖北	1095	637	3404	1370	62355	36076
湖南	138	138	280	280	6640	6640
广东	2696	2255	4916	3576	41035	34820
广西						
海南						
重庆	159	613	1	1268	3410	9418
四川	1134	934	4755	3903	116619	65016
贵州						
云南						
西藏						
陕西						
甘肃						
青海						
宁夏	14	26	43	65	430	1810
新疆						

2-15 续表 4

纺织、服装及日用品专门零售

地区	门店数（个）		年末从业人员（人）		年末零售营业面积（平方米）	
	2018年	2017年	2018年	2017年	2018年	2017年
全国	**7446**	**7287**	**12886**	**8861**	**495417**	**449414**
北京	11	13	64	78	1401	1514
天津						
河北						
山西						
内蒙古						
辽宁	1	1	3	3	100	100
吉林						
黑龙江						
上海	1672	1691	3308	3404	170662	163035
江苏	1743	1482	6097	2093	164858	131124
浙江	138	146	210	176	15664	17591
安徽						
福建	234	187	369	384	39454	32102
江西						
山东						
河南	5	5	26	26	600	600
湖北	246	275	652	846	31421	34818
湖南	395	402	203	301	22240	32950
广东	2771	2875	1436	1163	33077	29020
广西						
海南						
重庆	21	21	112	112	3020	3020
四川	160	147	160	70	8000	20
贵州						
云南						
西藏	7		38		1400	
陕西	42	42	208	205	3520	3520
甘肃						
青海						
宁夏						
新疆						

2-15 续表 5

文化、体育用品及器材专门零售

地区	门店数（个）		年末从业人员（人）		年末零售营业面积（平方米）	
	2018年	2017年	2018年	2017年	2018年	2017年
全国	**126**	**33**	**800**	**596**	**23860**	**601**
北京						
天津						
河北						
山西						
内蒙古						
辽宁						
吉林						
黑龙江						
上海						
江苏						
浙江						
安徽						
福建						
江西	94		170		15850	
山东		1		2		260
河南						
湖北						
湖南						
广东	1	1	2	2	50	50
广西						
海南						
重庆		2		4		290
四川	31	29	628	588	7960	1
贵州						
云南						
西藏						
陕西						
甘肃						
青海						
宁夏						
新疆						

2-15 续表 6

医药及医疗器材专门零售

地区	门店数（个）		年末从业人员（人）		年末零售营业面积（平方米）	
	2018年	2017年	2018年	2017年	2018年	2017年
全国	**11950**	**11319**	**29546**	**28360**	**867548**	**808813**
北京	195	178	1828	1273	43090	45982
天津	7	14	10	17	1275	1275
河北	124	156	309	408	5620	6436
山西	37	32	87	74	1325	795
内蒙古	154	153	236	226	7850	7600
辽宁	25	186	33	499	540	23944
吉林	4	4	8	8	400	400
黑龙江	117	115	273	285	2970	2710
上海	1599	1587	4789	4731	111643	109502
江苏	541	503	1361	1231	38014	32031
浙江	1256	1108	3589	3232	90505	74516
安徽	157	143	548	466	13276	12160
福建	170	138	299	419	40006	25509
江西	209	188	418	362	12540	8000
山东	359	367	516	524	20517	18467
河南	344	328	756	737	19130	19330
湖北	199	208	647	650	16322	17380
湖南	1302	1142	4377	4023	96233	84939
广东	614	661	1148	1055	46623	45808
广西	1051	922	3516	3280	83038	72236
海南						
重庆	897	880	1380	1371	55924	56004
四川	2112	1727	2094	1882	129038	103529
贵州	38	66	38	179	1528	1588
云南						
西藏	23	23	45	45	1150	1150
陕西	176	234	664	778	12800	20790
甘肃	3	1	7	5	260	100
青海		33		59		
宁夏	3	2	9	6	260	200
新疆	234	220	561	535	15671	16432

2-15　续表 7

汽车、摩托车、零配件和燃料及其他动力销售

地区	门店数（个）		年末从业人员（人）		年末零售营业面积（平方米）	
	2018年	2017年	2018年	2017年	2018年	2017年
全国	**1002**	**826**	**2408**	**1903**	**4323878**	**113217**
北京						
天津						
河北						
山西						
内蒙古						
辽宁						
吉林						
黑龙江						
上海						
江苏						
浙江						
安徽	13		32		18550	
福建	694	709	1043	1064	48580	49630
江西						
山东	172		688		4187168	
河南	120	108	609	660	69428	62485
湖北						
湖南						
广东	3	2	36	56	152	102
广西						
海南						
重庆						
四川						
贵州						
云南						
西藏						
陕西						
甘肃						
青海						
宁夏		7		123		1000
新疆						

2-15 续表 8

家用电器及电子产品专门零售

地区	门店数（个）		年末从业人员（人）		年末零售营业面积（平方米）	
	2018年	2017年	2018年	2017年	2018年	2017年
全　国	**445**	**352**	**605**	**702**	**18741**	**18047**
北　京						
天　津						
河　北						
山　西						
内蒙古						
辽　宁						
吉　林						
黑龙江						
上　海						
江　苏	377	297	175	221	2701	3851
浙　江	7	7	47	62	2003	2116
安　徽	41	29	223	244	7630	6244
福　建						
江　西		1		21		935
山　东						
河　南	3	2	66	60	2800	2000
湖　北	1		2		800	
湖　南						
广　东	9	9	42	45	351	463
广　西						
海　南						
重　庆						
四　川	7	7	50	49	2456	2438
贵　州						
云　南						
西　藏						
陕　西						
甘　肃						
青　海						
宁　夏						
新　疆						

2-15 续表 9

五金、家具及室内装饰材料专门零售

地区	门店数（个）		年末从业人员（人）		年末零售营业面积（平方米）	
	2018年	2017年	2018年	2017年	2018年	2017年
全国	**164**	**117**	**486**	**460**	**58070**	**64367**
北京						
天津						
河北						
山西						
内蒙古						
辽宁						
吉林						
黑龙江						
上海						
江苏						
浙江						
安徽						
福建						
江西						
山东						
河南						
湖北						
湖南						
广东						
广西						
海南						
重庆						
四川						
贵州						
云南						
西藏						
陕西						
甘肃						
青海						
宁夏						
新疆	164	117	486	460	58070	64367

2-15 续表 10

货摊、无店铺及其他零售业

地　区	门店数（个）		年末从业人员（人）		年末零售营业面积（平方米）	
	2018年	2017年	2018年	2017年	2018年	2017年
全　国	**573**	**598**	**2686**	**2499**	**33600**	**34188**
北　京						
天　津						
河　北						
山　西						
内蒙古						
辽　宁						
吉　林						
黑龙江						
上　海						
江　苏		1		1		300
浙　江	17	17	20	20	1750	1750
安　徽						
福　建						
江　西						
山　东						
河　南						
湖　北						
湖　南						
广　东	473	474	2479	2254	30749	30815
广　西						
海　南						
重　庆						
四　川	83	106	187	224	1101	1323
贵　州						
云　南						
西　藏						
陕　西						
甘　肃						
青　海						
宁　夏						
新　疆						

2-16 按部分行业分各地区

批发业

地 区	商品购进总额		统一配送商品购进额		自有配送中心配送商品购进额	
	2018年	2017年	2018年	2017年	2018年	2017年
全 国	**88066628**	**80107275**	**76645510**	**70296731**	**54235582**	**49788006**
北 京	2375792	2115836	2375792	2115836	425002	339128
天 津	124858	84279	124858	84279	124858	84279
河 北	1374377	1275878	1367724	1271712	418045	409727
山 西	493431	452844	240893	219410	240893	219410
内蒙古						
辽 宁	1805862	1591760	804217	808995	620935	637094
吉 林						
黑龙江	1128872	1210919	1126040	1207437		
上 海	5715135	5020570	5480734	4773251	5391792	4685544
江 苏	18117709	17458424	18102184	17442468	18085204	17430116
浙 江	14972047	12971828	12225889	11023554	12163551	10933959
安 徽	5771172	5717148	5771172	5717148	1862413	1808168
福 建	97725	82495	49841	56604	36295	35073
江 西	1593648	1759715	1513578	1755632	1450891	1635722
山 东	4339970	3894062	3493656	2955845	1639325	1420503
河 南	1946873	2224128	756437	1085344	514118	501401
湖 北	1828229	1525819	1428179	1091253	834646	589754
湖 南	424433	450051	346505	376830	318728	350380
广 东	1203228	1113565	1120739	1043495	796561	711906
广 西	7165800	6159249	7165799	6154684	2666490	2234876
海 南						
重 庆	2416197	2032371	1445971	1235760	915246	764935
四 川	731376	639885	54227	41766	44368	35684
贵 州						
云 南	80136	96036	63318	87686	17440	42733
西 藏						
陕 西	6975784	5778326	6069809	4980695	2980153	2656428
甘 肃	428361	405100	180742	188080		
青 海	19350	2088	19350	2088		
宁 夏	2606621	2437140	1690599	1679850	864563	882625
新 疆	4329642	3607760	3627257	2897029	1824065	1378564

连锁零售企业经营情况

单位：万元

非自有配送中心配送商品购进额		商品销售总额		零售额	
2018年	2017年	2018年	2017年	2018年	2017年
4666646	**4205265**	**98450303**	**89780206**	**51990568**	**47416351**
1459489	1309176	2511306	2251977	981065	924806
		128762	88539	32191	22135
136669	139678	2215172	2015713	1483706	1262048
		684980	644351	3433	1865
		1764976	1445219	1016865	821527
		1228815	1202608	694155	609008
88757	87707	6224934	5494214	3150014	2749990
5554	5158	18981924	17445798	11323624	10314452
6004	8101	15681700	13626591	9598958	8263327
		6162463	6108757	4023576	3978646
		540483	489542	450631	402607
5526	6527	4349782	4112159	2013763	2074647
878	931	5535959	5051885	2758750	2408650
		2565628	2325195	1391066	1721123
92935	51753	1703876	1656259	556274	453729
		732839	818300	633543	727056
18915	12602	1266778	1178172	394743	325826
		7459273	6690152	4188265	3789082
473062	413006	2310100	2073969	1303285	1108055
		757169	655170	212220	185142
		86757	102957	29982	29651
565009	652161	8081440	7686385	2871177	2648731
		471513	451244	425381	383999
		18270	1739		
10655		2352071	2239799	1075583	862097
1803192	1518465	4633336	3923514	1378321	1348155

2-16 续表 1

零售业

地区	商品购进总额		统一配送商品购进额		自有配送中心配送商品购进额	
	2018年	2017年	2018年	2017年	2018年	2017年
全国	**233263760**	**217909785**	**166298214**	**158943827**	**95554427**	**88706430**
北京	27067581	24790500	18729486	17015148	13863079	11092105
天津	4569196	4154209	2743317	2912610	2230479	2125655
河北	7237819	6579190	5117701	4473797	3365516	3081572
山西	3086134	2873462	1795430	1714214	850816	937980
内蒙古	342874	316681	212602	213123	109304	109766
辽宁	4593156	4294273	3359076	2842400	440448	444750
吉林	1403850	1438855	1344599	1374595	1214073	1178984
黑龙江	986953	969781	946000	927304	417232	458080
上海	27566360	25678182	21186120	19917556	6801042	5079486
江苏	25368609	24250543	20230490	19212615	14784135	14039807
浙江	6355936	6156103	5832212	5680470	3674153	3754643
安徽	10251649	9476283	5795987	5079868	3729891	3058911
福建	13729643	10845621	9103663	7776802	2482803	2633577
江西	4034833	3853493	3124107	3085089	1573869	1644970
山东	14257434	13460560	10017436	9164154	6062178	5591842
河南	5952469	5498252	3806847	3100938	2313679	1833743
湖北	17485721	15849663	8946613	9649801	6812144	7770696
湖南	8051274	7536143	6823107	6431864	4584379	4103393
广东	25756849	26410467	17034622	20559648	9910225	11568380
广西	983439	776371	909434	695575	603446	450935
海南	1920707	1739893	1886862	1703282		
重庆	5047087	4865016	4555604	3612414	3732907	2543542
四川	6785074	6350771	4556242	4369817	2221833	1892219
贵州	751276	624439	693453	566857	369169	303245
云南	2425628	2314515	2086151	1955713	1008636	778685
西藏	50815	29546	24571	29544		
陕西	1871520	1850711	1062055	916747	382498	330661
甘肃	1232388	1092674	1150068	1054029	175091	133289
青海	121237	148161	80890	87388	17209	20241
宁夏	1171324	1204896	418181	415049	289143	285702
新疆	2804927	2480533	2725287	2405418	1535053	1459575

单位：万元

非自有配送中心配送商品购进额		商品销售总额		零售额	
2018年	2017年	2018年	2017年	2018年	2017年
25496665	**25475030**	**281676448**	**260509246**	**237199735**	**223360495**
2575436	2028622	31051334	29519175	25726479	25046165
330182	94084	5554229	4911978	4538216	3916656
361326	213010	7748114	7320650	6116507	6038561
2264	3107	4072097	3943772	3696185	3696829
1795	1864	389655	346840	259988	241055
113872	78478	4588880	4345277	4037150	3986765
10795	9924	1778294	1764043	1445256	1516066
208010	149232	951009	994962	816914	890645
2775843	3375708	35653542	32055363	29736784	27504536
751894	774454	27369588	26118136	22044397	20860577
1553553	1376240	7695151	7349752	6653085	6451628
464972	486480	10746129	9989652	6938308	6768128
4407279	3374476	16194904	13573273	14364246	12249844
668809	522057	5906719	5483522	4606506	4561306
1254058	1310645	16099077	15124527	13557357	12837164
300243	252114	6293920	6233838	5815979	5898883
933648	872271	20262061	18316517	17429333	16662682
953377	833262	12912575	11586426	11788747	10728031
5110884	7093586	33576057	31021735	28307336	26271586
142949	114770	1383539	1153037	1260743	1050513
		2201999	1910240	1224304	1159517
610730	649075	7493629	7317266	6778381	6610347
416329	418129	7789486	7098109	7562267	6922025
2520	3263	769262	665154	718756	621565
212112	360059	4651131	4493898	4025239	3769435
		50541	27275	24889	27273
113886	113259	2359024	2063849	2037677	1789797
11102	10242	1476086	1295170	1295478	1122855
		221653	230213	217123	224888
19103	11117	1210537	1191258	1093766	1105378
1189696	945503	3226229	3064340	3082338	2829797

2-16 续表 2

综合零售

地区	商品购进总额		统一配送商品购进额		自有配送中心配送商品购进额	
	2018年	2017年	2018年	2017年	2018年	2017年
全国	**115116498**	**108957747**	**74099369**	**72670990**	**44215170**	**43066424**
北京	12881413	11187713	8111426	7809542	5396508	3694195
天津	787022	748021	111770	105004		
河北	2287470	2227625	568277	551106	397037	401276
山西	1084324	1049507	377870	370585	313290	311757
内蒙古	218158	193499	104699	100105	5152	4074
辽宁	747324	880971	449675	506468	74663	79688
吉林	62056	167321	62056	167321		
黑龙江	238490	266229	218899	246731	83270	113537
上海	15272376	15028158	11283146	11070606	2507927	2125298
江苏	11301745	11042808	10622293	10276601	9833934	9321995
浙江	3778842	3985627	3456781	3674543	2000978	2335879
安徽	7373031	6719406	3040006	2599913	1622986	1225346
福建	9245975	7056941	6211007	5289798	1573319	1723174
江西	1185107	1270122	785772	932107	328528	523135
山东	9967394	9714803	6460299	6062993	4002832	3809655
河南	2403649	2183346	1262554	1023504	653282	528007
湖北	10462520	10388764	4559642	5683891	4261352	5513180
湖南	3830216	3143621	2676589	2107020	1739977	1601434
广东	11118374	11421888	5594088	7665183	4399542	6357763
广西	209908	208264	137337	129029	66925	66305
海南	58425	61642	24580	25031		
重庆	3736685	3472153	3562731	2302326	3079613	1824169
四川	3662209	3252149	2580324	2290713	1145596	971470
贵州	224364	188416	220312	182867	169875	131874
云南	811545	710904	546107	423428	289048	131679
西藏	24571	29544	24571	29544		
陕西	618330	791227	238586	216668	67777	73156
甘肃	74856	66031	32364	27386	15855	16606
青海	63634	95288	44192	49264	17209	20241
宁夏	668069	666869	67700	62824	7262	6050
新疆	718418	738892	663719	688890	161435	155483

单位：万元

非自有配送中心配送商品购进额		商品销售总额		零售额	
2018年	2017年	2018年	2017年	2018年	2017年
12390249	**11148407**	**131805108**	**125129534**	**113731079**	**109166091**
594911	363408	14704592	13761313	12232072	11577094
		860302	845247	753301	673165
123126	115380	2443081	2461500	2400549	2420167
		1773478	1751979	1763111	1741198
1206	1099	236579	209057	109010	104962
96465	78281	850131	969949	728787	833123
		84117	177517	84117	177517
23175	11925	217265	238067	213107	229589
1955607	1972492	18579140	17575622	17185695	16139858
387555	499108	12184172	12098073	8325783	8249774
1027295	937516	4695761	4785151	4024045	4182753
380796	358177	7443465	6756181	3790084	3704269
4182242	3141691	8573215	6759903	7537047	6666030
52194	50257	1402934	1446835	1359280	1380038
958163	920739	11263553	11093502	9728940	9516529
135449	119101	3149511	2970071	3081438	2905570
62444	63011	12031766	11523923	11427560	11043584
270610	220190	4179322	3978566	4116730	3880720
736621	706163	12371556	11994312	10669654	10482195
		367053	345252	353350	330468
		80011	69372	80011	69372
397852	404408	5967824	5712764	5667424	5439972
386256	376956	4065232	3424354	4058411	3400355
1083	1515	250848	193961	248308	191957
877	170490	1105525	1110703	1048293	1076407
		24889	27273	24889	27273
87135	81735	936635	872119	824746	784560
11102	10242	79859	78237	79859	78237
		156167	166580	153796	164639
15801	11117	691519	659523	626075	630539
502284	533407	1035607	1072629	1035607	1064179

2-16 续表 3

食品、饮料及烟草制品专门零售

地区	商品购进总额		统一配送商品购进额		自有配送中心配送商品购进额	
	2018年	2017年	2018年	2017年	2018年	2017年
全国	**3377960**	**2987589**	**2510213**	**2198099**	**1491588**	**1422079**
北京	559117	535834	551806	527951	425203	411008
天津	75949	52274	54660	35450	26308	24314
河北	3090	2330	3090	2330	3090	2330
山西	16013	13151	16013	13080	16013	13080
内蒙古						
辽宁	66786	95801	66786	95801	4704	12597
吉林	32324	32837	32324	32837	29864	30373
黑龙江						
上海	274018	314146	195124	180638	27023	25887
江苏	259099	115234	249881	76204	34059	33671
浙江	313628	273020	300007	260160	255203	240866
安徽	33674	19343	23756	14497	9537	6533
福建	205213	171471	191444	160516	97392	93107
江西	100922	92871	91408	92871	75391	67139
山东	41059	45829	41059	45829		
河南	22213	27272	20228	25492	3879	7275
湖北	500636	398023	202950	208535	134200	139825
湖南	63969	63970	62007	62343	62007	62343
广东	330747	242708	320200	231411	250384	171813
广西						
海南						
重庆	45098	79393	27306	71702	8344	48199
四川	408066	384910	39095	42874	27436	31721
贵州						
云南	4817	4468	4817	4468		
西藏						
陕西	15161	14031	14701	13110		
甘肃						
青海						
宁夏	3972	6092				
新疆	2387	2580	1551		1551	

单位：万元

非自有配送中心配送商品购进额		商品销售总额		零售额	
2018年	2017年	2018年	2017年	2018年	2017年
240728	**224179**	**4703116**	**4317376**	**3839496**	**3618939**
125092	115958	862985	821067	808762	776330
		119795	88594	93614	60870
		5316	4282	5316	4282
		22069	23190	17884	21483
		69303	87718	47679	72718
		43062	44510	43062	44510
1288	1200	541259	556336	473583	491008
22434	23990	308189	160824	293241	146663
28789	15502	353264	323880	209663	220849
		45144	22413	42656	20756
23616	20090	241938	226679	230103	214164
15494	11942	113117	97912	94055	97912
		46176	43580	46141	43482
		23157	25839	23157	25839
		663119	589150	294554	312123
		82105	90213	81691	90213
24014	35498	555244	473870	534167	461279
		83306	132295	27042	75167
		495488	469178	446228	413599
		6301	5798	6301	5798
		15608	17917	13424	7773
		5492	10067	5492	10067
		1682	2065	1682	2054

2-16 续表 4

纺织、服装及日用品专门零售

地区	商品购进总额		统一配送商品购进额		自有配送中心配送商品购进额	
	2018年	2017年	2018年	2017年	2018年	2017年
全国	**7674420**	**6938160**	**5222275**	**5169261**	**1253415**	**1109708**
北京	487126	491322	318465	329124	138536	127978
天津	15777	10228	15777	10228	15777	10228
河北	61574	63347	61574	63347		
山西	741	755	741	755	741	755
内蒙古						
辽宁	9758	11128	6366	7905	3675	3907
吉林	2538	2628	2538	2628		
黑龙江	16353	15154	16353	15154	16353	15154
上海	4650206	4336309	2996594	3188664	482637	389095
江苏	207320	146106	206177	145001	60693	64153
浙江	310874	270763	171887	157239	158365	144114
安徽	410	493	410	493		
福建	444267	270278	418188	249834	20764	12444
江西	12029	11043	2741	4478		
山东	3886	3660	1306	996	1306	996
河南	7195	8098	7195	8098	2272	2835
湖北	302332	291227	177251	182290	48449	34738
湖南	162842	173356	108682	122599	64953	67613
广东	591351	505468	409240	416747	81792	80552
广西	308	249	308	249		
海南						
重庆	87704	94589	57117	64002	57117	64002
四川	191301	154412	183965	142893	40901	34903
贵州						
云南	15916	12785	316	295		
西藏	26236					
陕西	59001	56170	59001	56170	59001	56170
甘肃						
青海	550	489				
宁夏	6743	8029				
新疆	84	72	84	72	84	72

单位：万元

非自有配送中心配送商品购进额		商品销售总额		零售额	
2018年	2017年	2018年	2017年	2018年	2017年
993420	**1592833**	**13143686**	**11241778**	**12271874**	**10569957**
153935	164908	767732	747274	661487	651563
		27362	23507	26619	23492
		68658	64552	24230	20107
		743	833	743	833
		13851	18179	12159	16402
313	647	3949	4078	3949	4078
		26057	23727	26057	23727
357938	1036913	8589510	7261762	8112695	6872350
145484	80848	197512	168762	197512	168762
		457639	356288	455667	355229
		512	575	307	230
5183	2466	646502	431890	621949	412604
		16076	15557	16076	15557
		6411	6470	6325	6369
		11084	13405	11084	13405
5498	5173	409886	383591	333854	308877
35917	26975	267938	229824	248306	215216
271298	264804	1099730	1020664	1022709	1005259
		264	186	264	186
		110056	113317	93554	98375
17538	10099	287813	254400	287813	254397
316		25576	20077	25576	20077
		25646			
		74982	71700	74744	71700
		933	867	933	867
		7183	10223	7183	10223
		80	74	80	74

2-16 续表 5

文化、体育用品及器材专门零售

地区	商品购进总额		统一配送商品购进额		自有配送中心配送商品购进额	
	2018年	2017年	2018年	2017年	2018年	2017年
全国	**8330656**	**6643508**	**8116927**	**6452665**	**7286272**	**5730028**
北京	1391975	1216955	1391975	1216955	1372259	1194316
天津						
河北	5131	3043	3197	2980	3197	2980
山西						
内蒙古						
辽宁	32109	19909	32109	19909	21554	13364
吉林						
黑龙江	10508	21369	10508	21369	10292	11568
上海	4008425	2763935	3993040	2750295	3533965	2369936
江苏	19796	12998	11978	11476	11978	11411
浙江						
安徽	82630	127082	82630	127082		
福建	14990	23031	14990	23031	14990	23031
江西	792678	726561	792678	726561	790134	724347
山东	119450	114054	31386	26719	31386	26579
河南	26682	23755	15833	13669	9309	8389
湖北	149034	92596	114875	64142	44484	44231
湖南	24904	21049	24162	20640	23504	20184
广东	135858	132653	114803	114318	51973	53595
广西	13714	15183	13714	15183	13714	15183
海南						
重庆	408466	385909	405309	379812	381648	365410
四川	713564	562161	707102	559791	694735	551557
贵州						
云南	111523	97489	111523	97489	39513	41125
西藏						
陕西	64102	62185	64102	62185	59671	58218
甘肃						
青海						
宁夏	13610	12684	13610	12684	13610	12684
新疆	191508	208909	167403	186376	164359	181921

单位：万元

非自有配送中心配送商品购进额		商品销售总额		零售额	
2018年	2017年	2018年	2017年	2018年	2017年
484136	**443115**	**8913185**	**7303796**	**4028351**	**3781750**
		1723663	1635481	1001962	1044746
		35179	35418	33607	34177
		23614	13364	21387	10691
		30306	84843	30306	84843
307423	231074	4190483	2877792	719889	587520
		22020	19295	22020	19295
82630	127082	103561	110968	103561	110968
		17875	26741	16336	23140
		791302	720622	482915	441052
	140	119694	115101	58706	57068
		29534	27477	29534	27477
		103422	100191	84035	81709
659	457	36049	29614	30595	23701
12355	23150	152663	154041	129205	131861
		10444	13127	10444	13127
		422054	402536	242602	213085
6015	393	725703	562643	647592	514626
72011	56365	108576	95868	96611	83989
		69200	65308	69200	65308
		12610	12854	12610	12854
3044	4455	185234	200512	185234	200512

2-16 续表 6

医药及医疗器材专门零售

地　区	商品购进总额		统一配送商品购进额		自有配送中心配送商品购进额	
	2018年	2017年	2018年	2017年	2018年	2017年
全　国	**13383847**	**11900454**	**11451122**	**10074926**	**6560166**	**5890643**
北　京	422339	393372	411523	367905	152904	130358
天　津	73155	65417	37795	35327	24249	24765
河　北	440407	359184	410080	328974	323109	255788
山　西	275345	240196	252598	194523	197023	158645
内蒙古	81921	71922	65107	61758	61381	58468
辽　宁	696322	626616	644796	622399	163665	162645
吉　林	205501	155136	193647	141271	140657	126343
黑龙江	210260	206740	193836	188551	29922	42043
上　海	673178	535228	614582	484564	232925	142910
江　苏	896244	826011	679008	552800	327777	296568
浙　江	941152	796244	909284	776360	591133	515862
安　徽	285461	313220	283396	308218	186483	165141
福　建	376862	335391	327914	294869	187785	158248
江　西	246834	174348	233614	165961	34884	21175
山　东	738242	695100	673814	643854	443756	443808
河　南	431518	392984	428326	389652	109289	111032
湖　北	1069390	946253	338548	242291	167499	141865
湖　南	692873	545829	683289	536245	359747	299162
广　东	1466092	1359614	1138835	1097227	780027	778666
广　西	324419	293222	322986	291661	175360	181599
海　南	7872	5212	7872	5212		
重　庆	503259	572526	482095	539574	185139	220117
四　川	423039	380776	310228	269040	149853	145791
贵　州	307373	240978	265060	203620	199294	171371
云　南	757983	694500	757728	694240	616079	558017
西　藏	8	2				
陕　西	246254	177411	219499	160402	177929	128049
甘　肃	167926	127406	167926	127406	159237	116683
青　海	26832	22210	6476	7951		
宁　夏	72754	67124	68227	62791	61128	56080
新　疆	323034	280282	323034	280282	321937	279446

单位：万元

非自有配送中心配送商品购进额		商品销售总额		零售额	
2018年	2017年	2018年	2017年	2018年	2017年
2019637	**1744188**	**16772075**	**14788162**	**15032061**	**13109696**
243140	218718	512355	491299	434578	413423
		93118	79267	41870	37030
22193	18171	566131	510163	518447	474786
2264	3107	393277	310893	375530	294970
589	766	95909	76247	93812	74557
17407	196	817476	742029	728419	665719
	1007	300956	254057	300956	253494
14846	13213	247187	270927	238194	212222
153587	134030	716520	673691	693712	652491
135380	86643	1388914	1198988	1030512	796785
230918	191196	1116510	989833	1076338	935786
1546	1222	371663	333143	333219	275946
57406	67027	453468	379382	443959	376882
21184	19730	295575	214840	295575	214840
44887	38910	888133	752256	869322	709693
164794	133013	575346	498236	561526	484832
99631	46402	1157162	1080657	1128634	1058753
273588	235779	804521	753543	804521	753543
46437	29971	1915633	1573929	1423048	1244583
102250	75754	535187	421585	436434	344833
		10442	8997	10442	8997
212877	244667	652892	685405	492650	516783
6520	30681	550978	450364	484652	412295
1437	1748	316132	277835	268165	236251
138909	133204	1013131	955494	1011657	905795
		6	2		
26751	18197	299906	192008	299906	192008
		206718	191814	197566	182674
		34332	33364	32172	29981
		71885	73971	51336	51447
1097	836	370614	313946	354914	298299

2-16 续表 7

汽车、摩托车、零配件和燃料及其他动力销售

地 区	商品购进总额		统一配送商品购进额		自有配送中心配送商品购进额	
	2018年	2017年	2018年	2017年	2018年	2017年
全 国	**49598116**	**46816358**	**41212290**	**39604501**	**19271153**	**17249163**
北 京	4268449	3578923	4206099	3483592	3334428	2943065
天 津	3167577	2881909	2084910	2332913	1754729	1738135
河 北	4226004	3703334	3878274	3327075	2562052	2319369
山 西	1275215	1225770	749682	832711	308455	256713
内蒙古						
辽 宁	2304184	1791324	1982010	1156546		
吉 林	796462	761580	796462	761580	796462	761580
黑龙江						
上 海	1537030	1231737	1359761	1123375		
江 苏	1107813	1139079	1103182	1139079		3875
浙 江	42520	50997	25334	32716		
安 徽	2127185	1921824	2127185	1921824	1725023	1604281
福 建	2554344	2060438	1345202	1096172	207898	185039
江 西	1490106	1396893	1016833	981456	150273	131983
山 东	2680372	2298068	2115819	1807995	906179	750918
河 南	2346707	2250928	1587722	1230724	1111568	831754
湖 北	2523442	2235873	2506491	2216861	2081606	1822763
湖 南	2880938	3246374	2878148	3244436	1958328	1724556
广 东	7891411	9274381	6227067	8185832	1572768	1509926
广 西	44801	32589	44801	32589		
海 南	1854411	1673040	1854411	1673040		
重 庆	11284	10117	4865	4670	4865	4670
四 川	705552	621860	81775	92503	81775	92503
贵 州						
云 南	601472	664818	601472	664818		
西 藏						
陕 西	845038	721292	448045	379817		
甘 肃	949778	867517	949778	867517		
青 海						
宁 夏	190561	226890	61501	65860		
新 疆	1175464	948803	1175464	948803	714743	568034

单位：万元

非自有配送中心配送商品购进额		商品销售总额		零售额	
2018年	2017年	2018年	2017年	2018年	2017年
7222378	**8403886**	**67877853**	**61174836**	**53709530**	**48747692**
871670	540527	4658500	3949260	2971150	2666915
330182	94084	3781176	3218867	2952006	2468107
216007	79459	4383487	3975107	2888096	2815415
		1574835	1438034	1265460	1251570
		1932323	1778520	1801767	1653663
		1119654	1074959	818780	827545
		1639811	1333064	1169548	1003728
		1285419	1139363	1045661	914118
		50393	49803	25038	41162
		2358569	2337569	2289571	2282492
129912	99039	5302868	4674492	4572508	3525069
579937	440129	3066682	2782499	2145746	2207425
251009	350856	2956412	2459829	2094799	1902049
		1855383	2070040	1697441	1863425
97174	78783	3313891	3072005	2450836	2617112
363260	340577	7071440	6127289	6038877	5390352
3919204	5999666	12956352	11934673	10895170	9435155
		45658	32669	40296	32669
		2111546	1831871	1133851	1081148
		11693	11039	11693	11039
		903948	878817	893138	872798
		2263256	2166194	1747468	1564168
		896752	783306	689716	606956
		1150039	974776	978584	811601
3302		226035	221830	226035	221830
460721	380769	961730	858961	866296	680184

2-16 续表 8

家用电器及电子产品专门零售

地区	商品购进总额		统一配送商品购进额		自有配送中心配送商品购进额	
	2018年	2017年	2018年	2017年	2018年	2017年
全国	**34998104**	**32717019**	**23217446**	**22332269**	**15322169**	**13919122**
北京	6720783	6829493	3675387	3208069	3043242	2567326
天津	406598	344882	405592	342209	376604	276734
河北	214144	220327	193211	197984	77031	99829
山西	434497	344083	398525	302561	15294	197030
内蒙古	42796	51260	42796	51260	42771	47224
辽宁	736672	868523	177333	433374	172186	172549
吉林	301791	314762	254394	264368	243912	256098
黑龙江	511342	460289	506405	455499	277396	275778
上海	1113056	1419069	725936	1069813		
江苏	11558363	10946186	7345784	6996443	4509393	4302708
浙江	939859	758672	939859	758672	642361	499292
安徽	349258	374916	238604	107841	185862	57611
福建	887994	928071	594919	662584	380656	438535
江西	207157	181654	201060	181654	194659	177192
山东	707032	589047	693754	575769	676719	559886
河南	714504	611868	484989	409798	424079	344451
湖北	2477490	1495719	1045979	1050584	74553	74094
湖南	393949	341944	390231	338580	375864	328101
广东	4119330	3373457	3130132	2764001	2719813	2568654
广西	388145	224390	388145	224390	347446	185374
海南						
重庆	254591	250328	16181	250328	16181	16974
四川	665748	975772	638158	953272	65944	45543
贵州	219539	195045	208082	180370		
云南	122372	129550	64188	70975	63996	47865
西藏						
陕西	23635	28396	18121	28396	18121	15068
甘肃	39828	31720		31720		
青海	30222	30173	30222	30173		
宁夏	215094	216731	207144	210889	207144	210889
新疆	202317	180695	202317	180695	170943	154319

单位：万元

非自有配送中心配送商品购进额		商品销售总额		零售额	
2018年	2017年	2018年	2017年	2018年	2017年
1948516	**1846398**	**37233330**	**35345661**	**33388815**	**33186327**
586688	576951	7364920	7600188	7168161	7402802
		637196	603001	635528	600498
		246263	269628	246263	269628
		307694	418844	273457	386775
		57166	61536	57166	61536
		882183	735518	696953	734448
10482	8271	222212	203677	190047	203677
169988	124093	430194	377399	309251	340265
		1345342	1710351	1330608	1690923
55155	74280	11962986	11308402	11113498	10544503
266551	232026	974039	810982	814788	682033
		423214	428803	378909	373467
8920	44164	959039	1074187	942345	1031955
		221033	205257	212859	204481
		818698	653789	753125	601974
		649904	628770	411800	578336
668900	678903	2581133	1564921	1708178	1238445
9344	9284	469547	377377	466373	374287
100955	20047	4346981	3717496	3472142	3380625
40699	39016	421979	336577	417000	327687
		245804	259911	243416	255927
		740838	1035403	724948	1031004
		202282	193358	202282	193358
		128766	139765	89334	113201
	13328	65941	61492	65941	61492
		39469	50342	39469	50342
		30222	29401	30222	29401
		194901	201809	164124	167436
30835	26035	263385	287478	230629	255820

2-16 续表 9

五金、家具及室内装饰材料专门零售

地　区	商品购进总额		统一配送商品购进额		自有配送中心配送商品购进额	
	2018年	2017年	2018年	2017年	2018年	2017年
全　国	**481447**	**466664**	**345060**	**331012**	**73872**	**248344**
北　京	159287	185187	62806	72010		23859
天　津	43119	51479	32814	51479	32814	51479
河　北						
山　西						
内蒙古						
辽　宁						
吉　林						
黑龙江						
上　海	21505	23240	1374	23240		
江　苏	11928	16695	5886	9586		
浙　江	26113	18629	26113	18629	26113	18629
安　徽						
福　建						
江　西						
山　东						
河　南						
湖　北	877	1208	877	1208		
湖　南						
广　东	11958	31848	8529	16481		15998
广　西						
海　南						
重　庆						
四　川	14946	18079	14946	18079	14946	18079
贵　州						
云　南						
西　藏						
陕　西						
甘　肃						
青　海						
宁　夏						
新　疆	191715	120300	191715	120300		120300

单位：万元

非自有配送中心配送商品购进额		商品销售总额		零售额	
2018年	2017年	2018年	2017年	2018年	2017年
197601	**57736**	**832797**	**813746**	**822766**	**802036**
	48151	268867	284562	260587	284562
		35279	53495	35279	53495
		27340	39970	26917	39881
5886	9586	12742	17766	11415	17601
		43910	30637	43910	30637
		1681	2079	1681	2079
		16318	34341	16318	22885
		18763	22221	18763	22221
191715		407898	328675	407898	328675

2-16 续表 10

货摊、无店铺及其他零售业

地区	商品购进总额		统一配送商品购进额		自有配送中心配送商品购进额	
	2018年	2017年	2018年	2017年	2018年	2017年
全国	**302712**	**482287**	**123513**	**110107**	**80623**	**70920**
北京	177092	371703				
天津						
河北						
山西						
内蒙古						
辽宁						
吉林	3179	4591	3179	4591	3179	4591
黑龙江						
上海	16566	26361	16566	26361	16566	26361
江苏	6301	5427	6301	5427	6301	5427
浙江	2947	2151	2947	2151		
安徽						
福建						
江西						
山东						
河南						
湖北						
湖南	1584					
广东	91728	68450	91728	68450	53928	31415
广西	2144	2475	2144	2475		2475
海南						
重庆						
四川	649	652	649	652	649	652
贵州						
云南						
西藏						
陕西						
甘肃						
青海						
宁夏	522	478				
新疆						

单位：万元

非自有配送中心配送商品购进额		商品销售总额		零售额	
2018年	2017年	2018年	2017年	2018年	2017年
	14287	**395297**	**394357**	**375763**	**378006**
		187721	228731	187721	228731
		4346	5245	4346	5245
		24138	26777	24138	26777
		7634	6664	4755	3076
		3636	3179	3636	3179
		1653		1653	
	14287	161581	118409	144926	107744
		2955	3640	2955	1543
		722	730	722	730
		912	982	912	982

2-17 按部分行业分各地区

批发业

地区	商品购进总额		统一配送商品购进额		自有配送中心配送商品购进额	
	2018年	2017年	2018年	2017年	2018年	2017年
全国	**86315722**	**77824908**	**75013871**	**68210754**	**52843940**	**48022152**
北京	2366965	2103807	2366965	2103807	417096	328308
天津	124858	84279	124858	84279	124858	84279
河北	1374377	1275878	1367724	1271712	418045	409727
山西	493431	452844	240893	219410	240893	219410
内蒙古						
辽宁	1800717	1591760	804217	808995	620935	637094
吉林						
黑龙江	1128872	1210919	1126040	1207437		
上海	4987038	4385667	4752741	4138471	4663799	4050764
江苏	17990681	16932705	17975156	16916749	17958176	16904397
浙江	14922809	12813384	12187678	10898955	12125407	10824430
安徽	5323490	5226912	5323490	5226912	1601942	1555283
福建	73884	61037	26433	35580	14001	15442
江西	1501946	1685666	1421875	1681583	1359188	1561673
山东	4293769	3838001	3479918	2916534	1626465	1382123
河南	1946873	2224128	756437	1085344	514118	501401
湖北	1807580	1431801	1415338	1078052	822837	578021
湖南	375037	397682	328315	362182	307313	341869
广东	1169791	1065335	1087826	995767	786084	699738
广西	7147020	6139434	7147020	6138526	2658156	2229388
海南						
重庆	2343064	1964010	1403216	1189199	877738	728287
四川	707676	620925	30527	22806	20667	16724
贵州						
云南	80136	95583	63318	87686	17440	42733
西藏						
陕西	6975784	5778326	6069809	4980695	2980153	2656428
甘肃	428361	405100	180742	188080		
青海	15480	1670	15480	1670		
宁夏	2606621	2437140	1690599	1679850	864563	882625
新疆	4329463	3600915	3627257	2890476	1824065	1372011

连锁零售企业直营门店经营情况

单位：万元

非自有配送中心配送商品购进额		商品销售总额		零售额	
2018年	2017年	2018年	2017年	2018年	2017年
46593872	**41924084**	**96662280**	**87436843**	**51242261**	**46690138**
14585673	13079671	2460825	2180770	930584	853599
		128762	88539	32191	22135
1366691	1396776	2215172	2015713	1483706	1262048
		684980	644351	3433	1865
		1757776	1445219	1016865	821527
		1228815	1202608	694155	609008
887569	877065	5496792	4859263	2673799	2329180
55536	51580	18851690	16916557	11323624	10314452
60035	81009	15625922	13466764	9595687	8259313
		5728220	5633639	4023576	3978646
		508741	466276	450184	402159
55258	65274	4258079	4038110	1922061	2000598
		5481600	4978636	2704390	2335401
		2565628	2325195	1391066	1721123
919036	502850	1678959	1555393	539769	413216
		698912	773694	625873	718693
189154	126024	1221997	1120231	387684	318651
		7439191	6669701	4188265	3787200
4686358	4037569	2247913	2014512	1269759	1089348
		742705	643314	205146	179344
		86757	102534	29982	29651
5650090	6521613	8081440	7686385	2871177	2648731
		471513	451244	425381	383999
		14616	1391		
106552		2352071	2239799	1075583	862097
18031920	15184653	4633205	3917006	1378321	1348155

2-17 续表 1

零售业

地区	商品购进总额		统一配送商品购进额		自有配送中心配送商品购进额	
	2018年	2017年	2018年	2017年	2018年	2017年
全　国	**220986918**	**205899178**	**155949911**	**148518996**	**91835300**	**84927770**
北　京	26575772	24339424	18332989	16664812	13599989	10847515
天　津	4446907	4058431	2743313	2912606	2230475	2125651
河　北	7161984	6503793	5042725	4400958	3291369	3012405
山　西	2815281	2631447	1625558	1546663	683445	773251
内蒙古	314141	294465	183869	190906	106702	107233
辽　宁	4540684	4228131	3306638	2776282	440104	444136
吉　林	1403780	1438785	1344529	1374525	1214003	1178914
黑龙江	985954	968512	945206	926473	416475	457287
上　海	21786930	19725110	15818860	14283760	6113188	4454558
江　苏	24022403	23302280	18979080	18311732	13954500	13235385
浙　江	5791925	5465584	5283291	5030270	3310347	3308648
安　徽	9467150	8701142	5321566	4620060	3482921	2821768
福　建	13468024	10615511	8844297	7548500	2359845	2540455
江　西	3882720	3619934	2982031	2856615	1432356	1417013
山　东	14090010	13298416	9876784	9046852	5983527	5531727
河　南	5542002	5133497	3397531	2736427	2304127	1824606
湖　北	17230434	15726612	8886072	9609065	6755815	7736302
湖　南	7889585	7380992	6673820	6288295	4517461	4047049
广　东	25114470	25805749	16575256	20087045	9511857	11186816
广　西	942130	742483	868309	661784	569897	422312
海　南	1920707	1739893	1886862	1703282		
重　庆	4919262	4660109	4449797	3429855	3663268	2394774
四　川	6404823	6001784	4468681	4290627	2188583	1854869
贵　州	750981	621516	693158	566265	369169	303245
云　南	2421418	2309055	2081942	1950252	1005355	774476
西　藏	24571	29544	24571	29544		
陕　西	1848662	1804772	1039197	870808	377142	300449
甘　肃	1232116	1092436	1149795	1053792	174855	133051
青　海	120493	146817	80146	86077	16465	18929
宁　夏	1165871	1126794	417951	353816	288913	285557
新　疆	2705729	2386164	2626090	2311049	1473152	1389392

单位：万元

非自有配送中心配送商品购进额		商品销售总额		零售额	
2018年	2017年	2018年	2017年	2018年	2017年
239952637	**240836733**	**267650833**	**247359189**	**223986054**	**210771519**
24623274	19373924	30408275	28919454	25088459	24446444
3301817	940835	5421128	4798490	4406111	3803998
3613262	2130097	7669180	7244052	6037573	5961963
22639	31073	3792263	3705751	3416351	3458808
15102	16071	358246	323400	231022	219146
617781	256396	4491977	4226330	3940292	3867883
107949	99244	1778205	1763954	1445167	1515976
2080095	1492319	949781	993528	815875	889361
22139719	27745803	28782183	25477805	22936866	21001840
6129548	7671162	25866853	24946727	20629499	19690886
13982885	11952746	7104345	6621954	6189368	5831942
2836228	3040426	10438905	9722628	6664238	6522442
42852699	32579663	15766472	13222565	13956699	11909454
6687634	5220499	5766259	5270938	4466045	4380089
12502847	13068585	15911068	14970803	13399789	12705400
3002354	2520886	5833785	5829391	5407539	5534589
9325884	8709790	19961621	18155829	17348860	16610188
8740289	7536849	12741043	11428649	11629617	10591270
51025711	70788871	32657252	30213297	27420380	25491537
1413790	1134452	1340501	1115104	1244888	1035404
		2201999	1910240	1224304	1159517
6028095	6397750	7307534	7053280	6622557	6370685
3800586	3947692	7353573	6666235	7153372	6519082
25200	32627	768902	662030	718395	618442
2112352	3589623	4647124	4489159	4021232	3764696
		24889	27273	24889	27273
1138861	1132593	2328583	2015146	2007236	1741094
111017	102421	1475850	1294932	1295242	1122617
		220802	228199	216272	223415
191027	111167	1202968	1124139	1092541	1046516
11523992	9213169	3079269	2937907	2935378	2709566

2-17 续表 2

综合零售

地区	商品购进总额		统一配送商品购进额		自有配送中心配送商品购进额	
	2018年	2017年	2018年	2017年	2018年	2017年
全国	**105878334**	**99447295**	**66047657**	**64245453**	**41460725**	**40259236**
北京	12725741	11046020	8050819	7766782	5395199	3692923
天津	665492	652264	111770	105004		
河北	2214385	2157182	495192	480664	323952	333171
山西	816629	810578	211156	206121	147208	148247
内蒙古	192572	173945	79113	80551	4574	3528
辽宁	695230	828133	397581	453630	74663	79688
吉林	62056	167321	62056	167321		
黑龙江	238490	266229	218899	246731	83270	113537
上海	9817496	9310103	6146911	5621081	1916677	1566721
江苏	10414299	10251862	9822771	9532103	9071437	8586723
浙江	3499069	3584379	3191147	3312672	1859616	2139067
安徽	6636622	5984296	2612726	2179995	1378833	990258
福建	9098341	6946711	6063373	5179567	1500863	1666919
江西	1045704	1046177	646369	708161	189171	299197
山东	9833029	9562206	6326659	5952282	3929476	3754529
河南	2401666	2179781	1261629	1020074	653282	528007
湖北	10418499	10365453	4515621	5664657	4218213	5494018
湖南	3779785	3093433	2626158	2056832	1716745	1588602
广东	10635809	10978971	5241384	7306219	4063257	6014560
广西	208071	206481	135500	127247	66925	66305
海南	58425	61642	24580	25031		
重庆	3692482	3389245	3519942	2221163	3057100	1760963
四川	3617001	3208547	2536708	2247779	1136182	955834
贵州	224364	188416	220312	182867	169875	131874
云南	807335	705444	541897	417968	285767	127470
西藏	24571	29544	24571	29544		
陕西	603210	778227	223467	203668	67777	73156
甘肃	74856	66031	32364	27386	15855	16606
青海	62890	93977	43448	47953	16465	18929
宁夏	663680	653121	67700	62824	7262	6050
新疆	650538	661579	595839	611578	111084	102356

单位：万元

非自有配送中心配送商品购进额		商品销售总额		零售额	
2018年	2017年	2018年	2017年	2018年	2017年
113878379	**100881228**	**121562238**	**115239267**	**103527186**	**99376102**
5558838	3363289	14503852	13580745	12031333	11396526
		728201	732592	621200	560510
1231264	1153800	2367977	2392494	2325445	2351160
		1497077	1517244	1486710	1506464
9215	8415	207420	187303	81171	84062
443707	254432	753695	867049	632351	730224
		84117	177517	84117	177517
231753	119254	217265	238067	213107	229589
14976829	14642406	12096041	11323878	10702597	9888114
3875549	4991080	11136937	11094361	7278549	7246062
9043531	7816525	4410261	4382283	3741958	3784010
1994470	1757392	7186715	6526817	3556833	3487044
41088489	30891470	8336389	6603188	7300220	6509315
521480	502492	1276686	1246405	1233032	1210975
9543892	9169629	11116519	10950734	9582150	9394821
1354489	1191006	3147010	2966371	3079837	2902670
624440	630112	11973316	11497420	11370219	11017547
2464321	1904818	4126267	3930433	4063676	3842022
7292696	6987429	11884532	11557297	10184777	10050753
		365216	343470	351514	328686
		80011	69372	80011	69372
3926324	3987531	5892726	5617533	5592326	5344741
3698331	3677909	4001770	3372574	3994949	3348576
10828	15150	250848	193961	248308	191957
	1693939	1101518	1105964	1044287	1071668
		24889	27273	24889	27273
871354	817347	920902	860119	809013	772560
111017	102421	79859	78237	79859	78237
		155315	165107	152944	163165
158012	111167	685176	651266	626075	630539
4847550	5092215	953732	982193	953732	979945

2-17 续表 3

食品、饮料及烟草制品专门零售

地　区	商品购进总额		统一配送商品购进额		自有配送中心配送商品购进额	
	2018年	2017年	2018年	2017年	2018年	2017年
全　国	**2498500**	**2239667**	**2059886**	**1744897**	**1058493**	**991304**
北　京	310005	303886	302776	297343	176173	180401
天　津	75949	52274	54660	35450	26308	24314
河　北	2422	1661	2422	1661	2422	1661
山　西	16013	13151	16013	13080	16013	13080
内蒙古						
辽　宁	66786	95801	66786	95801	4704	12597
吉　林	32324	32837	32324	32837	29864	30373
黑龙江						
上　海	273702	313831	194807	180323	26915	25779
江　苏	259099	115234	249881	76204	34059	33671
浙　江	154931	121762	141310	108901	96506	89607
安　徽	30940	17922	21970	13217	8588	6391
福　建	184002	151947	171826	142152	83744	80689
江　西	100405	92362	90891	92362	75391	67139
山　东	41059	45829	41059	45829		
河　南	21476	26473	19575	24775	3879	7275
湖　北	316476	329841	201664	205315	134200	139825
湖　南	58293	59428	56331	57801	56331	57801
广　东	328047	237287	317500	225990	250384	171813
广　西						
海　南						
重　庆	40037	47725	22245	40034	8344	21801
四　川	161031	156366	34776	38242	23117	27089
贵　州						
云　南	4817	4468	4817	4468		
西　藏						
陕　西	15161	14031	14701	13110		
甘　肃						
青　海						
宁　夏	3139	2971				
新　疆	2387	2580	1551		1551	

单位：万元

非自有配送中心配送商品购进额		商品销售总额		零售额	
2018年	2017年	2018年	2017年	2018年	2017年
2377352	**2148818**	**3479856**	**3221418**	**2995168**	**2751239**
1250920	1159583	534898	508506	485712	463769
		119795	88594	93614	60870
		3424	2390	3424	2390
		22069	23190	17884	21483
		69303	87718	47679	72718
		43062	44510	43062	44510
12884	12000	539892	555025	472215	489697
224344	239897	308189	160824	293241	146663
287894	155020	167905	142220	145109	133871
		41114	20103	38625	18446
206228	162129	215581	208677	203747	196163
154940	119418	112505	97310	93444	97310
		46176	43580	46141	43482
		22473	25129	22473	25129
		454666	496909	292558	309715
		77281	86235	76867	86235
240142	300771	395199	326418	378090	318972
		67089	73992	27042	26883
		211108	196713	188296	169711
		6301	5798	6301	5798
		15608	17917	13424	7773
		4539	7596	4539	7596
		1682	2065	1682	2054

2-17 续表 4

纺织、服装及日用品专门零售

地区	商品购进总额		统一配送商品购进额		自有配送中心配送商品购进额	
	2018年	2017年	2018年	2017年	2018年	2017年
全国	**7156016**	**6630982**	**4901410**	**4982691**	**1107973**	**996524**
北京	486759	490614	318190	328818	138536	127978
天津	15777	10228	15777	10228	15777	10228
河北	61574	63347	61574	63347		
山西	741	755	741	755	741	755
内蒙古						
辽宁	9730	11089	6338	7865	3647	3867
吉林	2538	2628	2538	2628		
黑龙江	16353	15154	16353	15154	16353	15154
上海	4472838	4233919	2902577	3123578	388620	325127
江苏	45925	124533	44782	123428	35093	46622
浙江	299308	257431	160321	143907	146798	130782
安徽	410	493	410	493		
福建	430453	251245	404374	230802	16010	8146
江西	12029	11043	2741	4478		
山东	3886	3660	1306	996	1306	996
河南	6772	7335	6772	7335	2272	2835
湖北	285296	269855	172086	174193	43607	27693
湖南	144792	157529	103033	118354	62605	64268
广东	537372	425803	398245	374524	79506	78700
广西	308	249	308	249		
海南						
重庆	67101	73987	57117	64002	57117	64002
四川	173764	144314	166428	132795	40901	34903
贵州						
云南	15916	12785	316	295		
西藏						
陕西	59001	54395	59001	54395	59001	54395
甘肃						
青海	550	489				
宁夏	6743	8029				
新疆	84	72	84	72	84	72

单位：万元

非自有配送中心配送商品购进额		商品销售总额		零售额	
2018年	2017年	2018年	2017年	2018年	2017年
8359260	**15765446**	**12500363**	**10789025**	**11771643**	**10231859**
1536873	1646355	767006	746412	660761	650701
		27362	23507	26619	23492
		68658	64552	24230	20107
		743	833	743	833
		13816	18132	12125	16355
3129	6471	3949	4078	3949	4078
		26057	23727	26057	23727
3579384	10369129	8358635	7092363	7953261	6777812
96885	768054	60470	139224	60470	139224
		439198	336339	437544	335281
		512	575	307	230
51833	24657	623147	411907	619478	402939
		16076	15557	16076	15557
		6411	6470	6325	6369
		10659	12649	10659	12649
54981	51730	389095	354183	325463	297363
326165	260751	252554	213273	245324	210247
2706848	2638287	979693	906208	902672	890803
		264	186	264	186
		87910	91171	71408	76229
	12	264544	229306	264544	229303
3162		25576	20077	25576	20077
		69832	67137	69594	67137
		933	867	933	867
		7183	10223	7183	10223
		80	74	80	74

2-17 续表 5

文化、体育用品及器材专门零售

地区	商品购进总额		统一配送商品购进额		自有配送中心配送商品购进额	
	2018年	2017年	2018年	2017年	2018年	2017年
全国	**8325203**	**6641578**	**8111474**	**6450735**	**7280819**	**5728108**
北京	1391975	1216955	1391975	1216955	1372259	1194316
天津						
河北	5131	3043	3197	2980	3197	2980
山西						
内蒙古						
辽宁	32109	19909	32109	19909	21554	13364
吉林						
黑龙江	10508	21369	10508	21369	10292	11568
上海	4008425	2763935	3993040	2750295	3533965	2369936
江苏	19796	12998	11978	11476	11978	11411
浙江						
安徽	82630	127082	82630	127082		
福建	14990	23031	14990	23031	14990	23031
江西	790522	726561	790522	726561	787978	724347
山东	119450	114024	31386	26689	31386	26559
河南	26682	23755	15833	13669	9309	8389
湖北	149034	92596	114875	64142	44484	44231
湖南	24904	21049	24162	20640	23504	20184
广东	135748	132552	114693	114217	51862	53494
广西	13714	15183	13714	15183	13714	15183
海南						
重庆	408466	385887	405309	379790	381648	365389
四川	710377	560383	703915	558014	691548	549780
贵州						
云南	111523	97489	111523	97489	39513	41125
西藏						
陕西	64102	62185	64102	62185	59671	58218
甘肃						
青海						
宁夏	13610	12684	13610	12684	13610	12684
新疆	191508	208909	167403	186376	164359	181921

单位：万元

非自有配送中心配送商品购进额		商品销售总额		零售额	
2018年	2017年	2018年	2017年	2018年	2017年
4841358	**4431047**	**8906535**	**7301900**	**4021701**	**3779854**
		1723663	1635481	1001962	1044746
		35179	35418	33607	34177
		23614	13364	21387	10691
		30306	84843	30306	84843
3074225	2310737	4190483	2877792	719889	587520
		22020	19295	22020	19295
826303	1270817	103561	110968	103561	110968
		17875	26741	16336	23140
		787917	720622	479530	441052
	1300	119694	115081	58706	57048
		29534	27477	29534	27477
		103422	100191	84035	81709
6588	4566	36049	29614	30595	23701
123546	231500	152585	153965	129127	131784
		10444	13127	10444	13127
		422054	402514	242602	213064
60151	3931	722516	560865	644405	512849
720105	563645	108576	95868	96611	83989
		69200	65308	69200	65308
		12610	12854	12610	12854
30440	44551	185234	200512	185234	200512

2-17 续表 6

医药及医疗器材专门零售

地区	商品购进总额		统一配送商品购进额		自有配送中心配送商品购进额	
	2018年	2017年	2018年	2017年	2018年	2017年
全国	**12597456**	**11130507**	**10754008**	**9387456**	**6267224**	**5596694**
北京	335681	316645	324937	291242	140152	117647
天津	72395	65396	37791	35323	24244	24761
河北	438326	354899	408856	327246	322715	255395
山西	272188	237109	249441	191437	195734	157426
内蒙古	78774	69260	61961	59096	59357	56482
辽宁	695973	613351	644481	609158	163349	162071
吉林	205431	155066	193577	141201	140587	126273
黑龙江	209261	205472	193042	187720	29165	41250
上海	526312	402915	477890	365694	230445	140634
江苏	868366	809047	658003	536768	315219	288034
浙江	831838	715194	800922	696253	540833	474424
安徽	283155	310955	281090	305954	184614	163227
福建	343526	287162	295237	247288	155684	138096
江西	236796	169263	233614	165961	34884	21175
山东	728272	685583	666801	637293	438461	438839
河南	411048	367938	407864	364632	103237	104695
湖北	1059320	936067	328478	232105	159152	133678
湖南	605341	461235	595757	451651	324086	263537
广东	1416510	1315563	1098742	1063068	773103	773994
广西	284947	261116	283697	259653	141811	152976
海南	7872	5212	7872	5212		
重庆	445303	502820	424139	469867	138014	160975
四川	358752	318657	291953	249911	134150	131107
贵州	307078	238055	264765	203028	199294	171371
云南	757983	694500	757728	694240	616079	558017
西藏						
陕西	238515	146246	211760	129237	172572	99611
甘肃	167654	127168	167654	127168	159001	116445
青海	26832	22178	6476	7951		
宁夏	72523	66979	67996	62647	60898	55935
新疆	311485	269456	311485	269456	310388	268620

单位：万元

非自有配送中心配送商品购进额		商品销售总额		零售额	
2018年	2017年	2018年	2017年	2018年	2017年
17465251	**14718065**	**15910486**	**13895454**	**14249909**	**12287039**
1693058	1548407	398849	385569	321072	307693
		92118	78434	41866	37027
221925	181709	564193	504464	516509	469087
22639	31073	389844	307606	372097	291684
5887	7656	93660	74561	92685	73547
174074	1964	817043	726029	728031	649783
	10068	300867	253968	300867	253405
148462	132132	245959	269493	237154	210938
496397	411531	560502	518587	537694	497388
1322364	833473	1354987	1177057	1001874	776572
1985951	1660946	1021310	913112	983692	868370
15455	12217	369326	330782	330882	273585
574061	400323	407657	318587	398148	316088
211843	197302	285359	206704	285359	206704
448867	389099	876454	741320	858543	699657
1647865	1329880	551802	468919	539148	456685
985720	451098	1144458	1068121	1115930	1046217
2217179	1868102	706252	664426	706252	664426
460893	290888	1862489	1531252	1395267	1219122
1006800	744290	493985	385435	422415	331506
		10442	8997	10442	8997
2101771	2410219	580259	597120	434070	442802
42104	265840	492439	372436	426682	334719
14372	17477	315772	274712	267805	233128
1389085	1332039	1013131	955494	1011657	905795
267507	181970	290348	159868	290348	159868
		206482	191576	197330	182436
		34332	32824	32172	29981
		71612	73759	51063	51235
10972	8362	358556	304242	342855	288596

2-17 续表 7

汽车、摩托车、零配件和燃料及其他动力销售

地　　区	商品购进总额		统一配送商品购进额		自有配送中心配送商品购进额	
	2018年	2017年	2018年	2017年	2018年	2017年
全　　国	**49140691**	**46389937**	**40778433**	**39178538**	**19271153**	**17249163**
北　　京	4268449	3578923	4206099	3483592	3334428	2943065
天　　津	3167577	2881909	2084910	2332913	1754729	1738135
河　　北	4226004	3703334	3878274	3327075	2562052	2319369
山　　西	1275215	1225770	749682	832711	308455	256713
内 蒙 古						
辽　　宁	2304184	1791324	1982010	1156546		
吉　　林	796462	761580	796462	761580	796462	761580
黑 龙 江						
上　　海	1537030	1231737	1359761	1123375		
江　　苏	1107813	1139079	1103182	1139079		3875
浙　　江	42520	50997	25334	32716		
安　　徽	2122303	1921824	2122303	1921824	1725023	1604281
福　　建	2508721	2027344	1299579	1063077	207898	185039
江　　西	1490106	1396893	1016833	981456	150273	131983
山　　东	2657283	2298068	2115819	1807995	906179	750918
河　　南	1963354	1919147	1204370	898943	1111568	831754
湖　　北	2523442	2235873	2506491	2216861	2081606	1822763
湖　　南	2880938	3246374	2878148	3244436	1958328	1724556
广　　东	7890932	9273923	6227067	8185832	1572768	1509926
广　　西	44801	32589	44801	32589		
海　　南	1854411	1673040	1854411	1673040		
重　　庆	11284	10117	4865	4670	4865	4670
四　　川	705552	621860	81775	92503	81775	92503
贵　　州						
云　　南	601472	664818	601472	664818		
西　　藏						
陕　　西	845038	721292	448045	379817		
甘　　肃	949778	867517	949778	867517		
青　　海						
宁　　夏	190561	165802	61501	4772		
新　　疆	1175464	948803	1175464	948803	714743	568034

单位：万元

非自有配送中心配送商品购进额		商品销售总额		零售额	
2018年	2017年	2018年	2017年	2018年	2017年
71767546	**83707918**	**67317950**	**60655736**	**53225105**	**48264520**
8716704	5405269	4658500	3949260	2971150	2666915
3301817	940835	3781176	3218867	2952006	2468107
2160073	794588	4383487	3975107	2888096	2815415
		1574835	1438034	1265460	1251570
		1932323	1778520	1801767	1653663
		1119654	1074959	818780	827545
		1639811	1333064	1169548	1003728
		1285419	1139363	1045661	914118
		50393	49803	25038	41162
		2353688	2337569	2284690	2282492
842888	659443	5206785	4579278	4476426	3429855
5799371	4401287	3066682	2782499	2145746	2207425
2510088	3508557	2927116	2459829	2094799	1902049
		1426218	1702789	1314089	1531644
971741	787825	3313891	3072005	2450836	2617112
3632597	3405768	7071440	6127289	6038877	5390352
39192041	59996657	12955873	11934216	10895062	9435155
		45658	32669	40296	32669
		2111546	1831871	1133851	1081148
		11693	11039	11693	11039
		903948	878817	893138	872798
		2263256	2166194	1747468	1564168
		896752	783306	689716	606956
		1150039	974776	978584	811601
33015		226035	165652	226035	165652
4607211	3807689	961730	858961	866296	680184

2-17 续表 8

家用电器及电子产品专门零售

地区	商品购进总额		统一配送商品购进额		自有配送中心配送商品购进额	
	2018年	2017年	2018年	2017年	2018年	2017年
全国	**34678083**	**32506175**	**22899995**	**22124021**	**15285596**	**13823022**
北京	6720783	6829493	3675387	3208069	3043242	2567326
天津	406598	344882	405592	342209	376604	276734
河北	214144	220327	193211	197984	77031	99829
山西	434497	344083	398525	302561	15294	197030
内蒙古	42796	51260	42796	51260	42771	47224
辽宁	736672	868523	177333	433374	172186	172549
吉林	301791	314762	254394	264368	243912	256098
黑龙江	511342	460289	506405	455499	277396	275778
上海	1113056	1419069	725936	1069813		
江苏	11288875	10827444	7076296	6877701	4480412	4259660
浙江	935777	715410	935777	715410	640482	456138
安徽	311090	338570	200436	71495	185862	57611
福建	887994	928071	594919	662584	380656	438535
江西	207157	177635	201060	177635	194659	173173
山东	707032	589047	693754	575769	676719	559886
河南	711004	609068	481489	406998	420579	341651
湖北	2477490	1495719	1045979	1050584	74553	74094
湖南	393949	341944	390231	338580	375864	328101
广东	4116916	3370008	3127920	2760923	2717600	2565576
广西	388145	224390	388145	224390	347446	185374
海南						
重庆	254591	250328	16181	250328	16181	16974
四川	663379	973545	638158	953272	65944	45543
贵州	219539	195045	208082	180370		
云南	122372	129550	64188	70975	63996	47865
西藏						
陕西	23635	28396	18121	28396	18121	15068
甘肃	39828	31720		31720		
青海	30222	30173	30222	30173		
宁夏	215094	216731	207144	210889	207144	210889
新疆	202317	180695	202317	180695	170943	154319

单位：万元

非自有配送中心配送商品购进额		商品销售总额		零售额	
2018年	2017年	2018年	2017年	2018年	2017年
19485161	**18463977**	**36895819**	**35140001**	**33147323**	**32992578**
5866881	5769512	7364920	7600188	7168161	7402802
		637196	603001	635528	600498
		246263	269628	246263	269628
		307694	418844	273457	386775
		57166	61536	57166	61536
		882183	735518	696953	734448
104820	82705	222212	203677	190047	203677
1699880	1240933	430194	377399	309251	340265
		1345342	1710351	1330608	1690923
551545	742803	11678455	11192258	10911515	10428359
2665509	2320255	969377	765804	810126	636855
		383989	395814	349340	349677
89200	441641	959039	1074187	942345	1031955
		221033	201841	212859	201065
		818698	653789	753125	601974
		646089	626057	411800	578336
6689002	6789025	2581093	1564921	1708138	1238445
93439	92844	469547	377377	466373	374287
1009545	200469	4344127	3714408	3469287	3377538
406990	390162	421979	336577	417000	327687
		245804	259911	243416	255927
		738455	1033270	722565	1028872
		202282	193358	202282	193358
		128766	139765	89334	113201
	133276	65941	61492	65941	61492
		39469	50342	39469	50342
		30222	29401	30222	29401
		194901	201809	164124	167436
308350	260352	263385	287478	230629	255820

2-17 续表 9

五金、家具及室内装饰材料专门零售

地区	商品购进总额		统一配送商品购进额		自有配送中心配送商品购进额	
	2018年	2017年	2018年	2017年	2018年	2017年
全国	**461680**	**460434**	**325292**	**324782**	**73872**	**242114**
北京	159287	185187	62806	72010		23859
天津	43119	51479	32814	51479	32814	51479
河北						
山西						
内蒙古						
辽宁						
吉林						
黑龙江						
上海	21505	23240	1374	23240		
江苏	11928	16695	5886	9586		
浙江	26113	18629	26113	18629	26113	18629
安徽						
福建						
江西						
山东						
河南						
湖北	877	1208	877	1208		
湖南						
广东	11958	31848	8529	16481		15998
广西						
海南						
重庆						
四川	14946	18079	14946	18079	14946	18079
贵州						
云南						
西藏						
陕西						
甘肃						
青海						
宁夏						
新疆	171947	114070	171947	114070		114070

单位：万元

非自有配送中心配送商品购进额		商品销售总额		零售额	
2018年	2017年	2018年	2017年	2018年	2017年
1778330	**577364**	**779770**	**787452**	**769740**	**775743**
	481509	268867	284562	260587	284562
		35279	53495	35279	53495
		27340	39970	26917	39881
58861	95855	12742	17766	11415	17601
		43910	30637	43910	30637
		1681	2079	1681	2079
		16318	34341	16318	22885
		18763	22221	18763	22221
1719469		354871	302381	354871	302381

2-17　续表 10

货摊、无店铺及其他零售业

地　区	商品购进总额		统一配送商品购进额		自有配送中心配送商品购进额	
	2018年	2017年	2018年	2017年	2018年	2017年
全　国	**250956**	**452602**	**71758**	**80422**	**29446**	**41604**
北　京	177092	371703				
天　津						
河　北						
山　西						
内蒙古						
辽　宁						
吉　林	3179	4591	3179	4591	3179	4591
黑龙江						
上　海	16566	26361	16566	26361	16566	26361
江　苏	6301	5389	6301	5389	6301	5389
浙　江	2368	1782	2368	1782		
安　徽						
福　建						
江　西						
山　东						
河　南						
湖　北						
湖　南	1584					
广　东	41177	39792	41177	39792	3377	2756
广　西	2144	2475	2144	2475		2475
海　南						
重　庆						
四　川	23	33	23	33	23	33
贵　州						
云　南						
西　藏						
陕　西						
甘　肃						
青　海						
宁　夏	522	478				
新　疆						

单位：万元

非自有配送中心配送商品购进额		商品销售总额		零售额	
2018年	2017年	2018年	2017年	2018年	2017年
	142870	**297815**	**328936**	**278280**	**312585**
		187721	228731	187721	228731
		4346	5245	4346	5245
		24138	26777	24138	26777
		7634	6580	4755	2992
		1991	1756	1991	1756
		1653		1653	
	142870	66435	55191	49780	44526
		2955	3640	2955	1543
		30	35	30	35
		912	982	912	982

2-18 按部分行业分各地区

批发业

地　区	商品购进总额		统一配送商品购进额		自有配送中心配送商品购进额	
	2018年	2017年	2018年	2017年	2018年	2017年
全　国	**1750906**	**2282367**	**1631640**	**2085977**	**1391642**	**1765854**
北　京	8828	12029	8828	12029	7906	10820
天　津						
河　北						
山　西						
内蒙古						
辽　宁	5145					
吉　林						
黑龙江						
上　海	728097	634902	727993	634780	727993	634780
江　苏	127028	525719	127028	525719	127028	525719
浙　江	49238	158444	38211	124600	38144	109529
安　徽	447682	490236	447682	490236	260472	252885
福　建	23841	21458	23408	21025	22294	19631
江　西	91703	74049	91703	74049	91703	74049
山　东	46201	56061	13738	39311	12860	38380
河　南						
湖　北	20649	94018	12841	13201	11809	11733
湖　南	49397	52369	18190	14648	11415	8511
广　东	33436	48230	32913	47728	10477	12168
广　西	18780	19816	18780	16158	8334	5488
海　南						
重　庆	73133	68361	42755	46562	37508	36648
四　川	23700	18960	23700	18960	23700	18960
贵　州						
云　南		453				
西　藏						
陕　西						
甘　肃						
青　海	3870	418	3870	418		
宁　夏						
新　疆	179	6845		6553		6553

连锁零售企业加盟门店经营情况

单位：万元

非自有配送中心配送商品购进额		商品销售总额		零售额	
2018年	2017年	2018年	2017年	2018年	2017年
7258	**12857**	**1788024**	**2341489**	**748307**	**726213**
922	1209	50481	71207	50481	71207
		7200			
		728142	634951	476215	420810
		130235	529241		
		55778	159827	3270	4014
		434243	475117		
		31742	23266	447	447
		91703	74049	91703	74049
878	931	54359	73249	54359	73249
1032	1468	24916	100866	16505	40513
		33927	44606	7670	8362
		44781	57942	7059	7176
		20082	20451		1881
4427	9249	62186	57582	33525	18707
		14465	11856	7073	5798
			423		
		3654	348		
		131	6508		

2-18 续表 1

零售业

地　区	商品购进总额		统一配送商品购进额		自有配送中心配送商品购进额	
	2018年	2017年	2018年	2017年	2018年	2017年
全　国	**12276842**	**12010607**	**10348303**	**10424832**	**3719127**	**3778660**
北　京	491809	451077	396497	350336	263091	244590
天　津	122289	95778	4	4	4	4
河　北	75835	75397	74977	72839	74146	69167
山　西	270853	242015	169872	167551	167371	164729
内蒙古	28733	22216	28733	22216	2602	2533
辽　宁	52472	66142	52438	66118	344	614
吉　林	70	70	70	70	70	70
黑龙江	999	1269	795	831	757	793
上　海	5779430	5953072	5367260	5633796	687855	624928
江　苏	1346207	948263	1251411	900883	829635	804422
浙　江	564011	690519	548921	650200	363807	445995
安　徽	784499	775142	474421	459809	246970	237143
福　建	261619	230110	259366	228302	122958	93122
江　西	152114	233559	142076	228474	141513	227957
山　东	167424	162144	140653	117302	78651	60115
河　南	410467	364755	409316	364511	9552	9137
湖　北	255287	123051	60542	40736	56329	34394
湖　南	161689	155151	149287	143569	66918	56344
广　东	642379	604718	459365	472604	398367	381564
广　西	41308	33888	41125	33790	33549	28623
海　南						
重　庆	127825	204907	105807	182559	69639	148768
四　川	380250	348987	87561	79190	33250	37350
贵　州	295	2923	295	592		
云　南	4210	5460	4210	5460	3281	4209
西　藏	26245	2				
陕　西	22859	45939	22859	45939	5357	30212
甘　肃	272	238	272	238	236	238
青　海	744	1344	744	1311	744	1311
宁　夏	5453	78103	230	61233	230	145
新　疆	99198	94369	99198	94369	61901	70183

单位：万元

非自有配送中心配送商品购进额		商品销售总额		零售额	
2018年	2017年	2018年	2017年	2018年	2017年
1501401	**1391357**	**14025616**	**13150057**	**13213681**	**12588976**
113108	91229	643059	599721	638020	599721
		133101	113488	132105	112658
		78934	76598	78934	76598
		279834	238021	279834	238021
284	257	31409	23440	28966	21909
52094	52838	96903	118947	96859	118882
		89	89	89	89
		1228	1434	1039	1284
561872	601128	6871359	6577557	6799918	6502697
138939	7338	1502735	1171410	1414898	1169692
155265	180965	590806	727798	463718	619686
181349	182438	307224	267024	274070	245686
122009	116510	428432	350708	407548	340390
46	7	140461	212585	140461	181217
3773	3786	188009	153724	157568	131764
8	25	460135	404447	408440	364293
1059	1292	300440	160688	80473	52494
79348	79577	171532	157777	159130	136761
8313	14699	918805	808438	886956	780049
1570	1325	43038	37933	15855	15109
7920	9300	186094	263985	155824	239662
36271	23360	435913	431874	408895	402943
		361	3123	361	3123
877	1097	4007	4739	4007	4739
		25652	2		
		30441	48703	30441	48703
		236	238	236	238
		852	2014	852	1474
		7569	67119	1226	58861
37297	24186	146960	126433	146960	120231

2-18 续表 2

综合零售

地区	商品购进总额		统一配送商品购进额		自有配送中心配送商品购进额	
	2018年	2017年	2018年	2017年	2018年	2017年
全国	**9238164**	**9510452**	**8051712**	**8425536**	**2754445**	**2807188**
北京	155672	141693	60607	42760	1309	1272
天津	121530	95757				
河北	73085	70443	73085	70443	73085	68105
山西	267696	238929	166715	164464	166082	163510
内蒙古	25586	19554	25586	19554	578	547
辽宁	52094	52838	52094	52838		
吉林						
黑龙江						
上海	5454881	5718055	5136235	5449525	591249	558577
江苏	887446	790946	799523	744498	762497	735272
浙江	279773	401248	265634	361872	141363	196813
安徽	736409	735110	427280	419918	244152	235088
福建	147634	110231	147634	110231	72456	56254
江西	139403	223946	139403	223946	139357	223938
山东	134365	152597	133640	110711	73356	55126
河南	1983	3565	925	3429		
湖北	44021	23311	44021	19234	43140	19163
湖南	50431	50188	50431	50188	23232	12832
广东	482565	442917	352704	358964	336284	343203
广西	1837	1782	1837	1782		
海南						
重庆	44204	82908	42789	81163	22514	63205
四川	45208	43602	43616	42934	9415	15637
贵州						
云南	4210	5460	4210	5460	3281	4209
西藏						
陕西	15119	13000	15119	13000		
甘肃						
青海	744	1311	744	1311	744	1311
宁夏	4389	13749				
新疆	67881	77313	67881	77313	50352	53127

单位：万元

非自有配送中心配送商品购进额		商品销售总额		零售额	
2018年	2017年	2018年	2017年	2018年	2017年
1002411	**1060285**	**10242871**	**9890267**	**10203893**	**9789989**
39027	27079	200740	180568	200739	180568
		132101	112655	132101	112655
		75104	69007	75104	69007
		276401	234735	276401	234735
284	257	29159	21754	27840	20899
52094	52838	96437	102899	96437	102899
457924	508251	6483099	6251743	6483099	6251743
		1047235	1003712	1047235	1003712
122941	155864	285499	402868	282087	398743
181349	182438	256750	229364	233251	217224
73393	52544	236826	156716	236826	156716
46	7	126248	200431	126248	169063
3773	3776	147035	142768	146790	121709
		2501	3700	1601	2900
		58450	26503	57341	26037
24178	29708	53055	48132	53055	38698
7352	7421	487024	437015	484877	431442
		1837	1782	1837	1782
5220	5655	75098	95231	75098	95231
16423	9165	63462	51779	63462	51779
877	1097	4007	4739	4007	4739
		15733	12000	15733	12000
		852	1474	852	1474
		6343	8257		
17529	24186	81875	90436	81875	84234

2-18 续表 3

食品、饮料及烟草制品专门零售

地区	商品购进总额		统一配送商品购进额		自有配送中心配送商品购进额	
	2018年	2017年	2018年	2017年	2018年	2017年
全国	**879460**	**747922**	**450327**	**453202**	**433095**	**430775**
北京	249111	231948	249030	230607	249030	230607
天津						
河北	668	669	668	669	668	669
山西						
内蒙古						
辽宁						
吉林						
黑龙江						
上海	316	315	316	315	108	108
江苏						
浙江	158697	151259	158697	151259	158697	151259
安徽	2735	1421	1785	1280	949	141
福建	21211	19523	19618	18363	13648	12418
江西	517	510	517	510		
山东						
河南	738	799	653	717		
湖北	184160	68182	1286	3220		
湖南	5676	4542	5676	4542	5676	4542
广东	2700	5421	2700	5421		
广西						
海南						
重庆	5061	31668	5061	31668		26399
四川	247036	228544	4319	4633	4319	4633
贵州						
云南						
西藏						
陕西						
甘肃						
青海						
宁夏	834	3121				
新疆						

单位：万元

非自有配送中心配送商品购进额		商品销售总额		零售额	
2018年	2017年	2018年	2017年	2018年	2017年
2993	**9298**	**1223260**	**1095958**	**844329**	**867701**
		328088	312561	323050	312561
		1892	1892	1892	1892
		1368	1311	1368	1311
		185359	181660	64555	86977
		4030	2310	4030	2310
2993	3877	26357	18001	26357	18001
		612	603	612	603
		684	710	684	710
		208454	92242	1996	2408
		4824	3978	4824	3978
	5421	160044	147452	156077	142308
		16217	58302		48283
		284380	272466	257932	243888
		953	2471	953	2471

2-18 续表 4

纺织、服装及日用品专门零售

地区	商品购进总额		统一配送商品购进额		自有配送中心配送商品购进额	
	2018年	2017年	2018年	2017年	2018年	2017年
全国	**518405**	**307177**	**320865**	**186569**	**145442**	**113184**
北京	368	708	275	306		
天津						
河北						
山西						
内蒙古						
辽宁	29	39	29	39	29	39
吉林						
黑龙江						
上海	177368	102389	94017	65086	94017	63967
江苏	161395	21573	161395	21573	25600	17531
浙江	11566	13332	11566	13332	11566	13332
安徽						
福建	13814	19033	13814	19033	4754	4298
江西						
山东						
河南	423	763	423	763		
湖北	17036	21372	5165	8097	4842	7045
湖南	18050	15827	5648	4245	2348	3345
广东	53979	79665	10995	42223	2286	1852
广西						
海南						
重庆	20603	20603				
四川	17538	10098	17538	10098		
贵州						
云南						
西藏	26236					
陕西		1775		1775		1775
甘肃						
青海						
宁夏						
新疆						

单位：万元

非自有配送中心配送商品购进额		商品销售总额		零售额	
2018年	2017年	2018年	2017年	2018年	2017年
157494	**16289**	**643323**	**452753**	**500231**	**338098**
247	273	726	863	726	863
		34	47	34	47
		230875	169399	159434	94539
135795	4042	137043	29538	137043	29538
		18442	19949	18123	19949
		23355	19983	2471	9665
		425	755	425	755
		20792	29408	8391	11514
3300	900	15384	16551	2982	4969
614	975	120037	114456	120037	114456
		22146	22146	22146	22146
17538	10098	23270	25095	23270	25095
		25646			
		5150	4563	5150	4563

2-18 续表 5

文化、体育用品及器材专门零售

地 区	商品购进总额		统一配送商品购进额		自有配送中心配送商品购进额	
	2018年	2017年	2018年	2017年	2018年	2017年
全 国	**5453**	**1930**	**5453**	**1930**	**5453**	**1920**
北 京						
天 津						
河 北						
山 西						
内蒙古						
辽 宁						
吉 林						
黑龙江						
上 海						
江 苏						
浙 江						
安 徽						
福 建						
江 西	2156		2156		2156	
山 东		30		30		20
河 南						
湖 北						
湖 南						
广 东	110	101	110	101	110	101
广 西						
海 南						
重 庆		22		22		22
四 川	3187	1778	3187	1778	3187	1778
贵 州						
云 南						
西 藏						
陕 西						
甘 肃						
青 海						
宁 夏						
新 疆						

单位：万元

非自有配送中心配送商品购进额		商品销售总额		零售额	
2018年	2017年	2018年	2017年	2018年	2017年
	10	**6650**	**1896**	**6650**	**1896**
		3386		3386	
	10		20		20
		77	77	77	77
			22		22
		3187	1778	3187	1778

2-18 续表 6

医药及医疗器材专门零售

地区	商品购进总额		统一配送商品购进额		自有配送中心配送商品购进额	
	2018年	2017年	2018年	2017年	2018年	2017年
全国	**786391**	**769947**	**697115**	**687469**	**292942**	**293949**
北京	86658	76727	86586	76663	12752	12711
天津	759	22	4	4	4	4
河北	2081	4286	1224	1728	393	393
山西	3157	3086	3157	3086	1289	1219
内蒙古	3147	2662	3147	2662	2024	1986
辽宁	349	13265	316	13241	316	574
吉林	70	70	70	70	70	70
黑龙江	999	1269	795	831	757	793
上海	146866	132313	136692	118870	2480	2276
江苏	27878	16964	21005	16032	12557	8534
浙江	109314	81050	108363	80107	50301	41438
安徽	2306	2264	2306	2264	1869	1914
福建	33337	48229	32676	47581	32101	20152
江西	10038	5085				
山东	9970	9517	7012	6561	5295	4969
河南	20470	25046	20462	25021	6052	6337
湖北	10070	10186	10070	10186	8347	8187
湖南	87532	84594	87532	84594	35662	35625
广东	49581	44051	40093	34159	6924	4671
广西	39472	32106	39289	32008	33549	28623
海南						
重庆	57957	69707	57957	69707	47125	59143
四川	64288	62119	18275	19129	15703	14684
贵州	295	2923	295	592		
云南						
西藏	8	2				
陕西	7739	31165	7739	31165	5357	28437
甘肃	272	238	272	238	236	238
青海		32				
宁夏	230	145	230	145	230	145
新疆	11549	10826	11549	10826	11549	10826

单位：万元

非自有配送中心配送商品购进额		商品销售总额		零售额	
2018年	2017年	2018年	2017年	2018年	2017年
273112	**272382**	**861589**	**892708**	**782152**	**822657**
73834	63877	113506	105729	113506	105729
		1000	833	4	3
		1938	5699	1938	5699
		3433	3287	3433	3287
		2249	1686	1127	1010
		432	16000	388	15936
		89	89	89	89
		1228	1434	1039	1284
103947	92877	156018	155104	156018	155104
3144	3296	33927	21931	28638	20213
32323	25101	95199	76721	92646	67417
		2337	2361	2337	2361
	26995	45811	60794	45811	60794
		10215	8136	10215	8136
		11679	10936	10779	10036
8	25	23544	29317	22378	28147
1059	1292	12705	12536	12705	12536
51870	48969	98269	89117	98269	89117
347	882	53144	42676	27780	25461
1570	1325	41202	36151	14018	13327
2700	3645	72634	88285	58580	73980
2310	4097	58540	77929	57970	77575
		361	3123	361	3123
		6	2		
		9558	32140	9558	32140
		236	238	236	238
			540		
		273	212	273	212
		12059	9704	12059	9704

2-18 续表 7

汽车、摩托车、零配件和燃料及其他动力销售

地区	商品购进总额		统一配送商品购进额		自有配送中心配送商品购进额	
	2018年	2017年	2018年	2017年	2018年	2017年
全国	**457425**	**426420**	**433857**	**425963**		
北京						
天津						
河北						
山西						
内蒙古						
辽宁						
吉林						
黑龙江						
上海						
江苏						
浙江						
安徽	4882		4882			
福建	45623	33095	45623	33095		
江西						
山东	23089					
河南	383352	331781	383352	331781		
湖北						
湖南						
广东	479	457				
广西						
海南						
重庆						
四川						
贵州						
云南						
西藏						
陕西						
甘肃						
青海						
宁夏		61088		61088		
新疆						

单位：万元

非自有配送中心配送商品购进额		商品销售总额		零售额	
2018年	2017年	2018年	2017年	2018年	2017年
45623	**33095**	**559903**	**519101**	**484425**	**483173**
		4882		4882	
45623	33095	96082	95214	96082	95214
		29295			
		429165	367251	383352	331781
		479	457	108	
			56179		56179

2-18 续表 8

家用电器及电子产品专门零售

地　区	商品购进总额		统一配送商品购进额		自有配送中心配送商品购进额	
	2018年	2017年	2018年	2017年	2018年	2017年
全　国	**320021**	**210845**	**317451**	**208247**	**36573**	**96099**
北　京						
天　津						
河　北						
山　西						
内蒙古						
辽　宁						
吉　林						
黑龙江						
上　海						
江　苏	269488	118742	269488	118742	28981	43048
浙　江	4082	43263	4082	43263	1880	43154
安　徽	38168	36346	38168	36346		
福　建						
江　西		4019		4019		4019
山　东						
河　南	3500	2800	3500	2800	3500	2800
湖　北						
湖　南						
广　东	2414	3449	2213	3078	2213	3078
广　西						
海　南						
重　庆						
四　川	2369	2227				
贵　州						
云　南						
西　藏						
陕　西						
甘　肃						
青　海						
宁　夏						
新　疆						

单位：万元

非自有配送中心配送商品购进额		商品销售总额		零售额	
2018年	2017年	2018年	2017年	2018年	2017年
		337511	**205660**	**241492**	**193748**
		284531	116144	201984	116144
		4662	45178	4662	45178
		39225	32989	29570	23790
			3416		3416
		3816	2713		
		40		40	
		2855	3088	2855	3088
		2382	2132	2382	2132

2-18 续表 9

五金、家具及室内装饰材料专门零售

地　区	商品购进总额		统一配送商品购进额		自有配送中心配送商品购进额	
	2018年	2017年	2018年	2017年	2018年	2017年
全　国	**19768**	**6230**	**19768**	**6230**		**6230**
北　京						
天　津						
河　北						
山　西						
内蒙古						
辽　宁						
吉　林						
黑龙江						
上　海						
江　苏						
浙　江						
安　徽						
福　建						
江　西						
山　东						
河　南						
湖　北						
湖　南						
广　东						
广　西						
海　南						
重　庆						
四　川						
贵　州						
云　南						
西　藏						
陕　西						
甘　肃						
青　海						
宁　夏						
新　疆	19768	6230	19768	6230		6230

单位：万元

非自有配送中心配送商品购进额		商品销售总额		零售额	
2018年	2017年	2018年	2017年	2018年	2017年
19768		**53027**	**26294**	**53027**	**26294**
19768		53027	26294	53027	26294

2-18 续表 10

货摊、无店铺及其他零售业

地　区	商品购进总额		统一配送商品购进额		自有配送中心配送商品购进额	
	2018年	2017年	2018年	2017年	2018年	2017年
全　国	**51756**	**29685**	**51756**	**29685**	**51177**	**29316**
北　京						
天　津						
河　北						
山　西						
内蒙古						
辽　宁						
吉　林						
黑龙江						
上　海						
江　苏		37		37		37
浙　江	579	369	579	369		
安　徽						
福　建						
江　西						
山　东						
河　南						
湖　北						
湖　南						
广　东	50551	28659	50551	28659	50551	28659
广　西						
海　南						
重　庆						
四　川	626	620	626	620	626	620
贵　州						
云　南						
西　藏						
陕　西						
甘　肃						
青　海						
宁　夏						
新　疆						

单位：万元

非自有配送中心配送商品购进额		商品销售总额		零售额	
2018年	2017年	2018年	2017年	2018年	2017年
		97483	**65420**	**97483**	**65420**
			84		84
		1645	1423	1645	1423
		95146	63218	95146	63218
		692	695	692	695

2-19 按部分业态分各地区连锁零售企业基本情况

便利店

地区	连锁总店数（个）	门店数（个）		年末从业人员（人）		年末零售营业面积（平方米）	
	2018年	2018年	2017年	2018年	2017年	2018年	2017年
全　国	**122**	**28895**	**25277**	**100461**	**90141**	**2738325**	**1993205**
北　京	18	2613	1489	11201	7960	334656	178096
天　津	1	2	2	21	22	350	350
河　北	4	391	380	1123	1100	25875	24617
山　西	4	2186	1772	11374	9268	143722	114774
内蒙古	2	377	294	1148	929	28140	22323
辽　宁	1	194	206	1114	1188	17854	18600
吉　林							
黑龙江							
上　海	13	6424	6185	18694	19859	827934	480028
江　苏	7	347	315	800	1050	57946	58031
浙　江	10	6785	6449	15564	16094	410986	354643
安　徽	3	212		4881		69310	
福　建	7	2383	1955	4945	4175	125770	113028
江　西							
山　东	4	318	275	1178	1148	30958	21430
河　南	2	133	124	885	841	36043	34300
湖　北	3	385	87	470	252	12402	5455
湖　南	7	422	332	1304	918	37500	24484
广　东	10	2295	2110	10107	9203	186353	150252
广　西	1	127	125	671	733	11091	10435
海　南							
重　庆	1	14	13	58	87	2641	5344
四　川	10	2078	2197	10611	11166	259889	267494
贵　州	4	150	164	799	999	19460	21810
云　南	1	198	201	666	715	17366	17917
西　藏							
陕　西	6	559	357	1515	1269	34666	26804
甘　肃	1	43	42	405	309	2200	2000
青　海							
宁　夏	1	26	24	254	270	12314	10200
新　疆	1	233	179	673	586	32899	30790

2-19 续表 1

超市

地区	连锁总店数（个）	门店数（个）		年末从业人员（人）		年末零售营业面积（平方米）	
	2018年	2018年	2017年	2018年	2017年	2018年	2017年
全国	**386**	**28164**	**29587**	**403484**	**413588**	**20611499**	**21504693**
北京	28	1461	1267	48965	52156	2414058	2527461
天津	3	567	638	2586	2516	156006	163740
河北	15	196	262	7320	8175	421154	431876
山西	6	91	101	2750	3111	185002	194144
内蒙古	2	47	47	1361	1261	157370	154019
辽宁	14	240	265	2320	2663	121801	127005
吉林	3	104	110	1636	2197	65200	51600
黑龙江	3	21	26	1144	1353	35583	45639
上海	13	2729	2766	50680	55952	2225335	2426694
江苏	30	3527	3604	63419	65686	3424158	3697902
浙江	38	3340	4444	21520	23169	1399880	1577497
安徽	20	1201	1176	15542	15802	753924	752327
福建	23	342	304	9091	6927	337166	265467
江西	6	110	100	5771	5069	401568	330393
山东	25	2511	2454	45691	44394	2768566	2967457
河南	21	564	883	8535	7843	505390	482167
湖北	17	2502	2383	47978	46705	1877028	1855773
湖南	11	887	856	3751	3823	145421	125297
广东	35	685	652	18983	16947	1348549	1462431
广西	5	323	308	4771	5098	166569	184528
海南	2	240	214	1665	1557	63057	54623
重庆	16	2783	2931	11541	12968	445631	489680
四川	25	2783	2845	13968	15173	603843	593841
贵州	4	71	80	680	812	21348	19830
云南	2	335	365	2129	2250	81157	85949
西藏	1	80	74	800	795	30525	30157
陕西	8	163	157	3065	3203	169980	170053
甘肃	2	69	69	1331	1180	64083	59265
青海	1	50	50	740	752	21906	21906
宁夏	3	100	119	1100	1350	40888	16067
新疆	4	42	37	2651	2701	159353	139905

2-19　续表 2

大型超市

地　区	连锁总店数（个）	门店数（个）		年末从业人员（人）		年末零售营业面积（平方米）	
	2018年	2018年	2017年	2018年	2017年	2018年	2017年
全　国	**156**	**4760**	**5605**	**451439**	**459591**	**35623773**	**33688222**
北　京	14	326	317	34050	33543	2076364	1833984
天　津	4	184	40	9216	6991	410135	373658
河　北	4	52	55	4636	5760	517442	528453
山　西	3	126	96	6811	6888	538096	566520
内蒙古							
辽　宁	7	50	49	8112	9106	464018	451145
吉　林							
黑龙江	2	22	23	3011	3216	132213	133123
上　海	11	298	294	78393	84220	4653535	4334508
江　苏	11	125	152	27477	26204	928285	1205815
浙　江	12	613	1953	19612	22605	1246461	1384711
安　徽	5	88	89	8885	10257	821327	764586
福　建	8	773	605	56860	52708	7583116	7212564
江　西	4	15	15	3134	2746	183450	183450
山　东	8	295	239	20285	23265	2723837	2686325
河　南	11	378	351	19208	20929	1631255	1516706
湖　北	3	96	79	11106	11903	961149	965915
湖　南	8	301	270	29037	26831	3826117	3389975
广　东	17	426	427	52149	53943	2975964	3069131
广　西	3	83	82	7351	7223	386959	380632
海　南							
重　庆	3	136	130	18414	17454	722121	675850
四　川	7	149	124	19783	19431	1821222	1185434
贵　州	1	36	26	2980	2400	368150	216445
云　南	2	18	18	3502	4250	152489	152489
西　藏							
陕　西	1	4	3	532	672	95679	95679
甘　肃							
青　海	1	6	6	700	661	36000	36000
宁　夏	3	150	152	4702	4765	272536	249271
新　疆	3	10	10	1493	1620	95853	95853

2-19 续表 3

百货店

地 区	连锁总店数（个）	门店数（个）		年末从业人员（人）		年末零售营业面积（平方米）	
	2018年	2018年	2017年	2018年	2017年	2018年	2017年
全 国	**100**	**5942**	**5894**	**251221**	**273505**	**25086363**	**24230142**
北 京	8	92	102	14200	15193	2196157	2301058
天 津							
河 北	2	47	45	10402	8068	773375	760975
山 西	3	16	17	2190	2407	373323	373323
内 蒙 古	1	6	7	976	942	30313	30313
辽 宁	1	985	1018	5350	5597	134916	141846
吉 林							
黑 龙 江							
上 海	2	178	166	2411	2465	749060	746657
江 苏	4	1050	950	22884	21281	1440092	1294200
浙 江	7	292	297	3815	18022	702417	703300
安 徽	4	292	275	28054	33675	1555089	1473704
福 建	7	86	85	3493	3557	427691	335235
江 西	5	59	53	9316	10060	850961	703413
山 东	11	900	913	57385	57898	5942055	5635052
河 南	3	46	49	3204	6783	244380	388129
湖 北	4	324	315	19306	18988	2392409	2397807
湖 南	4	40	35	6217	5915	940784	875523
广 东	14	836	879	22323	22618	2565117	2524221
广 西							
海 南							
重 庆	4	344	350	21915	22158	2114380	2091941
四 川	5	180	167	8392	8064	444346	431934
贵 州	1	5	5	180	180	1862	1862
云 南	2	5	5	402	428	51686	51686
西 藏							
陕 西	2	13	13	2034	2303	209514	250880
甘 肃							
青 海	1	3	3	1932	1839	51318	51271
宁 夏	3	29	29	1155	1074	119907	119907
新 疆	2	114	116	3685	3990	775211	545905

2-19 续表 4

专业店(含加油站)

地 区	连锁总店数(个)	门店数(个)		年末从业人员(人)		年末零售营业面积(平方米)	
	2018年	2018年	2017年	2018年	2017年	2018年	2017年
全 国	**1689**	**137136**	**124630**	**886805**	**842106**	**84391391**	**76614934**
北 京	69	3022	3024	28898	29410	1425778	1358351
天 津	15	1327	1218	11504	12466	1436855	1308821
河 北	86	5643	5083	33127	31284	4777673	4715635
山 西	41	2568	2266	16452	15596	2089068	1849110
内蒙古	11	525	404	2660	2037	93333	78415
辽 宁	65	5621	4464	34083	29364	2521077	3501862
吉 林	18	1905	1717	10901	9646	644100	533594
黑龙江	28	1437	1434	10015	10491	316898	315285
上 海	44	5864	5811	34460	34638	1627088	1852272
江 苏	120	14574	12578	151105	138562	13223822	11810997
浙 江	135	11228	10817	54188	54805	7077661	7042709
安 徽	38	7277	6526	32380	31179	3462752	2681366
福 建	96	4553	4309	24150	24880	2353768	2400255
江 西	51	3888	3301	28107	28094	2205463	2078326
山 东	109	10315	9104	46185	38402	11077478	6129440
河 南	67	4635	4024	25498	24136	3270805	3015257
湖 北	68	5011	4574	33732	32686	1635159	1458092
湖 南	63	7633	7061	48163	44960	3949933	3997983
广 东	160	8830	8660	72503	73335	5549364	5799252
广 西	73	5331	4822	27830	26989	4534729	3942850
海 南	3	542	524	3370	3536	376796	314010
重 庆	39	4524	4433	24730	24405	1033582	1019491
四 川	83	6430	5715	34116	33076	1445725	1294756
贵 州	17	1243	906	6762	5702	227512	179163
云 南	20	5415	4898	29580	25303	1087658	1682957
西 藏							
陕 西	46	3123	2424	28211	25322	1997190	1927958
甘 肃	10	495	432	3486	3320	623870	611723
青 海	5	46	66	1239	1180	48720	34612
宁 夏	33	1031	956	7031	6912	1682283	1708108
新 疆	76	3100	3079	22339	20390	2595251	1972284

2-19 续表 5

加油站

地　区	连锁总店数（个）	门店数（个）		年末从业人员（人）		年末零售营业面积（平方米）	
	2018年	2018年	2017年	2018年	2017年	2018年	2017年
全　国	**322**	**35551**	**34691**	**238066**	**249155**	**54530397**	**48192917**
北　京	2	670	676	5995	6368	317062	320025
天　津	3	915	816	7064	8149	1092565	982065
河　北	27	2547	2558	16693	16727	4324003	4316280
山　西	8	769	781	3970	4587	1044093	943551
内蒙古							
辽　宁	13	1092	1045	9161	9821	1588477	1565409
吉　林	1	211	215	1616	1665	17000	17000
黑龙江	2	213	190	2842	2586	15782	15782
上　海	3	806	829	7438	7795	313157	296063
江　苏	3	3231	3068	27481	27898	5040620	4784232
浙　江	5	2565	2669	13149	14994	5817417	5819917
安　徽	4	2322	2219	11472	12099	2713263	2022103
福　建	28	2182	2183	11270	12896	1844163	1918520
江　西	24	1515	1472	10546	10834	1740293	1699377
山　东	20	3941	3682	12003	11359	10180236	5291658
河　南	19	1535	1533	7643	8338	2476615	2325897
湖　北	14	979	986	7119	8384	524816	524485
湖　南	26	1755	1715	11323	11528	2417483	2582189
广　东	27	1845	1803	15978	16255	2180734	2451200
广　西	29	1677	1650	10680	11322	4020885	3496660
海　南	2	402	404	3090	3287	365596	304410
重　庆	4	819	799	7145	7418	351150	348555
四　川	2	300	299	3096	3236	151620	150970
贵　州							
云　南	2	297	294	2885	3427	261200	880833
西　藏							
陕　西	19	1248	1193	11696	12524	1518833	1502494
甘　肃	6	309	309	2581	2616	603450	597843
青　海							
宁　夏	8	391	376	3526	3522	1527929	1559089
新　疆	21	1015	927	10604	9520	2081955	1476310

2-19 续表 6

专卖店

地区	连锁总店数（个）	门店数（个）		年末从业人员（人）		年末零售营业面积（平方米）	
	2018年	2018年	2017年	2018年	2017年	2018年	2017年
全国	**384**	**34054**	**31186**	**233913**	**213032**	**6298932**	**5930240**
北京	38	2328	2317	27248	28413	520600	591618
天津	8	175	169	2137	2100	39266	36239
河北	5	189	160	1182	886	31671	26932
山西	3	26	37	357	415	11880	12660
内蒙古	1	6	5	137	152	35505	26132
辽宁	8	307	145	2522	1522	61254	228751
吉林	6	125	116	978	856	12847	11761
黑龙江							
上海	46	7085	6569	81397	73583	2288080	2108843
江苏	14	2639	2279	9683	5828	209926	172080
浙江	18	1181	1196	7160	6462	220325	194878
安徽	3	239	255	762	942	12516	28125
福建	36	3536	3476	19305	18772	750026	662519
江西	7	1657	1309	2412	2198	44614	36043
山东	5	271	277	416	402	13872	13650
河南	9	263	261	1900	2213	49804	35725
湖北	46	1916	1774	13929	14135	294552	275436
湖南	27	1458	1569	4654	5336	123299	176674
广东	50	6145	5024	24706	19879	488752	423678
广西	3	627	434	2756	2012	54820	69329
海南							
重庆	9	719	1164	4491	5809	283838	229265
四川	11	1734	1381	8661	6647	219306	133108
贵州	2	53	47	210	184	4673	3521
云南	5	165	186	1440	1480	56476	58662
西藏	1	7		38		1400	
陕西	6	75	53	5259	2125	34750	32850
甘肃	5	755	681	4679	4986	136369	94116
青海							
宁夏	5	34	40	571	700	10326	5600
新疆	7	339	262	4923	4995	288185	242045

2-19 续表 7

其他

地　区	连锁总店数（个）	门店数（个）		年末从业人员（人）		年末零售营业面积（平方米）	
	2018年	2018年	2017年	2018年	2017年	2018年	2017年
全　国	**73**	**9824**	**9789**	**42063**	**35497**	**3341367**	**2387778**
北　京							
天　津							
河　北							
山　西	3	123	103	571	373	8940	7928
内蒙古	1	80	79	117	99	3062	2962
辽　宁	2	29	26	253	210	2986	2464
吉　林	1	31	21	93	80	3038	2200
黑龙江							
上　海	3	399	364	1323	1177	57602	37687
江　苏	3	88	105	247	283	7469	8927
浙　江							
安　徽	2	2294	2067	1311	398	88020	81810
福　建	4	46	43	1811	1830	91578	91578
江　西	2	15	3	531	49	22140	450
山　东	6	752	786	17117	12928	2529298	1645075
河　南	4	108	96	792	737	67360	48260
湖　北	1	18	17	111	82	1298	1190
湖　南	1	25	25	70	70	4000	4000
广　东	19	4714	4926	12195	12189	226050	222749
广　西							
海　南							
重　庆	5	691	697	1807	1796	74675	73640
四　川	4	225	145	1384	1036	8123	7786
贵　州							
云　南							
西　藏	1	23	23	45	45	1150	1150
陕　西	2	21	14	915	755	47182	46662
甘　肃							
青　海	2	82	216	230	326	11550	16940
宁　夏	5	24	24	888	869	65420	65420
新　疆	2	36	9	252	165	20426	18900

2-20 按部分业态分各地区连锁零售企业直营门店基本情况

便利店

地 区	门店数（个）		年末从业人员（人）		年末零售营业面积（平方米）	
	2018年	2017年	2018年	2017年	2018年	2017年
全 国	**13038**	**11183**	**61648**	**55608**	**1742128**	**1118740**
北 京	2198	1164	10168	6962	306725	156900
天 津	2	2	21	22	350	350
河 北	119	118	738	718	7875	7522
山 西	167	44	1313	580	18248	3282
内蒙古	154	127	479	464	14543	12140
辽 宁	194	206	1114	1188	17854	18600
吉 林						
黑龙江						
上 海	3450	3598	14361	16090	577624	260172
江 苏	347	315	800	1050	57946	58031
浙 江	905	538	2975	3485	75118	43017
安 徽	212		4881		69310	
福 建	168	157	474	369	11713	11409
江 西						
山 东	252	230	821	854	25598	17830
河 南	133	124	885	841	36043	34300
湖 北	113	18	208	82	5189	815
湖 南	159	135	834	587	16831	10704
广 东	1408	1371	7217	6971	145131	119358
广 西	127	125	671	733	11091	10435
海 南						
重 庆	14	13	58	87	2641	5344
四 川	2002	2157	10268	11151	254260	266537
贵 州	150	164	799	999	19460	21810
云 南	198	201	666	715	17366	17917
西 藏						
陕 西	480	292	1195	944	29646	22904
甘 肃	43	42	405	309	2200	2000
青 海						
宁 夏	26	24	254	270	12314	10200
新 疆	17	18	43	137	7052	7163

2-20 续表 1

超市

地　区	门店数（个）		年末从业人员（人）		年末零售营业面积（平方米）	
	2018年	2017年	2018年	2017年	2018年	2017年
全　国	**16646**	**16404**	**357673**	**362721**	**18810888**	**19537931**
北　京	1347	1136	47295	48314	2376746	2459828
天　津	53	124	1226	1156	102411	110145
河　北	196	191	7320	7951	421154	424082
山　西	91	101	2750	3111	185002	194144
内蒙古	43	43	1332	1231	156820	153469
辽　宁	240	265	2320	2663	121801	127005
吉　林	104	110	1636	2197	65200	51600
黑龙江	21	26	1144	1353	35583	45639
上　海	1434	1500	42396	47232	1823009	1976233
江　苏	2083	2161	48424	51309	2778861	3048502
浙　江	1204	1165	18504	18603	1299660	1434238
安　徽	678	653	10777	11032	596914	595317
福　建	342	295	9091	6918	337166	264467
江　西	102	92	5489	4769	391568	320393
山　东	2063	2004	43933	42578	2714852	2913074
河　南	439	455	8410	7717	496770	467199
湖　北	1987	1957	47428	46163	1861184	1842579
湖　南	368	339	2895	2963	141659	121542
广　东	685	652	18983	16947	1348549	1462431
广　西	223	206	4060	4282	125521	142084
海　南	240	214	1665	1557	63057	54623
重　庆	310	344	7685	8506	300180	331741
四　川	1828	1788	11874	12829	556020	541170
贵　州	71	80	680	812	21348	19830
云　南	36	39	1593	1676	67663	69311
西　藏	80	74	800	795	30525	30157
陕　西	163	157	3065	3203	169980	170053
甘　肃	69	69	1331	1180	64083	59265
青　海	50	50	740	752	21906	21906
宁　夏	74	99	1022	1269	38528	13367
新　疆	22	15	1805	1653	97168	72537

2-20 续表 2

大型超市

地区	门店数（个）		年末从业人员（人）		年末零售营业面积（平方米）	
	2018年	2017年	2018年	2017年	2018年	2017年
全国	**4339**	**3872**	**388427**	**389228**	**31622734**	**29929092**
北京	326	317	34050	33543	2076364	1833984
天津	184	40	9216	6991	410135	373658
河北	52	55	4636	5760	517442	528453
山西	122	93	6771	6858	536596	565520
内蒙古						
辽宁	50	49	8112	9106	464018	451145
吉林						
黑龙江	22	23	3011	3216	132213	133123
上海	124	124	21713	23085	1242544	1292317
江苏	125	152	27477	26204	928285	1205815
浙江	396	420	18777	18801	1216600	1227659
安徽	88	89	8885	10257	821327	764586
福建	773	605	56860	52708	7583116	7212564
江西	15	15	3134	2746	183450	183450
山东	295	239	20285	23265	2723837	2686325
河南	378	351	19208	20929	1631255	1516706
湖北	96	79	11106	11903	961149	965915
湖南	301	270	29037	26831	3826117	3389975
广东	400	400	46692	48549	2417277	2510244
广西	83	82	7351	7223	386959	380632
海南						
重庆	136	130	18414	17454	722121	675850
四川	149	124	19783	19431	1821222	1185434
贵州	36	26	2980	2400	368150	216445
云南	18	18	3502	4250	152489	152489
西藏						
陕西	4	3	532	672	95679	95679
甘肃						
青海	6	6	700	661	36000	36000
宁夏	150	152	4702	4765	272536	249271
新疆	10	10	1493	1620	95853	95853

2-20 续表 3

百货店

地区	门店数（个）		年末从业人员（人）		年末零售营业面积（平方米）	
	2018年	2017年	2018年	2017年	2018年	2017年
全　国	**3342**	**3269**	**238255**	**259903**	**24591129**	**23743510**
北　京	92	102	14200	15193	2196157	2301058
天　津						
河　北	47	45	10402	8068	773375	760975
山　西	16	17	2190	2407	373323	373323
内蒙古	6	7	976	942	30313	30313
辽　宁	3	5	173	234	14343	18793
吉　林						
黑龙江						
上　海	178	166	2411	2465	749060	746657
江　苏	368	268	20244	18741	1360892	1215000
浙　江	121	126	3222	17402	680862	681678
安　徽	292	275	28054	33675	1555089	1473704
福　建	86	85	3493	3557	427691	335235
江　西	41	39	6670	6901	651058	503309
山　东	384	384	55859	56269	5893220	5586587
河　南	46	49	3204	6783	244380	388129
湖　北	324	315	19306	18988	2392409	2397807
湖　南	40	35	6217	5915	940784	875523
广　东	831	876	22178	22476	2550117	2512221
广　西						
海　南						
重　庆	344	350	21915	22158	2114380	2091941
四　川	20	20	8232	7994	436346	431914
贵　州	5	5	180	180	1862	1862
云　南	5	5	402	428	51686	51686
西　藏						
陕　西	13	13	2034	2303	209514	250880
甘　肃						
青　海	3	3	1932	1839	51318	51271
宁　夏	29	29	1155	1074	119907	119907
新　疆	48	50	3606	3911	773043	543737

2-20 续表 4

专业店(含加油站)

地区	门店数(个)		年末从业人员(人)		年末零售营业面积(平方米)	
	2018年	2017年	2018年	2017年	2018年	2017年
全国	**113370**	**101610**	**829613**	**787627**	**78551671**	**75079139**
北京	2534	2571	26224	27386	1367051	1296684
天津	1320	1204	11494	12449	1435580	1307546
河北	5519	4927	32818	30876	4772053	4709199
山西	2531	2234	16365	15522	2087743	1848315
内蒙古	371	251	2424	1811	85483	70815
辽宁	5435	4277	33647	28862	2508437	3477818
吉林	1901	1713	10893	9638	643700	533194
黑龙江	1320	1319	9742	10206	313928	312575
上海	3984	3950	28202	28513	1464650	1698350
江苏	11902	9832	146389	133404	13168867	11757875
浙江	7897	7578	46880	47652	6813765	6789846
安徽	4151	3439	24289	23020	3262971	2502637
福建	3526	3304	22292	22901	2250758	2311692
江西	3585	3112	27519	27711	2177073	2069391
山东	9961	8931	45084	37983	6875223	6116733
河南	4172	3581	24096	22703	3180487	2932382
湖北	3754	3759	30027	30934	1562682	1410036
湖南	5684	5020	42659	39684	3795856	3856340
广东	8029	7761	70789	71403	5489214	5730008
广西	3920	3544	23504	22866	4443561	3862529
海南	542	524	3370	3536	376796	314010
重庆	3354	3161	22794	22280	961468	942391
四川	4057	3703	31109	30322	1291869	1177987
贵州	1205	840	6724	5523	225984	177575
云南	5415	4896	29580	25301	1087658	1682957
西藏						
陕西	2905	2148	27339	24339	1980870	1903648
甘肃	493	432	3484	3320	623710	611723
青海	46	33	1239	1121	48720	34612
宁夏	973	887	6824	6686	1674914	1699419
新疆	2884	2679	21813	19675	2580600	1940852

2-20 续表 5

加油站

地 区	门店数（个）		年末从业人员（人）		年末零售营业面积（平方米）	
	2018年	2017年	2018年	2017年	2018年	2017年
全 国	**34444**	**33766**	**234868**	**246651**	**50172269**	**48052645**
北 京	670	676	5995	6368	317062	320025
天 津	915	816	7064	8149	1092565	982065
河 北	2547	2558	16693	16727	4324003	4316280
山 西	769	781	3970	4587	1044093	943551
内蒙古						
辽 宁	1092	1045	9161	9821	1588477	1565409
吉 林	211	215	1616	1665	17000	17000
黑龙江	213	190	2842	2586	15782	15782
上 海	711	744	6678	7115	279907	269288
江 苏	3231	3068	27481	27898	5040620	4784232
浙 江	2555	2649	13119	14960	5816417	5818717
安 徽	2309	2219	11440	12099	2694713	2022103
福 建	1488	1474	10227	11832	1795583	1868890
江 西	1515	1472	10546	10834	1740293	1699377
山 东	3769	3682	11315	11359	5993068	5291658
河 南	1415	1425	7034	7678	2407187	2263412
湖 北	979	986	7119	8384	524816	524485
湖 南	1755	1715	11323	11528	2417483	2582189
广 东	1842	1801	15942	16199	2180582	2451098
广 西	1677	1649	10680	11312	4020885	3496580
海 南	402	404	3090	3287	365596	304410
重 庆	819	799	7145	7418	351150	348555
四 川	300	299	3096	3236	151620	150970
贵 州						
云 南	297	294	2885	3427	261200	880833
西 藏						
陕 西	1248	1193	11696	12524	1518833	1502494
甘 肃	309	309	2581	2616	603450	597843
青 海						
宁 夏	391	376	3526	3522	1527929	1559089
新 疆	1015	927	10604	9520	2081955	1476310

2-20 续表 6

专卖店

地 区	门店数（个）		年末从业人员（人）		年末零售营业面积（平方米）	
	2018年	2017年	2018年	2017年	2018年	2017年
全 国	**21097**	**19097**	**198217**	**181724**	**5220011**	**4890046**
北 京	1226	1216	20290	20861	332001	378539
天 津	175	169	2137	2100	39266	36239
河 北	150	121	1032	734	23877	19142
山 西	26	37	357	415	11880	12660
内蒙古	6	5	137	152	35505	26132
辽 宁	307	145	2522	1522	61254	228751
吉 林	125	116	978	856	12847	11761
黑龙江						
上 海	5550	5003	78761	70783	2143827	1961617
江 苏	844	745	3466	3613	42768	38656
浙 江	1001	1007	6871	6198	201941	174467
安 徽	239	255	762	942	12516	28125
福 建	2149	2182	14322	13837	543302	466825
江 西	202	173	1083	1083	17278	14931
山 东	94	82	313	295	8442	7630
河 南	173	172	1224	1476	41922	27303
湖 北	1623	1453	12879	12681	256131	219218
湖 南	846	934	4046	4610	90921	132480
广 东	3263	2643	19230	16305	427029	372815
广 西	591	397	2678	1945	51930	66369
海 南						
重 庆	556	547	4469	4519	280398	219817
四 川	722	551	4113	2915	113387	75242
贵 州	53	47	210	184	4673	3521
云 南	165	186	1440	1480	56476	58662
西 藏						
陕 西	75	53	5259	2125	34750	32850
甘 肃	754	680	4674	4981	136269	94016
青 海						
宁 夏	34	33	571	577	10326	4600
新 疆	148	145	4393	4535	229095	177678

2-20 续表 7

其他

地区	门店数（个）		年末从业人员（人）		年末零售营业面积（平方米）	
	2018年	2017年	2018年	2017年	2018年	2017年
全国	**2931**	**2575**	**33146**	**26374**	**3031227**	**2065882**
北京						
天津						
河北						
山西	123	103	571	373	8940	7928
内蒙古	16	16	50	36	1121	1121
辽宁	29	26	253	210	2986	2464
吉林	31	21	93	80	3038	2200
黑龙江						
上海	257	234	643	565	30802	21487
江苏	22	34	115	141	3509	4667
浙江						
安徽	244	60	901	120	6960	1800
福建	46	43	1811	1830	91578	91578
江西	12	3	501	49	19340	450
山东	248	193	14942	10324	2446661	1547130
河南	108	96	792	737	67360	48260
湖北	18	17	111	82	1298	1190
湖南	25	25	70	70	4000	4000
广东	1364	1421	8471	8570	172541	168019
广西						
海南						
重庆	109	107	475	463	22371	22092
四川	165	84	1135	785	6164	5814
贵州						
云南						
西藏						
陕西	21	14	915	755	47182	46662
甘肃						
青海	33	45	157	150	9530	4700
宁夏	24	24	888	869	65420	65420
新疆	36	9	252	165	20426	18900

2-21 按部分业态分各地区连锁零售企业加盟门店基本情况

便利店

地　区	门店数（个）		年末从业人员（人）		年末零售营业面积（平方米）	
	2018年	2017年	2018年	2017年	2018年	2017年
全　国	**15857**	**14094**	**38813**	**34533**	**996197**	**874465**
北　京	415	325	1033	998	27931	21196
天　津						
河　北	272	262	385	382	18000	17095
山　西	2019	1728	10061	8688	125474	111492
内蒙古	223	167	669	465	13597	10183
辽　宁						
吉　林						
黑龙江						
上　海	2974	2587	4333	3769	250310	219856
江　苏						
浙　江	5880	5911	12589	12609	335868	311626
安　徽						
福　建	2215	1798	4471	3806	114057	101619
江　西						
山　东	66	45	357	294	5360	3600
河　南						
湖　北	272	69	262	170	7213	4640
湖　南	263	197	470	331	20669	13780
广　东	887	739	2890	2232	41222	30894
广　西						
海　南						
重　庆						
四　川	76	40	343	15	5629	957
贵　州						
云　南						
西　藏						
陕　西	79	65	320	325	5020	3900
甘　肃						
青　海						
宁　夏						
新　疆	216	161	630	449	25847	23627

2-21 续表 1

超市

地区	门店数（个）		年末从业人员（人）		年末零售营业面积（平方米）	
	2018年	2017年	2018年	2017年	2018年	2017年
全国	**11518**	**13183**	**45811**	**50867**	**1800611**	**1966762**
北京	114	131	1670	3842	37312	67633
天津	514	514	1360	1360	53595	53595
河北		71		224		7794
山西						
内蒙古	4	4	29	30	550	550
辽宁						
吉林						
黑龙江						
上海	1295	1266	8284	8720	402326	450461
江苏	1444	1443	14995	14377	645297	649400
浙江	2136	3279	3016	4566	100220	143259
安徽	523	523	4765	4770	157010	157010
福建		9		9		1000
江西	8	8	282	300	10000	10000
山东	448	450	1758	1816	53714	54383
河南	125	428	125	126	8620	14968
湖北	515	426	550	542	15844	13194
湖南	519	517	856	860	3762	3755
广东						
广西	100	102	711	816	41048	42444
海南						
重庆	2473	2587	3856	4462	145451	157939
四川	955	1057	2094	2344	47823	52671
贵州						
云南	299	326	536	574	13494	16638
西藏						
陕西						
甘肃						
青海						
宁夏	26	20	78	81	2360	2700
新疆	20	22	846	1048	62185	67368

2-21 续表 2

大型超市

地 区	门店数（个）		年末从业人员（人）		年末零售营业面积（平方米）	
	2018年	2017年	2018年	2017年	2018年	2017年
全 国	**421**	**1733**	**63012**	**70363**	**4001039**	**3759130**
北 京						
天 津						
河 北						
山 西	4	3	40	30	1500	1000
内蒙古						
辽 宁						
吉 林						
黑龙江						
上 海	174	170	56680	61135	3410991	3042191
江 苏						
浙 江	217	1533	835	3804	29861	157052
安 徽						
福 建						
江 西						
山 东						
河 南						
湖 北						
湖 南						
广 东	26	27	5457	5394	558687	558887
广 西						
海 南						
重 庆						
四 川						
贵 州						
云 南						
西 藏						
陕 西						
甘 肃						
青 海						
宁 夏						
新 疆						

2-21 续表 3

百货店

地区	门店数（个）		年末从业人员（人）		年末零售营业面积（平方米）	
	2018年	2017年	2018年	2017年	2018年	2017年
全　国	**2600**	**2625**	**12966**	**13602**	**495234**	**486632**
北　京						
天　津						
河　北						
山　西						
内蒙古						
辽　宁	982	1013	5177	5363	120573	123053
吉　林						
黑龙江						
上　海						
江　苏	682	682	2640	2540	79200	79200
浙　江	171	171	593	620	21555	21622
安　徽						
福　建						
江　西	18	14	2646	3159	199903	200104
山　东	516	529	1526	1629	48835	48465
河　南						
湖　北						
湖　南						
广　东	5	3	145	142	15000	12000
广　西						
海　南						
重　庆						
四　川	160	147	160	70	8000	20
贵　州						
云　南						
西　藏						
陕　西						
甘　肃						
青　海						
宁　夏						
新　疆	66	66	79	79	2168	2168

2-21 续表 4

专业店(含加油站)

地区	门店数(个)		年末从业人员(人)		年末零售营业面积(平方米)	
	2018年	2017年	2018年	2017年	2018年	2017年
全国	**23766**	**23020**	**57192**	**54479**	**5839720**	**1535795**
北京	488	453	2674	2024	58727	61667
天津	7	14	10	17	1275	1275
河北	124	156	309	408	5620	6436
山西	37	32	87	74	1325	795
内蒙古	154	153	236	226	7850	7600
辽宁	186	187	436	502	12640	24044
吉林	4	4	8	8	400	400
黑龙江	117	115	273	285	2970	2710
上海	1880	1861	6258	6125	162438	153922
江苏	2672	2746	4716	5158	54955	53122
浙江	3331	3239	7308	7153	263896	252863
安徽	3126	3087	8091	8159	199781	178729
福建	1027	1005	1858	1979	103010	88563
江西	303	189	588	383	28390	8935
山东	354	173	1101	419	4202255	12707
河南	463	443	1402	1433	90318	82875
湖北	1257	815	3705	1752	72477	48056
湖南	1949	2041	5504	5276	154077	141643
广东	801	899	1714	1932	60150	69244
广西	1411	1278	4326	4123	91168	80321
海南						
重庆	1170	1272	1936	2125	72114	77100
四川	2373	2012	3007	2754	153856	116769
贵州	38	66	38	179	1528	1588
云南		2		2		
西藏						
陕西	218	276	872	983	16320	24310
甘肃	2		2		160	
青海		33		59		
宁夏	58	69	207	226	7369	8689
新疆	216	400	526	715	14651	31432

2-21 续表 5

加油站

地区	门店数（个）		年末从业人员（人）		年末零售营业面积（平方米）	
	2018年	2017年	2018年	2017年	2018年	2017年
全国	**1107**	**925**	**3198**	**2504**	**4358128**	**140272**
北京						
天津						
河北						
山西						
内蒙古						
辽宁						
吉林						
黑龙江						
上海	95	85	760	680	33250	26775
江苏						
浙江	10	20	30	34	1000	1200
安徽	13		32		18550	
福建	694	709	1043	1064	48580	49630
江西						
山东	172		688		4187168	
河南	120	108	609	660	69428	62485
湖北						
湖南						
广东	3	2	36	56	152	102
广西		1		10		80
海南						
重庆						
四川						
贵州						
云南						
西藏						
陕西						
甘肃						
青海						
宁夏						
新疆						

2-21 续表 6

专卖店

地区	门店数（个）		年末从业人员（人）		年末零售营业面积（平方米）	
	2018年	2017年	2018年	2017年	2018年	2017年
全国	**12957**	**12089**	**35696**	**31308**	**1078921**	**1040194**
北京	1102	1101	6958	7552	188599	213079
天津						
河北	39	39	150	152	7794	7790
山西						
内蒙古						
辽宁						
吉林						
黑龙江						
上海	1535	1566	2636	2800	144253	147226
江苏	1795	1534	6217	2215	167158	133424
浙江	180	189	289	264	18384	20411
安徽						
福建	1387	1294	4983	4935	206724	195694
江西	1455	1136	1329	1115	27336	21112
山东	177	195	103	107	5430	6020
河南	90	89	676	737	7882	8422
湖北	293	321	1050	1454	38421	56218
湖南	612	635	608	726	32378	44194
广东	2882	2381	5476	3574	61723	50863
广西	36	37	78	67	2890	2960
海南						
重庆	163	617	22	1290	3440	9448
四川	1012	830	4548	3732	105919	57866
贵州						
云南						
西藏	7		38		1400	
陕西						
甘肃	1	1	5	5	100	100
青海						
宁夏		7		123		1000
新疆	191	117	530	460	59090	64367

2-21 续表 7

其他

地区	门店数（个）		年末从业人员（人）		年末零售营业面积（平方米）	
	2018年	2017年	2018年	2017年	2018年	2017年
全国	**6893**	**7214**	**8917**	**9123**	**310140**	**321896**
北京						
天津						
河北						
山西						
内蒙古	64	63	67	63	1941	1841
辽宁						
吉林						
黑龙江						
上海	142	130	680	612	26800	16200
江苏	66	71	132	142	3960	4260
浙江						
安徽	2050	2007	410	278	81060	80010
福建						
江西	3		30		2800	
山东	504	593	2175	2604	82637	97945
河南						
湖北						
湖南						
广东	3350	3505	3724	3619	53509	54730
广西						
海南						
重庆	582	590	1332	1333	52304	51548
四川	60	61	249	251	1959	1972
贵州						
云南						
西藏	23	23	45	45	1150	1150
陕西						
甘肃						
青海	49	171	73	176	2020	12240
宁夏						
新疆						

2-22 按部分业态分各地区

便利店

地区	商品购进总额		统一配送商品购进额		自有配送中心配送商品购进额	
	2018年	2017年	2018年	2017年	2018年	2017年
全国	**4457435**	**3759229**	**3517812**	**3053104**	**1620374**	**1398286**
北京	602626	427304	587567	418391	170379	99508
天津	1548	1698				
河北	101803	89932	99006	89011	87567	83075
山西	275818	243445	171680	166305	169979	165351
内蒙古	37834	28190	37834	28190	2703	1740
辽宁	22455	25525	22455	25525		
吉林						
黑龙江						
上海	1314572	1256322	746587	681852	358458	201904
江苏	106651	106751	106651	106751	27447	38987
浙江	407169	391981	407169	391981	240321	207418
安徽	171553		171553			
福建	188943	150148	186611	149279	76721	62683
江西						
山东	58005	44357	54979	41491	31769	19949
河南	43459	34353	43459	34353	14127	14127
湖北	38477	5201	17012	4790	14415	3005
湖南	48482	33977	46204	32100	32457	18762
广东	428359	365426	233346	352091	199382	319129
广西	36662	37363	36662	37363	36662	37363
海南						
重庆	9497	8688				
四川	416366	383544	411870	378088	130064	100669
贵州	26660	25456	26660	25456		
云南	26354	9315	26354	9315		
西藏						
陕西	64366	57624	54374	48143	17290	16714
甘肃	5408	539	5408	539		
青海						
宁夏	9611	9475	9611	9475		
新疆	14759	22617	14759	22617	10635	7901

连锁零售企业经营情况

单位：万元

非自有配送中心配送商品购进额		商品销售总额		零售额	
2018年	2017年	2018年	2017年	2018年	2017年
839743	**932066**	**5420155**	**4782193**	**4912451**	**4370442**
215179	152955	722265	559717	696903	547359
		1342	1496	1342	1496
		103849	91221	92478	81646
		288413	245550	288413	245550
		44526	35283	44526	35283
		26645	29217	26645	29217
137591	237623	1837042	1750776	1581307	1566324
2982	62906	146258	168716	115726	112716
138353	140696	425184	413077	326485	314234
1609		114142		114142	
74290	54379	282515	198544	282252	198453
		66621	48881	65606	47892
		39456	37972	39456	37972
		28330	5619	15230	3046
		46991	33284	46648	18543
7753	10524	522072	497696	452856	467686
		35743	37697	35743	37697
		10632	10416	10632	10416
257767	248787	497175	450704	495106	448582
		25613	28383	25613	28383
	9315	32480	34063	32480	34063
95	165	75079	58464	75079	58464
		8048	7992	8048	7992
		17096	14612	17096	14612
4124	14716	22640	22813	22640	22813

2-22 续表 1

超市

地　区	商品购进总额		统一配送商品购进额		自有配送中心配送商品购进额	
	2018年	2017年	2018年	2017年	2018年	2017年
全　国	**31376134**	**29574758**	**24496610**	**24644437**	**17968591**	**16450736**
北　京	6327811	5408890	5270243	4493126	4076481	1611097
天　津	187448	159343	5015	5453		
河　北	447668	432928	326824	329544	188769	204347
山　西	165230	154520	129749	120229	84488	83144
内蒙古	117113	96828	3654	3434	2449	2335
辽　宁	140167	188075	128311	176557	64917	74434
吉　林	62056	167321	62056	167321		
黑龙江	46492	73050	46492	73050	45329	71201
上　海	4226077	3997194	3486197	3480061	2149469	1923394
江　苏	4930742	4828174	4597262	4515237	4164706	4078130
浙　江	1324581	1438387	1090931	1199543	938045	1047159
安　徽	1650632	1634940	969804	962258	486787	417481
福　建	406468	321155	284094	238583	87467	74793
江　西	327480	260249	278875	218195		
山　东	2929603	2797104	2626055	2518347	2417846	2302860
河　南	526394	456236	397035	320097	17793	24619
湖　北	4041844	3782983	1890953	3060402	1654569	2947537
湖　南	208220	207476	121344	117696	51672	46033
广　东	1235691	1149545	1063785	998145	681632	620774
广　西	125462	123644	52890	44409	27242	26126
海　南	58425	61642	24580	25031		
重　庆	427110	474267	404143	448145	321527	371103
四　川	667508	650195	563955	553738	284464	288829
贵　州	28474	38690	24421	33142	9746	13635
云　南	215153	128202	215153	128202	25821	28472
西　藏	24571	29544	24571	29544		
陕　西	201413	195684	142766	136327	50487	56441
甘　肃	69448	65492	26956	26848	15855	16606
青　海	13171	17649	13171	17649	13171	17649
宁　夏	33972	42174	15611	10949		
新　疆	209715	193177	209715	193177	107861	102537

单位：万元

非自有配送中心配送商品购进额		商品销售总额		零售额	
2018年	2017年	2018年	2017年	2018年	2017年
2838922	**2768117**	**34309539**	**33461008**	**29029668**	**28383252**
179235	169772	6848158	6190284	4463372	4065210
		212129	197193	211699	196389
101381	96682	460543	534495	429382	502736
		177167	188434	166799	177653
1206	1099	130505	106662	4255	3421
1841	3821	180734	222707	164431	201299
		84117	177517	84117	177517
		53024	66584	53024	66584
1187947	1155329	4937954	5350902	4614114	4779216
339819	349915	5273546	5215971	3963245	3954265
75766	76452	1547824	1663748	1340934	1447111
242962	243788	955306	911127	909111	887828
104231	71489	457333	363687	407017	360879
26	9	404009	339788	404009	339788
204745	211801	3389732	3195943	3120316	2937480
5238	4553	539086	501740	479745	448493
9853	8564	4503156	4378172	4262710	4171421
39084	40404	228554	234821	186220	187687
10558	10038	1361110	1228247	1346909	1216479
		216847	194875	203145	180091
		80011	69372	80011	69372
30422	32419	484355	524844	449917	504171
128489	128169	834604	782834	829851	760957
1083	1515	40335	41280	39943	40914
877	1097	221777	141726	168237	115329
		24889	27273	24889	27273
45594	49372	246705	228334	238620	215082
11102	10242	71811	70245	71811	70245
		49494	46973	47123	45032
15611	10949	51775	35889	21763	12436
101854	90640	242948	229345	242948	220895

2-22 续表 2

大型超市

地　区	商品购进总额		统一配送商品购进额		自有配送中心配送商品购进额	
	2018年	2017年	2018年	2017年	2018年	2017年
全　国	**41262353**	**39861261**	**28250626**	**28596727**	**13609974**	**14731630**
北　京	2667337	3402394	1984722	2631764	1148304	1980621
天　津	587112	575931	95841	88502		
河　北	284467	221668	83562	71769	61817	53072
山　西	259710	263810	58823	63263	58823	63263
内蒙古						
辽　宁	511508	593936	237069	246293		
吉　林						
黑龙江	191417	192681	171825	173182	37359	41838
上　海	5954916	6599062	5157347	5526514		
江　苏	3395625	3461259	3067999	3233259	2889971	2816011
浙　江	1758524	1874680	1701086	1834697	755407	980509
安　徽	698435	628664	662197	459639	26610	
福　建	8370934	6333198	5598831	4783172	1330334	1512709
江　西	233650	180374	44037	45680		
山　东	2208538	2108444	1834290	1748781	815141	741422
河　南	1633196	1422021	793711	640414	595216	464411
湖　北	895792	988139	77618	70501	35120	28110
湖　南	2134473	1886073	1958233	1760267	1591182	1471858
广　东	5452272	5612718	1956659	3830085	1870887	3744543
广　西	44764	44441	44764	44441		
海　南						
重　庆	1434691	1207615	1303244	89742	1303244	89742
四　川	1462419	1227184	996384	867686	731069	581973
贵　州	160129	118239	160129	118239	160129	118239
云　南	355137	368373	161973	167668	161973	7589
西　藏						
陕　西	58596	52020				
甘　肃						
青　海	26983	29024	26983	29024		
宁　夏	394651	387103	40919	39936	7262	6050
新　疆	87079	82212	32380	32211	30128	29672

单位：万元

非自有配送中心配送商品购进额		商品销售总额		零售额	
2018年	2017年	2018年	2017年	2018年	2017年
6833191	**5617570**	**46654251**	**43313138**	**40690527**	**38597886**
200497	40681	3135810	2841384	3071030	2792664
		635900	635225	529328	463945
21745	18698	278254	274133	278254	274133
		864103	829073	864103	829073
42530	21622	533745	596449	428704	481031
23175	11925	163138	170441	158980	161963
337528	316841	7187373	6926829	6406520	6339679
26754	71148	3697962	3901477	1913360	2118967
813176	720368	2079718	2063548	1789173	1809006
136226	114389	740652	674439	740652	674439
3999405	3015822	7402465	5789928	6430084	5699136
		248962	182677	248962	182677
742672	708938	2727679	2641069	2282728	2241401
130211	114548	2346671	2153552	2337938	2142297
42498	42391	1916834	1858153	1876670	1813635
228750	172039	2393785	2188542	2393785	2188542
85773	85542	5841818	5690290	4584127	4556575
		110809	109736	110809	109736
		1551367	1460904	1477640	1393695
		1609793	1188700	1609793	1188700
		177098	118239	177098	118239
	160079	416142	420532	416142	420532
		50326	67959	50326	67959
		44641	40825	44641	40825
		392284	379830	362757	379830
2252	2539	106924	109205	106924	109205

2-22 续表 3

百货店

地区	商品购进总额		统一配送商品购进额		自有配送中心配送商品购进额	
	2018年	2017年	2018年	2017年	2018年	2017年
全国	**31866561**	**30888358**	**14154101**	**14003595**	**9936774**	**9951987**
北京	3200239	2062697	8402	8130	8402	8130
天津						
河北	1453532	1483097	58884	60782	58884	60782
山西	201633	235706	17618	20788		
内蒙古	57310	63485	57310	63485		
辽宁	67882	73496	56528	58153	4434	5315
吉林						
黑龙江						
上海	172750	160587	161492	150583		
江苏	2583941	2404006	2583941	2404006	2545127	2388867
浙江	454275	440674	423302	408418	244407	268919
安徽	4616252	4239526	1000293	961740	873429	805126
福建	220520	194133	141471	118765	78797	72988
江西	564560	787813	403443	626547	328528	523135
山东	4751143	4744974	1944976	1754373	738076	745424
河南	192032	262963	19781	20865	17578	17076
湖北	5444706	5575952	2540698	2519007	2523887	2505337
湖南	957993	927943	75971	114837	2931	2931
广东	3553322	3841010	2331808	2477283	1645435	1670813
广西						
海南						
重庆	1265534	1279846	1255490	1269092	857339	867976
四川	1133814	1008484	626013	508459		
贵州	9102	6031	9102	6031		
云南	113430	109397	41158	22626		
西藏						
陕西	211102	287769				
甘肃						
青海	19442	46024				
宁夏	227184	225585	1559	2465		
新疆	394864	427161	394864	427161	9521	9168

单位：万元

非自有配送中心配送商品购进额		商品销售总额		零售额	
2018年	2017年	2018年	2017年	2018年	2017年
1698342	**1682823**	**37814131**	**37435382**	**31962091**	**32046812**
		3923852	4129365	3920925	4126928
		1600435	1561652	1600435	1561652
		262018	302894	262018	302894
		57016	63615	57016	63615
52094	52838	111244	121369	111244	121369
161492	150583	213620	219225	213620	219225
18000	15139	2769079	2564127	2235976	2029331
		829011	815135	656367	688077
		5397253	4954340	1791653	1927740
4316		311576	301245	298367	301062
36075	50248	702164	899653	658510	832856
10746		5056327	5187795	4246693	4282919
		213919	268655	213919	268655
10093	12056	5531294	5238886	5220798	5012389
2776	2776	1021989	998952	1012853	976181
632249	598933	4116993	4173627	3962295	3881111
367431	371990	3215478	3172876	3023243	2993183
17538	10099	1147295	1034928	1147295	1034925
		7802	6059	5654	4420
		144574	140323	144574	140323
		251393	288758	251393	288758
		60705	75653	60705	75653
190	168	227014	226363	224458	223661
385343	417993	642079	689886	642079	689886

2-22 续表 4

专业店(含加油站)

地区	商品购进总额		统一配送商品购进额		自有配送中心配送商品购进额	
	2018年	2017年	2018年	2017年	2018年	2017年
全国	**185019505**	**169001468**	**156126811**	**143581525**	**97628344**	**88380920**
北京	13027136	11313608	12090086	10397114	8388330	7229137
天津	3797927	3398740	2679901	2819653	2307185	2148838
河北	6289199	5593985	5889896	5165173	3379292	3082523
山西	2620230	2372345	1628874	1537973	748841	820566
内蒙古	124692	119146	107878	108982	104152	105692
辽宁	5503496	4850828	3566298	2991112	928543	945381
吉林	1298981	1227012	1242421	1166212	1181030	1144021
黑龙江	1877916	1914969	1853724	1888508	334544	345041
上海	10428696	8613975	9605424	7908839	5685837	4878176
江苏	32204273	30709647	27725076	26232765	23199768	22107657
浙江	16941931	14604290	14133986	12605293	13387152	11938350
安徽	8664656	8433114	8551937	8161038	4195941	3637940
福建	3406672	2887911	1996458	1688966	544109	460346
江西	4342569	4258377	3781369	3840951	2591393	2672082
山东	7097115	6238017	5968428	5214369	2654066	2398110
河南	5355840	5412829	3167136	3042774	2093764	1728548
湖北	6819538	5961175	5247840	4501589	3199822	2667706
湖南	4797737	4613680	4730507	4542824	3038295	2735938
广东	14634431	14999931	11332408	12817240	5642695	5371682
广西	7932374	6695050	7930940	6688923	3199443	2590261
海南	1862283	1678252	1862283	1678252		
重庆	3176947	2897564	2424271	2214521	2043656	1827813
四川	2967083	2959298	1933337	2042466	1068629	905563
贵州	520865	428050	472819	381188	199294	171371
云南	1639050	1653009	1621169	1644398	799094	757838
西藏						
陕西	7600886	6294687	6533880	5273747	2905293	2484746
甘肃	1432060	1315013	1144613	1097993	13278	8591
青海	57604	52873	36698	38124		
宁夏	2510499	2379432	1507658	1501718	734832	759087
新疆	6086822	5124664	5359496	4388820	3060068	2457918

单位：万元

非自有配送中心配送商品购进额		商品销售总额		零售额	
2018年	2017年	2018年	2017年	2018年	2017年
15939147	**16376148**	**218792524**	**197600419**	**156151993**	**142411814**
3174605	2659380	14222336	12561928	10027755	9102317
330182	94084	4665609	4015919	3662790	3129121
374869	237307	7406175	6768380	5135818	4820274
2264	3107	3101935	2957702	2086357	2112306
589	766	139269	124343	137171	122654
17407	196	5327223	4662537	4216519	3877185
10482	8271	1637709	1528327	1304670	1280350
184834	137307	1963661	1960546	1299065	1271107
551234	462346	12022366	9764025	8552260	6758783
191564	162839	34175154	31458169	24864678	22715786
516479	438723	17887856	15524413	11590698	9991870
84176	128303	9464419	9296396	7363364	7235781
209072	219123	6710004	5980305	5939409	4766516
615072	470613	8725302	8038968	5146502	5146037
295896	389766	7650893	6527888	5155015	4417645
164794	133013	5553735	5446026	3969307	4571500
908845	859546	7605581	7094888	5205721	5191395
672914	611212	9541776	8552691	8432156	7746267
4107407	6132177	20403052	18358096	16277227	14657804
142949	114770	8379286	7455532	4999185	4466722
		2121988	1840868	1144293	1090145
218031	244667	3472396	3100097	2749211	2373816
6759	30874	3474479	3429106	3173757	3204832
1437	1748	510919	460606	462952	419022
211235	189568	3758817	3706249	3192446	2983508
633206	715883	8769686	7971079	4264351	3789250
		1679373	1492025	1461786	1261605
		65486	63632	63327	60249
13957		2087267	2002382	1263494	1062402
2298889	1930561	6268776	5457296	3010710	2785568

2–22 续表 5

加油站

地　区	商品购进总额		统一配送商品购进额		自有配送中心配送商品购进额	
	2018年	2017年	2018年	2017年	2018年	2017年
全　国	**117036941**	**106421429**	**99873516**	**92041235**	**61802897**	**55762386**
北　京	5951625	5046258	5951625	5046258	3334428	2943065
天　津	3167577	2881909	2084910	2332913	1754729	1738135
河　北	5585804	4965924	5238074	4589666	2972599	2720885
山　西	1275215	1225770	749682	832711	308455	256713
内蒙古						
辽　宁	4052903	3355414	2735106	1938289	620935	637094
吉　林	796462	761580	796462	761580	796462	761580
黑龙江	1126040	1207437	1126040	1207437		
上　海	6799776	5767190	6622506	5658828	5262746	4535452
江　苏	18795584	17660363	18795584	17660363	17692402	16525160
浙　江	13115346	11185944	10420298	9306060	10393839	9272180
安　徽	5848734	5593453	5848734	5593453	1725023	1604281
福　建	2549293	2056301	1341079	1093185	203776	182052
江　西	1620946	1779732	1082171	1374776	199503	498792
山　东	3897954	3415834	3060654	2670528	1505534	1371029
河　南	4274927	4459788	2325506	2300800	1623611	1330563
湖　北	3287932	2847511	2921433	2497219	2081606	1822763
湖　南	2880129	3245560	2877340	3243621	1957520	1723741
广　东	4985656	5924578	3323403	4838992	1488189	1408033
广　西	7183635	6141370	7183635	6141370	2657197	2230207
海　南	1854411	1673040	1854411	1673040		
重　庆	1580241	1319417	888962	717913	832530	661124
四　川	894765	776044				
贵　州						
云　南	601472	664818	601472	664818		
西　藏						
陕　西	6055147	4810126	5061817	3972127	1566835	1302835
甘　肃	1378138	1272618	1130519	1055598		
青　海						
宁　夏	2200284	2072673	1214438	1211745	451236	477990
新　疆	5276946	4310781	4637654	3657947	2373741	1758712

单位：万元

非自有配送中心配送商品购进额		商品销售总额		零售额	
2018年	2017年	2018年	2017年	2018年	2017年
8518134	**8904972**	**141538183**	**125688877**	**98233454**	**89025858**
2136961	1668021	6343601	5411124	3498090	3109243
330182	94084	3781176	3218867	2952006	2468107
352676	219136	6539633	5935662	4367938	4070238
		1574835	1438034	1265460	1251570
		3507036	3180689	2719741	2474494
		1119654	1074959	818780	827545
		1226354	1199107	691694	607756
		7275647	6204824	4242472	3669786
		19836824	17659894	12298548	11163287
		13782410	11777816	8855179	7561023
		6382146	6316215	6313148	6261137
129912	99039	5722875	5041206	4992515	3891783
579937	440129	5326595	4916982	3981475	4082585
251009	350856	4173478	3567048	3147268	2796572
		4400773	4378314	3075340	3574074
134815	129068	4007926	3687937	2754577	2768828
363260	340577	6755877	5824045	5812004	5165966
1396504	3012668	10049942	8270895	8966306	7630249
		7477204	6626633	4222246	3818145
		2111546	1831871	1133851	1081148
		1579263	1321714	1206544	995649
		1097799	1038943	987616	943313
		2263256	2166194	1747468	1564168
565009	652161	6455920	5985342	3509597	3209407
		1621552	1426020	1403965	1195600
13957		1796648	1698445	1029750	820206
2263913	1899234	5328217	4490097	2239877	2023981

2-22 续表 6

专卖店

地区	商品购进总额		统一配送商品购进额		自有配送中心配送商品购进额	
	2018年	2017年	2018年	2017年	2018年	2017年
全国	**20122712**	**18097949**	**12792481**	**12011190**	**6729669**	**5548738**
北京	3114654	3765104	857132	866187	496185	497911
天津	76901	51298	54605	31802	15339	9617
河北	32826	30307	24552	26077	4531	4349
山西	35351	43424	7982	12081	7982	12081
内蒙古	25	4036	25	4036		
辽宁	80263	83278	79385	82859	21554	13364
吉林	40122	41835	40122	41062	33042	34964
黑龙江						
上海	9067694	8182143	7508320	6919608	3998960	2761444
江苏	248477	177785	241176	148829	42321	40271
浙江	426043	363292	286168	249466	256912	231620
安徽	21542	16455	14865	12025	6295	6117
福建	1118940	947030	933607	834506	401671	485130
江西	142586	125207	112324	108161	104838	85475
山东	8635	8526	6418	6213	4635	4188
河南	67664	62968	61772	57261	10517	17263
湖北	2040692	1028474	571626	555712	191840	182378
湖南	312579	300823	221130	224748	186571	178250
广东	999137	798085	785609	684082	305569	229000
广西	9978	35122	9978	35122	6589	32061
海南						
重庆	556737	508631	72284	337236	49383	76439
四川	445006	398885	50942	37657	35306	31376
贵州	6047	7973	323	2802		
云南	156637	142255	83662	71189	39188	27520
西藏	26236					
陕西	463981	481133	153884	179106	153638	179058
甘肃	153832	116731	153832	116731	145959	108092
青海						
宁夏	137835	146211	128466	135691	70266	69831
新疆	332294	230941	332294	230941	140579	230941

单位：万元

非自有配送中心配送商品购进额		商品销售总额		零售额	
2018年	2017年	2018年	2017年	2018年	2017年
1508227	**1819681**	**27762474**	**24777431**	**20838356**	**19783998**
265410	266858	4089885	4846517	3907226	4694535
		132734	97190	129970	94344
		68104	63072	61497	57432
		41026	51690	13699	20144
		13807	13440	13807	13440
		78653	76793	54803	59120
313	1654	53879	55612	53879	55612
488809	1140693	13475298	11386338	9399254	8571418
169548	106165	271009	231317	257860	219972
15783	8101	591808	481109	545957	462259
		28779	18602	26086	16600
15965	13663	1399397	1269334	1319245	1195244
5526	6527	153514	132219	139735	132219
	140	11818	11903	11818	11903
		78236	73225	78236	73225
54263		2341013	1355216	1378382	895865
9853	6831	397100	381216	349771	337012
285266	268849	1665076	1386362	1447954	1305749
		100127	45349	100127	45349
		425134	560697	277114	377163
5776	200	524808	485303	461738	431327
		7495	10587	7495	10587
		164098	153961	101342	105329
		25646			
		706212	777823	28287	18547
		188367	176151	179214	167011
		168152	167777	73402	73685
191715		561298	468630	420459	338907

2-22 续表 7

其他

地区	商品购进总额		统一配送商品购进额		自有配送中心配送商品购进额	
	2018年	2017年	2018年	2017年	2018年	2017年
全国	**4151663**	**3865664**	**2670966**	**2414515**	**2181547**	**1875110**
北京						
天津						
河北						
山西	21596	13057	21596	12985	21596	12985
内蒙古	5901	4996	5901	4996		
辽宁	42259	43644	42259	43644	41935	43350
吉林	2690	2687				
黑龙江						
上海	222747	82833	112	112	112	112
江苏	4682	4651	4682	4651		
浙江						
安徽	199752	240732	196510	240317	3242	416
福建	114892	94540	12432	20138		
江西	17637	1188	17637	1188		
山东	1544366	1413200	1075948	836423	1039970	800392
河南	80757	71010	80390	70516	78802	69099
湖北	2391	3038				
湖南	16222	16222	16222	16222		
广东	599354	691839	421539	409602	339508	290214
广西						
海南						
重庆	123522	112663	78374	81327	73004	71048
四川	409308	344987	13022	5410	1724	1415
贵州						
云南						
西藏	8	2				
陕西	246960	260119	246960	260119	235943	250129
甘肃						
青海	23388	4679	23388	4679	4038	2591
宁夏	464193	452058	404956	394666	341348	333359
新疆	9037	7520	9037	7520	326	

单位：万元

非自有配送中心配送商品购进额		商品销售总额		零售额	
2018年	2017年	2018年	2017年	2018年	2017年
35052	**20928**	**5852521**	**5446425**	**2678655**	**2308540**
		22414	12781	18229	11075
		4532	3497	3212	2643
		51670	39070	51670	39070
		2590	2587	2590	2587
		94650	82404	17354	15454
2894	1915	5762	6391	5762	6391
		208042	243504	16877	4385
		172098	159772	138503	131161
17637	1188	22551	2376	22551	2376
878	931	2731965	2562933	1433931	1306574
		88445	77864	88445	77864
		2778	2986	2778	2986
		15220	15220	856	856
793	125	829010	756114	527008	413987
4140	9249	166473	141875	87307	60384
		439738	359483	38182	15624
		6	2		
		341063	357817	797	469
		19597	4868	1327	3129
		619019	604203	206379	200849
8711	7520	14899	10678	14899	10678

2-23 按部分业态分各地区

便利店

地区	商品购进总额		统一配送商品购进额		自有配送中心配送商品购进额	
	2018年	2017年	2018年	2017年	2018年	2017年
全国	**2904066**	**2355554**	**2394926**	**1958949**	**941757**	**826788**
北京	543514	385081	528455	377087	170379	99508
天津	1548	1698				
河北	28718	21827	25921	20906	14482	14970
山西	12079	9540	8923	6865	7855	6865
内蒙古	17693	13107	17693	13107	2703	1740
辽宁	22455	25525	22455	25525		
吉林						
黑龙江						
上海	800171	767634	518106	426334	253208	163112
江苏	106651	106751	106651	106751	27447	38987
浙江	113285	93903	113285	93903	54262	42528
安徽	171553		171553			
福建	41309	40016	38977	39147	4265	6528
江西						
山东	45142	34243	42690	31933	31769	19949
河南	43459	34353	43459	34353	14127	14127
湖北	23181	1714	1716	1714		
湖南	28822	13712	26544	11834	12796	6145
广东	338751	293331	186746	279995	163276	256855
广西	36662	37363	36662	37363	36662	37363
海南						
重庆	9497	8688				
四川	400667	375602	396172	370146	130064	100669
贵州	26660	25456	26660	25456		
云南	26354	9315	26354	9315		
西藏						
陕西	49246	44624	39254	35143	17290	16714
甘肃	5408	539	5408	539		
青海						
宁夏	9611	9475	9611	9475		
新疆	1630	2058	1630	2058	1175	728

连锁零售企业直营门店经营情况

单位：万元

非自有配送中心配送商品购进额		商品销售总额		零售额	
2018年	2017年	2018年	2017年	2018年	2017年
557654	**561788**	**3519395**	**3186256**	**3112362**	**2885379**
176153	125876	645964	508820	620602	496463
		1342	1496	1342	1496
		28745	24263	17374	14689
		12769	11658	12769	11658
		19351	16429	19351	16429
		26645	29217	26645	29217
95175	93768	1164401	1160554	908666	976102
2982	62906	146258	168716	115726	112716
31859	16703	114315	105038	112985	101939
1609		114142		114142	
897	1836	45689	42828	45426	42738
		52547	38152	51577	37215
		39456	37972	39456	37972
		11991	2502		
		26750	16032	26408	10725
6327	9044	403455	397705	336387	373268
		35743	37697	35743	37697
		10632	10416	10632	10416
242102	240845	474129	443168	472061	441047
		25613	28383	25613	28383
	9315	32480	34063	32480	34063
95	165	59346	46464	59346	46464
		8048	7992	8048	7992
		17096	14612	17096	14612
456	1330	2490	2079	2490	2079

2-23 续表 1

超市

地区	商品购进总额		统一配送商品购进额		自有配送中心配送商品购进额	
	2018年	2017年	2018年	2017年	2018年	2017年
全国	**28604262**	**26857971**	**22356886**	**22537247**	**16535600**	**14980046**
北京	6231250	5309420	5268749	4491671	4075172	1609825
天津	65918	63586	5015	5453		
河北	447668	430590	326824	327206	188769	204347
山西	165230	154520	129749	120229	84488	83144
内蒙古	116251	96024	2793	2630	1871	1788
辽宁	140167	188075	128311	176557	64917	74434
吉林	62056	167321	62056	167321		
黑龙江	46492	73050	46492	73050	45329	71201
上海	3342442	3130885	2602562	2613752	1663469	1403609
江苏	4314520	4308427	4068963	4041939	3673432	3614058
浙江	1279657	1343200	1056954	1140158	905219	996338
安徽	914223	899830	542524	542340	242635	182394
福建	406468	321056	284094	238484	87467	74694
江西	327458	260242	278853	218187		
山东	2852473	2738202	2548925	2459445	2344490	2247735
河南	524411	452670	396110	316668	17793	24619
湖北	4013119	3763158	1862228	3044244	1625845	2931379
湖南	180751	181044	93875	91264	51402	45818
广东	1235691	1149545	1063785	998145	681632	620774
广西	123625	121862	51054	42627	27242	26126
海南	58425	61642	24580	25031		
重庆	383192	391581	361641	367204	299300	308120
四川	637998	614535	536037	518746	275049	273192
贵州	28474	38690	24421	33142	9746	13635
云南	210944	122742	210944	122742	22540	24263
西藏	24571	29544	24571	29544		
陕西	201413	195684	142766	136327	50487	56441
甘肃	69448	65492	26956	26848	15855	16606
青海	13171	17649	13171	17649	13171	17649
宁夏	30484	30006	15611	10949		
新疆	156275	137697	156275	137697	68282	57857

单位：万元

非自有配送中心配送商品购进额		商品销售总额		零售额	
2018年	2017年	2018年	2017年	2018年	2017年
2209811	**2181559**	**31359793**	**30408530**	**26113273**	**25359796**
179234	169772	6723719	6060612	4338934	3935539
		80028	84538	79598	83734
101381	96682	460543	532446	429382	500687
		177167	188434	166799	177653
922	842	129476	105856	3227	2615
1841	3821	180734	222707	164431	201299
		84117	177517	84117	177517
		53024	66584	53024	66584
790311	808806	3604419	3887415	3280579	3315729
339819	349915	4565357	4551259	3255055	3289553
74615	67888	1500181	1565243	1296398	1351670
61613	61351	698556	681763	675860	670604
104231	71489	457333	362687	407017	359880
4	2	401005	334983	401005	334983
200972	208025	3308501	3125564	3039085	2867102
5238	4553	536585	498040	478144	445593
9853	8564	4461045	4354786	4220599	4148430
14906	14187	199041	207431	156707	160297
10558	10038	1361110	1228247	1346909	1216479
		215011	193093	201308	178309
		80011	69372	80011	69372
25202	26764	409424	430136	374986	409464
127731	126946	794188	738591	789435	716714
1083	1515	40335	41280	39943	40914
		217771	136987	164231	110590
		24889	27273	24889	27273
45594	49372	246705	228334	238620	215082
11102	10242	71811	70245	71811	70245
		49494	46973	47123	45032
15611	10949	45931	29468	21763	12436
87994	79840	182282	160668	182282	158420

2-23 续表 2

大型超市

地区	商品购进总额		统一配送商品购进额		自有配送中心配送商品购进额	
	2018年	2017年	2018年	2017年	2018年	2017年
全国	**36785328**	**35038739**	**23869418**	**23868483**	**13250308**	**14336467**
北京	2667337	3402394	1984722	2631764	1148304	1980621
天津	587112	575931	95841	88502		
河北	284467	221668	83562	71769	61817	53072
山西	255752	258786	54865	58238	54865	58238
内蒙古						
辽宁	511508	593936	237069	246293		
吉林						
黑龙江	191417	192681	171825	173182	37359	41838
上海	1915944	2253929	1151102	1216740		
江苏	3395625	3461259	3067999	3233259	2889971	2816011
浙江	1684506	1738589	1630259	1702179	699877	871298
安徽	698435	628664	662197	459639	26610	
福建	8370934	6333198	5598831	4783172	1330334	1512709
江西	233650	180374	44037	45680		
山东	2208538	2108444	1834290	1748781	815141	741422
河南	1633196	1422021	793711	640414	595216	464411
湖北	895792	988139	77618	70501	35120	28110
湖南	2134473	1886073	1958233	1760267	1591182	1471858
广东	5092194	5276446	1656481	3549157	1570708	3463615
广西	44764	44441	44764	44441		
海南						
重庆	1434691	1207615	1303244	89742	1303244	89742
四川	1462419	1227184	996384	867686	731069	581973
贵州	160129	118239	160129	118239	160129	118239
云南	355137	368373	161973	167668	161973	7589
西藏						
陕西	58596	52020				
甘肃						
青海	26983	29024	26983	29024		
宁夏	394651	387103	40919	39936	7262	6050
新疆	87079	82212	32380	32211	30128	29672

单位：万元

非自有配送中心配送商品购进额		商品销售总额		零售额	
2018年	2017年	2018年	2017年	2018年	2017年
6817895	**5594263**	**41802153**	**38712142**	**35838429**	**33996890**
200497	40681	3135810	2841384	3071030	2792664
		635900	635225	529328	463945
21745	18698	278254	274133	278254	274133
		863346	828231	863346	828231
42530	21622	533745	596449	428704	481031
23175	11925	163138	170441	158980	161963
337528	316841	2744190	2762588	1963337	2175438
26754	71148	3697962	3901477	1913360	2118967
797879	697062	2004729	1929848	1714183	1675305
136226	114389	740652	674439	740652	674439
3999405	3015822	7402465	5789928	6430084	5699136
		248962	182677	248962	182677
742672	708938	2727679	2641069	2282728	2241401
130211	114548	2346671	2153552	2337938	2142297
42498	42391	1916834	1858153	1876670	1813635
228750	172039	2393785	2188542	2393785	2188542
85773	85542	5508649	5388077	4250959	4254363
		110809	109736	110809	109736
		1551367	1460904	1477640	1393695
		1609793	1188700	1609793	1188700
		177098	118239	177098	118239
	160079	416142	420532	416142	420532
		50326	67959	50326	67959
		44641	40825	44641	40825
		392284	379830	362757	379830
2252	2539	106924	109205	106924	109205

2-23 续表 3

百货店

地区	商品购进总额		统一配送商品购进额		自有配送中心配送商品购进额	
	2018年	2017年	2018年	2017年	2018年	2017年
全国	**31300166**	**30202580**	**13614810**	**13387756**	**9517262**	**9447274**
北京	3200239	2062697	8402	8130	8402	8130
天津						
河北	1453532	1483097	58884	60782	58884	60782
山西	201633	235706	17618	20788		
内蒙古	57310	63485	57310	63485		
辽宁	15788	20658	4434	5315	4434	5315
吉林						
黑龙江						
上海	172750	160587	161492	150583		
江苏	2312717	2132806	2312717	2132806	2273903	2117667
浙江	446655	432373	415682	400117	236788	260618
安徽	4616252	4239526	1000293	961740	873429	805126
福建	220520	194133	141471	118765	78797	72988
江西	425203	563875	264086	402609	189171	299197
山东	4706771	4661394	1900754	1712123	738076	745424
河南	192032	262963	19781	20865	17578	17076
湖北	5444706	5575952	2540698	2519007	2523887	2505337
湖南	957993	927943	75971	114837	2931	2931
广东	3520442	3806462	2325882	2471343	1645435	1670813
广西						
海南						
重庆	1265534	1279846	1255490	1269092	857339	867976
四川	1116276	998386	608475	498361		
贵州	9102	6031	9102	6031		
云南	113430	109397	41158	22626		
西藏						
陕西	211102	287769				
甘肃						
青海	19442	46024				
宁夏	227184	225585	1559	2465		
新疆	393552	425887	393552	425887	8209	7895

单位：万元

非自有配送中心配送商品购进额		商品销售总额		零售额	
2018年	2017年	2018年	2017年	2018年	2017年
1622785	**1613947**	**37135583**	**36665202**	**31283743**	**31329005**
		3923852	4129365	3920925	4126928
		1600435	1561652	1600435	1561652
		262018	302894	262018	302894
		57016	63615	57016	63615
		14807	18470	14807	18470
161492	150583	213620	219225	213620	219225
18000	15139	2430033	2225127	1896930	1690331
		818987	805071	646343	678013
		5397253	4954340	1791653	1927740
4316		311576	301245	298367	301062
36075	50248	580420	704027	536766	668597
10746		5004597	5126136	4195163	4242266
		213919	268655	213919	268655
10093	12056	5531294	5238886	5220798	5012389
2776	2776	1021989	998952	1012853	976181
626323	592993	4081754	4138816	3927056	3846300
367431	371990	3215478	3172876	3023243	2993183
	1	1124026	1009833	1124026	1009830
		7802	6059	5654	4420
		144574	140323	144574	140323
		251393	288758	251393	288758
		60705	75653	60705	75653
190	168	227014	226363	224458	223661
385343	417993	641020	688861	641020	688861

2-23 续表 4

专业店(含加油站)

地区	商品购进总额		统一配送商品购进额		自有配送中心配送商品购进额	
	2018年	2017年	2018年	2017年	2018年	2017年
全国	**181946238**	**165832297**	**153412661**	**140665289**	**96063189**	**86389118**
北京	12927542	11224692	11990657	10308664	8363932	7206155
天津	3797168	3398718	2679896	2819649	2307181	2148834
河北	6287118	5589699	5888673	5163446	3378899	3082130
山西	2617073	2369259	1625717	1534887	747551	819348
内蒙古	121545	116484	104732	106320	102128	103706
辽宁	5497974	4837524	3565954	2977832	928199	944767
吉林	1298911	1226942	1242351	1166142	1180960	1143951
黑龙江	1876918	1913701	1852929	1887678	333787	344249
上海	9535861	7828835	8722867	7137264	4955364	4241120
江苏	31782635	30050608	27310312	25574657	23031201	21530319
浙江	16778376	14321200	13982409	12356991	13296485	11744264
安徽	8358829	8141619	8246110	7869543	3933601	3383140
福建	3313632	2793737	1904511	1595872	498360	427776
江西	4330375	4249273	3779213	3836932	2589237	2668063
山东	7065307	6229685	5962667	5208993	2648771	2393141
河南	4951271	5055613	2762659	2685666	2084212	1719411
湖北	6638156	5883044	5236587	4488257	3191475	2659519
湖南	4669861	4483324	4633261	4449052	2992918	2694625
广东	14571681	14934149	11279750	12761820	5628812	5355204
广西	7875837	6644780	7874587	6642408	3157560	2556150
海南	1862283	1678252	1862283	1678252		
重庆	3096277	2804602	2364275	2142229	1996192	1766086
四川	2865588	2867699	1883779	1997807	1021643	865348
贵州	520570	425127	472524	380595	199294	171371
云南	1639050	1652556	1621169	1644398	799094	757838
西藏						
陕西	7593147	6261748	6526141	5240808	2899936	2454534
甘肃	1432024	1315013	1144576	1097993	13278	8591
青海	57604	52840	36698	38124		
宁夏	2508535	2374584	1507428	1501573	734601	758942
新疆	6075094	5106993	5347947	4371441	3048519	2440539

单位：万元

非自有配送中心配送商品购进额		商品销售总额		零售额	
2018年	2017年	2018年	2017年	2018年	2017年
15599057	**16041431**	**215485145**	**194192477**	**154038961**	**140431376**
3099601	2594021	14088796	12440206	9894215	8980594
330182	94084	4664609	4015085	3662786	3129118
374869	237307	7404237	6762681	5133881	4814575
2264	3107	3098502	2954415	2082924	2109019
589	766	137019	122658	136044	121644
17407	196	5319557	4646490	4216097	3861203
10482	8271	1637620	1528238	1304581	1280261
184834	137307	1962433	1959112	1298026	1269822
429415	351596	11104466	8940176	7886288	6149076
188421	159543	33729818	30793867	24637414	22582442
484156	413622	17729985	15241296	11487887	9873870
84176	128303	9174897	9025048	7326575	7209629
163449	159033	6550982	5814779	5780551	4601154
615072	470613	8711701	8027417	5132901	5134485
295896	389766	7611493	6518405	5145811	4409062
164787	132988	5100880	5049999	3567246	4214827
907785	858253	7400459	6990375	5191125	5176512
621045	558753	9417581	8427750	8324146	7647039
4106446	6124899	20324912	18288172	16243459	14625753
141379	113445	8319385	7400981	4986549	4453563
		2121988	1840868	1144293	1090145
213631	241022	3374644	2984573	2665512	2272685
4449	26778	3386607	3328135	3098698	3115507
1437	1748	510558	457483	462592	415898
211235	189568	3758817	3705826	3192446	2983508
633206	715883	8754978	7934376	4249644	3752547
		1679373	1492025	1461786	1261605
		65486	63092	63327	60249
13957		2085542	1997863	1262269	1059719
2298889	1930561	6257827	5441085	2999892	2775864

2-23 续表 5

加油站

地区	商品购进总额		统一配送商品购进额		自有配送中心配送商品购进额	
	2018年	2017年	2018年	2017年	2018年	2017年
全国	**115851456**	**105419741**	**98711599**	**91040004**	**61074904**	**55126115**
北京	5951625	5046258	5951625	5046258	3334428	2943065
天津	3167577	2881909	2084910	2332913	1754729	1738135
河北	5585804	4965924	5238074	4589666	2972599	2720885
山西	1275215	1225770	749682	832711	308455	256713
内蒙古						
辽宁	4052903	3355414	2735106	1938289	620935	637094
吉林	796462	761580	796462	761580	796462	761580
黑龙江	1126040	1207437	1126040	1207437		
上海	6071783	5132410	5894513	5024048	4534753	3900672
江苏	18795584	17660363	18795584	17660363	17692402	16525160
浙江	13115279	11185859	10420231	9305975	10393839	9272180
安徽	5843852	5593453	5843852	5593453	1725023	1604281
福建	2503670	2023207	1295456	1060090	203776	182052
江西	1620946	1779732	1082171	1374776	199503	498792
山东	3874865	3415834	3060654	2670528	1505534	1371029
河南	3891574	4128007	1942154	1969019	1623611	1330563
湖北	3287932	2847511	2921433	2497219	2081606	1822763
湖南	2880129	3245560	2877340	3243621	1957520	1723741
广东	4985177	5924120	3323403	4838992	1488189	1408033
广西	7183635	6139880	7183635	6139880	2657197	2228717
海南	1854411	1673040	1854411	1673040		
重庆	1580241	1319417	888962	717913	832530	661124
四川	894765	776044				
贵州						
云南	601472	664818	601472	664818		
西藏						
陕西	6055147	4810126	5061817	3972127	1566835	1302835
甘肃	1378138	1272618	1130519	1055598		
青海						
宁夏	2200284	2072673	1214438	1211745	451236	477990
新疆	5276946	4310781	4637654	3657947	2373741	1758712

单位：万元

非自有配送中心配送商品购进额		商品销售总额		零售额	
2018年	2017年	2018年	2017年	2018年	2017年
8472511	**8871878**	**140250217**	**124589595**	**97272745**	**88176473**
2136961	1668021	6343601	5411124	3498090	3109243
330182	94084	3781176	3218867	2952006	2468107
352676	219136	6539633	5935662	4367938	4070238
		1574835	1438034	1265460	1251570
		3507036	3180689	2719741	2474494
		1119654	1074959	818780	827545
		1226354	1199107	691694	607756
		6547654	5570043	3766257	3248976
		19836824	17659894	12298548	11163287
		13782340	11777727	8855108	7560933
		6377264	6316215	6308266	6261137
84289	65944	5626792	4945992	4896433	3796569
579937	440129	5326595	4916982	3981475	4082585
251009	350856	4144182	3567048	3147268	2796572
		3971608	4011063	2691988	3242293
134815	129068	4007926	3687937	2754577	2768828
363260	340577	6755877	5824045	5812004	5165966
1396504	3012668	10049464	8270437	8966198	7630249
		7477204	6625143	4222246	3816654
		2111546	1831871	1133851	1081148
		1579263	1321714	1206544	995649
		1097799	1038943	987616	943313
		2263256	2166194	1747468	1564168
565009	652161	6455920	5985342	3509597	3209407
		1621552	1426020	1403965	1195600
13957		1796648	1698445	1029750	820206
2263913	1899234	5328217	4490097	2239877	2023981

2-23 续表 6

专卖店

地区	商品购进总额		统一配送商品购进额		自有配送中心配送商品购进额	
	2018年	2017年	2018年	2017年	2018年	2017年
全国	**19060526**	**17119106**	**12046298**	**11362915**	**6189105**	**5051485**
北京	2869283	3532608	611842	635032	250895	266756
天津	76901	51298	54605	31802	15339	9617
河北	32158	29638	23884	25409	3863	3680
山西	35351	43424	7982	12081	7982	12081
内蒙古	25	4036	25	4036		
辽宁	80263	83278	79385	82859	21554	13364
吉林	40122	41835	40122	41062	33042	34964
黑龙江						
上海	8972909	8116742	7413986	6854207	3904834	2697369
江苏	85440	154931	78140	125975	16721	22740
浙江	396794	335078	256919	221251	227663	203405
安徽	21542	16455	14865	12025	6295	6117
福建	1074155	899867	890415	788503	374624	461201
江西	50366	50648	20104	33602	13136	11426
山东	7384	7311	5167	4998	4635	4168
河南	63750	58994	57858	53287	10517	17263
湖北	2004069	927517	566358	547542	186997	175333
湖南	276499	270356	198029	207001	173545	167540
广东	983605	755411	774222	641779	303283	227147
广西	8263	33471	8263	33471	6589	32061
海南						
重庆	545183	471826	60730	300431	42890	44904
四川	205845	176696	50942	37657	35306	31376
贵州	6047	7973	323	2802		
云南	156637	142255	83662	71189	39188	27520
西藏						
陕西	463981	481133	153884	179106	153638	179058
甘肃	153596	116493	153596	116493	145723	107854
青海						
宁夏	137835	85123	128466	74603	70266	69831
新疆	312526	224711	312526	224711	140579	224711

单位：万元

非自有配送中心配送商品购进额		商品销售总额		零售额	
2018年	2017年	2018年	2017年	2018年	2017年
1346371	**1810852**	**26213685**	**23327940**	**19541860**	**18547900**
265410	266858	3730626	4477880	3553003	4325897
		132734	97190	129970	94344
		66212	61180	59605	55540
		41026	51690	13699	20144
		13807	13440	13807	13440
		78653	76793	54803	59120
313	1654	53879	55612	53879	55612
488809	1140693	13273975	11250401	9238453	8475568
33753	102123	131908	199957	118759	188612
15783	8101	546621	426910	524830	408060
		28779	18602	26086	16600
12973	9786	1335071	1217601	1306936	1176484
5526	6527	61199	57567	47421	57567
	130	10244	10430	10244	10430
		73458	68505	73458	68505
54263		2295867	1242892	1369847	861976
6553	5931	365590	348415	340735	326324
285266	268849	1483703	1221352	1266581	1140739
		98745	43299	98745	43299
		400801	495974	277114	328880
5776	200	249667	220036	208194	189403
		7495	10587	7495	10587
		164098	153961	101342	105329
		706212	777823	28287	18547
		188131	175913	178978	166773
		168152	111598	73402	17507
171947		507031	442336	366191	312613

2-23 续表 7

其他

地 区	商品购进总额		统一配送商品购进额		自有配送中心配送商品购进额	
	2018年	2017年	2018年	2017年	2018年	2017年
全 国	**3641938**	**3364135**	**2347308**	**2026846**	**2079092**	**1773448**
北 京						
天 津						
河 北						
山 西	21596	13057	21596	12985	21596	12985
内蒙古	1317	1328	1317	1328		
辽 宁	42259	43644	42259	43644	41935	43350
吉 林	2690	2687				
黑龙江						
上 海	139847	45530	112	112	112	112
江 苏	3568	3508	3568	3508		
浙 江						
安 徽	9808	1960	7515	1685	2293	274
福 建	114892	94540	12432	20138		
江 西	17613	1188	17613	1188		
山 东	1498165	1357139	1062210	797112	1027110	762012
河 南	80757	71010	80390	70516	78802	69099
湖 北	2391	3038				
湖 南	16222	16222	16222	16222		
广 东	484385	590264	346009	345958	283118	258015
广 西						
海 南						
重 庆	58706	51846	43866	42243	42042	41877
四 川	408759	344528	12473	4951	1174	956
贵 州						
云 南						
西 藏						
陕 西	246960	260119	246960	260119	235943	250129
甘 肃						
青 海	18774	2950	18774	2950	3294	1280
宁 夏	464193	452058	404956	394666	341348	333359
新 疆	9037	7520	9037	7520	326	

单位：万元

非自有配送中心配送商品购进额		商品销售总额		零售额	
2018年	2017年	2018年	2017年	2018年	2017年
31423	**10749**	**5292837**	**4848244**	**2389630**	**2055406**
		22414	12781	18229	11075
		1577	1402	1577	1402
		51670	39070	51670	39070
		2590	2587	2590	2587
		63731	47631	17354	15454
2894	1915	4464	5116	4464	5116
		12847	2075	12847	2075
		172098	159772	138503	131161
17613	1188	21051	2376	21051	2376
		2677606	2489684	1379572	1233325
		88445	77864	88445	77864
		2778	2986	2778	2986
		15220	15220	856	856
793	125	611963	561683	333012	255266
1413		115207	93388	56586	46138
		439106	358864	37550	15005
		341063	357817	797	469
		15091	3046	475	1655
		619019	604203	206379	200849
8711	7520	14899	10678	14899	10678

2-24 按部分业态分各地区

便利店

地 区	商品购进总额		统一配送商品购进额		自有配送中心配送商品购进额	
	2018年	2017年	2018年	2017年	2018年	2017年
全 国	**1553369**	**1403675**	**1122886**	**1094155**	**678617**	**571498**
北 京	59112	42223	59112	41304		
天 津						
河 北	73085	68105	73085	68105	73085	68105
山 西	263739	233905	162757	159440	162124	158486
内蒙古	20140	15083	20140	15083		
辽 宁						
吉 林						
黑龙江						
上 海	514401	488688	228481	255517	105250	38792
江 苏						
浙 江	293884	298079	293884	298079	186059	164891
安 徽						
福 建	147634	110132	147634	110132	72456	56155
江 西						
山 东	12863	10115	12289	9559		
河 南						
湖 北	15296	3487	15296	3076	14415	3005
湖 南	19661	20265	19661	20265	19661	12617
广 东	89608	72095	46600	72095	36106	62275
广 西						
海 南						
重 庆						
四 川	15698	7942	15698	7942		
贵 州						
云 南						
西 藏						
陕 西	15119	13000	15119	13000		
甘 肃						
青 海						
宁 夏						
新 疆	13129	20559	13129	20559	9461	7173

连锁零售企业加盟门店经营情况

单位：万元

非自有配送中心配送商品购进额		商品销售总额		零售额	
2018年	2017年	2018年	2017年	2018年	2017年
282088	**370278**	**1900760**	**1595937**	**1800089**	**1485063**
39026	27079	76301	50897	76301	50897
		75104	66958	75104	66958
		275644	233893	275644	233893
		25175	18853	25175	18853
42416	143855	672641	590222	672641	590222
106494	123993	310869	308039	213500	212295
73393	52544	236826	155716	236826	155716
		14074	10730	14029	10677
		16339	3117	15230	3046
		20240	17252	20240	7818
1426	1480	118617	99991	116469	94418
15665	7942	23046	7536	23046	7536
		15733	12000	15733	12000
3668	13386	20150	20734	20150	20734

2-24 续表 1

超市

地区	商品购进总额		统一配送商品购进额		自有配送中心配送商品购进额	
	2018年	2017年	2018年	2017年	2018年	2017年
全国	**2771872**	**2716787**	**2139724**	**2107190**	**1432991**	**1470690**
北京	96561	99470	1495	1455	1309	1272
天津	121530	95757				
河北		2338		2338		
山西						
内蒙古	862	804	862	804	578	547
辽宁						
吉林						
黑龙江						
上海	883635	866309	883635	866309	485999	519786
江苏	616222	519746	528299	473298	491274	464072
浙江	44923	95187	33977	59385	32826	50821
安徽	736409	735110	427280	419918	244152	235088
福建		99		99		99
江西	22	7	22	7		
山东	77130	58902	77130	58902	73356	55126
河南	1983	3565	925	3429		
湖北	28725	19825	28725	16158	28725	16158
湖南	27469	26432	27469	26432	269	215
广东						
广西	1837	1782	1837	1782		
海南						
重庆	43917	82686	42503	80941	22227	62983
四川	29509	35660	27917	34992	9415	15637
贵州						
云南	4210	5460	4210	5460	3281	4209
西藏						
陕西						
甘肃						
青海						
宁夏	3489	12167				
新疆	53440	55481	53440	55481	39579	44681

单位：万元

非自有配送中心配送商品购进额		商品销售总额		零售额	
2018年	2017年	2018年	2017年	2018年	2017年
629111	**586558**	**2949746**	**3052478**	**2916395**	**3023456**
1		124439	129672	124438	129672
		132101	112655	132101	112655
			2049		2049
284	257	1029	805	1029	805
397636	346524	1333535	1463487	1333535	1463487
		708189	664712	708189	664712
1151	8564	47643	98505	44536	95441
181349	182438	256750	229364	233251	217224
			1000		1000
22	7	3004	4804	3004	4804
3773	3776	81231	70379	81231	70379
		2501	3700	1601	2900
		42111	23385	42111	22991
24178	26217	29513	27390	29513	27390
		1837	1782	1837	1782
5220	5655	74930	94708	74930	94708
758	1223	40416	44243	40416	44243
877	1097	4007	4739	4007	4739
		5843	6421		
13861	10800	60666	68676	60666	62475

2–24 续表 2

大型超市

地　区	商品购进总额		统一配送商品购进额		自有配送中心配送商品购进额	
	2018年	2017年	2018年	2017年	2018年	2017年
全　国	**4477025**	**4822522**	**4381208**	**4728244**	**359666**	**395163**
北　京						
天　津						
河　北						
山　西	3957	5025	3957	5025	3957	5025
内蒙古						
辽　宁						
吉　林						
黑龙江						
上　海	4038972	4345133	4006246	4309774		
江　苏						
浙　江	74018	136091	70826	132517	55530	109210
安　徽						
福　建						
江　西						
山　东						
河　南						
湖　北						
湖　南						
广　东	360078	336273	300179	280928	300179	280928
广　西						
海　南						
重　庆						
四　川						
贵　州						
云　南						
西　藏						
陕　西						
甘　肃						
青　海						
宁　夏						
新　疆						

单位：万元

非自有配送中心配送商品购进额		商品销售总额		零售额	
2018年	2017年	2018年	2017年	2018年	2017年
15296	**23307**	**4852098**	**4600996**	**4852098**	**4600996**
		757	842	757	842
		4443183	4164241	4443183	4164241
15296	23307	74990	133701	74990	133701
		333169	302213	333169	302213

2-24 续表 3

百货店

地区	商品购进总额		统一配送商品购进额		自有配送中心配送商品购进额	
	2018年	2017年	2018年	2017年	2018年	2017年
全国	**566395**	**685778**	**539291**	**615839**	**419512**	**504713**
北京						
天津						
河北						
山西						
内蒙古						
辽宁	52094	52838	52094	52838		
吉林						
黑龙江						
上海						
江苏	271224	271200	271224	271200	271224	271200
浙江	7620	8301	7620	8301	7620	8301
安徽						
福建						
江西	139357	223938	139357	223938	139357	223938
山东	44372	83581	44222	42250		
河南						
湖北						
湖南						
广东	32880	34548	5926	5940		
广西						
海南						
重庆						
四川	17538	10098	17538	10098		
贵州						
云南						
西藏						
陕西						
甘肃						
青海						
宁夏						
新疆	1312	1273	1312	1273	1312	1273

单位：万元

非自有配送中心配送商品购进额		商品销售总额		零售额	
2018年	2017年	2018年	2017年	2018年	2017年
75557	**68876**	**678548**	**770181**	**678348**	**717806**
52094	52838	96437	102899	96437	102899
		339046	339000	339046	339000
		10024	10064	10024	10064
		121744	195626	121744	164259
		51730	61660	51530	40653
5926	5940	35239	34811	35239	34811
17538	10098	23270	25095	23270	25095
		1059	1025	1059	1025

2-24 续表 4

专业店(含加油站)

地 区	商品购进总额		统一配送商品购进额		自有配送中心配送商品购进额	
	2018年	2017年	2018年	2017年	2018年	2017年
全 国	**3073267**	**3169172**	**2714150**	**2916235**	**1565156**	**1991802**
北 京	99594	88916	99429	88450	24398	22982
天 津	759	22	4	4	4	4
河 北	2081	4286	1224	1728	393	393
山 西	3157	3086	3157	3086	1289	1219
内 蒙 古	3147	2662	3147	2662	2024	1986
辽 宁	5522	13304	344	13280	344	614
吉 林	70	70	70	70	70	70
黑 龙 江	999	1269	795	831	757	793
上 海	892835	785140	882557	771575	730473	637056
江 苏	421638	659039	414765	658108	168567	577339
浙 江	163555	283090	151577	248303	90667	194086
安 徽	305828	291495	305828	291495	262340	254800
福 建	93040	94175	91947	93094	45749	32570
江 西	12194	9104	2156	4019	2156	4019
山 东	31808	8332	5761	5376	5295	4969
河 南	404569	357216	404476	357108	9552	9137
湖 北	181382	78131	11252	13333	8347	8187
湖 南	127876	130356	97246	93773	45376	41313
广 东	62750	65782	52658	55421	13884	16477
广 西	56537	50270	56353	46515	41883	34110
海 南						
重 庆	80670	92961	59997	72291	47465	61727
四 川	101495	91599	49558	44659	46986	40215
贵 州	295	2923	295	592		
云 南		453				
西 藏						
陕 西	7739	32939	7739	32939	5357	30212
甘 肃	37		37			
青 海		32				
宁 夏	1964	4848	230	145	230	145
新 疆	11728	17671	11549	17379	11549	17379

单位：万元

非自有配送中心配送商品购进额		商品销售总额		零售额	
2018年	2017年	2018年	2017年	2018年	2017年
340091	**334718**	**3307379**	**3407943**	**2113032**	**1980438**
75003	65359	133540	121723	133540	121723
		1000	833	4	3
		1938	5699	1938	5699
		3433	3287	3433	3287
		2249	1686	1127	1010
		7667	16048	422	15983
		89	89	89	89
		1228	1434	1039	1284
121820	110750	917899	823848	665973	609707
3144	3296	445335	664303	227264	133344
32323	25101	157872	283117	102810	117999
		289523	271349	36789	26151
45623	60090	159021	165526	158858	165363
		13601	11552	13601	11552
		39399	9483	9204	8583
8	25	452856	396027	402061	356673
1059	1292	205123	104512	14596	14883
51870	52460	124195	124941	108010	99228
961	7278	78141	69923	33768	32051
1570	1325	59901	54552	12636	13158
4400	3645	97752	115524	83699	101131
2310	4097	87873	100971	75059	89324
		361	3123	361	3123
			423		
		14708	36703	14708	36703
			540		
		1726	4519	1226	2683
		10949	16211	10818	9704

2-24 续表 5

加油站

地　区	商品购进总额		统一配送商品购进额		自有配送中心配送商品购进额	
	2018年	2017年	2018年	2017年	2018年	2017年
全　国	**1185485**	**1001689**	**1161917**	**1001231**	**727993**	**636271**
北　京						
天　津						
河　北						
山　西						
内蒙古						
辽　宁						
吉　林						
黑龙江						
上　海	727993	634780	727993	634780	727993	634780
江　苏						
浙　江	67	85	67	85		
安　徽	4882		4882			
福　建	45623	33095	45623	33095		
江　西						
山　东	23089					
河　南	383352	331781	383352	331781		
湖　北						
湖　南						
广　东	479	457				
广　西		1490		1490		1490
海　南						
重　庆						
四　川						
贵　州						
云　南						
西　藏						
陕　西						
甘　肃						
青　海						
宁　夏						
新　疆						

单位：万元

非自有配送中心配送商品购进额		商品销售总额		零售额	
2018年	2017年	2018年	2017年	2018年	2017年
45623	**33095**	**1287966**	**1099282**	**960709**	**849385**
		727993	634780	476215	420810
		70	89	70	89
		4882		4882	
45623	33095	96082	95214	96082	95214
		29295			
		429165	367251	383352	331781
		479	457	108	
			1490		1490

2-24 续表 6

专卖店

地区	商品购进总额		统一配送商品购进额		自有配送中心配送商品购进额	
	2018年	2017年	2018年	2017年	2018年	2017年
全国	**1062186**	**978843**	**746184**	**648275**	**540565**	**497254**
北京	245371	232496	245290	231155	245290	231155
天津						
河北	668	669	668	669	668	669
山西						
内蒙古						
辽宁						
吉林						
黑龙江						
上海	94785	65401	94333	65401	94125	64075
江苏	163037	22853	163037	22853	25600	17531
浙江	29249	28215	29249	28215	29249	28215
安徽						
福建	44785	47163	43192	46003	27048	23929
江西	92220	74559	92220	74559	91703	74049
山东	1251	1215	1251	1215		20
河南	3914	3974	3914	3974		
湖北	36623	100957	5268	8170	4842	7045
湖南	36080	30467	23102	17747	13026	10710
广东	15532	42674	11387	42303	2286	1852
广西	1715	1651	1715	1651		
海南						
重庆	11554	36805	11554	36805	6493	31535
四川	239161	222189				
贵州						
云南						
西藏	26236					
陕西						
甘肃	236	238	236	238	236	238
青海						
宁夏		61088		61088		
新疆	19768	6230	19768	6230		6230

单位：万元

非自有配送中心配送商品购进额		商品销售总额		零售额	
2018年	2017年	2018年	2017年	2018年	2017年
161856	**8829**	**1548788**	**1447616**	**1296495**	**1236098**
		359259	368637	354222	368637
		1892	1892	1892	1892
		201324	135937	160802	95850
135795	4042	139101	31361	139101	31361
		45187	54199	21127	54199
2993	3877	64326	51733	12310	18760
		92314	74652	92314	74652
	10	1574	1473	1574	1473
		4778	4720	4778	4720
		45146	112324	8536	33889
3300	900	31510	32801	9036	10688
		181373	165011	181373	165011
		1382	2050	1382	2050
		24333	62849		48283
		275141	265267	253545	241923
		25646			
		236	238	236	238
			56179		56179
19768		54267	26294	54267	26294

2-24 续表 7

其他

地区	商品购进总额		统一配送商品购进额		自有配送中心配送商品购进额	
	2018年	2017年	2018年	2017年	2018年	2017年
全　国	**509725**	**501529**	**323658**	**387669**	**102455**	**101662**
北　京						
天　津						
河　北						
山　西						
内蒙古	4584	3668	4584	3668		
辽　宁						
吉　林						
黑龙江						
上　海	82900	37303				
江　苏	1115	1143	1115	1143		
浙　江						
安　徽	189945	238773	188996	238631	949	141
福　建						
江　西	24		24			
山　东	46201	56061	13738	39311	12860	38380
河　南						
湖　北						
湖　南						
广　东	114969	101576	75530	63644	56391	32199
广　西						
海　南						
重　庆	64816	60816	34508	39084	30961	29171
四　川	550	459	550	459	550	459
贵　州						
云　南						
西　藏	8	2				
陕　西						
甘　肃						
青　海	4614	1729	4614	1729	744	1311
宁　夏						
新　疆						

单位：万元

非自有配送中心配送商品购进额		商品销售总额		零售额	
2018年	2017年	2018年	2017年	2018年	2017年
3629	**10180**	**559684**	**598181**	**289025**	**253134**
		2955	2095	1635	1241
		30918	34773		
		1299	1275	1299	1275
		195195	241429	4030	2310
24		1500		1500	
878	931	54359	73249	54359	73249
		217048	194431	193997	158721
2727	9249	51266	48488	30721	14247
		633	619	633	619
		6	2		
		4506	1822	852	1474

2-25　36城市连锁零售企业

地　　区	连锁总店数（个）	门店数（个）	
	2018年	2018年	2017年
合　　计	**1567**	**167376**	**154657**
北　　京	180	9862	8540
天　　津	32	2271	2081
石 家 庄	21	1491	1316
太　　原	25	3688	3028
呼和浩特	3	565	404
沈　　阳	46	3164	2602
大　　连	12	2072	2068
长　　春	15	1768	1614
哈 尔 滨	19	1128	1075
上　　海	136	23079	22256
南　　京	31	12482	11030
杭　　州	77	10014	9912
宁　　波	22	1352	1313
合　　肥	35	9346	8526
福　　州	32	2379	2134
厦　　门	67	6137	5662
南　　昌	38	3920	3032
济　　南	10	3134	3042
青　　岛	55	4213	3944
郑　　州	22	1974	1550
武　　汉	112	8219	7236
长　　沙	72	5594	4910
广　　州	105	6659	6378
深　　圳	78	8197	8342
南　　宁	19	2217	1995
海　　口	5	782	738
重　　庆	79	9218	9733
成　　都	70	9307	8747
贵　　阳	13	965	696
昆　　明	27	5761	5272
拉　　萨	3	110	97
西　　安	34	2319	1477
兰　　州	9	995	861
西　　宁	10	187	341
银　　川	26	803	738
乌鲁木齐	27	2004	1967

基本情况

年末从业人员（人）		年末零售营业面积（平方米）	
2018年	2017年	2018年	2017年
1738434	**1707334**	**116773693**	**111352667**
167363	169621	9222516	9059133
25668	24278	2047757	1891656
18072	16152	1625451	1609038
27421	24387	1993353	1781345
2599	1878	63115	47547
26800	25011	1112817	2316527
15010	15151	1089721	1111472
11258	10661	615643	527265
9100	9225	346019	324707
279190	283776	13059273	12589906
181063	173278	14807578	14015215
52700	56913	7686319	7615232
16398	16412	710212	687404
71204	73492	5461107	4538181
59957	54388	7681160	7339856
33126	31353	1726865	1582898
30798	30365	1568588	1321892
57005	60103	3920870	3541990
41021	34939	5675747	4769638
19029	18982	1751309	1524683
95428	93719	5938129	5751491
47060	44209	3204808	2931147
81918	80924	4850592	4835426
70605	71262	3578501	3617829
19230	18712	1457083	1363779
5035	5093	439853	368633
83243	84907	4678768	4587071
76634	75256	4051056	3224236
8857	7385	591480	397550
35447	32046	1362735	1960981
883	840	33075	31307
25850	19529	876297	859689
6926	6842	169919	120606
4841	4758	169494	160729
10637	10596	1236126	1157785
21058	20891	1970357	1788823

2-26 36城市连锁零售企业直营门店基本情况

地区	门店数（个）		年末从业人员（人）		年末零售营业面积（平方米）	
	2018年	2017年	2018年	2017年	2018年	2017年
合计	**117132**	**106383**	**1539206**	**1505633**	**108349514**	**103372532**
北京	7743	6530	155028	155205	8909947	8695558
天津	1750	1553	24298	22901	1992887	1836786
石家庄	1155	990	17464	15545	1598174	1582670
太原	1712	1349	17569	16011	1872628	1676770
呼和浩特	342	237	1930	1413	49518	37364
沈阳	2997	2440	26385	24536	1100767	2293303
大连	1089	1054	9830	9785	969048	988319
长春	1768	1614	11258	10661	615643	527265
哈尔滨	1021	972	8837	8952	343469	322477
上海	15079	14676	200319	200615	8662155	8560050
南京	10029	8527	169663	162418	14445285	13655424
杭州	6201	5872	44685	48651	7383367	7318473
宁波	925	868	15874	15851	678331	655057
合肥	4330	3565	63268	65506	5211176	4290686
福州	1564	1273	58554	52847	7626040	7281035
厦门	2726	2780	24305	23285	1413499	1293624
南昌	2161	1711	26323	25796	1314494	1093472
济南	3134	3042	57005	60103	3920870	3541990
青岛	3374	3024	38242	31788	5574073	4653896
郑州	1964	1540	18991	18944	1750749	1524123
武汉	5916	5644	90359	90299	5809224	5634933
长沙	3870	3396	41389	39057	3067722	2812729
广州	5526	5306	72993	72430	4233778	4223666
深圳	4309	4350	65329	66582	3456471	3505717
南宁	1479	1348	16462	16163	1388509	1303946
海口	782	738	5035	5093	439853	368633
重庆	4830	4667	76097	75697	4405459	4291036
成都	6995	6927	70426	70355	3849361	3114027
贵阳	965	696	8857	7385	591480	397550
昆明	5761	5272	35447	32046	1362735	1960981
拉萨	80	74	800	795	30525	30157
西安	2121	1234	24949	18518	865327	839479
兰州	994	860	6921	6837	169819	120506
西宁	138	137	4768	4523	167474	148489
银川	803	731	10637	10473	1236126	1156785
乌鲁木齐	1499	1386	18909	18567	1843531	1635556

2-27　36城市连锁零售企业加盟门店基本情况

地　区	门店数（个）		年末从业人员（人）		年末零售营业面积（平方米）	
	2018年	2017年	2018年	2017年	2018年	2017年
合　计	**50244**	**48274**	**199228**	**201701**	**8424179**	**7980135**
北　京	2119	2010	12335	14416	312569	363575
天　津	521	528	1370	1377	54870	54870
石家庄	336	326	608	607	27277	26368
太　原	1976	1679	9852	8376	120725	104575
呼和浩特	223	167	669	465	13597	10183
沈　阳	167	162	415	475	12050	23224
大　连	983	1014	5180	5366	120673	123153
长　春						
哈尔滨	107	103	263	273	2550	2230
上　海	8000	7580	78871	83161	4397118	4029856
南　京	2453	2503	11400	10860	362293	359791
杭　州	3813	4040	8015	8262	302952	296759
宁　波	427	445	524	561	31881	32347
合　肥	5016	4961	7936	7986	249931	247495
福　州	815	861	1403	1541	55120	58821
厦　门	3411	2882	8821	8068	313366	289274
南　昌	1759	1321	4475	4569	254094	228420
济　南						
青　岛	839	920	2779	3151	101674	115742
郑　州	10	10	38	38	560	560
武　汉	2303	1592	5069	3420	128905	116558
长　沙	1724	1514	5671	5152	137086	118418
广　州	1133	1072	8925	8494	616814	611760
深　圳	3888	3992	5276	4680	122030	112112
南　宁	738	647	2768	2549	68574	59833
海　口						
重　庆	4388	5066	7146	9210	273309	296035
成　都	2312	1820	6208	4901	201695	110209
贵　阳						
昆　明						
拉　萨	30	23	83	45	2550	1150
西　安	198	243	901	1011	10970	20210
兰　州	1	1	5	5	100	100
西　宁	49	204	73	235	2020	12240
银　川		7		123		1000
乌鲁木齐	505	581	2149	2324	126826	153267

2-28 36城市连锁零售企业

地 区	商品购进总额		统一配送商品购进额		自有配送中心配送商品购进额	
	2018年	2017年	2018年	2017年	2018年	2017年
合 计	**241007369**	**223994192**	**180714913**	**172615848**	**117146254**	**107768899**
北 京	29443373	26906337	21105279	19130984	14288081	11431233
天 津	4694054	4238488	2868175	2996889	2355337	2209934
石家庄	2908937	2687205	1459599	1275400	496870	419853
太 原	1897684	1772211	1103390	1098000	323442	475164
呼和浩特	92324	80689	92324	80689	57193	54238
沈 阳	1567726	1578002	831712	940300	182268	175737
大 连	1902881	1920072	1769506	1741730	140574	139869
长 春	1303581	1343378	1295256	1335146	1182101	1152489
哈尔滨	1843577	1877916	1834583	1868381	313656	314368
上 海	33281496	30698752	26666854	24690807	12192835	9765030
南 京	34233497	32633723	29598582	28232026	26526417	25399016
杭 州	17219013	15232584	14456106	13263921	13226672	12192105
宁 波	1016117	1008729	981260	994101	560891	553478
合 肥	13512303	12809909	9726175	9076160	4817335	4146857
福 州	9149075	6893551	5788094	4989232	1567072	1800454
厦 门	1694996	1491670	1257424	1024457	575179	557614
南 昌	3149215	3059982	2814655	2801484	2063227	2088322
济 南	4042063	3807713	2033638	1922976	1285208	1203511
青 岛	5036081	4629678	4180965	3677805	3184034	2669982
郑 州	1858349	1626205	940350	789904	367984	306236
武 汉	16541316	14849285	8392191	9024530	6358582	7137594
长 沙	5194729	4271569	3992870	3199345	2936308	2681609
广 州	12055943	13466404	11033736	12781859	7466949	6833928
深 圳	8742760	8680915	3445014	5174598	1262282	3250947
南 宁	1887840	1659085	1881000	1648436	478969	295852
海 口	1920707	1739893	1886862	1703282		
重 庆	7463283	6897386	6001575	4848175	4648153	3308477
成 都	5922038	5603263	3500713	3482374	2012248	1699564
贵 阳	660423	521746	645345	503512	356804	279653
昆 明	2272240	2272540	1932912	1913914	1000255	792946
拉 萨	50815	29546	24571	29544		
西 安	3134814	2741760	2748390	2298111	2590012	2156716
兰 州	673848	569684	634020	569684	159237	116683
西 宁	140587	150249	100240	89476	17209	20241
银 川	2186121	2196584	1457623	1446242	976113	993467
乌鲁木齐	2313563	2047489	2233924	1972374	1176757	1145732

经营情况

单位：万元

非自有配送中心配送商品购进额		商品销售总额		零售额	
2018年	2017年	2018年	2017年	2018年	2017年
24160081	**24212292**	**280400196**	**258961872**	**217838212**	**204786968**
4034925	3337798	33562639	31771152	26707544	25970971
330182	94084	5682991	5000517	4570406	3938791
21745	18698	2942446	2740131	2387352	2395110
		2492136	2486687	2463294	2468534
		112219	88110	112219	88110
61778	25640	1871341	1725099	1466530	1542835
52094	52838	1802178	1734739	1708595	1662240
313	647	1637657	1634788	1304619	1387373
184834	137307	1884860	1878874	1292512	1308751
2864600	3463415	41878476	37549577	32886798	30254527
85134	76382	35620654	33001746	26059451	24039515
906201	777224	18633794	16499128	11868828	10606259
192314	199243	1211075	1237819	1012321	1048371
107424	127082	14981112	14398773	9189627	9181452
4124251	3116117	8954021	7079530	7990853	7030471
197396	146701	2647674	2384268	2299120	2030935
148873	114963	4294911	4065469	2851088	2942710
742672	708938	4309043	4268577	4309043	4268577
404406	490629	6955896	6433206	4905368	4495109
276731	228831	2537408	2277699	2345951	2276787
1022556	920641	19079361	17286098	15874114	15038030
505383	430408	5842957	5477349	5625883	5255946
3367861	5749839	15209301	14732119	12009119	10876549
1656672	1237084	10052203	9293633	8676617	8526446
40699	39016	2083843	1938702	1418424	1342089
		2201999	1910240	1224304	1159517
1083792	1062081	9803728	9391235	8081666	7718402
404933	406231	6796363	6250505	6217481	5782116
1437	1748	646831	548550	646831	548550
211235	358962	4497333	4445495	3885168	3682445
		50541	27275	24889	27273
51914	59612	3828951	3455782	1573444	1415088
		845323	692805	728168	592919
		239923	231952	217123	224888
21098	3831	2214507	2177887	1423204	1376938
1056628	826302	2994501	2846356	2480258	2282344

2-29 36城市连锁零售企业

地 区	商品购进总额		统一配送商品购进额		自有配送中心配送商品购进额	
	2018年	2017年	2018年	2017年	2018年	2017年
合 计	**229848680**	**212463183**	**171070729**	**162305163**	**113309027**	**103519316**
北 京	28942736	26443231	20699954	18768619	14017084	11175823
天 津	4571765	4142710	2868171	2996885	2355333	2209930
石家庄	2835180	2618429	1385843	1206624	423117	351079
太 原	1635068	1540306	940213	938445	160264	315609
呼和浩特	72183	65606	72183	65606	57193	54238
沈 阳	1562548	1565312	831712	927633	182268	175737
大 连	1850759	1867195	1717384	1688853	140545	139829
长 春	1303581	1343378	1295256	1335146	1182101	1152489
哈尔滨	1842594	1876936	1833789	1867551	312898	313576
上 海	26773968	24110778	20571601	18422231	10776987	8505322
南 京	33575087	31784774	28942201	27383095	26110546	24625934
杭 州	17024620	14916692	14272740	12981874	13077884	11934283
宁 波	1002756	995983	971091	984929	555909	549867
合 肥	13023115	12281119	9237936	8547511	4555311	3893044
福 州	9101648	6832029	5740668	4927710	1567072	1800454
厦 门	1507813	1339302	1070701	872529	475519	477275
南 昌	2905961	2752890	2581440	2499477	1830012	1786316
济 南	4042063	3807713	2033638	1922976	1285208	1203511
青 岛	4971368	4558171	4148720	3623054	3166674	2627313
郑 州	1858264	1626122	940350	789904	367984	306236
武 汉	16281455	14649060	8333814	8985968	6303755	7104690
长 沙	5058648	4145050	3869769	3085546	2871851	2626406
广 州	11587526	13024697	10661620	12390217	7119059	6482064
深 圳	8554547	8492963	3336512	5062876	1205965	3217707
南 宁	1856309	1633718	1849470	1623069	447771	270740
海 口	1920707	1739893	1886862	1703282		
重 庆	7262326	6624119	5853013	4619054	4541006	3123061
成 都	5629017	5350229	3458152	3456427	2003055	1691754
贵 阳	660423	521746	645345	503512	356804	279653
昆 明	2272240	2272540	1932912	1913914	1000255	792946
拉 萨	24571	29544	24571	29544		
西 安	3113130	2696980	2726707	2253331	2584783	2126617
兰 州	673612	569446	633784	569446	159001	116445
西 宁	135973	148487	95626	87747	16465	18929
银 川	2186121	2135497	1457623	1385154	976113	993467
乌鲁木齐	2228998	1960538	2149358	1885424	1123235	1076972

直营门店经营情况

单位：万元

非自有配送中心配送商品购进额		商品销售总额		零售额	
2018年	2017年	2018年	2017年	2018年	2017年
23144959	**23202790**	**267344201**	**246112353**	**206432444**	**193917846**
3920895	3245360	32869100	31100224	26019043	25300043
330182	94084	5549890	4887029	4438302	3826133
21745	18698	2865445	2671276	2310351	2326255
		2217727	2255162	2188885	2237009
		87043	69257	87043	69257
61778	25640	1864132	1709591	1466530	1527335
		1705707	1631793	1612124	1559294
313	647	1637657	1634788	1304619	1387373
184834	137307	1883652	1877753	1291493	1307779
2302729	2862287	34278976	30337068	25610665	23331020
85130	76226	34933362	32145263	25558277	23683033
884185	759661	18413374	16142101	11821719	10493883
187928	194533	1196327	1222030	997878	1033643
107424	127082	14502797	13887385	9155211	9154380
4078628	3056028	8856125	6951226	7892956	6902167
121010	90281	2353122	2181140	2055430	1859712
148873	114963	4067863	3784242	2624040	2692850
742672	708938	4309043	4268577	4309043	4268577
403528	489698	6880270	6342717	4829742	4404620
276731	228831	2537280	2277596	2345824	2276684
1021497	919349	18772762	17044876	15795761	14965338
453514	377949	5700535	5345264	5505934	5145974
3365474	5741506	14733495	14285714	11560332	10476570
1650746	1230718	9745941	9038713	8404773	8297536
40699	39016	2051155	1910772	1417827	1341164
		2201999	1910240	1224304	1159517
1071445	1043532	9555448	9067793	7892317	7460033
371730	388191	6447471	5932717	5895037	5492906
1437	1748	646831	548550	646831	548550
211235	358962	4497333	4445495	3885168	3682445
		24889	27273	24889	27273
51914	59612	3800411	3408899	1544904	1368205
		845087	692567	727933	592681
		235418	229590	216272	223415
21098	3831	2214507	2121709	1423204	1320760
1025585	808112	2862027	2725963	2347783	2174432

2-30 36城市连锁零售企业

地区	商品购进总额		统一配送商品购进额		自有配送中心配送商品购进额	
	2018年	2017年	2018年	2017年	2018年	2017年
合计	**11158687**	**11531010**	**9644188**	**10310686**	**3837225**	**4249583**
北京	500637	463106	405325	362365	270997	255410
天津	122289	95778	4	4	4	4
石家庄	73756	68776	73756	68776	73753	68774
太原	262616	231906	163178	159555	163178	159555
呼和浩特	20140	15083	20140	15083		
沈阳	5178	12690		12667		
大连	52123	52877	52123	52877	29	39
长春						
哈尔滨	984	981	795	831	757	793
上海	6507528	6587974	6095253	6268576	1415848	1259709
南京	658410	848949	656381	848931	415870	773082
杭州	194392	315891	183366	282047	148788	257822
宁波	13361	12746	10169	9172	4983	3612
合肥	489188	528790	488239	528649	262024	253813
福州	47427	61522	47427	61522		
厦门	187183	152369	186723	151929	99660	80339
南昌	243253	307091	233215	302006	233215	302006
济南						
青岛	64713	71507	32245	54751	17360	42669
郑州	85	83				
武汉	259861	200225	58376	38562	54827	32904
长沙	136080	126519	123102	113799	64456	55202
广州	468417	441707	372116	391642	347890	351864
深圳	188213	187951	108502	111722	56317	33240
南宁	31531	25367	31531	25367	31198	25111
海口						
重庆	200957	273268	148562	229121	107146	185417
成都	293021	253035	42561	25947	9193	7810
贵阳						
昆明						
拉萨	26245	2				
西安	21683	44779	21683	44779	5230	30099
兰州	236	238	236	238	236	238
西宁	4614	1761	4614	1729	744	1311
银川		61088		61088		
乌鲁木齐	84566	86951	84566	86951	53522	68760

加盟门店经营情况

单位：万元

非自有配送中心配送商品购进额		商品销售总额		零售额	
2018年	2017年	2018年	2017年	2018年	2017年
1015125	**1009504**	**13056001**	**12847646**	**11405769**	**10869121**
114030	92438	693540	670928	688501	670928
		133101	113488	132105	112658
		77001	68855	77001	68855
		274410	231525	274410	231525
		25175	18853	25175	18853
		7209	15508		15500
52094	52838	96471	102946	96471	102946
		1208	1121	1019	972
561872	601128	7599500	7212509	7276133	6923507
4	156	687292	856483	501174	356483
22016	17562	220420	357027	47108	112376
4386	4710	14748	15789	14443	14728
		478315	511388	34416	27072
45623	60090	97897	128304	97897	128304
76386	56421	294553	203129	243690	171223
		227048	281227	227048	249859
878	931	75626	90488	75626	90488
		127	102	127	102
1059	1292	306600	241222	78353	72692
51870	52460	142423	132085	119949	109972
2387	8333	475806	446405	448787	399979
5926	6366	306262	254920	271844	228910
		32688	27930	597	925
12347	18549	248281	321568	189349	258368
33203	18040	348892	317788	322444	289210
		25652	2		
		28540	46883	28540	46883
		236	238	236	238
		4506	2362	852	1474
			56179		56179
31044	18190	132474	120394	132474	107912

第三部分

餐饮企业综合篇

3-1 连锁餐饮企业总体情况

项目	单位	总计		直营店		加盟店	
		2018年	2017年	2018年	2017年	2018年	2017年
连锁总店数	个	482					
门店总数	个	31001	28404	27513	24911	3488	3493
年末从业人员	人	892770	794008	787452	687836	105318	106172
年末餐饮营业面积	平方米	10750057	10436991	9375764	9037683	1374293	1399308
年末餐位数	位	3326353	3203070	2800000	2673116	526353	529954
连锁门店商品购进总额	万元	6740145	6322981	6352238	5933780	387908	389201
其中：统一配送商品购进额	万元	5040924	4565782	4808960	4328150	231964	237632
其中：自有配送中心	万元	2000954	1885809	1958529	1818044	42425	67765
非自有配送中心	万元	868667	786349	764995	688212	103672	98137
营业额	万元	19500064	17655410	18039340	16176986	1460724	1478424
其中：餐费收入及商品销售额	万元	19011519	17527458	17379962	16220702	1460209	1478104

3-2 连锁餐饮企业基本情况

项目	连锁总店数（个）	门店数（个）		年末从业人员（人）		年末餐饮营业面积（平方米）		年末餐位数（位）	
	2018年	2018年	2017年	2018年	2017年	2018年	2017年	2018年	2017年
总　计	**482**	**31001**	**28404**	**892770**	**794008**	**10750057**	**10436991**	**3326353**	**3203070**
一、按登记注册类型分									
内资企业	308	9455	8747	275771	266397	4279601	4227230	1272077	1266472
国有企业	4	130	125	2829	2837	34319	28989	11298	10156
集体企业	1	2	3	480	560	11300	12000	2300	3000
股份合作企业	3	9	9	259	267	8390	8390	2570	2570
联营企业									
国有联营企业									
集体联营企业									
国有与集体联营企业									
其他联营企业									
有限责任公司	109	3746	3214	85549	71791	1262998	1175874	368840	344205
国有独资公司	1	3	3	166	158	2000	2000	200	200
其他有限责任公司	108	3743	3211	85383	71633	1260998	1173874	368640	344005
股份有限公司	14	1263	1142	55736	54028	1009964	1005260	196195	217251
私营企业	176	4298	4247	130869	136865	1951630	1994917	690573	688909
私营独资企业	7	95	98	2968	3593	48197	45896	12386	15577
私营合伙企业									
私营有限责任公司	165	4186	4132	127450	132737	1883652	1927590	674612	669752
私营股份有限公司	4	17	17	451	535	19781	21431	3575	3580
其他企业	1	7	7	49	49	1000	1800	301	381
港、澳、台商投资企业	86	8402	7564	225091	203580	2241005	1969970	683138	617217
港澳台商合资经营企业	14	1155	1125	43336	44055	323019	338023	99213	100651
港澳台商合作经营企业	1	4	4	522	583	15000	17000	1700	1700
港、澳、台商独资经营企业	68	7210	6400	180000	157611	1860625	1571821	574710	507161
港、澳、台商投资股份有限公司	2	29	31	1148	1245	41161	41926	6999	7189
其他港、澳、台商投资企业	1	4	4	85	86	1200	1200	516	516
外商投资企业	88	13144	12093	391908	324031	4229451	4239791	1371138	1319381
中外合资经营企业	11	2044	1851	85833	59127	724432	676070	228692	208931
中外合作经营企业									
外资企业	71	10434	9606	277371	238603	3021260	3109912	973858	948641
外商投资股份有限公司	2	81	79	8673	9777	98816	84389	29928	26422
其他外商投资企业	4	585	557	20031	16524	384943	369420	138660	135387
二、按行业分									
正餐服务	250	7656	7299	328709	284029	4929885	5050229	1378899	1415117
快餐服务	184	17172	15752	496310	449730	5000786	4694425	1691543	1546217
饮料及冷饮服务	30	5653	4801	63271	54130	779769	640754	243848	226106
其他餐饮业	18	520	552	4480	6119	39617	51583	12063	15630
直营门店合计		**27513**	**24911**	**787452**	**687836**	**9375764**	**9037683**	**2800000**	**2673116**
一、按登记注册类型分									
内资企业		7303	6608	201122	188767	3413265	3330444	962825	954943
国有企业		130	125	2829	2837	34319	28989	11298	10156
集体企业		2	3	480	560	11300	12000	2300	3000
股份合作企业		9	9	259	267	8390	8390	2570	2570
联营企业									
国有联营企业									
集体联营企业									
国有与集体联营企业									
其他联营企业									
有限责任公司		3251	2778	77463	63710	1143193	1057559	342232	316640
国有独资公司		3	3	166	158	2000	2000	200	200
其他有限责任公司		3248	2775	77297	63552	1141193	1055559	342032	316440
股份有限公司		903	794	38414	34492	741210	708203	137477	153243
私营企业		3001	2892	81628	86852	1473853	1513503	466647	468953
私营独资企业		90	94	2846	3470	46917	44646	11905	15112
私营合伙企业									
私营有限责任公司		2894	2781	78331	82847	1407155	1447426	451167	450261
私营股份有限公司		17	17	451	535	19781	21431	3575	3580

3-2 续表

项目	连锁总店数（个）	门店数（个）		年末从业人员（人）		年末餐饮营业面积（平方米）		年末餐位数（位）	
	2018年	2018年	2017年	2018年	2017年	2018年	2017年	2018年	2017年
其他企业		7	7	49	49	1000	1800	301	381
港、澳、台商投资企业		8147	7321	219469	197713	2197501	1929361	660738	597233
港澳台商合资经营企业		1155	1125	43336	44055	323019	338023	99213	100651
港澳台商合作经营企业		4	4	522	583	15000	17000	1700	1700
港、澳、台商独资经营企业		6955	6157	174378	151744	1817121	1531212	552310	487177
港、澳、台商投资股份有限公司		29	31	1148	1245	41161	41926	6999	7189
其他港、澳、台商投资企业		4	4	85	86	1200	1200	516	516
外商投资企业		12063	10982	366861	301356	3764998	3777878	1176437	1120940
中外合资经营企业		2038	1850	85769	59084	723747	675720	228550	208789
中外合作经营企业									
外资企业		9729	8848	265407	225521	2853114	2929649	897362	865104
外商投资股份有限公司		81	79	8673	9777	98816	84389	29928	26422
其他外商投资企业		215	205	7012	6974	89321	88120	20597	20625
二、按行业分									
正餐服务		5786	5411	247564	203603	3828673	3921673	969270	1007370
快餐服务		15842	14378	473080	425520	4738124	4436878	1576702	1428674
饮料及冷饮服务		5552	4742	62836	53873	772464	638168	242785	225767
其他餐饮业		333	380	3912	4840	36503	40964	11243	11305
加盟门店合计		**3488**	**3493**	**105318**	**106172**	**1374293**	**1399308**	**526353**	**529954**
一、按登记注册类型分									
内资企业		2152	2139	74649	77630	866336	896786	309252	311529
国有企业									
集体企业									
股份合作企业									
联营企业									
国有联营企业									
集体联营企业									
国有与集体联营企业									
其他联营企业									
有限责任公司		495	436	8086	8081	119805	118315	26608	27565
国有独资公司									
其他有限责任公司		495	436	8086	8081	119805	118315	26608	27565
股份有限公司		360	348	17322	19536	268754	297057	58718	64008
私营企业		1297	1355	49241	50013	477777	481414	223926	219956
私营独资企业		5	4	122	123	1280	1250	481	465
私营合伙企业									
私营有限责任公司		1292	1351	49119	49890	476497	480164	223445	219491
私营股份有限公司									
其他企业									
港、澳、台商投资企业		255	243	5622	5867	43504	40609	22400	19984
港澳台商合资经营企业									
港澳台商合作经营企业									
港、澳、台商独资经营企业		255	243	5622	5867	43504	40609	22400	19984
港、澳、台商投资股份有限公司									
其他港、澳、台商投资企业									
外商投资企业		1081	1111	25047	22675	464453	461913	194701	198441
中外合资经营企业		6	1	64	43	685	350	142	142
中外合作经营企业									
外资企业		705	758	11964	13082	168146	180263	76496	83537
外商投资股份有限公司									
其他外商投资企业		370	352	13019	9550	295622	281300	118063	114762
二、按行业分									
正餐服务		1870	1888	81145	80426	1101212	1128556	409629	407747
快餐服务		1330	1374	23230	24210	262662	257547	114841	117543
饮料及冷饮服务		101	59	435	257	7305	2586	1063	339
其他餐饮业		187	172	508	1279	3114	10619	820	4325

3-3 连锁餐饮企业

项　　目	商品购进总额		统一配送商品购进额	
	2018年	2017年	2018年	2017年
总　计	**6740145**	**6322981**	**5040924**	**4565782**
一、按登记注册类型分				
内资企业	2017117	1787498	1141055	1047613
国有企业	32385	28862	19177	16673
集体企业	4836	5733	4836	5733
股份合作企业	3420	3418	350	425
联营企业				
国有联营企业				
集体联营企业				
国有与集体联营企业				
其他联营企业				
有限责任公司	556843	488667	392528	383668
国有独资公司	850	903	650	670
其他有限责任公司	555993	487764	391878	382998
股份有限公司	527811	455308	252410	195265
私营企业	891623	805310	471553	445649
私营独资企业	17708	17132	1143	3040
私营合伙企业				
私营有限责任公司	871080	784979	468490	440678
私营股份有限公司	2836	3199	1920	1931
其他企业	200	200	200	200
港、澳、台商投资企业	1628524	1368734	1461167	1229164
港澳台商合资经营企业	396109	327483	393125	324343
港澳台商合作经营企业	12683	13499	12683	13499
港、澳、台商独资经营企业	1204689	1017576	1050122	890211
港、澳、台商投资股份有限公司	14561	9801	4755	737
其他港、澳、台商投资企业	483	375	483	375
外商投资企业	3094505	3166749	2438702	2289004
中外合资经营企业	461120	419403	453756	411551
中外合作经营企业				
外资企业	2414966	2562157	1859878	1785329
外商投资股份有限公司	119706	88845	119399	88227
其他外商投资企业	98712	96344	5670	3898
二、按行业分				
正餐服务	2119757	1831857	1126811	960278
快餐服务	4003638	3968995	3410285	3155694
饮料及冷饮服务	568746	454953	476079	405052
其他餐饮业	48006	67176	27749	44758

经营情况

单位：万元

自有配送中心配送商品购进额		非自有配送中心配送商品购进额		营业额		餐费收入及商品销售额	
2018年	2017年	2018年	2017年	2018年	2017年	2018年	2017年
2000954	**1885809**	**868667**	**786349**	**19500064**	**17655410**	**19011519**	**17527458**
529294	490468	323827	300818	5692523	4976868	5428533	4867629
	3561	2222	1242	81443	68712	81057	68711
				10338	11635	9093	10577
		350	425	7072	7551	7072	7551
185543	196416	114216	80444	1701227	1491106	1671699	1466655
		650	670	2819	2888	2587	2541
185543	196416	113566	79774	1698408	1488217	1669112	1464114
109057	65719	91757	101154	1418950	1261439	1346977	1201150
234694	224774	115283	117554	2473247	2136101	2312391	2112660
501	480			57213	54410	56095	53322
233206	222834	114809	117082	2408887	2073770	2249150	2051458
987	1460	474	471	7147	7921	7147	7881
				246	326	246	326
468663	421750	308897	260878	5197558	4629909	4998582	4619696
47656	41877	13645	13310	974840	922555	972684	919321
12683	13499			22508	25160	22508	25160
403570	365637	294770	247193	4165991	3648204	3969879	3641788
4755	737			32661	32704	31952	32143
		483	375	1558	1285	1558	1285
1002997	973591	235942	224653	8609983	8048633	8584405	8040133
275450	241470	116574	103412	1772698	1631934	1765246	1631845
727547	732121	119368	121241	6163756	5810816	6145629	5803924
				304724	242929	304724	241427
				368806	362954	368805	362938
557148	465193	225783	225483	6559992	5849483	6303943	5749182
1417121	1366272	511316	453174	10650675	9799210	10421689	9774592
15525	22226	130992	104423	2118972	1817395	2116637	1814363
11161	32119	576	3269	170427	189322	169251	189322

3-3 续表 1

项目	商品购进总额		统一配送商品购进额	
	2018年	2017年	2018年	2017年
直营门店合计	**6352238**	**5933780**	**4808960**	**4328150**
一、按登记注册类型分				
内资企业	1760016	1532288	1017494	918056
国有企业	32385	28862	19177	16673
集体企业	4836	5733	4836	5733
股份合作企业	3420	3418	350	425
联营企业				
国有联营企业				
集体联营企业				
国有与集体联营企业				
其他联营企业				
有限责任公司	519267	449797	367531	349376
国有独资公司	850	903	650	670
其他有限责任公司	518416	448895	366881	348706
股份有限公司	422721	348319	224371	171002
私营企业	777188	695958	401029	374648
私营独资企业	17177	16511	1130	3040
私营合伙企业				
私营有限责任公司	757175	676249	397979	369677
私营股份有限公司	2836	3199	1920	1931
其他企业	200	200	200	200
港、澳、台商投资企业	1581064	1322749	1418915	1192167
港澳台商合资经营企业	396109	327483	393125	324343
港澳台商合作经营企业	12683	13499	12683	13499
港、澳、台商独资经营企业	1157229	971590	1007870	853214
港、澳、台商投资股份有限公司	14561	9801	4755	737
其他港、澳、台商投资企业	483	375	483	375
外商投资企业	3011159	3078744	2372551	2217927
中外合资经营企业	460941	419337	453577	411484
中外合作经营企业				
外资企业	2342724	2484431	1793906	1714318
外商投资股份有限公司	119706	88845	119399	88227
其他外商投资企业	87787	86131	5670	3898
二、按行业分				
正餐服务	1900884	1625942	1048435	886090
快餐服务	3845156	3807175	3262692	3005236
饮料及冷饮服务	563349	454316	470821	404614
其他餐饮业	42849	46348	27014	32211

单位：万元

	自有配送中心配送商品购进额		非自有配送中心配送商品购进额		营业额		餐费收入及商品销售额	
	2018年	2017年	2018年	2017年	2018年	2017年	2018年	2017年
	1958529	**1818044**	**764995**	**688212**	**18039340**	**16176986**	**17379962**	**16220702**
	506488	456423	260915	239558	4797970	4082896	4526120	3982351
		3561	2222	1242	81443	68712	78438	71330
					10338	11635	9130	10540
			350	425	7072	7551	7072	7551
	179515	179625	114086	78817	1575898	1361273	1544492	1338700
			650	670	2819	2888	2520	2608
	179515	179625	113436	78147	1573079	1358385	1541973	1336092
	109057	65719	67598	80120	1106098	926649	1029727	870757
	217916	207519	76658	78954	2016876	1706751	1857016	1683149
	488	480			55957	53030	54841	51942
	216441	205579	76184	78483	1953772	1645801	1795082	1623273
	987	1460	474	471	7147	7921	7094	7934
					246	326	246	326
	468663	421750	276759	232496	5069450	4490881	4745149	4605993
	47656	41877	13645	13310	974840	922555	971258	920747
	12683	13499			22508	25160	22508	25160
	403570	365637	262632	218812	4037883	3509177	3718240	3626291
	4755	737			32661	32704	31584	32511
			483	375	1558	1285	1558	1285
	983379	939871	227321	216158	8171920	7603209	8108693	7632357
	275355	241470	116574	103412	1771979	1631064	1763346	1632158
	708024	698401	110747	112746	5925658	5556437	5871065	5586011
					304724	242929	304724	241427
					169559	172778	169559	172761
	537973	445409	179089	181680	5555875	4878471	5283218	4795611
	1394981	1329250	454338	400326	10218962	9336379	9890599	9411139
	15062	22226	130992	104423	2110700	1815404	2053916	1866822
	10514	21160	576	1783	153803	146732	152227	147131

3-3 续表 2

项 目	商品购进总额		统一配送商品购进额	
	2018年	2017年	2018年	2017年
加盟门店合计	**387908**	**389201**	**231964**	**237632**
一、按登记注册类型分				
内资企业	257101	255210	123561	129557
国有企业				
集体企业				
股份合作企业				
联营企业				
国有联营企业				
集体联营企业				
国有与集体联营企业				
其他联营企业				
有限责任公司	37576	38869	24997	34292
国有独资公司				
其他有限责任公司	37576	38869	24997	34292
股份有限公司	105090	106989	28040	24263
私营企业	114435	109352	70524	71001
私营独资企业	531	621	13	
私营合伙企业				
私营有限责任公司	113905	108731	70511	71001
私营股份有限公司				
其他企业				
港、澳、台商投资企业	47461	45985	42252	36997
港澳台商合资经营企业				
港澳台商合作经营企业				
港、澳、台商独资经营企业	47461	45985	42252	36997
港、澳、台商投资股份有限公司				
其他港、澳、台商投资企业				
外商投资企业	83346	88006	66151	71078
中外合资经营企业	179	67	179	67
中外合作经营企业				
外资企业	72242	77727	65972	71011
外商投资股份有限公司				
其他外商投资企业	10925	10213		
二、按行业分				
正餐服务	218873	205916	78377	74188
快餐服务	158482	161820	147593	150458
饮料及冷饮服务	5397	637	5258	438
其他餐饮业	5156	20828	735	12547

单位：万元

自有配送中心配送商品购进额		非自有配送中心配送商品购进额		营业额		餐费收入及商品销售额	
2018年	2017年	2018年	2017年	2018年	2017年	2018年	2017年
42425	**67765**	**103672**	**98137**	**1460724**	**1478424**	**1460209**	**1478104**
22807	34046	62913	61260	894553	893972	894038	893653
6028	16791	130	1627	125329	129833	125329	129833
6028	16791	130	1627	125329	129833	125329	129833
		24159	21033	312853	334790	312852	334790
16779	17255	38625	38600	456372	429349	455857	429030
13				1256	1380	1254	1380
16766	17255	38625	38600	455116	427969	454603	427650
		32138	28382	128108	139028	128108	139027
		32138	28382	128108	139028	128108	139027
19619	33719	8622	8496	438063	445424	438063	445424
95				719	869	719	869
19524	33719	8622	8496	238098	254378	238098	254379
				199246	190177	199247	190177
19175	19784	46694	43804	1004117	971012	1003604	970692
22140	37022	56978	52848	431713	462831	431711	462831
462				8270	1990	8270	1990
647	10959		1486	16624	42590	16624	42590

3-4 按登记注册类型与行业分连锁餐饮企业基本情况

正餐服务

项目	连锁总店数（个）	门店数（个）		年末从业人员（人）		年末餐饮营业面积（平方米）		年末餐位数（位）	
	2018年	2018年	2017年	2018年	2017年	2018年	2017年	2018年	2017年
总计	**250**	**7656**	**7299**	**328709**	**284029**	**4929885**	**5050229**	**1378899**	**1415117**
内资企业	206	4416	4218	202735	197272	3470638	3448627	947476	962222
国有企业	1	34	34	1391	1252	13615	12346	5420	4730
集体企业	1	2	3	480	560	11300	12000	2300	3000
股份合作企业	3	9	9	259	267	8390	8390	2570	2570
联营企业									
有限责任公司	64	947	797	43589	33362	789564	719278	186117	178872
股份有限公司	11	692	613	51303	50112	953624	945307	174746	193244
私营企业	125	2725	2761	105664	111670	1693145	1749506	576022	579425
其他企业	1	7	7	49	49	1000	1800	301	381
港、澳、台商投资企业	23	651	581	19449	19576	292830	254859	77381	74937
外商投资企业	21	2589	2500	106525	67181	1166417	1346743	354042	377958
直营门店合计		**5786**	**5411**	**247564**	**203603**	**3828673**	**3921673**	**969270**	**1007370**
内资企业		2987	2752	136044	127819	2684720	2623138	663565	677198
国有企业		34	28	1391	1252	13615	12346	5420	4730
集体企业		2	3	480	560	11300	12000	2300	3000
股份合作企业		9	9	259	267	8390	8390	2570	2570
联营企业									
有限责任公司		784	649	39497	29189	710604	634373	170055	163371
股份有限公司		564	477	34365	31309	690232	653591	117752	131202
私营企业		1587	1579	60003	65193	1249579	1300638	365167	371944
其他企业		7	7	49	49	1000	1800	301	381
港、澳、台商投资企业		648	578	19389	19516	292208	254237	77109	74665
外商投资企业		2151	2081	92131	56268	851745	1044298	228596	255507
加盟门店合计		**1870**	**1888**	**81145**	**80426**	**1101212**	**1128556**	**409629**	**407747**
内资企业		1429	1466	66691	69453	785918	825489	283911	285024
国有企业									
集体企业									
股份合作企业									
联营企业									
有限责任公司		163	148	4092	4173	78960	84905	16062	15501
股份有限公司		128	136	16938	18803	263392	291716	56994	62042
私营企业		1138	1182	45661	46477	443566	448868	210855	207481
其他企业									
港、澳、台商投资企业		3	3	60	60	622	622	272	272
外商投资企业		438	419	14394	10913	314672	302445	125446	122451

3-4 续表 1

快餐服务

项目	连锁总店数（个）	门店数（个）		年末从业人员（人）		年末餐饮营业面积（平方米）		年末餐位数（位）	
	2018年	2018年	2017年	2018年	2017年	2018年	2017年	2018年	2017年
总　计	**184**	**17172**	**15752**	**496310**	**449730**	**5000786**	**4694425**	**1691543**	**1546217**
内资企业	79	3731	3506	65115	61580	737305	714314	305610	283868
国有企业	2	88	89	1297	1421	15532	14710	4662	4610
集体企业									
股份合作企业									
联营企业									
有限责任公司	32	1937	1826	37735	34667	435299	421815	175083	155419
股份有限公司	2	546	506	4013	3477	50667	54960	18738	21496
私营企业	43	1160	1085	22070	22015	235807	222829	107127	102343
其他企业									
港、澳、台商投资企业	48	5302	4845	174160	160182	1610640	1457310	510234	446486
外商投资企业	57	8139	7401	257035	227968	2652841	2522801	875699	815863
直营门店合计		**15842**	**14378**	**473080**	**425520**	**4738124**	**4436878**	**1576702**	**1428674**
内资企业		3254	3050	57673	54465	661071	653862	281337	261677
国有企业		88	89	1297	1421	15532	14710	4662	4610
集体企业									
股份合作企业									
联营企业									
有限责任公司		1841	1741	34129	31662	397828	398244	165025	147044
股份有限公司		314	294	3629	2744	45305	49619	17014	19530
私营企业		1011	926	18618	18638	202406	191289	94636	90493
其他企业									
港、澳、台商投资企业		5060	4619	168883	154849	1569158	1419683	488311	427124
外商投资企业		7528	6709	246524	216206	2507895	2363333	807054	739873
加盟门店合计		**1330**	**1374**	**23230**	**24210**	**262662**	**257547**	**114841**	**117543**
内资企业		477	456	7442	7115	76234	60452	24273	22191
国有企业									
集体企业									
股份合作企业									
联营企业									
有限责任公司		96	85	3606	3005	37471	23571	10058	8375
股份有限公司		232	212	384	733	5362	5341	1724	1966
私营企业		149	159	3452	3377	33401	31540	12491	11850
其他企业									
港、澳、台商投资企业		242	226	5277	5333	41482	37627	21923	19362
外商投资企业		611	692	10511	11762	144946	159468	68645	75990

3-4 续表 2

饮料及冷饮服务

项　　目	连锁总店数（个）	门店数（个）		年末从业人员（人）		年末餐饮营业面积（平方米）		年末餐位数（位）	
	2018年	2018年	2017年	2018年	2017年	2018年	2017年	2018年	2017年
总　计	**30**	**5653**	**4801**	**63271**	**54130**	**779769**	**640754**	**243848**	**226106**
内资企业	10	896	620	5400	4406	45646	30444	8979	6738
国有企业	1	8	8	141	164	5172	1933	1216	816
集体企业									
股份合作企业									
联营企业									
有限责任公司	5	502	237	2561	1537	23508	12560	2866	1430
股份有限公司									
私营企业	4	386	375	2698	2705	16966	15951	4897	4492
其他企业									
港、澳、台商投资企业	13	2438	2122	31144	23292	335292	254558	95112	95213
外商投资企业	7	2319	2059	26727	26432	398831	355752	139757	124155
直营门店合计		**5552**	**4742**	**62836**	**53873**	**772464**	**638168**	**242785**	**225767**
内资企业		830	565	5122	4173	43476	28218	8601	6499
国有企业		8	8	141	164	5172	1933	1216	816
集体企业									
股份合作企业									
联营企业									
有限责任公司		436	186	2283	1333	21338	10520	2488	1226
股份有限公司									
私营企业		386	371	2698	2676	16966	15765	4897	4457
其他企业									
港、澳、台商投资企业		2435	2118	31129	23268	334992	254198	95037	95113
外商投资企业		2287	2059	26585	26432	393996	355752	139147	124155
加盟门店合计		**101**	**59**	**435**	**257**	**7305**	**2586**	**1063**	**339**
内资企业		66	55	278	233	2170	2226	378	239
国有企业									
集体企业									
股份合作企业									
联营企业									
有限责任公司		66	51	278	204	2170	2040	378	204
股份有限公司									
私营企业			4		29		186		35
其他企业									
港、澳、台商投资企业		3	4	15	24	300	360	75	100
外商投资企业		32		142		4835		610	

3-4 续表 3

其他餐饮业

项　目	连锁总店数(个)	门店数(个)		年末从业人员(人)		年末餐饮营业面积(平方米)		年末餐位数(位)	
	2018年	2018年	2017年	2018年	2017年	2018年	2017年	2018年	2017年
总　计	**18**	**520**	**552**	**4480**	**6119**	**39617**	**51583**	**12063**	**15630**
内资企业	13	412	403	2521	3139	26012	33845	10012	13644
国有企业									
集体企业									
股份合作企业									
联营企业									
有限责任公司	8	360	354	1664	2225	14627	22221	4774	8484
股份有限公司	1	25	23	420	439	5673	4993	2711	2511
私营企业	4	27	26	437	475	5712	6631	2527	2649
其他企业									
港、澳、台商投资企业	2	11	16	338	530	2243	3243	411	581
外商投资企业	3	97	133	1621	2450	11362	14495	1640	1405
直营门店合计		**333**	**380**	**3972**	**4840**	**36503**	**40964**	**11243**	**11305**
内资企业		232	241	2283	2310	23998	25226	9322	9569
国有企业									
集体企业									
股份合作企业									
联营企业									
有限责任公司		190	202	1554	1526	13423	14422	4664	4999
股份有限公司		25	23	420	439	5673	4993	2711	2511
私营企业		17	16	309	345	4902	5811	1947	2059
其他企业									
港、澳、台商投资企业		4	6	68	80	1143	1243	281	331
外商投资企业		97	133	1621	2450	11362	14495	1640	1405
加盟门店合计		**187**	**172**	**508**	**1279**	**3114**	**10619**	**820**	**4325**
内资企业		180	162	238	829	2014	8619	690	4075
国有企业									
集体企业									
股份合作企业									
联营企业									
有限责任公司		170	152	110	699	1204	7799	110	3485
股份有限公司									
私营企业		10	10	128	130	810	820	580	590
其他企业									
港、澳、台商投资企业		7	10	270	450	1100	2000	130	250
外商投资企业									

3-5 按登记注册类型与行业分

正餐服务

地 区	商品购进总额		统一配送商品购进额		自有配送中心配送商品购进额	
	2018年	2017年	2018年	2017年	2018年	2017年
总 计	**2119757**	**1831857**	**1126811**	**960278**	**557148**	**465193**
内资企业	1480549	1266279	671901	582108	350139	283151
国有企业	12931	12000				
集体企业	4836	5733	4836	5733		
股份合作企业	3420	3418	350	425		
联营企业						
有限责任公司	275178	210098	141415	128658	63079	53409
股份有限公司	466722	396088	191322	136046	104728	61408
私营企业	717262	638743	333778	311046	182332	168334
其他企业	200	200	200	200		
港、澳、台商投资企业	189713	167150	101636	75164	60202	37484
外商投资企业	449496	398428	353274	303006	146807	144558
直营门店合计	**1900884**	**1625942**	**1048435**	**886090**	**537973**	**445409**
内资企业	1272786	1070752	593608	507986	330964	263368
国有企业	12931	12000				
集体企业	4836	5733	4836	5733		
股份合作企业	3420	3418	350	425		
联营企业						
有限责任公司	253036	197288	131002	119264	59854	49886
股份有限公司	377851	305070	179501	127753	104728	61408
私营企业	620513	547045	277720	254613	166382	152074
其他企业	200	200	200	200		
港、澳、台商投资企业	189612	167040	101636	75164	60202	37484
外商投资企业	438486	388149	353190	302939	146807	144558
加盟门店合计	**218873**	**205916**	**78377**	**74188**	**19175**	**19784**
内资企业	207763	195527	78293	74122	19175	19784
国有企业						
集体企业						
股份合作企业						
联营企业						
有限责任公司	22142	12810	10413	9395	3226	3524
股份有限公司	88871	91019	11821	8293		
私营企业	96749	91698	56059	56434	15950	16260
其他企业						
港、澳、台商投资企业	101	110				
外商投资企业	11009	10279	84	67		

连锁餐饮企业经营情况

单位：万元

非自有配送中心配送商品购进额		营业额		餐费收入及商品销售额	
2018年	2017年	2018年	2017年	2018年	2017年
225783	**225483**	**6559992**	**5849483**	**6303943**	**5749182**
153538	161621	4150552	3571711	3902023	3477511
		35778	31558	35778	31558
		10338	11635	9093	10577
350	425	7072	7551	7072	7551
31727	30411	867372	715440	848233	698458
38401	46244	1279827	1145100	1207854	1085068
83060	84541	1949919	1660101	1793747	1643972
		246	326	246	326
4229	3445	492371	438084	488932	436971
68016	60418	1917069	1839688	1912990	1834701
179089	**181680**	**5555875**	**4878471**	**5283218**	**4795611**
106844	117817	3371535	2814537	3122977	2721196
		35778	31558	35778	31558
		10338	11635	9130	10540
350	425	7072	7551	7072	7551
31598	30270	789698	641522	770073	625027
30461	41181	982768	840318	906398	784682
44435	45942	1545636	1281627	1394283	1261512
		246	326	246	326
4229	3445	490174	437072	471182	451509
68016	60418	1694167	1626862	1689057	1622905
46694	**43804**	**1004117**	**971012**	**1003604**	**970692**
46694	43804	779017	757173	778504	756854
130	141	77674	73918	77674	73918
7940	5063	297060	304782	297060	304782
38625	38600	404283	378473	403770	378154
		2197	1013	2197	1013
		222902	212826	222902	212826

3-5 续表 1

快餐服务

地　区	商品购进总额		统一配送商品购进额		自有配送中心配送商品购进额	
	2018年	2017年	2018年	2017年	2018年	2017年
总　计	**4003638**	**3968995**	**3410285**	**3155694**	**1417121**	**1366272**
内资企业	498540	466376	447820	421627	169920	170150
国有企业	17232	15653	16955	15464		3561
集体企业						
股份合作企业						
联营企业						
有限责任公司	256444	244347	242086	231341	121566	123029
股份有限公司	56760	54909	56760	54909		
私营企业	168105	151467	132020	119913	48355	43560
其他企业						
港、澳、台商投资企业	1152205	1002487	1126397	969414	408460	384267
外商投资企业	2352892	2500133	1836069	1764654	838740	811855
直营门店合计	**3845156**	**3807175**	**3262692**	**3005236**	**1394981**	**1329250**
内资企业	451354	420668	403654	378890	167304	166848
国有企业	17232	15653	16955	15464		3561
集体企业						
股份合作企业						
联营企业						
有限责任公司	242306	231151	227957	218155	119131	119885
股份有限公司	40541	38939	40541	38939		
私营企业	151275	134925	118202	106332	48173	43402
其他企业						
港、澳、台商投资企业	1108574	964101	1084363	932704	408460	384267
外商投资企业	2285228	2422407	1774675	1693643	819217	778136
加盟门店合计	**158482**	**161820**	**147593**	**150458**	**22140**	**37022**
内资企业	47186	45708	44166	42738	2617	3303
国有企业						
集体企业						
股份合作企业						
联营企业						
有限责任公司	14138	13196	14129	13186	2435	3144
股份有限公司	16219	15970	16219	15970		
私营企业	16830	16542	13818	13581	182	159
其他企业						
港、澳、台商投资企业	43632	38386	42034	36709		
外商投资企业	67664	77727	61394	71011	19524	33719

单位：万元

非自有配送中心配送商品购进额		营业额		餐费收入及商品销售额	
2018年	2017年	2018年	2017年	2018年	2017年
511316	**453174**	**10650675**	**9799210**	**10421689**	**9774592**
167488	134717	1357721	1238537	1343824	1223498
	32	38389	32436	38389	32436
81909	46763	725951	676983	716738	669514
53356	54909	124257	102934	124257	102677
32223	33013	469124	426183	464441	418871
175901	154222	3605109	3253492	3410911	3245762
167927	164235	5687844	5307182	5666955	5305332
454338	**400326**	**10218962**	**9336379**	**9890599**	**9411139**
151269	118747	1247071	1121383	1226897	1112624
	32	38389	32436	35771	35055
81909	46763	681862	638541	672368	631352
37137	38939	108464	72927	108464	72669
32223	33013	418356	377479	410293	373549
143763	125840	3493118	3140413	3217605	3213998
159305	155740	5478772	5074583	5446099	5084517
56978	**52848**	**431713**	**462831**	**431711**	**462831**
16219	15970	110650	117154	110648	117154
		44089	38442	44089	38442
16219	15970	15793	30008	15793	30008
		50768	48704	50767	48704
32138	28382	111991	113079	111991	113079
8622	8496	209072	232599	209073	232599

3-5 续表 2

饮料及冷饮服务

地　　区	商品购进总额		统一配送商品购进额		自有配送中心配送商品购进额	
	2018年	2017年	2018年	2017年	2018年	2017年
总　计	**568746**	**454953**	**476079**	**405052**	**15525**	**22226**
内资企业	17832	18583	5160	12322	2159	10309
国有企业	2222	1210	2222	1210		
集体企业						
股份合作企业						
联营企业						
有限责任公司	13071	6276	619	225	401	17
股份有限公司						
私营企业	2539	11097	2319	10887	1758	10292
其他企业						
港、澳、台商投资企业	282420	190691	232948	184359		
外商投资企业	268492	245679	237971	208371	13366	11917
直营门店合计	**563349**	**454316**	**470821**	**404614**	**15062**	**22226**
内资企业	17326	18234	4792	12172	1791	10309
国有企业	2222	1210	2222	1210		
集体企业						
股份合作企业						
联营企业						
有限责任公司	12565	6127	251	225	33	17
股份有限公司						
私营企业	2539	10897	2319	10737	1758	10292
其他企业						
港、澳、台商投资企业	282202	190403	232730	184071		
外商投资企业	263820	245679	233299	208371	13271	11917
加盟门店合计	**5397**	**637**	**5258**	**438**	**462**	
内资企业	507	349	367	150	367	
国有企业						
集体企业						
股份合作企业						
联营企业						
有限责任公司	507	149	367		367	
股份有限公司						
私营企业		200		150		
其他企业						
港、澳、台商投资企业	218	288	218	288		
外商投资企业	4673		4673		95	

单位：万元

非自有配送中心配送商品购进额		营业额		餐费收入及商品销售额	
2018年	2017年	2018年	2017年	2018年	2017年
130992	**104423**	**2118972**	**1817395**	**2116637**	**1814363**
2225	1211	80077	62543	79690	62543
2222	1210	7276	4717	6888	4717
3	1	28853	19006	28853	19006
		43948	38820	43948	38820
128767	103212	1084290	910467	1082952	909098
		954604	844385	953996	842721
130992	**104423**	**2110700**	**1815404**	**2053916**	**1866822**
2225	1211	78244	61483	76382	62959
2222	1210	7276	4717	6888	4717
3	1	27020	18627	25910	19737
		43948	38140	43583	38505
128767	103212	1083941	909536	1054145	936625
		948516	844385	923392	867236
		8270	**1990**	**8270**	**1990**
		1833	1059	1833	1059
		1833	379	1833	379
			680		680
		349	931	349	931
		6088		6088	

3-5 续表 3

其他餐饮业

地　区	商品购进总额		统一配送商品购进额		自有配送中心配送商品购进额	
	2018年	2017年	2018年	2017年	2018年	2017年
总　计	**48006**	**67176**	**27749**	**44758**	**11161**	**32119**
内资企业	20196	36260	16175	31556	7076	26858
国有企业						
集体企业						
股份合作企业						
联营企业						
有限责任公司	12149	27946	8409	23443	498	19960
股份有限公司	4329	4310	4329	4310	4329	4310
私营企业	3717	4004	3437	3803	2250	2588
其他企业						
港、澳、台商投资企业	4186	8407	186	228		
外商投资企业	23625	22509	11388	12974	4084	5261
直营门店合计	**42849**	**46348**	**27014**	**32211**	**10514**	**21160**
内资企业	18550	22634	15440	19009	6429	15899
国有企业						
集体企业						
股份合作企业						
联营企业						
有限责任公司	11359	15231	8321	11731	498	9837
股份有限公司	4329	4310	4329	4310	4329	4310
私营企业	2861	3092	2789	2967	1603	1752
其他企业						
港、澳、台商投资企业	676	1206	186	228		
外商投资企业	23625	22509	11388	12974	4084	5261
加盟门店合计	**5156**	**20828**	**735**	**12547**	**647**	**10959**
内资企业	1646	13626	735	12547	647	10959
国有企业						
集体企业						
股份合作企业						
联营企业						
有限责任公司	790	12714	88	11711		10123
股份有限公司						
私营企业	856	912	647	836	647	836
其他企业						
港、澳、台商投资企业	3510	7202				
外商投资企业						

单位：万元

非自有配送中心配送商品购进额		营业额		餐费收入及商品销售额	
2018年	2017年	2018年	2017年	2018年	2017年
576	**3269**	**170427**	**189322**	**169251**	**189322**
576	3269	104173	104078	102996	104078
576	3269	79051	79676	77875	79676
		14866	13405	14866	13405
		10256	10997	10255	10997
		15788	27866	15788	27866
		50466	57378	50466	57379
576	**1783**	**153803**	**146732**	**152227**	**147131**
576	1783	101120	85493	99864	85572
576	1783	77318	62583	76142	62583
		14866	13405	14866	13405
		8936	9505	8856	9584
		2217	3861	2217	3861
		50466	57378	50146	57699
	1486	**16624**	**42590**	**16624**	**42590**
	1486	3053	18585	3053	18585
	1486	1733	17093	1733	17093
		1320	1492	1320	1492
		13571	24005	13571	24005

3-6 连锁餐饮企业门店分布情况

门店所在地	合计(个)		直营门店(个)		加盟门店(个)	
	2018年	2017年	2018年	2017年	2018年	2017年
全　国	**31001**	**28404**	**27513**	**24911**	**3488**	**3493**
北　京	3670	3452	3562	3356	108	96
天　津	722	671	684	633	38	38
河　北	750	693	692	627	58	66
山　西	288	282	192	185	96	97
内蒙古	202	182	169	146	33	36
辽　宁	782	710	741	665	41	45
吉　林	249	177	233	161	16	16
黑龙江	329	235	316	225	13	10
上　海	3247	3116	3199	3065	48	51
江　苏	3028	2750	2756	2518	272	232
浙　江	2782	2615	2539	2284	243	331
安　徽	1266	1026	1198	950	68	76
福　建	874	804	687	621	187	183
江　西	279	250	199	189	80	61
山　东	1137	1063	957	892	180	171
河　南	462	437	408	387	54	50
湖　北	1184	1006	1115	933	69	73
湖　南	845	754	668	588	177	166
广　东	4370	4020	4264	3937	106	83
广　西	431	379	235	208	196	171
海　南	127	123	117	115	10	8
重　庆	960	889	609	517	351	372
四　川	1206	1107	770	667	436	440
贵　州	136	126	114	102	22	24
云　南	348	315	216	187	132	128
西　藏	29	30	2	3	27	27
陕　西	720	619	604	511	116	108
甘　肃	159	145	77	62	82	83
青　海	68	68	21	20	47	48
宁　夏	105	97	43	37	62	60
新　疆	236	254	126	120	110	134
港澳台及国外	10	9			10	9

3-7 连锁餐饮企业配送中心分布情况

所在地	配送中心数(个)		自有配送中心数(个)	
	2018年	2017年	2018年	2017年
全　国	**278**	**295**	**203**	**222**
北　京	63	64	41	44
天　津	8	7	6	5
河　北	3	3	3	3
山　西	2	3	2	3
内蒙古	2	2	2	2
辽　宁	7	9	4	5
吉　林	1	1	1	1
黑龙江	1	2	1	1
上　海	27	29	16	20
江　苏	32	33	24	25
浙　江	16	15	14	13
安　徽	5	4	3	3
福　建	7	10	5	6
江　西	2	2	2	2
山　东	9	11	9	10
河　南	3	3	3	3
湖　北	14	15	10	11
湖　南	23	25	13	16
广　东	27	29	23	26
广　西	2	2	2	2
海　南				
重　庆	8	8	8	8
四　川	4	4	3	3
贵　州				
云　南	3	4	1	2
西　藏				
陕　西	4	4	3	3
甘　肃	3	3	2	2
青　海				
宁　夏				
新　疆	2	2	2	2
港澳台及国外		1		1

3-8 连锁餐饮企业门店在36城市分布情况

门店所在地	合计(个)		直营门店(个)		加盟门店(个)	
	2018年	2017年	2018年	2017年	2018年	2017年
合　计	**20447**	**18737**	**18794**	**17164**	**1653**	**1573**
北　京	3670	3452	3562	3356	108	96
天　津	722	671	684	633	38	38
石家庄	157	146	139	126	18	20
太　原	111	105	96	97	15	8
呼和浩特	37	40	32	35	5	5
沈　阳	360	318	351	309	9	9
大　连	240	224	224	209	16	15
长　春	157	109	152	105	5	4
哈尔滨	218	157	208	151	10	6
上　海	3247	3116	3199	3065	48	51
南　京	684	603	632	580	52	23
杭　州	1119	1115	1071	1067	48	48
宁　波	358	358	347	343	11	15
合　肥	684	524	678	517	6	7
福　州	196	162	187	153	9	9
厦　门	356	327	307	279	49	48
南　昌	110	102	85	82	25	20
济　南	308	294	300	285	8	9
青　岛	308	279	261	234	47	45
郑　州	181	179	171	169	10	10
武　汉	879	719	849	682	30	37
长　沙	412	361	335	286	77	75
广　州	1265	1069	1237	1058	28	11
深　圳	1430	1394	1420	1385	10	9
南　宁	229	187	128	114	101	73
海　口	56	59	53	57	3	2
重　庆	960	889	609	517	351	372
成　都	853	781	564	484	289	297
贵　阳	84	74	75	67	9	7
昆　明	222	195	177	155	45	40
拉　萨	24	27	2	3	22	24
西　安	513	434	490	418	23	16
兰　州	78	67	53	41	25	26
西　宁	40	40	21	20	19	20
银　川	65	57	42	36	23	21
乌鲁木齐	104	94	53	46	51	48

3-9 连锁餐饮企业配送中心在36城市分布情况

所在地	配送中心数(个)		自有配送中心数(个)	
	2018年	2017年	2018年	2017年
合　计	**201**	**221**	**147**	**165**
北　京	63	64	41	44
天　津	8	7	6	5
石家庄				
太　原	1	1	1	1
呼和浩特				
沈　阳	3	5	1	2
大　连	3	3	2	2
长　春	1	1	1	1
哈尔滨	1	2	1	1
上　海	27	29	16	20
南　京	12	13	9	10
杭　州	10	10	9	8
宁　波	2	2	2	2
合　肥	3	2	2	1
福　州	1	2	1	2
厦　门	6	8	4	4
南　昌				
济　南		2		1
青　岛	4	4	4	4
郑　州	1	1	1	1
武　汉	12	14	8	10
长　沙	4	7	4	7
广　州	12	12	9	11
深　圳	7	10	6	7
南　宁	1	1	1	1
海　口				
重　庆	8	8	8	8
成　都	3	3	3	3
贵　阳				
昆　明	2	3	1	2
拉　萨				
西　安	3	3	3	3
兰　州	2	2	2	2
西　宁				
银　川				
乌鲁木齐	1	1	1	1

第四部分

餐饮企业地区篇

4-1 各地区连锁餐饮企业基本情况

地 区	连锁总店数（个）	门店数（个）		年末从业人员（人）		年末餐饮营业面积（平方米）		年末餐位数（位）	
	2018年	2018年	2017年	2018年	2017年	2018年	2017年	2018年	2017年
全　国	**482**	**31001**	**28404**	**892770**	**794008**	**10750057**	**10436991**	**3326353**	**3203070**
北　京	88	5624	5185	160566	148415	2167635	2098490	622878	587645
天　津	9	595	584	26002	16169	220167	211475	69227	64925
河　北	4	18	18	985	1125	37040	37040	5898	5653
山　西	5	106	109	4246	5560	54950	65230	18050	19754
内蒙古	4	115	117	2890	3002	65864	72295	7844	9483
辽　宁	13	952	744	11787	10439	321552	283450	101736	89277
吉　林	1	16	19	180	450	7914	9004	2552	2452
黑龙江	4	71	62	1818	1468	27158	24563	8107	7339
上　海	56	6202	5795	145082	114885	1476360	1558102	435035	444455
江　苏	20	1707	1594	56026	47533	515744	500724	167479	152243
浙　江	28	2074	1949	48683	46487	665948	694423	216053	220025
安　徽	8	855	687	19825	12859	380520	352463	79254	61888
福　建	23	732	698	26767	22328	219551	208139	68412	54227
江　西	4	167	149	7523	6663	61583	59683	19856	18550
山　东	16	680	640	22935	19487	380599	379739	89216	89601
河　南	14	240	233	6797	6810	68548	68034	41982	41254
湖　北	38	1354	1125	43847	50903	597659	564036	136125	149170
湖　南	19	978	899	41495	39376	538560	511197	232591	223185
广　东	69	4532	4173	124022	109309	1442471	1345957	416483	392616
广　西	4	317	261	9660	8834	71302	59631	22127	23065
海　南	1	7	7	234	153	2612	2612	879	879
重　庆	16	1628	1581	70669	71228	782122	788251	299979	313155
四　川	10	1162	972	34620	25430	362774	274824	135573	110978
贵　州	2	16	18	530	539	17493	19315	3278	3546
云　南	5	243	223	7282	7007	58297	55063	23358	20912
西　藏	1	2	3	30	32	450	450	120	126
陕　西	11	413	354	13303	12672	146570	137952	84987	80487
甘　肃	3	49	40	2059	1791	16823	13672	4732	3928
青　海									
宁　夏									
新　疆	6	146	165	2907	3054	41791	41177	12542	12252

4-2 各地区连锁餐饮企业直营门店基本情况

地 区	门店数（个）		年末从业人员（人）		年末餐饮营业面积（平方米）		年末餐位数（位）	
	2018年	2017年	2018年	2017年	2018年	2017年	2018年	2017年
全 国	**27513**	**24911**	**787452**	**687836**	**9375764**	**9037683**	**2800000**	**2673116**
北 京	5362	4913	151361	137246	1918598	1803973	566234	524740
天 津	595	584	26002	16169	220167	211475	69227	64925
河 北	13	13	706	785	29340	29340	5128	4883
山 西	95	104	3396	5436	37300	60530	11450	18174
内蒙古	41	43	1792	1877	34064	36046	4545	5163
辽 宁	952	744	11787	10439	321552	283450	101736	89277
吉 林	16	19	180	450	7914	9004	2552	2452
黑龙江	71	62	1818	1468	27158	24563	8107	7339
上 海	6146	5727	144574	114139	1472930	1553376	434525	443764
江 苏	1567	1411	53400	44235	488027	470481	157557	140529
浙 江	1674	1570	44138	41551	610751	639621	192846	197004
安 徽	855	683	19825	12810	380520	351940	79254	61554
福 建	573	531	26104	21598	212844	200789	65708	51227
江 西	122	114	6273	5663	60273	58433	17856	16800
山 东	592	563	20355	17052	357128	359409	82121	83471
河 南	239	232	6777	6790	68448	67934	41972	41244
湖 北	1354	1125	43847	50903	597659	564036	136125	149170
湖 南	548	489	23233	24624	208338	194960	100643	95393
广 东	4459	4123	122107	107624	1424443	1329063	411099	387738
广 西	147	127	6222	5476	36936	33616	13082	12765
海 南	7	7	234	153	2612	2612	879	879
重 庆	512	436	20419	19328	313341	309948	81459	93540
四 川	859	663	30023	20345	284032	195980	100171	72450
贵 州	16	18	530	539	17493	19315	3278	3546
云 南	137	118	4898	4638	46252	43098	13448	12062
西 藏	2	3	30	32	450	450	120	126
陕 西	406	349	13136	12349	145220	137252	84719	80321
甘 肃	49	40	2059	1791	16823	13672	4732	3928
青 海								
宁 夏								
新 疆	104	100	2226	2326	35151	33317	9427	8652

4-3 各地区连锁餐饮企业加盟门店基本情况

地区	门店数（个）		年末从业人员（人）		年末餐饮营业面积（平方米）		年末餐位数（位）	
	2018年	2017年	2018年	2017年	2018年	2017年	2018年	2017年
全国	**3488**	**3493**	**105318**	**106172**	**1374293**	**1399308**	**526353**	**529954**
北京	262	272	9205	11169	249037	294517	56644	62905
天津								
河北	5	5	279	340	7700	7700	770	770
山西	11	5	850	124	17650	4700	6600	1580
内蒙古	74	74	1098	1125	31800	36249	3299	4320
辽宁								
吉林								
黑龙江								
上海	56	68	508	746	3430	4726	510	691
江苏	140	183	2626	3298	27717	30243	9922	11714
浙江	400	379	4545	4936	55197	54802	23207	23021
安徽		4		49		523		334
福建	159	167	663	730	6707	7350	2704	3000
江西	45	35	1250	1000	1310	1250	2000	1750
山东	88	77	2580	2435	23471	20330	7095	6130
河南	1	1	20	20	100	100	10	10
湖北								
湖南	430	410	18262	14752	330222	316237	131948	127792
广东	73	50	1915	1685	18028	16894	5384	4878
广西	170	134	3438	3358	34366	26015	9045	10300
海南								
重庆	1116	1145	50250	51900	468781	478303	218520	219615
四川	303	309	4597	5085	78742	78844	35402	38528
贵州								
云南	106	105	2384	2369	12045	11965	9910	8850
西藏								
陕西	7	5	167	323	1350	700	268	166
甘肃								
青海								
宁夏								
新疆	42	65	681	728	6640	7860	3115	3600

4-4 各地区连锁餐饮企业

地区	商品购进总额		统一配送商品购进额		自有配送中心配送商品购进额	
	2018年	2017年	2018年	2017年	2018年	2017年
全国	**6740145**	**6322981**	**5040924**	**4565782**	**2000954**	**1885809**
北京	1518738	1222559	1288054	1029949	647403	562016
天津	200855	179104	45051	43234	1194	1063
河北	10146	9842	2124	2273		
山西	39973	35659	33809	29445	33302	29445
内蒙古	121553	100213	1355	1599	985	1198
辽宁	551973	499065	496195	451353	17863	20485
吉林	1638	1820	1531	1456		
黑龙江	13021	7982	12091	7004	4755	737
上海	849514	868933	520593	536156	61890	80930
江苏	493842	709637	242766	215635	59678	77959
浙江	437015	394829	395617	370655	282954	263227
安徽	82176	69339	80769	68281	31462	30509
福建	140181	137051	114704	116860	47959	40694
江西	63489	42870	61463	40844	1441	1600
山东	153583	166705	138352	142138	104466	110690
河南	29132	43317	26674	37940		
湖北	258164	207951	213393	183558	112030	96079
湖南	185986	173711	150198	128179	117198	98054
广东	841621	766879	740211	698706	284451	283038
广西	31332	53321	31332	53321	431	20208
海南	2605	2641	2605	2641		
重庆	373001	359549	168590	157894	69040	68249
四川	156022	108563	111810	106637	28250	20728
贵州	2309	2719	2309	2719		
云南	43540	40321	27270	24920		
西藏	82	83				
陕西	97068	81236	92719	77844	65328	53602
甘肃	16160	14262	16160	14055	14372	12873
青海						
宁夏						
新疆	25430	22820	23180	20485	14502	12425

经营情况

单位：万元

非自有配送中心配送商品购进额		营业额		餐费收入及商品销售额	
2018年	2017年	2018年	2017年	2018年	2017年
868667	**786349**	**19500064**	**17655410**	**19011519**	**17527458**
282655	248253	4551400	3905417	4384912	3871310
650	670	453703	428426	453384	427993
		22400	21539	21284	20451
507		77477	74937	77477	74937
170	201	148038	133287	148038	133287
		612337	586042	606262	585802
107	364	5418	5931	5418	5931
7300	6238	33887	31764	33887	31763
44494	44053	3334798	3179573	3149809	3178385
124203	117619	1090492	1015568	1085090	1013843
90090	86596	1208249	1077841	1203760	1077154
37880	5449	262693	199404	260032	198239
14092	8570	384033	349015	381725	349015
		102010	90766	102011	90767
131	10607	604736	535530	541346	480763
		113962	108755	113962	108755
58827	51607	809225	704918	788701	688942
28530	25128	577913	536548	558582	524316
23313	26935	2856109	2681523	2848661	2679859
12062	23071	136085	126046	134914	126046
2605	2641	9815	9457	9815	9457
88369	81969	944999	869023	942397	866855
9341	6704	653662	531097	653662	531097
		5987	6813	5987	6813
18404	17427	135388	129569	135388	129570
		929	872	929	872
16261	14191	262999	222037	262949	222000
		35986	33281	35987	33281
8678	8059	65335	60433	65153	59960

4-5 各地区连锁餐饮企业

地　区	商品购进总额		统一配送商品购进额		自有配送中心配送商品购进额	
	2018年	2017年	2018年	2017年	2018年	2017年
全　国	**6352238**	**5933780**	**4808960**	**4328150**	**1958529**	**1818044**
北　京	1475350	1184343	1269704	1014584	645614	559098
天　津	200855	179104	45051	43234	1194	1063
河　北	8021	7569				
山　西	36408	35287	33809	29445	33302	29445
内蒙古	119405	98012	430	526	190	266
辽　宁	551973	499065	496195	451353	17863	20485
吉　林	1638	1820	1531	1456		
黑龙江	13021	7982	12091	7004	4755	737
上　海	845680	861194	520509	535928	61890	80919
江　苏	470438	687238	225841	200027	59031	63462
浙　江	398075	355187	356678	331014	260260	239842
安　徽	82176	69296	80769	68238	31462	30481
福　建	139274	135832	114498	116645	47946	40694
江　西	56431	37139	54405	35114	1441	1600
山　东	139644	153000	125098	129001	104466	110690
河　南	28632	42817	26174	37440		
湖　北	258164	207951	213393	183558	112030	96079
湖　南	170749	158823	148024	126105	116548	97504
广　东	827697	755528	727885	689032	284084	283038
广　西	19469	31511	19469	31511	262	9926
海　南	2605	2641	2605	2641		
重　庆	209205	201670	101213	93709	54052	53532
四　川	133862	79013	89949	77396	27937	20283
贵　州	2309	2719	2309	2719		
云　南	25898	23488	9629	8087		
西　藏	82	83				
陕　西	95770	80212	92719	77844	65328	53602
甘　肃	16160	14262	16160	14055	14372	12873
青　海						
宁　夏						
新　疆	23249	20992	22824	20485	14502	12425

直营门店经营情况

单位：万元

非自有配送中心配送商品购进额		营业额		餐费收入及商品销售额	
2018年	2017年	2018年	2017年	2018年	2017年
764995	**688212**	**18039340**	**16176986**	**17379962**	**16220702**
266094	235806	4381033	3730850	4096690	3814600
650	670	453703	428426	453311	428066
		16089	15109	14972	14021
507		73176	73627	73176	73627
40	60	121221	100629	121221	100629
		612337	586042	605956	586108
107	364	5418	5931	5418	5931
7300	6238	33887	31764	33887	31763
44494	44053	3320026	3153578	3109697	3177729
124203	116508	1050670	972678	1047981	968239
74228	70625	1131630	985573	1127141	984886
37880	5435	262693	199372	260110	198128
13899	8355	382161	346869	379855	346869
		82101	74914	82102	74915
131	10607	564577	499167	501186	444400
		113882	108675	113882	108675
58827	51607	809225	704918	788701	688942
27990	24678	368266	335114	349448	323201
23313	26935	2819669	2644658	2781656	2673557
12062	21585	97152	78596	95981	78596
2605	2641	9815	9457	9815	9457
35980	32500	350755	300710	348154	298542
9341	6704	535118	399426	535118	399426
		5987	6813	5987	6813
763	594	85629	78688	85629	78688
		929	872	929	872
16261	14191	259766	220404	259715	220368
		35986	33281	35987	33281
8321	8059	56443	50848	56261	50375

4-6 各地区连锁餐饮企业

地区	商品购进总额		统一配送商品购进额		自有配送中心配送商品购进额	
	2018年	2017年	2018年	2017年	2018年	2017年
全国	**387908**	**389201**	**231964**	**237632**	**42425**	**67765**
北京	43388	38216	18350	15365	1789	2918
天津						
河北	2124	2273	2124	2273		
山西	3565	372				
内蒙古	2148	2201	925	1073	796	932
辽宁						
吉林						
黑龙江						
上海	3834	7738	84	228		11
江苏	23404	22399	16926	15608	647	14497
浙江	38940	39641	38940	39641	22695	23385
安徽		43		43		28
福建	908	1218	206	215	13	
江西	7058	5731	7058	5731		
山东	13939	13705	13254	13137		
河南	500	500	500	500		
湖北						
湖南	15237	14888	2174	2074	650	550
广东	13924	11351	12326	9674	367	
广西	11863	21810	11863	21810	169	10282
海南						
重庆	163797	157879	67376	64185	14988	14717
四川	22160	29550	21861	29241	312	445
贵州						
云南	17641	16833	17641	16833		
西藏						
陕西	1298	1024				
甘肃						
青海						
宁夏						
新疆	2181	1827	357			

加盟门店经营情况

单位：万元

非自有配送中心配送商品购进额		营业额		餐费收入及商品销售额	
2018年	2017年	2018年	2017年	2018年	2017年
103672	**98137**	**1460724**	**1478424**	**1460209**	**1478104**
16562	12447	170366	174566	170366	174566
		6312	6430	6312	6430
		4301	1310	4301	1310
130	141	26818	32658	26818	32658
		14772	25995	14772	25995
	1111	39822	42891	39822	42891
15862	15970	76620	92268	76620	92268
	15		32		32
193	215	1872	2145	1870	2145
		19909	15852	19909	15852
		40160	36364	40160	36364
		80	80	80	80
540	450	209647	201434	209134	201115
		36441	36865	36441	36866
	1486	38933	47450	38933	47451
52389	49468	594244	568313	594244	568313
		118544	131671	118544	131671
17641	16833	49759	50882	49759	50882
		3233	1632	3233	1632
357		8892	9585	8892	9585

4-7 按部分登记注册类型分各地区连锁餐饮企业基本情况

内资企业

地　区	连锁总店数（个）	门店数（个）		年末从业人员（人）		年末餐饮营业面积（平方米）		年末餐位数（位）	
	2018年	2018年	2017年	2018年	2017年	2018年	2017年	2018年	2017年
全　国	**308**	**9455**	**8747**	**275771**	**266397**	**4279601**	**4227230**	**1272077**	**1266472**
北　京	59	1284	1193	44059	48532	948892	921662	229017	216764
天　津	6	29	28	905	760	5947	6816	1994	2075
河　北	4	18	18	985	1125	37040	37040	5898	5653
山　西	4	17	21	1143	1310	23950	34430	8300	10074
内蒙古	4	115	117	2890	3002	65864	72295	7844	9483
辽　宁	3	17	17	348	278	9856	8019	4616	3438
吉　林	1	16	19	180	450	7914	9004	2552	2452
黑龙江	1	42	31	1250	800	12600	9240	3658	2700
上　海	22	921	927	14878	15272	160675	165707	48654	48841
江　苏	10	157	163	3348	3492	66319	70522	19838	21579
浙　江	23	1095	1083	18316	19181	337766	399745	103759	118657
安　徽	7	790	637	16405	10229	354326	332314	70766	55359
福　建	15	281	286	4458	4140	44164	37934	16785	16118
江　西	2	47	37	1559	1312	8195	8135	3990	3740
山　东	13	298	283	14181	13762	284843	290921	43864	47601
河　南	12	116	119	1939	2168	38935	40851	25222	25874
湖　北	30	376	229	11323	9975	313639	296379	56973	77230
湖　南	16	358	337	18165	18370	168668	164018	91762	86819
广　东	36	1354	1206	27577	28389	369094	357397	123126	112725
广　西	3	220	181	4430	4034	40006	32474	12087	13822
海　南									
重　庆	14	1490	1460	67330	67859	753550	760660	288100	301567
四　川	3	83	36	11051	2847	88524	41392	25586	8900
贵　州	2	16	18	530	539	17493	19315	3278	3546
云　南	3	53	46	857	852	19890	18352	4611	3905
西　藏	1	2	3	30	32	450	450	120	126
陕　西	7	129	105	4919	5002	65523	58506	59164	57627
甘　肃	2	14	9	626	341	4573	2822	1232	828
青　海									
宁　夏									
新　疆	5	117	138	2089	2344	30905	30830	9281	8969

4-7 续表 1

国有企业

地区	连锁总店数（个）	门店数（个）		年末从业人员（人）		年末餐饮营业面积（平方米）		年末餐位数（位）	
	2018年	2018年	2017年	2018年	2017年	2018年	2017年	2018年	2017年
全国	**4**	**130**	**125**	**2829**	**2837**	**34319**	**28989**	**11298**	**10156**
北京									
天津									
河北									
山西									
内蒙古									
辽宁									
吉林									
黑龙江									
上海	1	34	28	1391	1252	13615	12346	5420	4730
江苏									
浙江	1	8	8	141	164	5172	1933	1216	816
安徽									
福建									
江西									
山东	1	39	39	654	765	11929	11025	3827	3576
河南									
湖北									
湖南									
广东	1	49	50	643	656	3603	3685	835	1034
广西									
海南									
重庆									
四川									
贵州									
云南									
西藏									
陕西									
甘肃									
青海									
宁夏									
新疆									

4-7 续表 2

有限责任公司

地区	连锁总店数（个）	门店数（个）		年末从业人员（人）		年末餐饮营业面积（平方米）		年末餐位数（位）	
	2018年	2018年	2017年	2018年	2017年	2018年	2017年	2018年	2017年
全　国	**109**	**3746**	**3214**	**85549**	**71791**	**1262998**	**1175874**	**368840**	**344205**
北　京	23	539	511	14130	15533	264840	265947	77973	72560
天　津	2	7	7	198	191	2375	2375	392	392
河　北									
山　西									
内蒙古	1	77	79	1258	1354	34654	40285	3857	5416
辽　宁	2	7	7	215	153	2756	2319	1116	938
吉　林									
黑龙江									
上　海	6	238	294	2655	3035	26192	31872	5792	6418
江　苏	1	8	8	320	330	2200	2200	420	420
浙　江	7	396	414	6425	8909	126245	150046	33222	38970
安　徽	2	545	410	10997	4210	103721	81959	32412	24340
福　建	7	133	125	3056	2245	24712	14190	7626	4421
江　西	1	45	35	1250	1000	1310	1250	2000	1750
山　东	5	104	109	919	1200	23009	26847	9515	10694
河　南	6	82	81	1131	1150	26365	26065	21050	21035
湖　北	16	279	133	8362	7055	248166	230266	40428	60923
湖　南	5	92	81	1864	1904	27074	27590	14695	13053
广　东	13	829	650	15211	14472	173146	157214	71209	53382
广　西	2	200	167	4277	3933	38806	31634	11422	13332
海　南									
重　庆	1	5	5	450	455	39962	39962	4000	2700
四　川	2	64	16	10136	1888	64153	16305	22069	5295
贵　州	1	11	11	109	118	1833	1833	458	458
云　南	1	5	7	75	78	1231	1052	291	365
西　藏	1	2	3	30	32	450	450	120	126
陕　西	4	78	61	2481	2546	29798	24213	8773	7217
甘　肃									
青　海									
宁　夏									
新　疆									

4-7 续表 3

股份有限公司

地区	连锁总店数（个）	门店数（个）		年末从业人员（人）		年末餐饮营业面积（平方米）		年末餐位数（位）	
	2018年	2018年	2017年	2018年	2017年	2018年	2017年	2018年	2017年
全　国	**14**	**1263**	**1142**	**55736**	**54028**	**1009964**	**1005260**	**196195**	**217251**
北　京	2	162	170	12337	12723	315974	320408	49668	53150
天　津									
河　北	1	5	5	279	340	7700	7700	770	770
山　西									
内蒙古	1	29	29	1525	1532	30010	30010	3506	3506
辽　宁									
吉　林									
黑龙江									
上　海									
江　苏									
浙　江	3	560	518	5259	4513	72767	68703	32721	36842
安　徽									
福　建									
江　西	1	2	2	309	312	6885	6885	1990	1990
山　东	1	30	29	9617	8916	210602	217087	21269	25163
河　南									
湖　北	1	6	6	613	654	12938	12938	2157	2157
湖　南									
广　东	1	20	17	2681	3103	64029	63176	8228	7625
广　西									
海　南									
重　庆	2	384	306	21881	20523	268734	259003	71669	82183
四　川									
贵　州									
云　南									
西　藏									
陕　西									
甘　肃									
青　海									
宁　夏									
新　疆	1	65	60	1235	1412	20325	19350	4217	3865

4-7 续表 4

私营企业

地 区	连锁总店数（个）	门店数（个）		年末从业人员（人）		年末餐饮营业面积（平方米）		年末餐位数（位）	
	2018年	2018年	2017年	2018年	2017年	2018年	2017年	2018年	2017年
全 国	**176**	**4298**	**4247**	**130869**	**136865**	**1951630**	**1994917**	**690573**	**688909**
北 京	33	579	508	17557	20233	367328	334557	100756	90434
天 津	4	22	21	707	569	3572	4441	1602	1683
河 北	2	10	10	502	599	22740	22740	3528	3283
山 西	4	17	21	1143	1310	23950	34430	8300	10074
内蒙古	1	2	2	58	67	200	200	180	180
辽 宁	1	10	10	133	125	7100	5700	3500	2500
吉 林	1	16	19	180	450	7914	9004	2552	2452
黑龙江	1	42	31	1250	800	12600	9240	3658	2700
上 海	15	649	605	10832	10985	120868	121489	37442	37693
江 苏	9	149	155	3028	3162	64119	68322	19418	21159
浙 江	12	131	143	6491	5595	133582	179063	36600	42029
安 徽	5	245	227	5408	6019	250605	250355	38354	31019
福 建	8	148	161	1402	1895	19452	23744	9159	11697
江 西									
山 东	6	125	106	2991	2881	39303	35962	9253	8168
河 南	6	34	38	808	1018	12570	14786	4172	4839
湖 北	13	91	90	2348	2266	52535	53175	14388	14150
湖 南	11	266	256	16301	16466	141594	136428	77067	73766
广 东	19	452	484	8542	9560	115976	120282	40204	47334
广 西	1	20	14	153	101	1200	840	665	490
海 南									
重 庆	11	1101	1149	44999	46881	444854	461695	212431	216684
四 川	1	19	20	915	959	24371	25087	3517	3605
贵 州	1	5	7	421	421	15660	17482	2820	3088
云 南	2	48	39	782	774	18659	17300	4320	3540
西 藏									
陕 西	3	51	44	2438	2456	35725	34293	50391	50410
甘 肃	2	14	9	626	341	4573	2822	1232	828
青 海									
宁 夏									
新 疆	4	52	78	854	932	10580	11480	5064	5104

4-7 续表 5

港、澳、台商投资企业

地区	连锁总店数（个）	门店数（个）		年末从业人员（人）		年末餐饮营业面积（平方米）		年末餐位数（位）	
	2018年	2018年	2017年	2018年	2017年	2018年	2017年	2018年	2017年
全　国	**86**	**8402**	**7564**	**225091**	**203580**	**2241005**	**1969970**	**683138**	**617217**
北　京	11	2531	2241	61647	53341	621672	574676	216632	191943
天　津	2	166	185	10243	2630	64689	60781	18947	16254
河　北									
山　西									
内蒙古									
辽　宁	7	279	225	3696	3456	94185	80123	33301	27294
吉　林									
黑龙江	1	21	23	424	519	6900	7665	2915	3105
上　海	17	1787	1675	43667	44391	450116	380302	125619	122488
江　苏	5	287	278	8578	6348	76668	73083	20949	18572
浙　江	3	240	205	9024	7878	80771	68510	25173	20112
安　徽	1	65	50	3420	2630	26194	20149	8488	6529
福　建	4	140	124	7251	2572	77985	53521	24180	12546
江　西	1	4	4	281	281	11748	11748	2066	2066
山　东	2	94	89	3518	943	27165	24990	7035	6344
河　南									
湖　北	5	945	864	31065	39874	278281	261545	76977	69487
湖　南	1	13	14	79	59	478	450	90	20
广　东	18	1116	974	29747	26895	278084	227221	61108	67478
广　西									
海　南	1	7	7	234	153	2612	2612	879	879
重　庆	1	84	72	590	552	10118	9550	5950	5626
四　川	3	384	323	6272	6311	95335	76773	32157	28658
贵　州									
云　南	1	115	108	2472	2484	12957	12425	10699	9256
西　藏									
陕　西	2	124	103	2883	2263	25047	23846	9973	8560
甘　肃									
青　海									
宁　夏									
新　疆									

4-7 续表 6

外商投资企业

地区	连锁总店数（个）	门店数（个）		年末从业人员（人）		年末餐饮营业面积（平方米）		年末餐位数（位）	
	2018年	2018年	2017年	2018年	2017年	2018年	2017年	2018年	2017年
全　国	**88**	**13144**	**12093**	**391908**	**324031**	**4229451**	**4239791**	**1371138**	**1319381**
北　京	18	1809	1751	54860	46542	597071	602152	177229	178938
天　津	1	400	371	14854	12779	149531	143878	48286	46596
河　北									
山　西	1	89	88	3103	4250	31000	30800	9750	9680
内蒙古									
辽　宁	3	656	502	7743	6705	217511	195308	63819	58545
吉　林									
黑龙江	2	8	8	144	149	7658	7658	1534	1534
上　海	17	3494	3193	86537	55222	865569	1012093	260762	273126
江　苏	5	1263	1153	44100	37693	372757	357119	126692	112092
浙　江	2	739	661	21343	19428	247411	226168	87121	81256
安　徽									
福　建	4	311	288	15058	15616	97402	116684	27447	25563
江　西	1	116	108	5683	5070	41640	39800	13800	12744
山　东	1	288	268	5236	4782	68591	63828	38317	35656
河　南	2	124	114	4858	4642	29613	27183	16760	15380
湖　北	3	33	32	1459	1054	5739	6112	2175	2453
湖　南	2	607	548	23251	20947	369414	346729	140739	136346
广　东	15	2062	1993	66698	54025	795293	761339	232249	212413
广　西	1	97	80	5230	4800	31296	27157	10040	9243
海　南									
重　庆	1	54	49	2749	2817	18454	18041	5929	5962
四　川	4	695	613	17297	16272	178915	156659	77830	73420
贵　州									
云　南	1	75	69	3953	3671	25450	24286	8048	7751
西　藏									
陕　西	2	160	146	5501	5407	56000	55600	15850	14300
甘　肃	1	35	31	1433	1450	12250	10850	3500	3100
青　海									
宁　夏									
新　疆	1	29	27	818	710	10886	10347	3261	3283

4-8 按部分登记注册类型分各地区连锁餐饮企业直营门店基本情况

内资企业

地区	门店数(个)		年末从业人员(人)		年末餐饮营业面积(平方米)		年末餐位数(位)	
	2018年	2017年	2018年	2017年	2018年	2017年	2018年	2017年
全国	**7303**	**6608**	**201122**	**188767**	**3413265**	**3330444**	**962825**	**954943**
北京	1182	1082	37303	40164	748971	685526	190720	174313
天津	29	28	905	760	5947	6816	1994	2075
河北	13	13	706	785	29340	29340	5128	4883
山西	6	16	293	1186	6300	29730	1700	8494
内蒙古	41	43	1792	1877	34064	36046	4545	5163
辽宁	17	17	348	278	9856	8019	4616	3438
吉林	16	19	180	450	7914	9004	2552	2452
黑龙江	42	31	1250	800	12600	9240	3658	2700
上海	874	871	14690	15034	158795	163431	48466	48592
江苏	147	153	3220	3362	65509	69702	19258	20989
浙江	846	849	17521	17870	320319	381193	98672	113036
安徽	790	633	16405	10180	354326	331791	70766	55025
福建	122	119	3795	3410	37457	30584	14081	13118
江西	2	2	309	312	6885	6885	1990	1990
山东	210	206	11601	11327	261372	270591	36769	41471
河南	115	118	1919	2148	38835	40751	25212	25864
湖北	376	229	11323	9975	313639	296379	56973	77230
湖南	298	279	12922	13168	134068	129081	77877	73789
广东	1331	1202	27339	28250	365560	354153	122428	112217
广西	50	47	992	676	5640	6459	3042	3522
海南								
重庆	447	383	17569	16411	292721	289553	74880	86926
四川	67	19	10537	2285	72303	24455	23195	6421
贵州	16	18	530	539	17493	19315	3278	3546
云南	53	46	857	852	19890	18352	4611	3905
西藏	2	3	30	32	450	450	120	126
陕西	122	100	4752	4679	64173	57806	58896	57461
甘肃	14	9	626	341	4573	2822	1232	828
青海								
宁夏								
新疆	75	73	1408	1616	24265	22970	6166	5369

4-8 续表 1

国有企业

地区	门店数（个）		年末从业人员（人）		年末餐饮营业面积（平方米）		年末餐位数（位）	
	2018年	2017年	2018年	2017年	2018年	2017年	2018年	2017年
全　国	**130**	**125**	**2829**	**2837**	**34319**	**28989**	**11298**	**10156**
北　京								
天　津								
河　北								
山　西								
内蒙古								
辽　宁								
吉　林								
黑龙江								
上　海	34	28	1391	1252	13615	12346	5420	4730
江　苏								
浙　江	8	8	141	164	5172	1933	1216	816
安　徽								
福　建								
江　西								
山　东	39	39	654	765	11929	11025	3827	3576
河　南								
湖　北								
湖　南								
广　东	49	50	643	656	3603	3685	835	1034
广　西								
海　南								
重　庆								
四　川								
贵　州								
云　南								
西　藏								
陕　西								
甘　肃								
青　海								
宁　夏								
新　疆								

4-8 续表 2

有限责任公司

地区	门店数（个）		年末从业人员（人）		年末餐饮营业面积（平方米）		年末餐位数（位）	
	2018年	2017年	2018年	2017年	2018年	2017年	2018年	2017年
全国	**3251**	**2778**	**77463**	**63710**	**1143193**	**1057559**	**342232**	**316640**
北京	503	479	12742	14072	228460	227411	69078	64905
天津	7	7	198	191	2375	2375	392	392
河北								
山西								
内蒙古	3	5	160	229	2854	4036	558	1096
辽宁	7	7	215	153	2756	2319	1116	938
吉林								
黑龙江								
上海	191	242	2467	2826	24312	29782	5604	6204
江苏	8	8	320	330	2200	2200	420	420
浙江	380	395	6010	8374	114360	137305	30264	35695
安徽	545	410	10997	4210	103721	81959	32412	24340
福建	44	35	2967	2155	23752	13220	7626	4421
江西								
山东	104	109	919	1200	23009	26847	9515	10694
河南	82	81	1131	1150	26365	26065	21050	21035
湖北	279	133	8362	7055	248166	230266	40428	60923
湖南	92	81	1864	1904	27074	27590	14695	13053
广东	807	647	15100	14453	172612	156970	70909	53272
广西	41	41	897	614	5100	6099	2722	3257
海南								
重庆	5	5	450	455	39962	39962	4000	2700
四川	64	16	10136	1888	64153	16305	22069	5295
贵州	11	11	109	118	1833	1833	458	458
云南	5	7	75	78	1231	1052	291	365
西藏	2	3	30	32	450	450	120	126
陕西	71	56	2314	2223	28448	23513	8505	7051
甘肃								
青海								
宁夏								
新疆								

4-8 续表 3

股份有限公司

地区	门店数（个）		年末从业人员（人）		年末餐饮营业面积（平方米）		年末餐位数（位）	
	2018年	2017年	2018年	2017年	2018年	2017年	2018年	2017年
全　国	**903**	**794**	**38414**	**34492**	**741210**	**708203**	**137477**	**153243**
北　京	96	96	6969	5925	152433	125708	20266	19292
天　津								
河　北								
山　西								
内 蒙 古	29	29	1525	1532	30010	30010	3506	3506
辽　宁								
吉　林								
黑 龙 江								
上　海								
江　苏								
浙　江	331	306	4923	3780	67965	63362	31102	34876
安　徽								
福　建								
江　西	2	2	309	312	6885	6885	1990	1990
山　东	30	29	9617	8916	210602	217087	21269	25163
河　南								
湖　北	6	6	613	654	12938	12938	2157	2157
湖　南								
广　东	19	16	2554	2983	61029	60176	7830	7227
广　西								
海　南								
重　庆	328	250	10717	8978	179583	172687	45245	55167
四　川								
贵　州								
云　南								
西　藏								
陕　西								
甘　肃								
青　海								
宁　夏								
新　疆	62	60	1187	1412	19765	19350	4112	3865

4-8 续表 4

私营企业

地 区	门店数（个）		年末从业人员（人）		年末餐饮营业面积（平方米）		年末餐位数（位）	
	2018年	2017年	2018年	2017年	2018年	2017年	2018年	2017年
全 国	**3001**	**2892**	**81628**	**86852**	**1473853**	**1513503**	**466647**	**468953**
北 京	579	503	17557	20124	367328	331657	100756	89496
天 津	22	21	707	569	3572	4441	1602	1683
河 北	10	10	502	599	22740	22740	3528	3283
山 西	6	16	293	1186	6300	29730	1700	8494
内蒙古	2	2	58	67	200	200	180	180
辽 宁	10	10	133	125	7100	5700	3500	2500
吉 林	16	19	180	450	7914	9004	2552	2452
黑龙江	42	31	1250	800	12600	9240	3658	2700
上 海	649	601	10832	10956	120868	121303	37442	37658
江 苏	139	145	2900	3032	63309	67502	18838	20569
浙 江	127	140	6447	5552	132822	178593	36090	41649
安 徽	245	223	5408	5970	250605	249832	38354	30685
福 建	78	84	828	1255	13705	17364	6455	8697
江 西								
山 东	37	29	411	446	15832	15632	2158	2038
河 南	33	37	788	998	12470	14686	4162	4829
湖 北	91	90	2348	2266	52535	53175	14388	14150
湖 南	206	198	11058	11264	106994	101491	63182	60736
广 东	452	484	8542	9560	115976	120282	40204	47334
广 西	9	6	95	62	540	360	320	265
海 南								
重 庆	114	128	6402	6978	73176	76904	25635	29059
四 川	3	3	401	397	8150	8150	1126	1126
贵 州	5	7	421	421	15660	17482	2820	3088
云 南	48	39	782	774	18659	17300	4320	3540
西 藏								
陕 西	51	44	2438	2456	35725	34293	50391	50410
甘 肃	14	9	626	341	4573	2822	1232	828
青 海								
宁 夏								
新 疆	13	13	221	204	4500	3620	2054	1504

4-8 续表 5

港、澳、台商投资企业

地区	门店数（个）		年末从业人员（人）		年末餐饮营业面积（平方米）		年末餐位数（位）	
	2018年	2017年	2018年	2017年	2018年	2017年	2018年	2017年
全国	**8147**	**7321**	**219469**	**197713**	**2197501**	**1929361**	**660738**	**597233**
北京	2529	2239	61602	53296	621150	574154	216410	191721
天津	166	185	10243	2630	64689	60781	18947	16254
河北								
山西								
内蒙古								
辽宁	279	225	3696	3456	94185	80123	33301	27294
吉林								
黑龙江	21	23	424	519	6900	7665	2915	3105
上海	1779	1664	43382	43926	448916	378202	125439	122188
江苏	287	278	8578	6348	76668	73083	20949	18572
浙江	240	205	9024	7878	80771	68510	25173	20112
安徽	65	50	3420	2630	26194	20149	8488	6529
福建	140	124	7251	2572	77985	53521	24180	12546
江西	4	4	281	281	11748	11748	2066	2066
山东	94	89	3518	943	27165	24990	7035	6344
河南								
湖北	945	864	31065	39874	278281	261545	76977	69487
湖南	13	14	79	59	478	450	90	20
广东	1066	928	28070	25349	263590	213571	56422	63108
广西								
海南	7	7	234	153	2612	2612	879	879
重庆	13	5	101	100	2998	2778	888	784
四川	364	309	5530	5321	87212	71173	29817	27258
贵州								
云南	11	5	88	115	912	460	789	406
西藏								
陕西	124	103	2883	2263	25047	23846	9973	8560
甘肃								
青海								
宁夏								
新疆								

4-8 续表 6

外商投资企业

地区	门店数（个）		年末从业人员（人）		年末餐饮营业面积（平方米）		年末餐位数（位）	
	2018年	2017年	2018年	2017年	2018年	2017年	2018年	2017年
全　国	**12063**	**10982**	**366861**	**301356**	**3764998**	**3777878**	**1176437**	**1120940**
北　京	1651	1592	52456	43786	548477	544293	159104	158706
天　津	400	371	14854	12779	149531	143878	48286	46596
河　北								
山　西	89	88	3103	4250	31000	30800	9750	9680
内蒙古								
辽　宁	656	502	7743	6705	217511	195308	63819	58545
吉　林								
黑龙江	8	8	144	149	7658	7658	1534	1534
上　海	3493	3192	86502	55179	865219	1011743	260620	272984
江　苏	1133	980	41602	34525	345850	327696	117350	100968
浙　江	588	516	17593	15803	209661	189918	69001	63856
安　徽								
福　建	311	288	15058	15616	97402	116684	27447	25563
江　西	116	108	5683	5070	41640	39800	13800	12744
山　东	288	268	5236	4782	68591	63828	38317	35656
河　南	124	114	4858	4642	29613	27183	16760	15380
湖　北	33	32	1459	1054	5739	6112	2175	2453
湖　南	237	196	10232	11397	73792	65429	22676	21584
广　东	2062	1993	66698	54025	795293	761339	232249	212413
广　西	97	80	5230	4800	31296	27157	10040	9243
海　南								
重　庆	52	48	2749	2817	17622	17617	5691	5830
四　川	428	335	13956	12739	124517	100352	47159	38771
贵　州								
云　南	73	67	3953	3671	25450	24286	8048	7751
西　藏								
陕　西	160	146	5501	5407	56000	55600	15850	14300
甘　肃	35	31	1433	1450	12250	10850	3500	3100
青　海								
宁　夏								
新　疆	29	27	818	710	10886	10347	3261	3283

4-9 按部分登记注册类型分各地区连锁餐饮企业加盟门店基本情况

内资企业

地区	门店数(个)		年末从业人员(人)		年末餐饮营业面积(平方米)		年末餐位数(位)	
	2018年	2017年	2018年	2017年	2018年	2017年	2018年	2017年
全国	**2152**	**2139**	**74649**	**77630**	**866336**	**896786**	**309252**	**311529**
北京	102	111	6756	8368	199921	236136	38297	42451
天津								
河北	5	5	279	340	7700	7700	770	770
山西	11	5	850	124	17650	4700	6600	1580
内蒙古	74	74	1098	1125	31800	36249	3299	4320
辽宁								
吉林								
黑龙江								
上海	47	56	188	238	1880	2276	188	249
江苏	10	10	128	130	810	820	580	590
浙江	249	234	795	1311	17447	18552	5087	5621
安徽		4		49		523		334
福建	159	167	663	730	6707	7350	2704	3000
江西	45	35	1250	1000	1310	1250	2000	1750
山东	88	77	2580	2435	23471	20330	7095	6130
河南	1	1	20	20	100	100	10	10
湖北								
湖南	60	58	5243	5202	34600	34937	13885	13030
广东	23	4	238	139	3534	3244	698	508
广西	170	134	3438	3358	34366	26015	9045	10300
海南								
重庆	1043	1077	49761	51448	460829	471107	213220	214641
四川	16	17	514	562	16221	16937	2391	2479
贵州								
云南								
西藏								
陕西	7	5	167	323	1350	700	268	166
甘肃								
青海								
宁夏								
新疆	42	65	681	728	6640	7860	3115	3600

4-9 续表 1

有限责任公司

地区	门店数（个）		年末从业人员（人）		年末餐饮营业面积（平方米）		年末餐位数（位）	
	2018年	2017年	2018年	2017年	2018年	2017年	2018年	2017年
全国	**495**	**436**	**8086**	**8081**	**119805**	**118315**	**26608**	**27565**
北京	36	32	1388	1461	36380	38536	8895	7655
天津								
河北								
山西								
内蒙古	74	74	1098	1125	31800	36249	3299	4320
辽宁								
吉林								
黑龙江								
上海	47	52	188	209	1880	2090	188	214
江苏								
浙江	16	19	415	535	11885	12741	2958	3275
安徽								
福建	89	90	89	90	960	970		
江西	45	35	1250	1000	1310	1250	2000	1750
山东								
河南								
湖北								
湖南								
广东	22	3	111	19	534	244	300	110
广西	159	126	3380	3319	33706	25535	8700	10075
海南								
重庆								
四川								
贵州								
云南								
西藏								
陕西	7	5	167	323	1350	700	268	166
甘肃								
青海								
宁夏								
新疆								

4-9 续表 2

股份有限公司

地　区	门店数（个）		年末从业人员（人）		年末餐饮营业面积（平方米）		年末餐位数（位）	
	2018年	2017年	2018年	2017年	2018年	2017年	2018年	2017年
全　国	**360**	**348**	**17322**	**19536**	**268754**	**297057**	**58718**	**64008**
北　京	66	74	5368	6798	163541	194700	29402	33858
天　津								
河　北	5	5	279	340	7700	7700	770	770
山　西								
内蒙古								
辽　宁								
吉　林								
黑龙江								
上　海								
江　苏								
浙　江	229	212	336	733	4802	5341	1619	1966
安　徽								
福　建								
江　西								
山　东								
河　南								
湖　北								
湖　南								
广　东	1	1	127	120	3000	3000	398	398
广　西								
海　南								
重　庆	56	56	11164	11545	89151	86316	26424	27016
四　川								
贵　州								
云　南								
西　藏								
陕　西								
甘　肃								
青　海								
宁　夏								
新　疆	3		48		560		105	

4-9 续表 3

私营企业

地区	门店数（个）		年末从业人员（人）		年末餐饮营业面积（平方米）		年末餐位数（位）	
	2018年	2017年	2018年	2017年	2018年	2017年	2018年	2017年
全国	**1297**	**1355**	**49241**	**50013**	**477777**	**481414**	**223926**	**219956**
北京		5		109		2900		938
天津								
河北								
山西	11	5	850	124	17650	4700	6600	1580
内蒙古								
辽宁								
吉林								
黑龙江								
上海		4		29		186		35
江苏	10	10	128	130	810	820	580	590
浙江	4	3	44	43	760	470	510	380
安徽		4		49		523		334
福建	70	77	574	640	5747	6380	2704	3000
江西								
山东	88	77	2580	2435	23471	20330	7095	6130
河南	1	1	20	20	100	100	10	10
湖北								
湖南	60	58	5243	5202	34600	34937	13885	13030
广东								
广西	11	8	58	39	660	480	345	225
海南								
重庆	987	1021	38597	39903	371678	384791	186796	187625
四川	16	17	514	562	16221	16937	2391	2479
贵州								
云南								
西藏								
陕西								
甘肃								
青海								
宁夏								
新疆	39	65	633	728	6080	7860	3010	3600

4-9 续表 4

港、澳、台商投资企业

地区	门店数（个）		年末从业人员（人）		年末餐饮营业面积（平方米）		年末餐位数（位）	
	2018年	2017年	2018年	2017年	2018年	2017年	2018年	2017年
全国	**255**	**243**	**5622**	**5867**	**43504**	**40609**	**22400**	**19984**
北京	2	2	45	45	522	522	222	222
天津								
河北								
山西								
内蒙古								
辽宁								
吉林								
黑龙江								
上海	8	11	285	465	1200	2100	180	300
江苏								
浙江								
安徽								
福建								
江西								
山东								
河南								
湖北								
湖南								
广东	50	46	1677	1546	14494	13650	4686	4370
广西								
海南								
重庆	71	67	489	452	7120	6772	5062	4842
四川	20	14	742	990	8123	5600	2340	1400
贵州								
云南	104	103	2384	2369	12045	11965	9910	8850
西藏								
陕西								
甘肃								
青海								
宁夏								
新疆								

4-9 续表 5

外商投资企业

地区	门店数（个）		年末从业人员（人）		年末餐饮营业面积（平方米）		年末餐位数（位）	
	2018年	2017年	2018年	2017年	2018年	2017年	2018年	2017年
全　国	**1081**	**1111**	**25047**	**22675**	**464453**	**461913**	**194701**	**198441**
北　京	158	159	2404	2756	48594	57859	18125	20232
天　津								
河　北								
山　西								
内蒙古								
辽　宁								
吉　林								
黑龙江								
上　海	1	1	35	43	350	350	142	142
江　苏	130	173	2498	3168	26907	29423	9342	11124
浙　江	151	145	3750	3625	37750	36250	18120	17400
安　徽								
福　建								
江　西								
山　东								
河　南								
湖　北								
湖　南	370	352	13019	9550	295622	281300	118063	114762
广　东								
广　西								
海　南								
重　庆	2	1			832	424	238	132
四　川	267	278	3341	3533	54398	56307	30671	34649
贵　州								
云　南	2	2						
西　藏								
陕　西								
甘　肃								
青　海								
宁　夏								
新　疆								

4-10 按部分登记注册类型分各地区

内资企业

地　区	商品购进总额		统一配送商品购进额		自有配送中心配送商品购进额	
	2018年	2017年	2018年	2017年	2018年	2017年
全　国	**2017117**	**1787498**	**1141055**	**1047613**	**529294**	**490468**
北　京	457007	379813	250800	214267	122455	91384
天　津	6103	6823	5769	6065		
河　北	10146	9842	2124	2273		
山　西	6671	6409	507	195		195
内蒙古	121553	100213	1355	1599	985	1198
辽　宁	3323	2798	735	537	735	537
吉　林	1638	1820	1531	1456		
黑龙江	7300	6238	7300	6238		
上　海	138373	133870	35175	38637	18587	30162
江　苏	40617	27216	40333	27013	38907	25384
浙　江	206582	189245	166041	166033	89449	90048
安　徽	70748	60128	69341	59070	31462	30509
福　建	31393	27759	5989	7634	506	482
江　西	8499	7330	8499	7330	1441	1600
山　东	77852	57797	62622	41337	42694	13735
河　南	5548	8479	3090	3102		
湖　北	74026	53405	36389	35403	5359	4938
湖　南	70215	75899	46208	41621	13749	11733
广　东	263802	214326	192917	177909	92354	98131
广　西	19269	33165	19269	33165	431	20208
海　南						
重　庆	346630	337212	142218	135557	58438	58041
四　川	4281	4711	3982	4402	2844	2946
贵　州	2309	2719	2309	2719		
云　南	8867	7703	8867	7493		
西　藏	82	83				
陕　西	20853	20131	16505	16739	8184	8660
甘　肃	1973	1389	1973	1182	185	
青　海						
宁　夏						
新　疆	11459	10974	9209	8639	531	580

连锁餐饮企业经营情况

单位：万元

非自有配送中心配送商品购进额		营业额		餐费收入及商品销售额	
2018年	2017年	2018年	2017年	2018年	2017年
323827	**300818**	**5692523**	**4976868**	**5428533**	**4867629**
99622	101309	1474070	1210688	1326450	1192018
650	670	17278	16923	16960	16490
		22400	21539	21284	20451
507		14076	14305	14076	14305
170	201	148038	133287	148038	133287
		10675	10190	10410	9949
107	364	5418	5931	5418	5931
7300	6238	23646	19800	23646	19800
2014	2837	412849	388719	412848	388719
1426	1629	72173	75906	72173	75907
54019	55152	481272	412940	476906	412322
37880	5449	224933	168897	222271	167732
445	474	86330	70110	86322	70111
		22599	18486	22599	18487
131	10607	336053	294489	272663	239724
		38326	42407	38327	42407
1637	1221	222607	189549	204699	173581
27989	24891	215161	194868	195830	182652
1784	2351	653867	619741	650849	618093
	2915	64662	62367	63491	62367
72600	69840	874014	801707	871412	799792
		106993	61260	106994	61259
		5987	6813	5987	6813
		28934	25518	28934	25518
		929	872	929	872
6870	6612	85459	72359	85425	72323
		6495	3876	6496	3875
8678	8059	37280	33322	37098	32849

4-10 续表 1

国有企业

地　区	商品购进总额		统一配送商品购进额		自有配送中心配送商品购进额	
	2018年	2017年	2018年	2017年	2018年	2017年
全　国	**32385**	**28862**	**19177**	**16673**		**3561**
北　京						
天　津						
河　北						
山　西						
内蒙古						
辽　宁						
吉　林						
黑龙江						
上　海	12931	12000				
江　苏						
浙　江	2222	1210	2222	1210		
安　徽						
福　建						
江　西						
山　东	3831	3782	3554	3593		3561
河　南						
湖　北						
湖　南						
广　东	13401	11871	13401	11871		
广　西						
海　南						
重　庆						
四　川						
贵　州						
云　南						
西　藏						
陕　西						
甘　肃						
青　海						
宁　夏						
新　疆						

单位：万元

非自有配送中心配送商品购进额		营业额		餐费收入及商品销售额	
2018年	2017年	2018年	2017年	2018年	2017年
2222	**1242**	**81443**	**68712**	**81057**	**68711**
		35778	31558	35778	31558
2222	1210	7276	4717	6888	4717
	32	10451	9955	10451	9955
		27938	22482	27938	22482

4-10 续表 2

有限责任公司

地区	商品购进总额		统一配送商品购进额		自有配送中心配送商品购进额	
	2018年	2017年	2018年	2017年	2018年	2017年
全国	**556843**	**488667**	**392528**	**383668**	**185543**	**196416**
北京	161619	136042	124667	109438	56251	42163
天津	984	1054	650	670		
河北						
山西						
内蒙古	2696	2966	1155	1399	985	1198
辽宁	2123	1798	735	537	735	537
吉林						
黑龙江						
上海	17271	18187	5385	6033	3276	4332
江苏	1279	1200	1279	1200	1279	1200
浙江	51851	57538	44464	50095	41418	46868
安徽	34343	23112	34343	23112	1761	
福建	24952	20293	2142	1891	5	2
江西	7058	5731	7058	5731		
山东	10279	11655	9766	9335	6746	4529
河南	1677	4658	103	94		
湖北	51904	32248	27044	25537	1054	1043
湖南	18955	19363	11206	10417	1914	2946
广东	131372	101730	86641	88969	65859	67529
广西	18839	32814	18839	32814		19857
海南						
重庆	3792	2993	3792	2993		
四川	1138	1456	1138	1456		
贵州	517	471	517	471		
云南	334	297	334	297		
西藏	82	83				
陕西	13781	12980	11274	11181	4261	4213
甘肃						
青海						
宁夏						
新疆						

单位：万元

非自有配送中心配送商品购进额		营业额		餐费收入及商品销售额	
2018年	2017年	2018年	2017年	2018年	2017年
114216	**80444**	**1701227**	**1491106**	**1671699**	**1466655**
60356	58293	438325	392257	430162	385019
650	670	3195	3251	2877	2818
170	201	28873	35645	28873	35645
		5903	5515	5638	5274
597		47755	53736	47755	53736
		2674	2529	2674	2529
149	660	128110	137217	128111	137217
32581		138188	83589	137210	83589
220	224	70848	50931	70843	50931
		19909	15852	19909	15852
116	1026	26231	26839	26231	26839
		32155	36489	32156	36489
732	490	166416	135580	148596	119667
9293	7471	50265	52634	50265	52634
		334049	308446	333276	307857
	2915	63840	61642	62669	61642
3792	2993	11653	11369	11653	11369
		81113	35288	81113	35288
		1055	933	1055	933
		997	1039	997	1039
		929	872	929	872
5562	5500	48743	39455	48710	39419

4-10 续表 3

股份有限公司

地区	商品购进总额		统一配送商品购进额		自有配送中心配送商品购进额	
	2018年	2017年	2018年	2017年	2018年	2017年
全国	**527811**	**455308**	**252410**	**195265**	**109057**	**65719**
北京	47927	54125	25221	26315		
天津						
河北	2124	2273	2124	2273		
山西						
内蒙古	118459	96826				
辽宁						
吉林						
黑龙江						
上海						
江苏						
浙江	85069	74207	85069	74207	36987	27356
安徽						
福建						
江西	1441	1600	1441	1600	1441	1600
山东	46087	26592	35948	15168	35948	5620
河南						
湖北	1169	981	1169	981		
湖南						
广东	44900	25139	44900	25139		
广西						
海南						
重庆	171955	165507	47860	41524	34680	31143
四川						
贵州						
云南						
西藏						
陕西						
甘肃						
青海						
宁夏						
新疆	8678	8059	8678	8059		

单位：万元

非自有配送中心配送商品购进额		营业额		餐费收入及商品销售额	
2018年	2017年	2018年	2017年	2018年	2017年
91757	**101154**	**1418950**	**1261439**	**1346977**	**1201150**
25221	26315	305733	303783	300921	300433
		6312	6430	6312	6430
		118459	96826	118459	96826
44678	46850	181409	142344	181240	142344
		2690	2634	2690	2635
	9548	253066	216147	189676	161381
		15228	15025	15228	15025
		103436	93636	102435	93635
13180	10381	405880	363678	403279	361763
8678	8059	26737	20936	26737	20678

4-10 续表 4

私营企业

地区	商品购进总额		统一配送商品购进额		自有配送中心配送商品购进额	
	2018年	2017年	2018年	2017年	2018年	2017年
全　国	**891623**	**805310**	**471553**	**445649**	**234694**	**224774**
北　京	247426	189589	100912	78514	66203	49221
天　津	5119	5769	5119	5395		
河　北	4986	4632				
山　西	6671	6409	507	195		195
内蒙古	198	221				
辽　宁	1200	1000				
吉　林	1638	1820	1531	1456		
黑龙江	7300	6238	7300	6238		
上　海	108171	103683	29790	32604	15311	25830
江　苏	39338	26016	39054	25813	37629	24184
浙　江	67440	56292	34286	40521	11043	15823
安　徽	36406	37016	34999	35958	29700	30509
福　建	6442	7466	3847	5743	501	480
江　西						
山　东	17655	15768	13354	13241		26
河　南	3871	3821	2987	3008		
湖　北	20954	20177	8177	8885	4305	3895
湖　南	51260	56536	35002	31204	11835	8787
广　东	68943	69430	42790	45773	26495	30602
广　西	431	351	431	351	431	351
海　南						
重　庆	170882	168712	90566	91039	23758	26898
四　川	3144	3255	2844	2946	2844	2946
贵　州	1792	2248	1792	2248		
云　南	8533	7406	8533	7196		
西　藏						
陕　西	7072	7151	5231	5558	3923	4447
甘　肃	1973	1389	1973	1182	185	
青　海						
宁　夏						
新　疆	2781	2915	531	580	531	580

单位：万元

非自有配送中心配送商品购进额		营业额		餐费收入及商品销售额	
2018年	2017年	2018年	2017年	2018年	2017年
115283	**117554**	**2473247**	**2136101**	**2312391**	**2112660**
14045	16701	729220	513322	594576	505239
		14083	13672	14083	13672
		10436	9598	9319	8510
507		14076	14305	14076	14305
		461	490	461	490
		4772	4675	4772	4675
107	364	5418	5931	5418	5931
7300	6238	23646	19800	23646	19800
1417	2837	329316	303425	329315	303425
1426	1629	69498	73378	69498	73378
6971	6433	164477	128663	160668	128044
5298	5449	86745	85308	85061	84144
226	250	15481	19179	15479	19179
15		46306	41549	46306	41549
		6171	5918	6171	5918
905	731	40963	38943	40875	38888
18697	17419	164896	142235	145565	130019
1434	1927	177479	182829	177478	182829
		822	725	822	725
55628	56465	456481	426661	456480	426660
		25881	25971	25881	25971
		4931	5880	4931	5880
		27937	24480	27937	24480
1308	1112	36716	32904	36716	32904
		6495	3876	6496	3875
		10542	12386	10360	12171

4-10 续表 5

港、澳、台商投资企业

地区	商品购进总额		统一配送商品购进额		自有配送中心配送商品购进额	
	2018年	2017年	2018年	2017年	2018年	2017年
全国	**1628524**	**1368734**	**1461167**	**1229164**	**468663**	**421750**
北京	624307	464443	610459	449967	254805	220224
天津	39282	37169	39282	37169	1194	1063
河北						
山西						
内蒙古						
辽宁	74813	68121	56977	52134	17129	19949
吉林						
黑龙江	4755	737	4755	737	4755	737
上海	269370	320156	192789	235093	33354	39514
江苏	39889	42477	39787	42322	20771	19169
浙江	44039	39262	43183	38301	7112	6858
安徽	11428	9211	11428	9211		
福建	31531	19412	31457	19347		
江西	2025	2025				
山东	13958	11954	13958	3847		
河南						
湖北	170995	147919	163861	141527	106671	91142
湖南	541	237	541	237		
广东	202894	156907	197905	152184	22872	23096
广西						
海南	2605	2641	2605	2641		
重庆	15769	12129	15769	12129		
四川	44395	1992	483	375		
贵州						
云南	18404	17427	18404	17427		
西藏						
陕西	17526	14517	17526	14517		
甘肃						
青海						
宁夏						
新疆						

单位：万元

非自有配送中心配送商品购进额		营业额		餐费收入及商品销售额	
2018年	2017年	2018年	2017年	2018年	2017年
308897	**260878**	**5197558**	**4629909**	**4998582**	**4619696**
145780	119864	1660529	1376912	1654661	1368789
		133391	122427	133391	122427
		171749	162991	171749	162992
		8345	9926	8345	9926
95	71	1085321	1048384	900392	1047731
6203	6298	156195	141565	150792	140196
36071	31443	148547	130921	148424	130853
		37761	30507	37761	30507
13647	8096	99345	97151	99345	97151
		2940	3390	2940	3390
		51106	41884	51106	41884
57190	50386	549749	495745	547136	495745
541	237	1355	661	1355	661
2720	4333	728437	670464	728413	670463
2605	2641	9815	9457	9815	9457
15769	12129	35127	32781	35127	32781
483	375	200925	151138	200925	151138
18404	17427	51583	52681	51583	52681
9391	7579	65340	50925	65324	50925

4-10 续表 6

外商投资企业

地 区	商品购进总额		统一配送商品购进额		自有配送中心配送商品购进额	
	2018年	2017年	2018年	2017年	2018年	2017年
全 国	**3094505**	**3166749**	**2438702**	**2289004**	**1002997**	**973591**
北 京	437424	378304	426795	365715	270144	250409
天 津	155470	135112				
河 北						
山 西	33302	29250	33302	29250	33302	29250
内蒙古						
辽 宁	473837	428146	438483	398682		
吉 林						
黑龙江	967	1008	37	30		
上 海	441771	414906	292629	262427	9949	11255
江 苏	413337	639945	162646	146299		33406
浙 江	186394	166322	186394	166322	186394	166322
安 徽						
福 建	77258	89880	77258	89880	47453	40212
江 西	52964	33514	52964	33514		
山 东	61772	96955	61772	96955	61772	96955
河 南	23584	34838	23584	34838		
湖 北	13143	6627	13143	6627		
湖 南	115230	97575	103449	86321	103449	86321
广 东	374925	395646	349389	368613	169225	161812
广 西	12062	20156	12062	20156		
海 南						
重 庆	10602	10208	10602	10208	10602	10208
四 川	107346	101861	107346	101861	25405	17782
贵 州						
云 南	16269	15191				
西 藏						
陕 西	58689	46589	58689	46589	57144	44942
甘 肃	14187	12873	14187	12873	14187	12873
青 海						
宁 夏						
新 疆	13971	11846	13971	11846	13971	11846

单位：万元

非自有配送中心配送商品购进额		营业额		餐费收入及商品销售额	
2018年	2017年	2018年	2017年	2018年	2017年
235942	**224653**	**8609983**	**8048633**	**8584405**	**8040133**
37253	27079	1416801	1317816	1403802	1310504
		303034	289076	303034	289076
		63401	60632	63401	60632
		429913	412861	424103	412861
		1896	2037	1896	2038
42385	41146	1836628	1742470	1836567	1741934
116574	109692	862125	798097	862124	797740
		578430	533980	578430	533980
		198358	181753	196058	181754
		76471	68890	76471	68890
		217577	199157	217577	199157
		75636	66349	75636	66349
		36869	19625	36867	19616
		361398	341019	361398	341003
18810	20251	1473806	1391319	1469400	1391302
12062	20156	71423	63679	71423	63679
		35858	34535	35858	34281
8858	6330	345743	318699	345743	318699
		54871	51370	54871	51370
		112200	98753	112200	98753
		29491	29405	29491	29405
		28055	27112	28055	27112

4-11 按部分登记注册类型分各地区

内资企业

地区	商品购进总额		统一配送商品购进额		自有配送中心配送商品购进额	
	2018年	2017年	2018年	2017年	2018年	2017年
全 国	**1760016**	**1532288**	**1017494**	**918056**	**506488**	**456423**
北 京	423965	351314	242796	208619	122390	90799
天 津	6103	6823	5769	6065		
河 北	8021	7569				
山 西	3106	6037	507	195		195
内蒙古	119405	98012	430	526	190	266
辽 宁	3323	2798	735	537	735	537
吉 林	1638	1820	1531	1456		
黑龙江	7300	6238	7300	6238		
上 海	138234	133510	35175	38475	18587	30151
江 苏	39761	26304	39686	26177	38260	24548
浙 江	185536	167330	144995	144117	84648	84388
安 徽	70748	60085	69341	59027	31462	30481
福 建	30486	26541	5783	7419	493	482
江 西	1441	1600	1441	1600	1441	1600
山 东	63914	44092	49368	28200	42694	13735
河 南	5048	7979	2590	2602		
湖 北	74026	53405	36389	35403	5359	4938
湖 南	65903	71223	44034	39547	13099	11183
广 东	261590	213268	190705	176850	91987	98131
广 西	7407	11355	7407	11355	262	9926
海 南						
重 庆	197330	190881	89338	82920	43450	43324
四 川	3670	3957	3670	3957	2532	2501
贵 州	2309	2719	2309	2719		
云 南	8867	7703	8867	7493		
西 藏	82	83				
陕 西	19555	19107	16505	16739	8184	8660
甘 肃	1973	1389	1973	1182	185	
青 海						
宁 夏						
新 疆	9278	9147	8853	8639	531	580

连锁餐饮企业直营门店经营情况

单位：万元

非自有配送中心配送商品购进额		营业额		餐费收入及商品销售额	
2018年	2017年	2018年	2017年	2018年	2017年
260915	**239558**	**4797970**	**4082896**	**4526120**	**3982351**
91682	96246	1356068	1088140	1194867	1083051
650	670	17278	16923	16887	16563
		16089	15109	14972	14021
507		9775	12995	9775	12995
40	60	121221	100629	121221	100629
		10675	10190	10410	9949
107	364	5418	5931	5418	5931
7300	6238	23646	19800	23646	19800
2014	2837	412262	387634	411045	388850
1426	1629	70853	74414	85726	59541
38157	39182	455625	371029	451260	370410
37880	5435	224933	168865	222349	167622
253	259	84458	67965	84452	67965
		2690	2634	2690	2635
131	10607	295894	258126	232504	203360
		38246	42327	38247	42327
1637	1221	222607	189549	204699	173581
27449	24441	204760	183611	185942	171714
1784	2351	648353	614863	636880	621671
	1429	25729	14917	24558	14917
34708	31920	311425	264534	308823	262620
		87010	41172	87010	41172
		5987	6813	5987	6813
		28934	25518	28934	25518
		929	872	929	872
6870	6612	82226	70727	82192	70690
		6495	3876	6496	3875
8321	8059	28388	23736	28206	23263

4-11　续表 1

国有企业

地　区	商品购进总额		统一配送商品购进额		自有配送中心配送商品购进额	
	2018年	2017年	2018年	2017年	2018年	2017年
全　国	**32385**	**28862**	**19177**	**16673**		**3561**
北　京						
天　津						
河　北						
山　西						
内蒙古						
辽　宁						
吉　林						
黑龙江						
上　海	12931	12000				
江　苏						
浙　江	2222	1210	2222	1210		
安　徽						
福　建						
江　西						
山　东	3831	3782	3554	3593		3561
河　南						
湖　北						
湖　南						
广　东	13401	11871	13401	11871		
广　西						
海　南						
重　庆						
四　川						
贵　州						
云　南						
西　藏						
陕　西						
甘　肃						
青　海						
宁　夏						
新　疆						

单位：万元

非自有配送中心配送商品购进额		营业额		餐费收入及商品销售额	
2018年	2017年	2018年	2017年	2018年	2017年
2222	**1242**	**81443**	**68712**	**78438**	**71330**
		35778	31558	35778	31558
2222	1210	7276	4717	6888	4717
	32	10451	9955	10451	9955
		27938	22482	25320	25100

4-11 续表 2

有限责任公司

地　区	商品购进总额		统一配送商品购进额		自有配送中心配送商品购进额	
	2018年	2017年	2018年	2017年	2018年	2017年
全　国	**519267**	**449797**	**367531**	**349376**	**179515**	**179625**
北　京	152338	134704	124602	109373	56187	42098
天　津	984	1054	650	670		
河　北						
山　西						
内蒙古	548	765	230	326	190	266
辽　宁	2123	1798	735	537	735	537
吉　林						
黑龙江						
上　海	17132	18027	5385	6021	3276	4321
江　苏	1279	1200	1279	1200	1279	1200
浙　江	47050	51878	39663	44436	36618	41209
安　徽	34343	23112	34343	23112	1761	
福　建	24250	19290	2142	1891	5	2
江　西						
山　东	10279	11655	9766	9335	6746	4529
河　南	1677	4658	103	94		
湖　北	51904	32248	27044	25537	1054	1043
湖　南	18955	19363	11206	10417	1914	2946
广　东	130917	101628	86186	88867	65491	67529
广　西	7145	11163	7145	11163		9734
海　南						
重　庆	3792	2993	3792	2993		
四　川	1138	1456	1138	1456		
贵　州	517	471	517	471		
云　南	334	297	334	297		
西　藏	82	83				
陕　西	12483	11956	11274	11181	4261	4213
甘　肃						
青　海						
宁　夏						
新　疆						

单位：万元

非自有配送中心配送商品购进额		营业额		餐费收入及商品销售额	
2018年	2017年	2018年	2017年	2018年	2017年
114086	**78817**	**1575898**	**1361273**	**1544492**	**1338700**
60356	58293	415566	373668	406703	367130
650	670	3195	3251	2810	2885
40	60	2055	2987	2055	2987
		5903	5515	5638	5274
597		47168	53330	47168	53330
		2674	2529	2674	2529
149	660	117609	125683	117609	125683
32581		138188	83589	137210	83589
220	224	69358	49196	69352	49195
116	1026	26231	26839	26231	26839
		32155	36489	32156	36489
732	490	166416	135580	148596	119667
9293	7471	50265	52634	50265	52634
		332561	308165	330678	308686
	1429	25298	14497	24127	14497
3792	2993	11653	11369	11653	11369
		81113	35288	81113	35288
		1055	933	1055	933
		997	1039	997	1039
		929	872	929	872
5562	5500	45510	37823	45476	37787

4-11 续表 3

股份有限公司

地区	商品购进总额		统一配送商品购进额		自有配送中心配送商品购进额	
	2018年	2017年	2018年	2017年	2018年	2017年
全国	**422721**	**348319**	**224371**	**171002**	**109057**	**65719**
北京	24167	27485	17281	21252		
天津						
河北						
山西						
内蒙古	118459	96826				
辽宁						
吉林						
黑龙江						
上海						
江苏						
浙江	69207	58236	69207	58236	36987	27356
安徽						
福建						
江西	1441	1600	1441	1600	1441	1600
山东	46087	26592	35948	15168	35948	5620
河南						
湖北	1169	981	1169	981		
湖南						
广东	43143	24182	43143	24182		
广西						
海南						
重庆	110726	104359	47860	41524	34680	31143
四川						
贵州						
云南						
西藏						
陕西						
甘肃						
青海						
宁夏						
新疆	8321	8059	8321	8059		

单位：万元

非自有配送中心配送商品购进额		营业额		餐费收入及商品销售额	
2018年	2017年	2018年	2017年	2018年	2017年
67598	**80120**	**1106098**	**926649**	**1029727**	**870757**
17281	21252	210490	201125	205678	197774
		118459	96826	118459	96826
28816	30880	166645	112336	166476	112336
		2690	2634	2690	2635
	9548	253066	216147	189676	161381
		15228	15025	15228	15025
		99410	89039	94013	93436
13180	10381	214401	172580	211799	170665
8321	8059	25709	20936	25709	20678

4-11 续表 4

私营企业

地区	商品购进总额		统一配送商品购进额		自有配送中心配送商品购进额	
	2018年	2017年	2018年	2017年	2018年	2017年
全　国	**777188**	**695958**	**401029**	**374648**	**217916**	**207519**
北　京	247426	189069	100912	77994	66203	48701
天　津	5119	5769	5119	5395		
河　北	4986	4632				
山　西	3106	6037	507	195		195
内蒙古	198	221				
辽　宁	1200	1000				
吉　林	1638	1820	1531	1456		
黑龙江	7300	6238	7300	6238		
上　海	108171	103483	29790	32454	15311	25830
江　苏	38482	25104	38407	24977	36981	23348
浙　江	67057	56006	33903	40235	11043	15823
安　徽	36406	36973	34999	35915	29700	30481
福　建	6236	7251	3642	5528	488	480
江　西						
山　东	3717	2063	100	105		26
河　南	3371	3321	2487	2508		
湖　北	20954	20177	8177	8885	4305	3895
湖　南	46948	51860	32828	29130	11185	8237
广　东	68943	69430	42790	45773	26495	30602
广　西	262	192	262	192	262	192
海　南						
重　庆	82812	83529	37687	38403	8770	12181
四　川	2532	2501	2532	2501	2532	2501
贵　州	1792	2248	1792	2248		
云　南	8533	7406	8533	7196		
西　藏						
陕　西	7072	7151	5231	5558	3923	4447
甘　肃	1973	1389	1973	1182	185	
青　海						
宁　夏						
新　疆	957	1087	531	580	531	580

单位：万元

非自有配送中心配送商品购进额		营业额		餐费收入及商品销售额	
2018年	2017年	2018年	2017年	2018年	2017年
76658	**78954**	**2016876**	**1706751**	**1857016**	**1683149**
14045	16701	729220	512021	581695	516820
		14083	13672	14077	13678
		10436	9598	9319	8510
507		9775	12995	9775	12995
		461	490	461	490
		4772	4675	4772	4675
107	364	5418	5931	5418	5931
7300	6238	23646	19800	23646	19800
1417	2837	329316	302745	328099	303961
1426	1629	68178	71885	83051	57013
6971	6433	164096	128293	160287	127674
5298	5435	86745	85276	85139	84033
33	35	15100	18769	15100	18769
15		6146	5185	6146	5185
		6091	5838	6091	5838
905	731	40963	38943	40875	38888
18157	16969	154495	130977	135677	119081
1434	1927	177479	182829	177113	183194
		431	420	431	420
17736	18545	85371	80585	85371	80586
		5897	5883	5897	5883
		4931	5880	4931	5880
		27937	24480	27937	24480
1308	1112	36716	32904	36716	32904
		6495	3876	6496	3875
		2679	2801	2497	2586

4-11 续表 5

港、澳、台商投资企业

地 区	商品购进总额		统一配送商品购进额		自有配送中心配送商品购进额	
	2018年	2017年	2018年	2017年	2018年	2017年
全 国	**1581064**	**1322749**	**1418915**	**1192167**	**468663**	**421750**
北 京	624307	464443	610459	449967	254805	220224
天 津	39282	37169	39282	37169	1194	1063
河 北						
山 西						
内蒙古						
辽 宁	74813	68121	56977	52134	17129	19949
吉 林						
黑龙江	4755	737	4755	737	4755	737
上 海	265759	312845	192789	235093	33354	39514
江 苏	39889	42477	39787	42322	20771	19169
浙 江	44039	39262	43183	38301	7112	6858
安 徽	11428	9211	11428	9211		
福 建	31531	19412	31457	19347		
江 西	2025	2025				
山 东	13958	11954	13958	3847		
河 南						
湖 北	170995	147919	163861	141527	106671	91142
湖 南	541	237	541	237		
广 东	191182	146615	187791	143569	22872	23096
广 西						
海 南	2605	2641	2605	2641		
重 庆	1273	580	1273	580		
四 川	44395	1992	483	375		
贵 州						
云 南	763	594	763	594		
西 藏						
陕 西	17526	14517	17526	14517		
甘 肃						
青 海						
宁 夏						
新 疆						

单位：万元

非自有配送中心配送商品购进额		营业额		餐费收入及商品销售额	
2018年	2017年	2018年	2017年	2018年	2017年
276759	**232496**	**5069450**	**4490881**	**4745149**	**4605993**
145780	119864	1658351	1375935	1549575	1470720
		133391	122427	133391	122427
		171749	162991	171443	163298
		8345	9926	8345	9926
95	71	1071730	1024343	886801	1023691
6203	6298	156195	141565	150792	140196
36071	31443	148547	130921	148424	130853
		37761	30507	37761	30507
13647	8096	99345	97151	99345	97151
		2940	3390	2940	3390
		51106	41884	51106	41884
57190	50386	549749	495745	547136	495745
541	237	1355	661	1355	661
2720	4333	697510	638476	675376	660586
2605	2641	9815	9457	9815	9457
1273	580	3473	1641	3473	1641
483	375	200925	151138	200925	151138
763	594	1824	1799	1824	1799
9391	7579	65340	50925	65324	50925

4-11 续表 6

外商投资企业

地区	商品购进总额		统一配送商品购进额		自有配送中心配送商品购进额	
	2018年	2017年	2018年	2017年	2018年	2017年
全国	**3011159**	**3078744**	**2372551**	**2217927**	**983379**	**939871**
北京	427078	368586	416449	355997	268420	248075
天津	155470	135112				
河北						
山西	33302	29250	33302	29250	33302	29250
内蒙古						
辽宁	473837	428146	438483	398682		
吉林						
黑龙江	967	1008	37	30		
上海	441687	414840	292544	262361	9949	11255
江苏	390789	618458	146368	131527		19746
浙江	168500	148596	168500	148596	168500	148596
安徽						
福建	77258	89880	77258	89880	47453	40212
江西	52964	33514	52964	33514		
山东	61772	96955	61772	96955	61772	96955
河南	23584	34838	23584	34838		
湖北	13143	6627	13143	6627		
湖南	104305	87363	103449	86321	103449	86321
广东	374925	395646	349389	368613	169225	161812
广西	12062	20156	12062	20156		
海南						
重庆	10602	10208	10602	10208	10602	10208
四川	85797	73064	85797	73064	25405	17782
贵州						
云南	16269	15191				
西藏						
陕西	58689	46589	58689	46589	57144	44942
甘肃	14187	12873	14187	12873	14187	12873
青海						
宁夏						
新疆	13971	11846	13971	11846	13971	11846

单位：万元

非自有配送中心配送商品购进额		营业额		餐费收入及商品销售额	
2018年	2017年	2018年	2017年	2018年	2017年
227321	**216158**	**8171920**	**7603209**	**8108693**	**7632357**
28631	19695	1366614	1266775	1352248	1260829
		303034	289076	303034	289076
		63401	60632	63401	60632
		429913	412861	424103	412861
		1896	2037	1896	2038
42385	41146	1836034	1741601	1811851	1765187
116574	108580	823623	756699	811463	768502
		527457	483624	527457	483624
		198358	181753	196058	181754
		76471	68890	76471	68890
		217577	199157	217577	199157
		75636	66349	75636	66349
		36869	19625	36867	19616
		162152	150842	162151	150826
18810	20251	1473806	1391319	1469400	1391302
12062	20156	71423	63679	71423	63679
		35858	34535	35858	34281
8858	6330	247182	207117	247182	207117
		54871	51370	54871	51370
		112200	98753	112200	98753
		29491	29405	29491	29405
		28055	27112	28055	27112

4-12 按部分登记注册类型分各地区

内资企业

地 区	商品购进总额		统一配送商品购进额		自有配送中心配送商品购进额	
	2018年	2017年	2018年	2017年	2018年	2017年
全 国	**257101**	**255210**	**123561**	**129557**	**22807**	**34046**
北 京	33042	28499	8005	5648	65	585
天 津						
河 北	2124	2273	2124	2273		
山 西	3565	372				
内蒙古	2148	2201	925	1073	796	932
辽 宁						
吉 林						
黑龙江						
上 海	139	360		161		11
江 苏	856	912	647	836	647	836
浙 江	21046	21916	21046	21916	4800	5659
安 徽		43		43		28
福 建	908	1218	206	215	13	
江 西	7058	5731	7058	5731		
山 东	13939	13705	13254	13137		
河 南	500	500	500	500		
湖 北						
湖 南	4312	4676	2174	2074	650	550
广 东	2212	1059	2212	1059	367	
广 西	11863	21810	11863	21810	169	10282
海 南						
重 庆	149300	146331	52880	52636	14988	14717
四 川	612	754	312	445	312	445
贵 州						
云 南						
西 藏						
陕 西	1298	1024				
甘 肃						
青 海						
宁 夏						
新 疆	2181	1827	357			

连锁餐饮企业加盟门店经营情况

单位：万元

非自有配送中心配送商品购进额		营业额		餐费收入及商品销售额	
2018年	2017年	2018年	2017年	2018年	2017年
62913	**61260**	**894553**	**893972**	**894038**	**893653**
7940	5063	118002	122548	118002	122548
		6312	6430	6312	6430
		4301	1310	4301	1310
130	141	26818	32658	26818	32658
		587	1086	587	1086
		1320	1492	1320	1492
15862	15970	25647	41911	25647	41912
	15		32		32
193	215	1872	2145	1870	2145
		19909	15852	19909	15852
		40160	36364	40160	36364
		80	80	80	80
540	450	10401	11258	9887	10938
		5514	4877	5514	4877
	1486	38933	47450	38933	47451
37892	37920	562590	537173	562590	537173
		19984	20088	19984	20088
		3233	1632	3233	1632
357		8892	9585	8892	9585

4-12 续表 1

有限责任公司

地 区	商品购进总额		统一配送商品购进额		自有配送中心配送商品购进额	
	2018年	2017年	2018年	2017年	2018年	2017年
全 国	**37576**	**38869**	**24997**	**34292**	**6028**	**16791**
北 京	9282	1338	65	64	65	64
天 津						
河 北						
山 西						
内 蒙 古	2148	2201	925	1073	796	932
辽 宁						
吉 林						
黑 龙 江						
上 海	139	160		11		11
江 苏						
浙 江	4800	5659	4800	5659	4800	5659
安 徽						
福 建	702	1003				
江 西	7058	5731	7058	5731		
山 东						
河 南						
湖 北						
湖 南						
广 东	455	102	455	102	367	
广 西	11694	21651	11694	21651		10123
海 南						
重 庆						
四 川						
贵 州						
云 南						
西 藏						
陕 西	1298	1024				
甘 肃						
青 海						
宁 夏						
新 疆						

单位：万元

非自有配送中心配送商品购进额		营业额		餐费收入及商品销售额	
2018年	2017年	2018年	2017年	2018年	2017年
130	**1627**	**125329**	**129833**	**125329**	**129833**
		22759	18589	22759	18589
130	141	26818	32658	26818	32658
		587	406	587	406
		10502	11534	10502	11534
		1491	1735	1491	1735
		19909	15852	19909	15852
		1488	281	1488	281
	1486	38542	47145	38542	47145
		3233	1632	3233	1632

4-12 续表 2

股份有限公司

地　区	商品购进总额		统一配送商品购进额		自有配送中心配送商品购进额	
	2018年	2017年	2018年	2017年	2018年	2017年
全　国	**105090**	**106989**	**28040**	**24263**		
北　京	23761	26641	7940	5063		
天　津						
河　北	2124	2273	2124	2273		
山　西						
内蒙古						
辽　宁						
吉　林						
黑龙江						
上　海						
江　苏						
浙　江	15862	15970	15862	15970		
安　徽						
福　建						
江　西						
山　东						
河　南						
湖　北						
湖　南						
广　东	1757	957	1757	957		
广　西						
海　南						
重　庆	61230	61148				
四　川						
贵　州						
云　南						
西　藏						
陕　西						
甘　肃						
青　海						
宁　夏						
新　疆	357		357			

单位：万元

非自有配送中心配送商品购进额		营业额		餐费收入及商品销售额	
2018年	2017年	2018年	2017年	2018年	2017年
24159	**21033**	**312853**	**334790**	**312852**	**334790**
7940	5063	95243	102658	95243	102658
		6312	6430	6312	6430
15862	15970	14764	30008	14764	30008
		4026	4597	4026	4596
		191479	191098	191479	191098
357		1029		1029	

4-12 续表 3

私营企业

地区	商品购进总额		统一配送商品购进额		自有配送中心配送商品购进额	
	2018年	2017年	2018年	2017年	2018年	2017年
全国	**114435**	**109352**	**70524**	**71001**	**16779**	**17255**
北京		520		520		520
天津						
河北						
山西	3565	372				
内蒙古						
辽宁						
吉林						
黑龙江						
上海		200		150		
江苏	856	912	647	836	647	836
浙江	383	286	383	286		
安徽		43		43		28
福建	206	215	206	215	13	
江西						
山东	13939	13705	13254	13137		
河南	500	500	500	500		
湖北						
湖南	4312	4676	2174	2074	650	550
广东						
广西	169	159	169	159	169	159
海南						
重庆	88070	85182	52880	52636	14988	14717
四川	612	754	312	445	312	445
贵州						
云南						
西藏						
陕西						
甘肃						
青海						
宁夏						
新疆	1824	1827				

单位：万元

非自有配送中心配送商品购进额		营业额		餐费收入及商品销售额	
2018年	2017年	2018年	2017年	2018年	2017年
38625	**38600**	**456372**	**429349**	**455857**	**429030**
			1300		1300
		4301	1310	4301	1310
			680		680
		1320	1492	1320	1492
		381	370	381	370
	15		32		32
193	215	381	410	379	410
		40160	36364	40160	36364
		80	80	80	80
540	450	10401	11258	9887	10938
		391	305	391	305
37892	37920	371110	346075	371111	346075
		19984	20088	19984	20088
		7863	9585	7863	9585

4-12 续表 4

港、澳、台投资企业

地　区	商品购进总额		统一配送商品购进额		自有配送中心配送商品购进额	
	2018年	2017年	2018年	2017年	2018年	2017年
全　国	**47461**	**45985**	**42252**	**36997**		
北　京						
天　津						
河　北						
山　西						
内 蒙 古						
辽　宁						
吉　林						
黑 龙 江						
上　海	3611	7312				
江　苏						
浙　江						
安　徽						
福　建						
江　西						
山　东						
河　南						
湖　北						
湖　南						
广　东	11712	10292	10114	8616		
广　西						
海　南						
重　庆	14497	11549	14497	11549		
四　川						
贵　州						
云　南	17641	16833	17641	16833		
西　藏						
陕　西						
甘　肃						
青　海						
宁　夏						
新　疆						

单位：万元

非自有配送中心配送商品购进额		营业额		餐费收入及商品销售额	
2018年	2017年	2018年	2017年	2018年	2017年
32138	**28382**	**128108**	**139028**	**128108**	**139027**
		2178	977	2178	977
		13591	24041	13591	24041
		30927	31988	30927	31988
14497	11549	31654	31140	31654	31140
17641	16833	49759	50882	49759	50882

4-12 续表 5

外商投资企业

地　区	商品购进总额		统一配送商品购进额		自有配送中心配送商品购进额	
	2018年	2017年	2018年	2017年	2018年	2017年
全　国	**83346**	**88006**	**66151**	**71078**	**19619**	**33719**
北　京	10346	9718	10346	9718	1724	2334
天　津						
河　北						
山　西						
内蒙古						
辽　宁						
吉　林						
黑龙江						
上　海	84	67	84	67		
江　苏	22548	21487	16278	14772		13660
浙　江	17894	17726	17894	17726	17894	17726
安　徽						
福　建						
江　西						
山　东						
河　南						
湖　北						
湖　南	10925	10213				
广　东						
广　西						
海　南						
重　庆						
四　川	21549	28796	21549	28796		
贵　州						
云　南						
西　藏						
陕　西						
甘　肃						
青　海						
宁　夏						
新　疆						

单位：万元

非自有配送中心配送商品购进额		营业额		餐费收入及商品销售额	
2018年	2017年	2018年	2017年	2018年	2017年
8622	**8496**	**438063**	**445424**	**438063**	**445424**
8622	7384	50187	51041	50186	51041
		594	869	594	869
	1111	38502	41398	38502	41399
		50973	50356	50973	50356
		199246	190177	199247	190177
		98561	111583	98561	111583

4-13 按行业分各地区连锁餐饮企业基本情况

正餐服务

地区	连锁总店数（个）	门店数（个）		年末从业人员（人）		年末餐饮营业面积（平方米）		年末餐位数（位）	
	2018年	2018年	2017年	2018年	2017年	2018年	2017年	2018年	2017年
全　国	**250**	**7656**	**7299**	**328709**	**284029**	**4929885**	**5050229**	**1378899**	**1415117**
北　京	50	1788	1689	76182	73538	1290059	1253827	305304	290655
天　津	2	7	7	198	191	2375	2375	392	392
河　北	3	14	14	911	1044	35050	35050	5620	5375
山　西	3	13	17	1069	1239	21850	32330	7150	8924
内蒙古	4	115	117	2890	3002	65864	72295	7844	9483
辽　宁	2	15	15	292	226	5074	5199	1847	1948
吉　林	1	16	19	180	450	7914	9004	2552	2452
黑龙江	3	29	31	568	668	14558	15323	4449	4639
上　海	33	1908	1811	73891	45624	714641	879221	191482	219644
江　苏	4	46	51	1816	1764	46264	49617	9402	11017
浙　江	16	256	265	10349	9860	243843	302524	67952	78969
安　徽	5	245	227	5408	6019	250605	250355	38354	31019
福　建	13	160	165	4047	3649	45432	39181	16828	16121
江　西	3	51	41	1840	1593	19943	19883	6056	5806
山　东	5	44	49	10027	9466	225534	234069	23569	28593
河　南	10	49	52	933	1160	17495	19411	5922	6574
湖　北	29	282	223	12247	10845	317398	303678	58408	79078
湖　南	11	568	554	26886	23434	432826	419365	185334	181889
广　东	23	310	309	14793	13639	241219	219677	62451	58750
广　西									
海　南									
重　庆	14	1490	1460	67330	67859	753550	760660	288100	301567
四　川	3	83	36	11051	2847	88524	41392	25586	8900
贵　州	2	16	18	530	539	17493	19315	3278	3546
云　南	2	11	13	166	179	3731	4852	611	905
西　藏									
陕　西	7	129	105	4919	5002	65523	58506	59164	57627
甘　肃									
青　海									
宁　夏									
新　疆	2	11	11	186	192	3120	3120	1244	1244

4-13 续表 1

快餐服务

地区	连锁总店数(个)	门店数(个)		年末从业人员(人)		年末餐饮营业面积(平方米)		年末餐位数(位)	
	2018年	2018年	2017年	2018年	2017年	2018年	2017年	2018年	2017年
全国	**184**	**17172**	**15752**	**496310**	**449730**	**5000786**	**4694425**	**1691543**	**1546217**
北京	32	2921	2662	72756	67154	742329	718077	275416	257971
天津	5	576	566	25696	15835	216060	206499	68198	63814
河北	1	4	4	74	81	1990	1990	278	278
山西	2	93	92	3177	4321	33100	32900	10900	10830
内蒙古									
辽宁	10	901	700	11036	9843	309699	272522	97932	85512
吉林									
黑龙江	1	42	31	1250	800	12600	9240	3658	2700
上海	14	1491	1345	37970	35569	375117	328677	113352	107740
江苏	13	1604	1506	53346	44728	453054	436819	154815	138264
浙江	9	1677	1533	37704	35764	408810	382523	144024	137579
安徽	3	610	460	14417	6840	129915	102108	40900	30869
福建	8	476	436	22180	18104	171659	166488	51354	37876
江西	1	116	108	5683	5070	41640	39800	13800	12744
山东	10	594	558	12583	9724	146481	138663	63278	58779
河南	3	187	177	5785	5569	47253	44823	35360	33980
湖北	4	694	660	28679	37993	249273	240710	56224	52395
湖南	7	397	331	14530	15883	105256	91382	47167	41276
广东	36	3069	3038	97480	87278	1065184	1046078	335777	309965
广西	3	198	161	8763	7630	66202	46947	19405	16433
海南	1	7	7	234	153	2612	2612	879	879
重庆	2	138	121	3339	3369	28572	27591	11879	11588
四川	5	754	658	20038	19377	210323	181940	87757	80876
贵州									
云南	3	232	210	7116	6828	54566	50211	22747	20007
西藏	1	2	3	30	32	450	450	120	126
陕西	3	205	191	7664	7132	73147	73646	20293	18800
甘肃	3	49	40	2059	1791	16823	13672	4732	3928
青海									
宁夏									
新疆	4	135	154	2721	2862	38671	38057	11298	11008

4-13 续表 2

饮料及冷饮服务

地区	连锁总店数（个）	门店数（个）		年末从业人员（人）		年末餐饮营业面积（平方米）		年末餐位数（位）	
	2018年	2018年	2017年	2018年	2017年	2018年	2017年	2018年	2017年
全　国	**30**	**5653**	**4801**	**63271**	**54130**	**779769**	**640754**	**243848**	**226106**
北　京	4	887	803	11270	7222	133148	123870	41734	38542
天　津									
河　北									
山　西									
内蒙古									
辽　宁	1	36	29	459	370	6779	5729	1957	1817
吉　林									
黑龙江									
上　海	7	2757	2555	32320	32089	381642	341704	129876	116403
江　苏	2	45	25	546	720	12486	10298	1372	1032
浙　江	1	8	8	141	164	5172	1933	1216	816
安　徽									
福　建	1	5	5	80	80	1400	1400	150	150
江　西									
山　东	1	42	33	325	297	8584	7007	2369	2229
河　南									
湖　北	2	348	212	2814	1930	29360	18020	20596	17000
湖　南	1	13	14	79	59	478	450	90	20
广　东	8	1143	816	11668	8312	135236	79370	17849	23495
广　西									
海　南									
重　庆									
四　川	1	290	243	2849	2349	57584	45173	21109	20542
贵　州									
云　南									
西　藏									
陕　西	1	79	58	720	538	7900	5800	5530	4060
甘　肃									
青　海									
宁　夏									
新　疆									

4-13 续表 3

其他餐饮业

地区	连锁总店数（个）	门店数（个）		年末从业人员（人）		年末餐饮营业面积（平方米）		年末餐位数（位）	
	2018年	2018年	2017年	2018年	2017年	2018年	2017年	2018年	2017年
全国	**18**	**520**	**552**	**4480**	**6119**	**39617**	**51583**	**12063**	**15630**
北京	2	28	31	358	501	2099	2716	424	477
天津	2	12	11	108	143	1732	2601	637	719
河北									
山西									
内蒙古									
辽宁									
吉林									
黑龙江									
上海	2	46	84	901	1603	4960	8500	325	668
江苏	1	12	12	318	321	3940	3990	1890	1930
浙江	2	133	143	489	699	8123	7443	2861	2661
安徽									
福建	1	91	92	460	495	1060	1070	80	80
江西									
山东									
河南	1	4	4	79	81	3800	3800	700	700
湖北	3	30	30	107	135	1628	1628	897	697
湖南									
广东	2	10	10	81	80	832	832	406	406
广西	1	119	100	897	1204	5100	12684	2722	6632
海南									
重庆									
四川	1	35	35	682	857	6343	6319	1121	660
贵州									
云南									
西藏									
陕西									
甘肃									
青海									
宁夏									
新疆									

4-14 按行业分各地区连锁餐饮企业直营门店基本情况

正餐服务

地区	门店数（个）		年末从业人员（人）		年末餐饮营业面积（平方米）		年末餐位数（位）	
	2018年	2017年	2018年	2017年	2018年	2017年	2018年	2017年
全国	**5786**	**5411**	**247564**	**203603**	**3828673**	**3921673**	**969270**	**1007370**
北京	1618	1511	68047	63811	1070996	996454	259594	240485
天津	7	7	198	191	2375	2375	392	392
河北	9	9	632	704	27350	27350	4850	4605
山西	6	16	293	1186	6300	29730	1700	8494
内蒙古	41	43	1792	1877	34064	36046	4545	5163
辽宁	15	15	292	226	5074	5199	1847	1948
吉林	16	19	180	450	7914	9004	2552	2452
黑龙江	29	31	568	668	14558	15323	4449	4639
上海	1906	1808	73841	45561	714191	878721	191290	219442
江苏	46	51	1816	1764	46264	49617	9402	11017
浙江	254	263	10154	9595	235643	294324	66302	77319
安徽	245	223	5408	5970	250605	249832	38354	30685
福建	91	88	3474	3009	39715	32801	14140	13121
江西	6	6	590	593	18633	18633	4056	4056
山东	42	47	9968	9404	224584	233119	23469	28493
河南	48	51	913	1140	17395	19311	5912	6564
湖北	282	223	12247	10845	317398	303678	58408	79078
湖南	142	148	8745	8805	103854	104378	53851	54562
广东	309	308	14666	13519	238219	216677	62053	58352
广西								
海南								
重庆	447	383	17569	16411	292721	289553	74880	86926
四川	67	19	10537	2285	72303	24455	23195	6421
贵州	16	18	530	539	17493	19315	3278	3546
云南	11	13	166	179	3731	4852	611	905
西藏								
陕西	122	100	4752	4679	64173	57806	58896	57461
甘肃								
青海								
宁夏								
新疆	11	11	186	192	3120	3120	1244	1244

4-14 续表 1

快餐服务

地区	门店数(个)		年末从业人员(人)		年末餐饮营业面积(平方米)		年末餐位数(位)	
	2018年	2017年	2018年	2017年	2018年	2017年	2018年	2017年
全国	**15842**	**14378**	**473080**	**425520**	**4738124**	**4436878**	**1576702**	**1428674**
北京	2834	2568	71715	65712	712690	680933	264482	245236
天津	576	566	25696	15835	216060	206499	68198	63814
河北	4	4	74	81	1990	1990	278	278
山西	89	88	3103	4250	31000	30800	9750	9680
内蒙古								
辽宁	901	700	11036	9843	309699	272522	97932	85512
吉林								
黑龙江	42	31	1250	800	12600	9240	3658	2700
上海	1491	1345	37970	35569	375117	328677	113352	107740
江苏	1501	1333	50961	41560	430647	407396	146083	127140
浙江	1279	1156	33354	31093	361813	335921	122467	116208
安徽	610	460	14417	6840	129915	102108	40900	30869
福建	475	436	22179	18104	171629	166488	51338	37876
江西	116	108	5683	5070	41640	39800	13800	12744
山东	508	483	10062	7351	123960	119283	56283	52749
河南	187	177	5785	5569	47253	44823	35360	33980
湖北	694	660	28679	37993	249273	240710	56224	52395
湖南	393	327	14409	15760	104006	90132	46702	40811
广东	3022	2996	95818	85756	1050990	1032788	331166	305695
广西	106	86	5325	4862	31836	27517	10360	9508
海南	7	7	234	153	2612	2612	879	879
重庆	65	53	2850	2917	20620	20395	6579	6614
四川	467	366	15955	14854	147802	120033	54746	44827
贵州								
云南	126	105	4732	4459	42521	38246	12837	11157
西藏	2	3	30	32	450	450	120	126
陕西	205	191	7664	7132	73147	73646	20293	18800
甘肃	49	40	2059	1791	16823	13672	4732	3928
青海								
宁夏								
新疆	93	89	2040	2134	32031	30197	8183	7408

4-14 续表 2

饮料及冷饮服务

地区	门店数（个）		年末从业人员（人）		年末餐饮营业面积（平方米）		年末餐位数（位）	
	2018年	2017年	2018年	2017年	2018年	2017年	2018年	2017年
全国	**5552**	**4742**	**62836**	**53873**	**772464**	**638168**	**242785**	**225767**
北京	882	803	11241	7222	132813	123870	41734	38542
天津								
河北								
山西								
内蒙古								
辽宁	36	29	459	370	6779	5729	1957	1817
吉林								
黑龙江								
上海	2710	2500	32132	31856	379762	339478	129688	116164
江苏	18	25	433	720	7986	10298	762	1032
浙江	8	8	141	164	5172	1933	1216	816
安徽								
福建	5	5	80	80	1400	1400	150	150
江西								
山东	42	33	325	297	8584	7007	2369	2229
河南								
湖北	348	212	2814	1930	29360	18020	20596	17000
湖南	13	14	79	59	478	450	90	20
广东	1121	812	11563	8288	134646	79010	17584	23395
广西								
海南								
重庆								
四川	290	243	2849	2349	57584	45173	21109	20542
贵州								
云南								
西藏								
陕西	79	58	720	538	7900	5800	5530	4060
甘肃								
青海								
宁夏								
新疆								

4-14 续表 3

其他餐饮业

地区	门店数（个）		年末从业人员（人）		年末餐饮营业面积（平方米）		年末餐位数（位）	
	2018年	2017年	2018年	2017年	2018年	2017年	2018年	2017年
全　国	**333**	**380**	**3972**	**4840**	**36503**	**40964**	**11243**	**11305**
北　京	28	31	358	501	2099	2716	424	477
天　津	12	11	108	143	1732	2601	637	719
河　北								
山　西								
内蒙古								
辽　宁								
吉　林								
黑龙江								
上　海	39	74	631	1153	3860	6500	195	418
江　苏	2	2	190	191	3130	3170	1310	1340
浙　江	133	143	489	699	8123	7443	2861	2661
安　徽								
福　建	2	2	371	405	100	100	80	80
江　西								
山　东								
河　南	4	4	79	81	3800	3800	700	700
湖　北	30	30	107	135	1628	1628	897	697
湖　南								
广　东	7	7	60	61	588	588	296	296
广　西	41	41	897	614	5100	6099	2722	3257
海　南								
重　庆								
四　川	35	35	682	857	6343	6319	1121	660
贵　州								
云　南								
西　藏								
陕　西								
甘　肃								
青　海								
宁　夏								
新　疆								

4-15　按行业分各地区连锁餐饮企业加盟门店基本情况

正餐服务

地　区	门店数（个）		年末从业人员（人）		年末餐饮营业面积（平方米）		年末餐位数（位）	
	2018年	2017年	2018年	2017年	2018年	2017年	2018年	2017年
全　国	**1870**	**1888**	**81145**	**80426**	**1101212**	**1128556**	**409629**	**407747**
北　京	170	178	8135	9727	219063	257373	45710	50170
天　津								
河　北	5	5	279	340	7700	7700	770	770
山　西	7	1	776	53	15550	2600	5450	430
内蒙古	74	74	1098	1125	31800	36249	3299	4320
辽　宁								
吉　林								
黑龙江								
上　海	2	3	50	63	450	500	192	202
江　苏								
浙　江	2	2	195	265	8200	8200	1650	1650
安　徽		4		49		523		334
福　建	69	77	573	640	5717	6380	2688	3000
江　西	45	35	1250	1000	1310	1250	2000	1750
山　东	2	2	59	62	950	950	100	100
河　南	1	1	20	20	100	100	10	10
湖　北								
湖　南	426	406	18141	14629	328972	314987	131483	127327
广　东	1	1	127	120	3000	3000	398	398
广　西								
海　南								
重　庆	1043	1077	49761	51448	460829	471107	213220	214641
四　川	16	17	514	562	16221	16937	2391	2479
贵　州								
云　南								
西　藏								
陕　西	7	5	167	323	1350	700	268	166
甘　肃								
青　海								
宁　夏								
新　疆								

4-15 续表 1

快餐服务

地区	门店数(个)		年末从业人员(人)		年末餐饮营业面积(平方米)		年末餐位数(位)	
	2018年	2017年	2018年	2017年	2018年	2017年	2018年	2017年
全　国	**1330**	**1374**	**23230**	**24210**	**262662**	**257547**	**114841**	**117543**
北　京	87	94	1041	1442	29639	37144	10934	12735
天　津								
河　北								
山　西	4	4	74	71	2100	2100	1150	1150
内蒙古								
辽　宁								
吉　林								
黑龙江								
上　海								
江　苏	103	173	2385	3168	22407	29423	8732	11124
浙　江	398	377	4350	4671	46997	46602	21557	21371
安　徽								
福　建	1		1		30		16	
江　西								
山　东	86	75	2521	2373	22521	19380	6995	6030
河　南								
湖　北								
湖　南	4	4	121	123	1250	1250	465	465
广　东	47	42	1662	1522	14194	13290	4611	4270
广　西	92	75	3438	2768	34366	19430	9045	6925
海　南								
重　庆	73	68	489	452	7952	7196	5300	4974
四　川	287	292	4083	4523	62521	61907	33011	36049
贵　州								
云　南	106	105	2384	2369	12045	11965	9910	8850
西　藏								
陕　西								
甘　肃								
青　海								
宁　夏								
新　疆	42	65	681	728	6640	7860	3115	3600

4-15 续表 2

饮料及冷饮服务

地区	门店数（个）		年末从业人员（人）		年末餐饮营业面积（平方米）		年末餐位数（位）	
	2018年	2017年	2018年	2017年	2018年	2017年	2018年	2017年
全国	**101**	**59**	**435**	**257**	**7305**	**2586**	**1063**	**339**
北京	5		29		335			
天津								
河北								
山西								
内蒙古								
辽宁								
吉林								
黑龙江								
上海	47	55	188	233	1880	2226	188	239
江苏	27		113		4500		610	
浙江								
安徽								
福建								
江西								
山东								
河南								
湖北								
湖南								
广东	22	4	105	24	590	360	265	100
广西								
海南								
重庆								
四川								
贵州								
云南								
西藏								
陕西								
甘肃								
青海								
宁夏								
新疆								

4-15 续表 3

其他餐饮业

地区	门店数（个）		年末从业人员（人）		年末餐饮营业面积（平方米）		年末餐位数（位）	
	2018年	2017年	2018年	2017年	2018年	2017年	2018年	2017年
全国	**187**	**172**	**508**	**1279**	**3114**	**10619**	**820**	**4325**
北京								
天津								
河北								
山西								
内蒙古								
辽宁								
吉林								
黑龙江								
上海	7	10	270	450	1100	2000	130	250
江苏	10	10	128	130	810	820	580	590
浙江								
安徽								
福建	89	90	89	90	960	970		
江西								
山东								
河南								
湖北								
湖南								
广东	3	3	21	19	244	244	110	110
广西	78	59		590		6585		3375
海南								
重庆								
四川								
贵州								
云南								
西藏								
陕西								
甘肃								
青海								
宁夏								
新疆								

4-16 按行业分各地区

正餐服务

地区	商品购进总额		统一配送商品购进额		自有配送中心配送商品购进额	
	2018年	2017年	2018年	2017年	2018年	2017年
全国	**2119757**	**1831857**	**1126811**	**960278**	**557148**	**465193**
北京	681061	555979	463500	378771	263316	218697
天津	984	1054	650	670		
河北	10027	9489	2124	2273		
山西	6390	6195	507	195		195
内蒙古	121553	100213	1355	1599	985	1198
辽宁	1976	1754				
吉林	1638	1820	1531	1456		
黑龙江	5721	1744	4792	767	4755	737
上海	339930	328653	122588	112907	32948	36848
江苏	30399	14994	30399	14994	30268	14846
浙江	117358	99127	77042	76046	54944	51917
安徽	36406	37016	34999	35958	29700	30509
福建	28012	22809	5613	6616		
江西	10525	9356	8499	7330	1441	1600
山东	48360	29036	36320	15705	36320	6157
河南	4878	7970	3090	3102		
湖北	91080	62909	46314	38516	5359	4938
湖南	54609	62516	21318	19376	13749	11537
广东	153074	112894	99834	83703	13365	15788
广西						
海南						
重庆	346630	337212	142218	135557	58438	58041
四川	4281	4711	3982	4402	2844	2946
贵州	2309	2719	2309	2719		
云南	793	507	793	297		
西藏						
陕西	20853	20131	16505	16739	8184	8660
甘肃						
青海						
宁夏						
新疆	912	1049	531	580	531	580

连锁餐饮企业经营情况

单位：万元

非自有配送中心配送商品购进额		营业额		餐费收入及商品销售额	
2018年	2017年	2018年	2017年	2018年	2017年
225783	**225483**	**6559992**	**5849483**	**6303943**	**5749182**
64308	56522	2234389	1875062	2088066	1861077
650	670	3195	3251	2877	2818
		21772	20821	20656	19733
507		13010	13298	13010	13298
170	201	148038	133287	148038	133287
		6145	5415	5880	5174
107	364	5418	5931	5418	5931
		10241	11964	10241	11963
42014	41523	1320043	1321736	1320043	1321736
132	147	49477	51163	49477	51163
7119	7093	273070	225734	268995	225108
5298	5449	86745	85308	85061	84144
442	473	81401	63261	81401	63261
		25539	21876	25539	21877
	9548	258126	222714	194736	167948
		7904	11775	7904	11775
1060	867	219684	174466	201775	158498
4099	3842	327036	306499	311135	297697
20407	22334	391694	348884	389442	347826
72600	69840	874014	801707	871412	799792
		106993	61260	106994	61259
		5987	6813	5987	6813
		2134	2238	2134	2238
6870	6612	85459	72359	85425	72323
		2479	2661	2297	2446

4-16 续表 1

快餐服务

地 区	商品购进总额		统一配送商品购进额		自有配送中心配送商品购进额	
	2018年	2017年	2018年	2017年	2018年	2017年
全 国	**4003638**	**3968995**	**3410285**	**3155694**	**1417121**	**1366272**
北 京	724445	569541	720169	564419	366637	326142
天 津	198790	176901	43320	41415	1194	1063
河 北	119	354				
山 西	33583	29464	33302	29250	33302	29250
内 蒙 古						
辽 宁	545313	493624	496195	451353	17863	20485
吉 林						
黑 龙 江	7300	6238	7300	6238		
上 海	228191	266677	160380	200902	27917	34636
江 苏	453740	688499	203047	194851	27161	60525
浙 江	312608	290079	311527	288986	223183	206896
安 徽	45771	32323	45771	32323	1761	
福 建	108868	110034	108868	110034	47954	40692
江 西	52964	33514	52964	33514		
山 东	100722	133823	97531	122586	68146	104533
河 南	23584	34838	23584	34838		
湖 北	134466	118761	134466	118761	106671	91142
湖 南	130837	110958	128339	108566	103449	86517
广 东	598320	593863	557726	555499	269958	266390
广 西	24187	30550	24187	30550	431	351
海 南	2605	2641	2605	2641		
重 庆	26372	22337	26372	22337	10602	10208
四 川	100525	94522	100525	94522	25405	17782
贵 州						
云 南	42747	39814	26478	24623		
西 藏	82	83				
陕 西	66824	53526	66824	53526	57144	44942
甘 肃	16160	14262	16160	14055	14372	12873
青 海						
宁 夏						
新 疆	24517	21771	22649	19905	13971	11846

单位：万元

非自有配送中心配送商品购进额		营业额		餐费收入及商品销售额	
2018年	2017年	2018年	2017年	2018年	2017年
511316	**453174**	**10650675**	**9799210**	**10421689**	**9774592**
131548	122262	1915334	1680061	1896072	1661247
		445159	419438	445158	419438
		628	717	628	717
		64467	61639	64467	61639
		589297	565868	583486	565868
7300	6238	23646	19800	23646	19800
2480	2529	984382	901201	799392	900013
124071	117472	1020203	946403	1015774	946403
80749	78293	912100	833362	912072	833302
32581		175949	114096	174970	114096
13647	8096	295727	278507	293424	278508
		76471	68890	76471	68890
131	1059	328150	298105	328151	298105
		105193	95906	105194	95906
25153	24459	425375	394132	422815	394123
23890	21048	249523	229388	246092	225958
2906	4601	2097718	2037426	2092523	2036820
12062	20156	110787	96472	110787	96472
2605	2641	9815	9457	9815	9457
15769	12129	70985	67316	70985	67062
9341	6704	375966	340321	375966	340321
18404	17427	133254	127331	133254	127331
		929	872	929	872
		140776	121449	140776	121449
		35986	33281	35987	33281
8678	8059	62856	57772	62856	57515

4-16 续表 2

饮料及冷饮服务

地区	商品购进总额		统一配送商品购进额		自有配送中心配送商品购进额	
	2018年	2017年	2018年	2017年	2018年	2017年
全国	**568746**	**454953**	**476079**	**405052**	**15525**	**22226**
北京	109042	91661	100196	81431	13366	11917
天津						
河北						
山西						
内蒙古						
辽宁	4684	3688				
吉林						
黑龙江						
上海	265157	255938	237625	222347	1025	9446
江苏	7172	3356	7070	3202		
浙江	2222	1210	2222	1210		
安徽						
福建	231	213	223	210	5	2
江西						
山东	4501	3847	4501	3847		
河南						
湖北	32042	25926	32036	25926		
湖南	541	237	541	237		
广东	89852	59681	82275	59062	1128	860
广西						
海南						
重庆						
四川	43912	1617				
贵州						
云南						
西藏						
陕西	9391	7579	9391	7579		
甘肃						
青海						
宁夏						
新疆						

单位：万元

非自有配送中心配送商品购进额		营业额		餐费收入及商品销售额	
2018年	2017年	2018年	2017年	2018年	2017年
130992	**104423**	**2118972**	**1817395**	**2116637**	**1814363**
86799	69470	389402	334463	388499	333155
		16896	14759	16896	14760
		993395	905380	993395	905380
		16023	12846	15049	11121
2222	1210	7276	4717	6888	4717
3	1	384	349	384	349
		18461	14711	18460	14711
32036	25926	119299	95443	119244	95443
541	237	1355	661	1355	661
		365347	293717	365346	293717
		154372	112121	154372	112121
9391	7579	36764	28228	36748	28228

4-16 续表 3

其他餐饮业

地区	商品购进总额		统一配送商品购进额		自有配送中心配送商品购进额	
	2018年	2017年	2018年	2017年	2018年	2017年
全国	**48006**	**67176**	**27749**	**44758**	**11161**	**32119**
北京	4191	5378	4191	5328	4084	5261
天津	1081	1149	1081	1149		
河北						
山西						
内蒙古						
辽宁						
吉林						
黑龙江						
上海	16236	17664				
江苏	2531	2788	2250	2588	2250	2588
浙江	4827	4414	4827	4414	4827	4414
安徽						
福建	3070	3995				
江西						
山东						
河南	670	509				
湖北	576	354	576	354		
湖南						
广东	376	441	376	441		
广西	7145	22772	7145	22772		19857
海南						
重庆						
四川	7304	7713	7304	7713		
贵州						
云南						
西藏						
陕西						
甘肃						
青海						
宁夏						
新疆						

单位：万元

非自有配送中心配送商品购进额		营业额		餐费收入及商品销售额	
2018年	2017年	2018年	2017年	2018年	2017年
576	**3269**	**170427**	**189322**	**169251**	**189322**
		12275	15830	12276	15830
		5349	5738	5349	5738
		36978	51257	36978	51256
		4790	5155	4789	5155
		15804	14027	15804	14027
		6520	6898	6515	6898
		865	1074	865	1074
576	354	44868	40877	44868	40877
		1351	1497	1351	1497
	2915	25298	29574	24127	29574
		16330	17396	16330	17396

4-17 按行业分各地区

正餐服务

地区	商品购进总额		统一配送商品购进额		自有配送中心配送商品购进额	
	2018年	2017年	2018年	2017年	2018年	2017年
全国	**1900884**	**1625942**	**1048435**	**886090**	**537973**	**445409**
北京	648027	527491	455495	373123	263252	218113
天津	984	1054	650	670		
河北	7903	7216				
山西	3106	6037	507	195		195
内蒙古	119405	98012	430	526	190	266
辽宁	1976	1754				
吉林	1638	1820	1531	1456		
黑龙江	5721	1744	4792	767	4755	737
上海	339745	328465	122504	112830	32948	36837
江苏	30399	14994	30399	14994	30268	14846
浙江	114993	96611	74677	73531	52579	49402
安徽	36406	36973	34999	35915	29700	30481
福建	27819	22594	5420	6401		
江西	3467	3625	1441	1600	1441	1600
山东	48064	28765	36320	15705	36320	6157
河南	4378	7470	2590	2602		
湖北	91080	62909	46314	38516	5359	4938
湖南	39889	48249	19144	17302	13099	10987
广东	151317	111937	98077	82747	13365	15788
广西						
海南						
重庆	197330	190881	89338	82920	43450	43324
四川	3670	3957	3670	3957	2532	2501
贵州	2309	2719	2309	2719		
云南	793	507	793	297		
西藏						
陕西	19555	19107	16505	16739	8184	8660
甘肃						
青海						
宁夏						
新疆	912	1049	531	580	531	580

连锁餐饮企业直营门店经营情况

单位：万元

非自有配送中心配送商品购进额		营业额		餐费收入及商品销售额	
2018年	2017年	2018年	2017年	2018年	2017年
179089	**181680**	**5555875**	**4878471**	**5283218**	**4795611**
56368	51458	2091175	1729784	1918334	1742318
650	670	3195	3251	2810	2885
		15461	14391	14344	13303
507		9775	12995	9775	12995
40	60	121221	100629	121221	100629
		6145	5415	5880	5174
107	364	5418	5931	5418	5931
		10241	11964	10241	11963
42014	41523	1319430	1320805	1318222	1322014
132	147	49477	51163	64432	36208
7119	7093	268087	220547	264012	219921
5298	5435	86745	85276	85139	84033
249	258	81034	62851	81034	62851
		5630	6024	5630	6025
	9548	257778	222407	194388	167640
		7824	11695	7824	11695
1060	867	219684	174466	201775	158498
3559	3392	118631	106445	103243	97962
20407	22334	387668	344288	381057	347589
34708	31920	311425	264534	308823	262620
		87010	41172	87010	41172
		5987	6813	5987	6813
		2134	2238	2134	2238
6870	6612	82226	70727	82192	70690
		2479	2661	2297	2446

4-17 续表 1

快餐服务

地区	商品购进总额		统一配送商品购进额		自有配送中心配送商品购进额	
	2018年	2017年	2018年	2017年	2018年	2017年
全国	**3845156**	**3807175**	**3262692**	**3005236**	**1394981**	**1329250**
北京	714185	559814	709918	554702	365007	323808
天津	198790	176901	43320	41415	1194	1063
河北	119	354				
山西	33302	29250	33302	29250	33302	29250
内蒙古						
辽宁	545313	493624	496195	451353	17863	20485
吉林						
黑龙江	7300	6238	7300	6238		
上海	228191	266677	160380	200902	27917	34636
江苏	435770	667012	191346	180080	27161	46864
浙江	276034	252953	274953	251860	202854	186027
安徽	45771	32323	45771	32323	1761	
福建	108855	110034	108855	110034	47941	40692
江西	52964	33514	52964	33514		
山东	87079	120389	84278	109450	68146	104533
河南	23584	34838	23584	34838		
湖北	134466	118761	134466	118761	106671	91142
湖南	130320	110337	128339	108566	103449	86517
广东	586826	583859	547831	547172	269958	266390
广西	12324	20349	12324	20349	262	192
海南	2605	2641	2605	2641		
重庆	11875	10789	11875	10789	10602	10208
四川	78976	65726	78976	65726	25405	17782
贵州						
云南	25106	22981	8837	7790		
西藏	82	83				
陕西	66824	53526	66824	53526	57144	44942
甘肃	16160	14262	16160	14055	14372	12873
青海						
宁夏						
新疆	22337	19944	22292	19905	13971	11846

单位：万元

非自有配送中心配送商品购进额		营业额		餐费收入及商品销售额	
2018年	2017年	2018年	2017年	2018年	2017年
454338	**400326**	**10218962**	**9336379**	**9890599**	**9411139**
122927	114878	1888306	1650773	1785722	1715281
		445159	419438	445152	419444
		628	717	628	717
		63401	60632	63401	60632
		589297	565868	583486	565868
7300	6238	23646	19800	23646	19800
2480	2529	984382	901201	799392	900013
124071	116360	987665	905005	970986	917256
64887	62323	840463	746281	840436	746221
32581		175949	114096	174970	114096
13647	8096	295713	278507	293412	278508
		76471	68890	76471	68890
131	1059	288339	262049	288338	262049
		105193	95906	105194	95906
25153	24459	425375	394132	422815	394123
23890	21048	248281	228008	244850	224578
2906	4601	2067141	2006369	2058145	2009563
12062	20156	71854	64099	71854	64099
2605	2641	9815	9457	9815	9457
1273	580	39331	36175	39331	35922
9341	6704	277406	228738	277406	228738
763	594	83495	76449	83495	76450
		929	872	929	872
		140776	121449	140776	121449
		35986	33281	35987	33281
8321	8059	53964	48187	53964	47929

4-17 续表 2

饮料及冷饮服务

地区	商品购进总额		统一配送商品购进额		自有配送中心配送商品购进额	
	2018年	2017年	2018年	2017年	2018年	2017年
全国	**563349**	**454316**	**470821**	**404614**	**15062**	**22226**
北京	108947	91661	100101	81431	13271	11917
天津						
河北						
山西						
内蒙古						
辽宁	4684	3688				
吉林						
黑龙江						
上海	265017	255589	237625	222197	1025	9446
江苏	2595	3356	2493	3202		
浙江	2222	1210	2222	1210		
安徽						
福建	231	213	223	210	5	2
江西						
山东	4501	3847	4501	3847		
河南						
湖北	32042	25926	32036	25926		
湖南	541	237	541	237		
广东	89266	59393	81690	58774	761	860
广西						
海南						
重庆						
四川	43912	1617				
贵州						
云南						
西藏						
陕西	9391	7579	9391	7579		
甘肃						
青海						
宁夏						
新疆						

单位：万元

非自有配送中心配送商品购进额		营业额		餐费收入及商品销售额	
2018年	2017年	2018年	2017年	2018年	2017年
130992	**104423**	**2110700**	**1815404**	**2053916**	**1866822**
86799	69470	389277	334463	380327	341203
		16896	14759	16590	15066
		992808	904320	969030	928098
		10058	12846	9172	11033
2222	1210	7276	4717	6888	4717
3	1	384	349	384	349
		18461	14711	18460	14711
32036	25926	119299	95443	119244	95443
541	237	1355	661	1355	661
		363752	292786	341348	315190
		154372	112121	154372	112121
9391	7579	36764	28228	36748	28228

4-17 续表 3

其他餐饮业

地　　区	商品购进总额		统一配送商品购进额		自有配送中心配送商品购进额	
	2018年	2017年	2018年	2017年	2018年	2017年
全　　国	**42849**	**46348**	**27014**	**32211**	**10514**	**21160**
北　　京	4191	5378	4191	5328	4084	5261
天　　津	1081	1149	1081	1149		
河　　北						
山　　西						
内 蒙 古						
辽　　宁						
吉　　林						
黑 龙 江						
上　　海	12726	10463				
江　　苏	1675	1876	1603	1752	1603	1752
浙　　江	4827	4414	4827	4414	4827	4414
安　　徽						
福　　建	2368	2991				
江　　西						
山　　东						
河　　南	670	509				
湖　　北	576	354	576	354		
湖　　南						
广　　东	288	339	288	339		
广　　西	7145	11163	7145	11163		9734
海　　南						
重　　庆						
四　　川	7304	7713	7304	7713		
贵　　州						
云　　南						
西　　藏						
陕　　西						
甘　　肃						
青　　海						
宁　　夏						
新　　疆						

单位：万元

非自有配送中心配送商品购进额		营业额		餐费收入及商品销售额	
2018年	2017年	2018年	2017年	2018年	2017年
576	**1783**	**153803**	**146732**	**152227**	**147131**
		12275	15830	12308	15798
		5349	5738	5349	5738
		23407	27252	23054	27604
		3470	3663	3390	3742
		15804	14027	15804	14027
		5030	5162	5025	5162
		865	1074	865	1074
576	354	44868	40877	44868	40877
		1108	1216	1108	1216
	1429	25298	14497	24127	14497
		16330	17396	16330	17396

4-18 按行业分各地区

正餐服务

地区	商品购进总额		统一配送商品购进额		自有配送中心配送商品购进额	
	2018年	2017年	2018年	2017年	2018年	2017年
全国	**218873**	**205916**	**78377**	**74188**	**19175**	**19784**
北京	33033	28489	8005	5648	65	585
天津						
河北	2124	2273	2124	2273		
山西	3285	158				
内蒙古	2148	2201	925	1073	796	932
辽宁						
吉林						
黑龙江						
上海	185	188	84	78		11
江苏						
浙江	2366	2516	2366	2516	2366	2516
安徽		43		43		28
福建	193	215	193	215		
江西	7058	5731	7058	5731		
山东	296	271				
河南	500	500	500	500		
湖北						
湖南	14720	14267	2174	2074	650	550
广东	1757	957	1757	957		
广西						
海南						
重庆	149300	146331	52880	52636	14988	14717
四川	612	754	312	445	312	445
贵州						
云南						
西藏						
陕西	1298	1024				
甘肃						
青海						
宁夏						
新疆						

连锁餐饮企业加盟门店经营情况

单位：万元

	非自有配送中心配送商品购进额		营业额		餐费收入及商品销售额	
	2018年	2017年	2018年	2017年	2018年	2017年
	46694	**43804**	**1004117**	**971012**	**1003604**	**970692**
	7940	5063	143213	145278	143213	145278
			6312	6430	6312	6430
			3235	303	3235	303
	130	141	26818	32658	26818	32658
			614	931	614	930
			4983	5187	4983	5187
		15		32		32
	193	215	367	410	367	410
			19909	15852	19909	15852
			348	307	348	307
			80	80	80	80
	540	450	208405	200054	207892	199735
			4026	4597	4026	4596
	37892	37920	562590	537173	562590	537173
			19984	20088	19984	20088
			3233	1632	3233	1632

4-18 续表 1

快餐服务

地 区	商品购进总额		统一配送商品购进额		自有配送中心配送商品购进额	
	2018年	2017年	2018年	2017年	2018年	2017年
全 国	**158482**	**161820**	**147593**	**150458**	**22140**	**37022**
北 京	10260	9727	10251	9718	1629	2334
天 津						
河 北						
山 西	281	214				
内蒙古						
辽 宁						
吉 林						
黑龙江						
上 海						
江 苏	17970	21487	11701	14772		13660
浙 江	36574	37126	36574	37126	20329	20869
安 徽						
福 建	13		13		13	
江 西						
山 东	13643	13434	13254	13137		
河 南						
湖 北						
湖 南	518	621				
广 东	11494	10004	9896	8328		
广 西	11863	10201	11863	10201	169	159
海 南						
重 庆	14497	11549	14497	11549		
四 川	21549	28796	21549	28796		
贵 州						
云 南	17641	16833	17641	16833		
西 藏						
陕 西						
甘 肃						
青 海						
宁 夏						
新 疆	2181	1827	357			

单位：万元

非自有配送中心配送商品购进额		营业额		餐费收入及商品销售额	
2018年	2017年	2018年	2017年	2018年	2017年
56978	**52848**	**431713**	**462831**	**431711**	**462831**
8622	7384	27029	29288	27028	29288
		1066	1007	1066	1007
	1111	32538	41398	32538	41399
15862	15970	71637	87081	71637	87081
		14		12	
		39812	36056	39812	36057
		1242	1380	1242	1380
		30578	31057	30578	31057
		38933	32374	38933	32374
14497	11549	31654	31140	31654	31140
		98561	111583	98561	111583
17641	16833	49759	50882	49759	50882
357		8892	9585	8892	9585

4-18 续表 2

饮料及冷饮服务

地区	商品购进总额		统一配送商品购进额		自有配送中心配送商品购进额	
	2018年	2017年	2018年	2017年	2018年	2017年
全国	**5397**	**637**	**5258**	**438**	**462**	
北京	95		95		95	
天津						
河北						
山西						
内蒙古						
辽宁						
吉林						
黑龙江						
上海	139	349		150		
江苏	4578		4578			
浙江						
安徽						
福建						
江西						
山东						
河南						
湖北						
湖南						
广东	586	288	586	288	367	
广西						
海南						
重庆						
四川						
贵州						
云南						
西藏						
陕西						
甘肃						
青海						
宁夏						
新疆						

单位：万元

非自有配送中心配送商品购进额		营业额		餐费收入及商品销售额	
2018年	2017年	2018年	2017年	2018年	2017年
		8270	**1990**	**8270**	**1990**
		124		124	
		587	1059	587	1059
		5964		5964	
		1595	931	1595	931

4-18 续表 3

其他餐饮业

地 区	商品购进总额		统一配送商品购进额		自有配送中心配送商品购进额	
	2018年	2017年	2018年	2017年	2018年	2017年
全 国	**5156**	**20828**	**735**	**12547**	**647**	**10959**
北 京						
天 津						
河 北						
山 西						
内蒙古						
辽 宁						
吉 林						
黑龙江						
上 海	3510	7202				
江 苏	856	912	647	836	647	836
浙 江						
安 徽						
福 建	702	1003				
江 西						
山 东						
河 南						
湖 北						
湖 南						
广 东	88	102	88	102		
广 西		11609		11609		10123
海 南						
重 庆						
四 川						
贵 州						
云 南						
西 藏						
陕 西						
甘 肃						
青 海						
宁 夏						
新 疆						

单位：万元

非自有配送中心配送商品购进额		营业额		餐费收入及商品销售额	
2018年	2017年	2018年	2017年	2018年	2017年
	1486	**16624**	**42590**	**16624**	**42590**
		13571	24005	13571	24005
		1320	1492	1320	1492
		1491	1735	1491	1735
		242	281	242	281
	1486		15077		15077

4-19　36城市连锁餐饮企业基本情况

地　区	连锁总店数（个）	门店数（个）		年末从业人员（人）		年末餐饮营业面积（平方米）		年末餐位数（位）	
	2018年	2018年	2017年	2018年	2017年	2018年	2017年	2018年	2017年
合　计	**410**	**28225**	**25680**	**803481**	**710082**	**9756770**	**9432363**	**3041068**	**2911031**
北　京	88	5624	5185	160566	148415	2167635	2098490	622878	587645
天　津	9	595	584	26002	16169	220167	211475	69227	64925
石家庄	1	5	5	279	340	7700	7700	770	770
太　原	3	99	103	4132	5449	52050	62330	16600	18304
呼和浩特	1	7	7	49	49	1000	1800	301	381
沈　阳	8	765	573	8960	7591	243580	214953	82854	70342
大　连	5	187	171	2827	2848	77972	68497	18882	18935
长　春	1	16	19	180	450	7914	9004	2552	2452
哈尔滨	4	71	62	1818	1468	27158	24563	8107	7339
上　海	56	6202	5795	145082	114885	1476360	1558102	435035	444455
南　京	9	626	555	13105	11178	202050	196341	61637	51766
杭　州	18	1276	1186	38387	34687	509332	511050	161805	157422
宁　波	4	36	41	1287	1841	50312	70786	13919	17767
合　肥	5	843	674	19054	11955	353820	325263	71649	54433
福　州	4	251	239	12433	11240	87868	103703	25648	22485
厦　门	18	479	457	14320	11052	131403	104036	42659	31626
南　昌	3	165	147	7214	6351	54698	52798	17866	16560
济　南	5	167	169	4552	2331	47587	48229	14122	13474
青　岛	7	449	403	8514	7872	117955	108418	53499	49762
郑　州	3	187	177	5785	5569	47253	44823	35360	33980
武　汉	35	1345	1114	43516	50522	585189	548366	133061	144996
长　沙	12	812	738	30056	27927	450589	425226	178809	170803
广　州	22	2445	2134	63349	46247	834555	776990	226528	210471
深　圳	34	1634	1585	51147	53389	508969	473793	163104	154204
南　宁	3	297	247	9507	8733	70102	58791	21462	22575
海　口	1	7	7	234	153	2612	2612	879	879
重　庆	16	1628	1581	70669	71228	782122	788251	299979	313155
成　都	10	1162	972	34620	25430	362774	274824	135573	110978
贵　阳	2	16	18	530	539	17493	19315	3278	3546
昆　明	5	243	223	7282	7007	58297	55063	23358	20912
拉　萨	1	2	3	30	32	450	450	120	126
西　安	11	413	354	13303	12672	146570	137952	84987	80487
兰　州	3	49	40	2059	1791	16823	13672	4732	3928
西　宁									
银　川									
乌鲁木齐	3	122	112	2633	2672	36411	34697	9828	9148

4-20 36城市连锁餐饮企业直营门店基本情况

地区	门店数（个）		年末从业人员（人）		年末餐饮营业面积（平方米）		年末餐位数（位）	
	2018年	2017年	2018年	2017年	2018年	2017年	2018年	2017年
合　计	**25320**	**22843**	**709469**	**616359**	**8498265**	**8161609**	**2550452**	**2420376**
北　京	5362	4913	151361	137246	1918598	1803973	566234	524740
天　津	595	584	26002	16169	220167	211475	69227	64925
石家庄								
太　原	92	102	3356	5396	36500	59730	11150	17874
呼和浩特	7	7	49	49	1000	1800	301	381
沈　阳	765	573	8960	7591	243580	214953	82854	70342
大　连	187	171	2827	2848	77972	68497	18882	18935
长　春	16	19	180	450	7914	9004	2552	2452
哈尔滨	71	62	1818	1468	27158	24563	8107	7339
上　海	6146	5727	144574	114139	1472930	1553376	434525	443764
南　京	599	555	12992	11178	197550	196341	61027	51766
杭　州	1125	1041	34637	31062	471582	474800	143685	140022
宁　波	30	36	1048	1533	41352	62116	11759	15737
合　肥	843	670	19054	11906	353820	324740	71649	54099
福　州	251	239	12433	11240	87868	103703	25648	22485
厦　门	320	290	13657	10322	124696	96686	39955	28626
南　昌	120	112	5964	5351	53388	51548	15866	14810
济　南	167	169	4552	2331	47587	48229	14122	13474
青　岛	383	348	6065	5571	96884	90488	46522	43746
郑　州	187	177	5785	5569	47253	44823	35360	33980
武　汉	1345	1114	43516	50522	585189	548366	133061	144996
长　沙	439	381	16935	18234	152317	139939	60166	55316
广　州	2422	2130	63111	46108	831021	773746	225830	209963
深　圳	1631	1581	51132	53365	508669	473433	163029	154104
南　宁	138	121	6127	5414	36396	33256	12762	12500
海　口	7	7	234	153	2612	2612	879	879
重　庆	512	436	20419	19328	313341	309948	81459	93540
成　都	859	663	30023	20345	284032	195980	100171	72450
贵　阳	16	18	530	539	17493	19315	3278	3546
昆　明	137	118	4898	4638	46252	43098	13448	12062
拉　萨	2	3	30	32	450	450	120	126
西　安	406	349	13136	12349	145220	137252	84719	80321
兰　州	49	40	2059	1791	16823	13672	4732	3928
西　宁								
银　川								
乌鲁木齐	91	87	2005	2122	30651	29697	7373	7148

4-21 36城市连锁餐饮企业加盟门店基本情况

地 区	门店数（个）		年末从业人员（人）		年末餐饮营业面积（平方米）		年末餐位数（位）	
	2018年	2017年	2018年	2017年	2018年	2017年	2018年	2017年
合 计	**2905**	**2837**	**94012**	**93723**	**1258505**	**1270754**	**490616**	**490655**
北 京	262	272	9205	11169	249037	294517	56644	62905
天 津								
石家庄	5	5	279	340	7700	7700	770	770
太 原	7	1	776	53	15550	2600	5450	430
呼和浩特								
沈 阳								
大 连								
长 春								
哈尔滨								
上 海	56	68	508	746	3430	4726	510	691
南 京	27		113		4500		610	
杭 州	151	145	3750	3625	37750	36250	18120	17400
宁 波	6	5	239	308	8960	8670	2160	2030
合 肥		4		49		523		334
福 州								
厦 门	159	167	663	730	6707	7350	2704	3000
南 昌	45	35	1250	1000	1310	1250	2000	1750
济 南								
青 岛	66	55	2449	2301	21071	17930	6977	6016
郑 州								
武 汉								
长 沙	373	357	13121	9693	298272	285287	118643	115487
广 州	23	4	238	139	3534	3244	698	508
深 圳	3	4	15	24	300	360	75	100
南 宁	159	126	3380	3319	33706	25535	8700	10075
海 口								
重 庆	1116	1145	50250	51900	468781	478303	218520	219615
成 都	303	309	4597	5085	78742	78844	35402	38528
贵 阳								
昆 明	106	105	2384	2369	12045	11965	9910	8850
拉 萨								
西 安	7	5	167	323	1350	700	268	166
兰 州								
西 宁								
银 川								
乌鲁木齐	31	25	628	550	5760	5000	2455	2000

4-22　36城市连锁餐饮企业经营情况

单位：万元

地　区	商品购进总额		统一配送商品购进额		自有配送中心配送商品购进额	
	2018年	2017年	2018年	2017年	2018年	2017年
合　计	**6165339**	**5813728**	**4640419**	**4212724**	**1854825**	**1748809**
北　京	1518738	1222559	1288054	1029949	647403	562016
天　津	200855	179104	45051	43234	1194	1063
石家庄	2124	2273	2124	2273		
太　原	39185	35250	33302	29250	33302	29250
呼和浩特	200	200	200	200		
沈　阳	483675	432598	462662	413857	890	2319
大　连	68299	66468	33532	37495	16973	18167
长　春	1638	1820	1531	1456		
哈尔滨	13021	7982	12091	7004	4755	737
上　海	849514	868933	520593	536156	61890	80930
南　京	260322	505879	30528	32938	8964	10318
杭　州	329705	284252	295454	266811	242034	216462
宁　波	14387	15626	8321	9987	4131	6190
合　肥	78192	64678	78192	64678	28885	26906
福　州	47173	62573	47173	62573	929	950
厦　门	92641	73377	67530	54288	47030	39745
南　昌	62048	41270	60022	39245		
济　南	21492	19404	18846	8771	2930	4959
青　岛	84602	119659	83558	118127	65588	100038
郑　州	23584	34838	23584	34838		
武　汉	256029	205095	212380	181827	112030	96079
长　沙	171478	159685	140199	118521	115010	96438
广　州	429286	397033	421276	396398	238152	230997
深　圳	371004	329125	279203	263263	31774	38090
南　宁	30901	52970	30901	52970		19857
海　口	2605	2641	2605	2641		
重　庆	373001	359549	168590	157894	69040	68249
成　都	156022	108563	111810	106637	28250	20728
贵　阳	2309	2719	2309	2719		
拉　萨	43540	40321	27270	24920		
昆　明	82	83				
西　安	97068	81236	92719	77844	65328	53602
兰　州	16160	14262	16160	14055	14372	12873
西　宁						
银　川						
乌鲁木齐	24459	21703	22649	19905	13971	11846

4-22 续表

单位：万元

地区	非自有配送中心配送商品购进额		营业额		餐费收入及商品销售额	
	2018年	2017年	2018年	2017年	2018年	2017年
合计	**692233**	**604500**	**17980742**	**16247665**	**17580832**	**16191071**
北京	282655	248253	4551400	3905417	4384912	3871310
天津	650	670	453703	428426	453384	427993
石家庄			6312	6430	6312	6430
太原			75528	73605	75528	73605
呼和浩特			246	326	246	326
沈阳			468917	446525	463466	446284
大连			143421	139518	142797	139518
长春	107	364	5418	5931	5418	5931
哈尔滨	7300	6238	33887	31764	33887	31763
上海	44494	44053	3334798	3179573	3149809	3178385
南京	6338	6447	463794	428230	460722	427873
杭州	38442	33313	963922	844274	960008	844206
宁波			29761	35649	29734	35589
合肥	37880	5449	250006	186661	249028	186622
福州			154944	152188	152824	152188
厦门	14092	8570	228656	195538	228469	195537
南昌			99320	88132	99320	88132
济南		32	59183	51461	59183	51461
青岛	131	1026	290364	266128	290363	266128
郑州			105193	95906	105194	95906
武汉	58827	51607	804144	698934	783620	682959
长沙	25190	22083	522598	493482	522598	493465
广州	19366	20577	1571734	1476404	1569482	1475346
深圳	1041	1756	1116780	1034857	1111637	1034269
南宁	12062	23071	135263	125321	134092	125321
海口	2605	2641	9815	9457	9815	9457
重庆	88369	81969	944999	869023	942397	866855
成都	9341	6704	653662	531097	653662	531097
贵阳			5987	6813	5987	6813
拉萨	18404	17427	135388	129569	135388	129570
昆明			929	872	929	872
西安	16261	14191	262999	222037	262949	222000
兰州			35986	33281	35987	33281
西宁						
银川						
乌鲁木齐	8678	8059	61685	54836	61685	54579

4-23 36城市连锁餐饮企业直营门店经营情况

单位：万元

地区	商品购进总额		统一配送商品购进额		自有配送中心配送商品购进额	
	2018年	2017年	2018年	2017年	2018年	2017年
合　计	**5832936**	**5482814**	**4452764**	**4021948**	**1817095**	**1700325**
北　京	1475350	1184343	1269704	1014584	645614	559098
天　津	200855	179104	45051	43234	1194	1063
石家庄						
太　原	35901	35092	33302	29250	33302	29250
呼和浩特	200	200	200	200		
沈　阳	483675	432598	462662	413857	890	2319
大　连	68299	66468	33532	37495	16973	18167
长　春	1638	1820	1531	1456		
哈尔滨	13021	7982	12091	7004	4755	737
上　海	845680	861194	520509	535928	61890	80919
南　京	255744	505879	25950	32938	8964	10318
杭　州	311811	266527	277560	249085	224140	198736
宁　波	11638	12825	5573	7185	1765	3675
合　肥	78192	64635	78192	64635	28885	26877
福　州	47173	62573	47173	62573	929	950
厦　门	91733	72159	67325	54073	47017	39745
南　昌	54990	35540	52964	33514		
济　南	21492	19404	18846	8771	2930	4959
青　岛	71349	106523	70305	104990	65588	100038
郑　州	23584	34838	23584	34838		
武　汉	256029	205095	212380	181827	112030	96079
长　沙	159332	147892	140199	118521	115010	96438
广　州	427074	395974	419064	395340	237785	230997
深　圳	370786	328837	278984	262975	31774	38090
南　宁	19207	31319	19207	31319		9734
海　口	2605	2641	2605	2641		
重　庆	209205	201670	101213	93709	54052	53532
成　都	133862	79013	89949	77396	27937	20283
贵　阳	2309	2719	2309	2719		
拉　萨	25898	23488	9629	8087		
昆　明	82	83				
西　安	95770	80212	92719	77844	65328	53602
兰　州	16160	14262	16160	14055	14372	12873
西　宁						
银　川						
乌鲁木齐	22292	19905	22292	19905	13971	11846

4-23 续表

单位：万元

地　区	非自有配送中心配送商品购进额		营业额		餐费收入及商品销售额	
	2018年	2017年	2018年	2017年	2018年	2017年
合　计	**605092**	**524036**	**16642092**	**14924152**	**16068880**	**15040863**
北　京	266094	235806	4381033	3730850	4096690	3814600
天　津	650	670	453703	428426	453311	428066
石家庄						
太　原			72293	73302	72293	73302
呼和浩特			246	326	246	326
沈　阳			468917	446525	463160	446590
大　连			143421	139518	142797	139518
长　春	107	364	5418	5931	5418	5931
哈尔滨	7300	6238	33887	31764	33887	31763
上　海	44494	44053	3320026	3153578	3109697	3177729
南　京	6338	6447	457830	428230	455957	426674
杭　州	38442	33313	912949	793918	909035	793850
宁　波			24397	30092	24370	30032
合　肥	37880	5435	250006	186630	248296	187322
福　州			154944	152188	152824	152188
厦　门	13899	8355	226784	193392	226599	193392
南　昌			79411	72280	79411	72280
济　南		32	59183	51461	59183	51461
青　岛	131	1026	250938	230350	250938	230350
郑　州			105193	95906	105194	95906
武　汉	58827	51607	804144	698934	783620	682959
长　沙	25190	22083	320248	299224	320248	299207
广　州	19366	20577	1566220	1471527	1539081	1495356
深　圳	1041	1756	1116431	1033926	1105977	1038649
南　宁	12062	21585	96721	78176	95550	78176
海　口	2605	2641	9815	9457	9815	9457
重　庆	35980	32500	350755	300710	348154	298542
成　都	9341	6704	535118	399426	535118	399426
贵　阳			5987	6813	5987	6813
拉　萨	763	594	85629	78688	85629	78688
昆　明			929	872	929	872
西　安	16261	14191	259766	220404	259715	220368
兰　州			35986	33281	35987	33281
西　宁						
银　川						
乌鲁木齐	8321	8059	53764	48047	53764	47789

4-24 36城市连锁餐饮企业加盟门店经营情况

单位：万元

地区	商品购进总额		统一配送商品购进额		自有配送中心配送商品购进额	
	2018年	2017年	2018年	2017年	2018年	2017年
合　计	**332405**	**330917**	**187656**	**190777**	**37729**	**48484**
北　京	43388	38216	18350	15365	1789	2918
天　津						
石家庄	2124	2273	2124	2273		
太　原	3285	158				
呼和浩特						
沈　阳						
大　连						
长　春						
哈尔滨						
上　海	3834	7738	84	228		11
南　京	4578		4578			
杭　州	17894	17726	17894	17726	17894	17726
宁　波	2749	2802	2749	2802	2366	2516
合　肥		43		43		28
福　州						
厦　门	908	1218	206	215	13	
南　昌	7058	5731	7058	5731		
济　南						
青　岛	13254	13137	13254	13137		
郑　州						
武　汉						
长　沙	12146	11793				
广　州	2212	1059	2212	1059	367	
深　圳	218	288	218	288		
南　宁	11694	21651	11694	21651		10123
海　口						
重　庆	163797	157879	67376	64185	14988	14717
成　都	22160	29550	21861	29241	312	445
贵　阳						
拉　萨	17641	16833	17641	16833		
昆　明						
西　安	1298	1024				
兰　州						
西　宁						
银　川						
乌鲁木齐	2167	1798	357			

4-24 续表

单位：万元

地区	非自有配送中心配送商品购进额		营业额		餐费收入及商品销售额	
	2018年	2017年	2018年	2017年	2018年	2017年
合计	**87142**	**80464**	**1338647**	**1323511**	**1338646**	**1323511**
北京	16562	12447	170366	174566	170366	174566
天津						
石家庄			6312	6430	6312	6430
太原			3235	303	3235	303
呼和浩特						
沈阳						
大连						
长春						
哈尔滨						
上海			14772	25995	14772	25995
南京			5964		5964	
杭州			50973	50356	50973	50356
宁波			5364	5556	5364	5556
合肥		15		32		32
福州						
厦门	193	215	1872	2145	1870	2145
南昌			19909	15852	19909	15852
济南						
青岛			39425	35778	39425	35778
郑州						
武汉						
长沙			202349	194258	202350	194258
广州			5514	4877	5514	4877
深圳			349	931	349	931
南宁		1486	38542	47145	38542	47145
海口						
重庆	52389	49468	594244	568313	594244	568313
成都			118544	131671	118544	131671
贵阳						
拉萨	17641	16833	49759	50882	49759	50882
昆明						
西安			3233	1632	3233	1632
兰州						
西宁						
银川						
乌鲁木齐	357		7921	6789	7921	6789

第五部分

连锁企业情况

5-1 销售额10亿元以上连锁零售企业

企业名称	业态	连锁商号	所在地
中国石油化工股份有限公司江苏石油分公司	加油站	中国石化	江苏省南京市
中国石化销售有限公司浙江石油分公司	加油站	中国石化	浙江省杭州市
苏宁云商集团股份有限公司	专业店	苏宁	江苏省南京市
永辉超市股份有限公司福建福州鼓楼分公司	大型超市	永辉、轩辉	福建省福州市
中国石油化工股份有限公司上海石油分公司	加油站	中国石化	上海市
北京鑫通国盛电器有限责任公司	专业店	鑫通国盛	北京市
沈阳百家乐超市连锁有限公司	超市	百家乐	辽宁省沈阳市
合肥百货大楼集团股份有限公司	百货店	合肥百大	安徽省合肥市
物美控股集团有限公司	超市	物美	北京市
上海大润发有限公司	大型超市	大拇指	上海市
中国石化销售有限公司北京石油分公司	加油站	中国石化	北京市
中国石油化工股份有限公司安徽石油分公司	加油站	中国石化	安徽省合肥市
武汉武商集团股份有限公司	百货店	武商	湖北省武汉市
苏果超市有限公司	超市	苏果超市	江苏省南京市
联华超市股份有限公司	超市	联华、华联	上海市
中国石油天然气股份有限公司江苏销售分公司	加油站	中国石油	江苏省南京市
上海老凤祥银楼有限公司	专卖店	老凤祥	上海市
中百控股集团股份有限公司	超市	中百	湖北省武汉市
重庆百货大楼股份有限公司	百货店	重庆百货、商社电器、新世纪	重庆市
王府井集团股份有限公司	百货店	王府井集团、王府井百货、王府井奥莱	北京市
昆山润华商业有限公司	大型超市	大润发	江苏省苏州市
利群集团股份有限公司	其他	利群	山东省青岛市
苹果电子产品商贸(北京)有限公司	专卖店	苹果	北京市
江苏五星电器有限公司	专业店	五星电器	江苏省南京市
广东物资集团汽车贸易公司	专业店	广物汽贸	广东省广州市
中国石油天然气股份有限公司浙江销售分公司	加油站	中国石油	浙江省杭州市
迅销(中国)商贸有限公司	专卖店	优衣库	上海市
山东银座商城股份有限公司	百货店	银座	山东省济南市
中石化天津石油分公司	加油站	中国石化	天津市
中国石油化工股份有限公司广东广州石油分公司	加油站	中国石化	广东省广州市
文峰大世界连锁发展股份有限公司	百货店	文峰大世界/文峰千家惠/文峰	江苏省南通市
锦江麦德龙现购自运有限公司	仓储会员店	METRO麦德龙	上海市
上海苏宁电器有限公司	专业店	苏宁电器	上海市
安徽辉隆农资集团股份有限公司	专业店	辉隆	安徽省合肥市
华润万家有限公司	大型超市	华润万家	广东省深圳市
中国石油天然气股份有限公司北京销售分公司	加油站	中国石油	北京市
步步高商业连锁股份有限公司	大型超市	步步高	湖南省长沙市
中国石油天然气股份有限公司安徽销售分公司	加油站	中国石油	安徽省合肥市
中国石油天然气股份有限公司渭南销售分公司	加油站	中国石油	陕西省渭南市
中国石油化工股份有限公司海南石油分公司	加油站	中国石化	海南省海口市
中国石油化工股份有限公司云南昆明石油分公司	加油站	中国石化	云南省昆明市
山东鲁花集团商贸有限公司	专业店	鲁花	山东省烟台市
耐克商业(中国)有限公司	专卖店	耐克	上海市
浙江省新华书店集团有限公司	专业店	新华书店	浙江省杭州市
中国石化销售有限公司广东深圳石油分公司	加油站	中国石化	广东省深圳市
北京菜市口百货股份有限公司	专业店	菜百首饰	北京市
山东潍坊百货集团股份有限公司	百货店	中百	山东省潍坊市
武汉中商集团股份有限公司	大型超市	中商	湖北省武汉市
陕西省烟草公司西安市公司	专业店	西安烟草	陕西省西安市

5-1 续表 1

企业名称	业态	连锁商号	所在地
重庆永辉超市有限公司	大型超市	永辉超市	重庆市
郑州丹尼斯百货有限公司	大型超市	郑州丹尼斯百货有限公司	河南省郑州市
武汉屈臣氏个人用品商店有限公司	百货店	屈臣氏	湖北省武汉市
北国商城股份有限公司	百货店	北国商城	河北省石家庄市
山东家家悦集团有限公司	超市	家家悦	山东省威海市
广东苏宁云商销售有限公司	专业店	苏宁易购	广东省广州市
中国石油天然气股份有限公司上海销售分公司	加油站	中国石油	上海市
中石化壳牌(江苏)石油销售有限公司	加油站	中国石化壳牌	江苏省苏州市
小米之家商业有限公司	专卖店	小米之家	湖北省武汉市
天虹商场股份有限公司	百货店	天虹	广东省深圳市
中国石油化工股份有限公司湖北武汉分公司	加油站	中国石化	湖北省武汉市
北京华联综合超市股份有限公司	大型超市	华联超市	北京市
中国石油天然气股份有限公司黑龙江哈尔滨销售分公司	加油站	中国石油	黑龙江省哈尔滨市
中国石油天然气股份有限公司	加油站	中国石油	吉林省长春市
中国石油化工股份有限公司江西赣州石油分公司	加油站	中国石化	江西省赣州市
广州易初莲花连锁超市有限公司	大型超市	易初莲花	广东省广州市
北京市通州区糖业烟酒公司	便利店	通州区糖业烟酒公司	北京市
大连家乐福商业有限公司	大型超市	家乐福	辽宁省大连市
中国石油化工股份有限公司湖南长沙石油分公司	加油站	中国石化	湖南省长沙市
深圳沃尔玛百货零售有限公司	大型超市	沃尔玛	广东省深圳市
海恩斯莫里斯(上海)商业有限公司	专卖店	H&M	上海市
中国石油化工有限公司广东东莞石油分公司	加油站	中国石化	广东省东莞市
路易威登(中国)商业销售有限公司	专卖店	路易威登	上海市
中国石油天然气股份有限公司陕西西安销售分公司	加油站	中国石油	陕西省西安市
济南华联商厦集团股份有限公司	大型超市	华联	山东省济南市
中国石油化工股份有限公司山东青岛石油分公司	加油站	中国石化	山东省青岛市
北京市大中家用电器连锁销售有限公司	专业店	大中电器	北京市
中国石油化工股份有限公司广东惠州石油分公司	加油站	中国石化	广东省惠州市
中国石油化工股份有限公司石家庄分公司	加油站	中国石化	河北省石家庄市
中国石化销售有限公司广西南宁石油分公司	加油站	中国石化	广西壮族自治区南宁市
中国石油化工股份有限公司重庆石油分公司	加油站	中国石化	重庆市
中国石油天然气股份有限公司天津销售分公司	加油站	中国石油	天津市
延长壳牌(四川)石油有限公司	加油站	壳牌	四川省成都市
山西美特好连锁超市有限公司	大型超市	山西美特好连锁超市股份有限公司	山西省太原市
深圳市苏宁电器有限公司	专业店	苏宁	广东省深圳市
四川永辉超市有限公司	大型超市	永辉超市	四川省成都市
广州市广百股份有限公司	百货店	广百	广东省广州市
江西新华发行集团有限公司	专业店	新华书店	江西省南昌市
中国石油天然气股份有限公司湖北武汉销售分公司	加油站	中国石油	湖北省武汉市
苹果贸易(上海)有限公司	专卖店	苹果	上海市
山东新星集团有限公司	超市	山东新星集团有限公司	山东省淄博市
中国石油天然气股份有限公司云南昆明销售分公司	加油站	中国石油	云南省昆明市
湖南友谊阿波罗商业股份有限公司	百货店	友谊阿波罗	湖南省长沙市
武汉工贸有限公司	专业店	工贸家电	湖北省武汉市
青岛利客来集团股份有限公司	大型超市	利客来	山东省青岛市
重庆苏宁云商销售有限公司	专业店	苏宁	重庆市
江西省烟草公司南昌市公司	专业店	香澄连锁	江西省南昌市
湖北智仁大药房有限公司	专业店	智仕大药房	湖北省武汉市
新华文轩出版传媒股份有限公司	专业店	新华文轩	四川省成都市
中国石油天然气股份有限公司新疆乌鲁木齐销售公司	加油站	中国石油	新疆维吾尔自治区乌鲁木齐市

5-1 续表 2

企业名称	业态	连锁商号	所在地
北京永辉超市有限公司	大型超市	永辉超市	北京市
壳牌华北石油集团有限公司	加油站	壳牌	天津市
中国石油天然气股份有限公司重庆销售分公司	加油站	中国石油	重庆市
江西省烟草公司上饶分公司	专业店	江西烟草公司上饶市公司	江西省上饶市
云南鸿翔一心堂药业(集团)股份有限公司	专业店	一心堂	云南省昆明市
中国石油化工股份有限公司江西南昌石油分公司	加油站	中国石化	江西省南昌市
中国石化销售有限公司广西桂林石油分公司	加油站	中国石化	广西壮族自治区桂林市
上海世纪联华超市发展有限公司	大型超市	世纪联华	上海市
中国石油化工股份有限公司河北唐山石油分公司	加油站	中国石化	河北省唐山市
新疆友好(集团)股份有限公司	百货店	友好	新疆维吾尔自治区乌鲁木齐市
中国石化销售有限公司广西柳州石油分公司	加油站	中国石化	广西壮族自治区柳州市
湖北省新华书店(集团)有限公司	专业店	新华书店	湖北省武汉市
青岛维客集团股份有限公司	百货店	维客	山东省青岛市
孩子王儿童用品(中国)有限公司	百货店	孩子王	江苏省南京市
泸州汇通百货股份有限公司	百货店	汇通百货	四川省泸州市
中国石油天然气股份有限公司甘肃兰州分公司	加油站	中国石油	甘肃省兰州市
中国石化销售有限公司广东中山石油分公司	加油站	中国石化	广东省中山市
浙江永辉超市有限公司	大型超市	永辉	浙江省杭州市
北京京客隆商业集团股份有限公司	超市	京客隆	北京市
华润万家生活超市(浙江)有限公司	大型超市	华润万家	浙江省杭州市
中石化森美(福建)石油有限公司泉州分公司	加油站	中国石化	福建省泉州市
国美电器有限公司	专业店	国美电器	北京市
飒拉商业(上海)有限公司	专卖店	ZARA	上海市
江西省烟草公司九江分公司	专业店	江西烟草	江西省九江市
中国石化销售有限公司广西百色石油分公司	加油站	中国石化	广西壮族自治区百色市
斐乐服饰有限公司	专卖店	斐乐(FILA)	福建省厦门市
中国石油化工股份有限公司河南南阳石油分公司	加油站	中国石化	河南省南阳市
中国石油天然气股份有限公司山东青岛销售分公司	加油站	中国石油	山东省青岛市
华润万家生活超市(广州)有限公司	大型超市	润之家、简约组合	广东省广州市
中国石油化工股份有限公司河南洛阳石油分公司	加油站	中国石化	河南省洛阳市
湖南省新华书店有限责任公司	专业店	新华书店	湖南省长沙市
广州壳牌石油化工有限公司	加油站	延长壳牌	广东省广州市
中国石油化工股份公司江西吉安分公司	加油站	sinopec	江西省吉安市
中国石油天然气股份有限公司海南销售分公司	加油站	中国石油	海南省海口市
无印良品(上海)商业有限公司	专卖店	无印良品MUJI	上海市
中国石油化工股份有限公司襄樊石油分公司	加油站	中国石油	湖北省襄阳市
上海联家超市有限公司	大型超市	家乐福	上海市
深圳市顺电连锁股份有限公司	专业店	顺电	广东省深圳市
大参林医药集团股份有限公司	专业店	恩莱芙	广东省广州市
成都伊藤洋华堂有限公司	百货店	成都伊藤洋华堂	四川省成都市
四川苏宁云商销售有限公司	专业店	苏宁易购	四川省成都市
广东骏和通信设备连锁销售有限公司	专业店	骏和通信	广东省广州市
中国石油化工股份有限公司	加油站	中国石化、易捷	湖南省郴州市
中国石油化工股份有限公司湖南怀化石油分公司	加油站	中国石化	湖南省怀化市
中国石油化工股份有限公司江西宜春石油分公司	加油站	中国石化	江西省宜春市
上海福满家便利有限公司	便利店	全家	上海市
中国石油化工股份有限公司湖南株洲石油公司	加油站	中国石化	湖南省株洲市
中国石油化工股份有限公司福建福州分公司	加油站	中国石化	福建省福州市
安徽永辉超市有限公司	大型超市	永辉超市	安徽省合肥市
广东永旺天河城商业有限公司	百货店	永旺	广东省广州市

5-1 续表 3

企业名称	业态	连锁商号	所在地
天津华润万家生活超市有限公司	大型超市	华润万家	天津市
绍兴苏宁云商商贸有限公司	专业店	苏宁易购	浙江省绍兴市
迪卡侬(上海)体育用品有限公司	专业店	迪卡侬	上海市
中国石油化工股份有限公司山东石油分公司	加油站	中国石化	山东省济南市
北京家乐福商业有限公司	大型超市	家乐福	北京市
九禾股份有限公司	厂家直销中心	九禾	重庆市
中国石油化工股份有限公司宁夏石油分公司	加油站	中国石化	宁夏回族自治区银川市
中石化安徽安庆石油分公司	加油站	中国石化	安徽省安庆市
河南大张实业有限公司	大型超市	河南大张实业有限公司	河南省洛阳市
中石化森美(福建)石油有限公司漳州分公司	加油站	中国石化(森美)	福建省漳州市
中国石化销售有限公司广东江门石油分公司	专业店	中国石化	广东省江门市
中国石油化工股份有限公司新疆石油分公司	加油站	中国石化	新疆维吾尔自治区乌鲁木齐市
上海易初莲花连锁超市有限公司	大型超市	卜蜂莲花	上海市
中国石油化工股份有限公司湖南岳阳石油分公司	加油站	中国石化	湖南省岳阳市
中国石油化工股份有限公司山东东营石油分公司	加油站	中国石化	山东省东营市
陕西省烟草公司榆林市公司	专卖店	陕西省烟草公司榆林市公司	陕西省榆林市
上海盒马网络科技有限公司	超市	盒马鲜生	上海市
中国石化销售有限公司河南信阳石油分公司	加油站	中国石化	河南省信阳市
中石化森美(福建)石油有限公司福州分公司	加油站	中国石化(森美)	福建省福州市
四川壹玖壹玖酒类供应链管理股份有限公司	专卖店	1919	四川省成都市
广州市国美电器有限公司	专业店	国美	广东省广州市
中国石油天然气股份有限公司新疆喀什销售分公司	加油站	中国石油	新疆维吾尔自治区喀什地区
中国石油化工股份有限公司河北邢台石油分公司	加油站	中国石化	河北省邢台市
中国石化销售有限公司广西河池石油分公司	加油站	中国石化	广西壮族自治区河池市
天津天宁苏宁电器有限公司	专业店	苏宁易购	天津市
中国石油化工股份有限公司广东梅州石油分公司	加油站	中国石油	广东省梅州市
中国石油化工股份有限公司九江石油分公司	加油站	中国石化	江西省九江市
长沙通程控股股份有限公司	专业店	通程电器、通程万惠、通程商业广场	湖南省长沙市
北京华冠商业科技发展有限公司	超市	华冠	北京市
大连联华快客中山便利商业有限公司	便利店	联华快客	辽宁省大连市
中石化森美(福建)石油有限公司厦门分公司	加油站	中国石化森美	福建省厦门市
中国石油化工股份有限公司湖南石油高速分公司	加油站	中国石化	湖南省长沙市
中国石油化工股份有限公司珠海石油分公司	加油站	中国石化	广东省珠海市
美克国际家居用品股份有限公司	专卖店	美克美家	新疆维吾尔自治区乌鲁木齐市
中国石化销售有限公司河北保定石油分公司	加油站	中国石化	河北省保定市
中国石化销售有限公司河北承德石油分公司	加油站	中国石化	河北省承德市
中国石化销售有限公司陕西宝鸡分公司	加油站	中国石化	陕西省宝鸡市
中石油新疆销售有限公司阿克苏分公司	加油站	中国石油	新疆维吾尔自治区阿克苏地区
邦力达农资连锁有限公司	其他	邦力达	四川省成都市
中国石油化工股份有限公司湖南常德石油分公司	专业店	中国石化	湖南省常德市
中国石油化工股份有限公司上饶分公司	加油站	中国石化	江西省上饶市
中石油新疆销售有限公司巴州分公司	加油站	中国石油	新疆维吾尔自治区巴州
北京鑫方盛五金交电有限公司	专业店	鑫方盛五金交电	北京市
山东九州商业集团有限公司	大型超市	九州集团	山东省临沂市
重庆新华书店集团公司	专业店	新华书店	重庆市
三江购物俱乐部股份有限公司	超市	三江购物	浙江省宁波市
中国石化销售有限公司广西玉林石油分公司	加油站	中国石化	广西壮族自治区玉林市
中国石油天然气股份有限公司陕西延安销售分公司	加油站	中国石油	陕西省延安市
中国石油化工股份有限公司驻马店分公司	加油站	中国石化	河南省驻马店市
中国石油天然气股份有限公司湖南长沙销售分公司	加油站	中国石油	湖南省长沙市

5-1　续表 4

企业名称	业态	连锁商号	所在地
中国石油化工股份有限公司	加油站	中国石化	陕西省西安市
中国石油天然气股份有限公司新疆昌吉销售分公司	加油站	中国石油	新疆维吾尔自治区昌吉州市
沃尔玛(湖北)商业零售有限公司	大型超市	沃尔玛	湖北省武汉市
中国石油化工股份有限公司湖南邵阳石油分公司	加油站	中国石化	湖南省邵阳市
江苏新合作常客隆连锁超市有限公司	超市	新合作常客隆	江苏省苏州市
烟台市家家悦超市有限公司	超市	家家悦	山东省烟台市
中国石油化工股份有限公司河北廊坊石油分公司	加油站	中国石化	河北省廊坊市
北京超市发连锁股份有限公司	超市	超市发	北京市
湖北省十堰市寿康永乐有限公司	超市	寿康永乐	湖北省十堰市
阜阳华联集团股份有限公司	超市	阜阳华联	安徽省阜阳市
中石化森美(福建)石油有限公司南平分公司	加油站	中国石化(森美)	福建省南平市
深圳市国美电器有限公司	专业店	国美电器	广东省深圳市
广州屈臣氏个人用品商店有限公司	百货店	屈臣氏	广东省广州市
中国石油化工股份有限公司湖南永州石油分公司	加油站	中国石化	湖南省永州市
沃尔玛(深圳)百货有限公司	大型超市	沃尔玛百货	广东省深圳市
上海国美电器有限公司	专业店	国美电器	上海市
山东苏宁电器有限公司	专业店	苏宁	山东省济南市
中国石油天然气股份有限公司辽宁锦州销售分公司	加油站	中国石油	辽宁省锦州市
中国石油化工股份有限公司山西晋中石油分公司	加油站	中国石化	山西省晋中市
银川新华百货连锁超市有限公司	大型超市	银川新华百货连锁超市有限公司	宁夏回族自治区银川市
中国石油天然气股份有限公司陕西榆林销售分公司	加油站	中国石油	陕西省榆林市
山西省烟草公司晋中市公司	专业店	中国烟草	山西省晋中市
中国石油化工股份有限公司湖南湘西分公司	加油站	中国石化	湖南省湘西土家族苗族自治州
北京翠微大厦股份有限公司	百货店	翠微百货	北京市
沈阳国美电器有限公司	专业店	国美电器	辽宁省沈阳市
中国石油化工股份有限公司河南新乡石油分公司	加油站	中国石化	河南省新乡市
中化道达尔油品有限公司	加油站	道达尔	上海市
中国石油化工股份有限公司山东济宁石油分公司	加油站	中国石化	山东省济宁市
上海联华快客便利有限公司	便利店	快客	上海市
中国石油天然气股份有限公司广西南宁销售分公司	加油站	中国石油	广西壮族自治区南宁市
中国石化销售有限公司广西贵港石油分公司	加油站	中国石化	广西壮族自治区贵港市
陕西省烟草公司宝鸡市分公司	其他	宝鸡烟草	陕西省宝鸡市
中石化森美(福建)石油有限公司龙岩分公司	加油站	中国石化(森美)	福建省龙岩市
盖璞(上海)商业有限公司	专业店	GAP	上海市
中国石油化工股份有限公司山西太原石油分公司	加油站	中国石化	山西省太原市
中国石油化工股份有限公司湖南娄底石油分公司	加油站	中国石化	湖南省娄底市
中国石油化工股份有限公司广东茂名石油分公司	加油站	石油零售	广东省茂名市
山西省烟草公司长治市公司	专业店	中国烟草	山西省长治市
中石油新疆销售有限公司伊犁分公司	加油站	中国石油	新疆维吾尔自治区伊犁州市
中国石油化工股份有限公司河北沧州石油分公司	加油站	中国石化	河北省沧州市
中海石油炼化惠州销售有限责任公司	专业店	中海石油	广东省惠州市
中国石油天然气股份有限公司辽宁营口销售分公司	加油站	中国石油	辽宁省营口市
中国石油化工股份有限公司河北邯郸石油分公司	加油站	中国石化	河北省邯郸市
湖北良品铺子食品有限公司	专业店	良品铺子	湖北省武汉市
中国石油天然气股份有限公司陕西汉中销售分公司	加油站	中国石油	陕西省汉中市
宁夏回族自治区烟草公司银川市公司	其他	中国烟草	宁夏回族自治区银川市
中石化森美(福建)石油有限公司莆田分公司	加油站	中国石化	福建省莆田市
中国石油化工股份有限公司广东阳江分公司	加油站	中国石化	广东省阳江市
广东天河城百货有限公司	百货店	天河城百货	广东省广州市
中国石油天然气股份有限公司陕西宝鸡销售分公司	加油站	中国石油	陕西省宝鸡市

5-1　续表 5

企业名称	业态	连锁商号	所在地
江西洪客隆百货投资有限公司	百货店	洪客隆	江西省南昌市
广西苏宁电器有限公司	专业店	苏宁电器	广西壮族自治区南宁市
中国石油化工股份有限公司河南三门峡石油分公司	加油站	中国石化	河南省三门峡市
江苏华润万家超市有限公司	超市	江苏华润万家	江苏省苏州市
山东全福元商业集团有限责任公司总店	大型超市	全福元	山东省潍坊市
湖北高路油站经营有限责任公司	加油站	中国石化	湖北省武汉市
中国石油化工股份有限公司河北衡水石油分公司	加油站	中国石化	河北省衡水市
中国石化销售有限公司广西梧州石油分公司	加油站	中国石化	广西壮族自治区梧州市
中国石油天然气股份有限公司福建福州销售分公司	加油站	中国石油	福建省福州市
浙江银泰百货有限公司	百货店	银泰	浙江省杭州市
宜兴市天健医药连锁有限公司	专业店	天健医药	江苏省无锡市
中国石油天然气股份有限公司新疆哈密销售分公司	加油站	中国石油	新疆维吾尔自治区哈密市
沃尔玛华东百货有限公司	大型超市	沃尔玛	上海市
中国石油天然气股份有限公司宁夏银川销售分公司	加油站	中国石油	宁夏回族自治区银川市
华联集团吉买盛购物中心有限公司	大型超市	GMS	上海市
北京稻香村食品有限责任公司	专卖店	三禾品牌	北京市
武汉苏宁电器有限公司	专业店	苏宁电器	湖北省武汉市
中国石油化工股份有限公司湖北荆门石油分公司	加油站	中国石油	湖北省荆门市
沃尔玛(四川)百货有限公司	大型超市	沃尔玛	四川省成都市
中油股份陕西咸阳销售分公司	加油站	中国石油	陕西省咸阳市
中国石油化工股份有限公司周口分公司	加油站	中国石化	河南省周口市
中国石油化工股份有限公司山西临汾石油分公司	加油站	中国石化	山西省临汾市
广州友谊集团有限公司	百货店	广州友谊	广东省广州市
中国石油天然气股份有限公司四川德阳销售分公司	加油站	中国石油	四川省德阳市
中国石化销售有限公司广西崇左石油分公司	加油站	中国石化	广西壮族自治区崇左市
中石化森美(福建)石油有限公司三明分公司	加油站	中国石化(森美)	福建省三明市
话机世界通信集团股份有限公司	专业店	话机世界、众泰数码、T-WORLD、沃达科技	浙江省杭州市
广州百佳超级市场有限公司	超市	百佳	广东省广州市
中国石油化工股份有限公司河南平顶山石油分公司	加油站	中国石化	河南省平顶山市
中国石油天然气股份有限公司甘肃天水销售分公司	加油站	中国石油	甘肃省天水市
廊坊市明珠商业企业集团有限公司	百货店	廊坊明珠	河北省廊坊市
中国石油化工股份有限公司山东枣庄石油分公司	加油站	中国石化	山东省枣庄市
苏州欧尚超市有限公司	大型超市	欧尚	江苏省苏州市
北京沃尔玛百货有限公司	仓储会员店	沃尔玛	北京市
中国石油天然气股份有限公司河北石家庄销售分公司	加油站	中国石油	河北省石家庄市
中国石油天然气股份有限公司河北保定销售分公司	加油站	中国石油	河北省保定市
中国石油天然气股份有限公司酒泉销售公司	加油站	中国石油	甘肃省酒泉市
荆门市东方百货大厦	百货店	东方百货	湖北省荆门市
中国石油化工股份有限公司陕西渭南石油公司	加油站	中国石化	陕西省渭南市
中国石化销售有限公司广西北海石油分公司	加油站	中国石化	广西壮族自治区北海市
中国石油天然气股份有限公司泉州销售分公司	加油站	中国石油	福建省泉州市
中国石油天然气股份有限公司陕西安康销售分公司	加油站	中国石油	陕西省安康市
青岛苏宁云商商贸有限公司	专业店	苏宁云商	山东省青岛市
中国石油化工股份有限公司陕西榆林石油分公司	专业店	中国石化	陕西省榆林市
永辉超市河南有限公司	超市	永辉超市	河南省郑州市
中国石化销售有限公司广西钦州石油分公司	加油站	中国石化	广西壮族自治区钦州市
中国石油天然气股份有限公司辽宁葫芦岛分公司	加油站	中国石油	辽宁省葫芦岛市
沃尔玛(江苏)商业零售有限公司	大型超市	沃尔玛	江苏省南京市
中国石化销售有限公司山西长治石油分公司	加油站	中国石化	山西省长治市
中山市壹加壹连锁商业有限公司	大型超市	壹加壹	广东省中山市

5-1 续表 6

企业名称	业态	连锁商号	所在地
中国石油化工股份有限公司山东滨州石油分公司	加油站	中国石化	山东省滨州市
东莞市嘉荣超市有限公司	超市	嘉荣	广东省东莞市
中国石油化工股份有限公司安徽马鞍山石油分公司	加油站	中国石化	安徽省马鞍山市
广东康爱多连锁药店有限公司	专业店	康爱多	广东省广州市
农工商超市(集团)有限公司	超市	农工商	上海市
青岛永旺东泰商业有限公司	大型超市	永旺	山东省青岛市
中石化湖南益阳石油分公司	加油站	中国石化	湖南省益阳市
深圳市亨吉利世界名表中心有限公司	专卖店	亨吉利名表	广东省深圳市
中国石化销售有限公司湖北高速公路油站管理分公司	加油站	中国石化	湖北省武汉市
中国天然气股分有限公司宁夏固原销售分公司	加油站	中国石油	宁夏回族自治区固原市
中国石油天然气股份有限公司辽宁朝阳销售分公司	加油站	中国石油	辽宁省朝阳市
中国石油天然气股份有限公司辽宁抚顺销售分公司	加油站	中国石油	辽宁省抚顺市
广东赛壹便利店有限公司	便利店	7-ELEVEn	广东省广州市
陕西省烟草公司安康市公司	专卖店	安康烟草	陕西省安康市
中国石化销售有限公司西北新疆阿克苏分公司	加油站	中国石化	新疆维吾尔自治区阿克苏地区
中国石油化工股份有限公司河南商丘分公司	加油站	中国石化	河南省商丘市
十堰市新合作超市有限公司	超市	十堰市新合作超市	湖北省十堰市
安徽苏宁易购销售有限公司	专业店	苏宁易购	安徽省合肥市
中国石化销售有限公司广西贺州石油分公司	加油站	中国石化	广西壮族自治区贺州市
重庆和平药房连锁有限责任公司	专业店	和平药房	重庆市
武汉国美电器有限公司	专业店	国美电器	湖北省武汉市
福建苏宁云商商贸有限公司	专卖店	苏宁易购	福建省福州市
河南张仲景大药房股份有限公司	专业店	张仲景大药房	河南省郑州市
益丰大药房连锁股份有限公司	专业店	益丰大药房连锁股份有限公司	湖南省常德市
泉州新华都购物广场有限公司	大型超市	新华都	福建省泉州市
中国石油天然气股份有限公司广东广州销售分公司	加油站	中国石油	广东省广州市
飒拉商业(北京)有限公司	专卖店	飒拉商业	北京市
中国石油天然气股份有限公司宁夏中卫销售分公司	加油站	中国石油	宁夏回族自治区中卫市
北京同仁堂连锁药店有限责任公司	专业店	同仁堂	北京市
上海来伊份食品连锁经营有限公司	专业店	来伊份	上海市
中国石油化工股份有限公司河北秦皇岛石油分公司	加油站	中国石化	河北省秦皇岛市
云南苏宁云商销售有限公司	专业店	苏宁电器	云南省昆明市
重庆市国美电器有限公司	专卖店	国美电器	重庆市
银川新华百货商店股份有限公司	百货店	新华百货	宁夏回族自治区银川市
中国石化销售有限公司新疆巴州石油分公司	加油站	中国石油	新疆维吾尔自治区巴州
成都家乐福超市有限公司	大型超市	家乐福超市	四川省成都市
长沙步步高商业连锁有限责任公司	大型超市	步步高	湖南省长沙市
中国石化销售有限公司广西来宾石油分公司	加油站	中国石化	广西壮族自治区来宾市
老百姓大药房连锁有限公司	专业店	老百姓大药房	湖南省长沙市
天津国美电器有限公司	专业店	国美电器	天津市
中国石油化工有限公司湖北十堰石油分公司	加油站	中国石化	湖北省十堰市
中国石油天然气股份有限公司辽宁辽阳销售分公司	加油站	中国石油	辽宁省辽阳市
中国石油天然气股份有限公司广东肇庆分公司	加油站	中国石油	广东省肇庆市
成都红旗连锁股份有限公司	超市	红旗连锁	四川省成都市
中国石化销售有限公司江西萍乡石油分公司	加油站	中国石化	江西省萍乡市
中国石油天然气股份有限公司河北承德销售分公司	加油站	中国石油	河北省承德市
平和堂(中国)有限公司	百货店	平和堂	湖南省长沙市
中国石油化工股份有限公司江西景德镇石油分公司	加油站	中国石化	江西省景德镇市
浙江华润慈客隆超市有限公司	大型超市	华润万家	浙江省宁波市
云南沃尔玛百货有限公司	大型超市	沃尔玛百货	云南省昆明市

5-1 续表 7

企业名称	业态	连锁商号	所在地
云南玉溪百信商贸集团有限公司	超市	百信	云南省玉溪市
中石油新疆销售有限公司吐鲁番分公司	加油站	中国石油	新疆维吾尔自治区吐鲁番市
北京盒马网络科技有限公司	大型超市	盒马鲜生	北京市
昆明家乐福超市有限公司	大型超市	家乐福超市	云南省昆明市
中国石油天然气股份有限公司甘肃张掖销售分公司	加油站	中国石油	甘肃省张掖市
中国石油天然气股份有限公司辽宁丹东销售分公司	加油站	中国石油	辽宁省丹东市
江苏雅家乐集团有限公司	超市	雅家乐	江苏省盐城市
中国石油化工股份有限公司广东粤东石油公司	加油站	中国石化	广东省汕头市
安徽五星电器有限公司	专业店	五星电器	安徽省合肥市
中国石油天然气股份有限公司广西桂林销售分公司	加油站	中国石油	广西壮族自治区桂林市
中国石油天然气股份有限公司江西南昌销售分公司	加油站	中国石油	江西省南昌市
湖北富迪实业有限公司	超市	湖北富迪实业有限公司	湖北省仙桃市
中国石油天然气股份有限公司宁夏吴忠销售分公司	加油站	中国石油	宁夏回族自治区吴忠市
广西辉煌交通石化有限公司	加油站	中国石化	广西壮族自治区南宁市
成都屈臣氏个人用品商店有限公司	专业店	屈臣氏	四川省成都市
烟台振华量贩超市有限公司	超市	振华量贩	山东省烟台市
中国石油天然气股份有限公司新疆克拉玛依销售分公司	加油站	中国石油	新疆维吾尔自治区克拉玛依市
中国石油天然气股份有限公司宁夏石嘴山销售分公司	加油站	中国石油	宁夏回族自治区石嘴山市
湖南国美电器有限公司	专业店	国美电器	湖南省长沙市
上海老庙黄金有限公司	专业店	老庙黄金	上海市
西安怡康医药连锁有限责任公司	专业店	西安怡康医药	陕西省西安市
江苏苏农农资连锁集团股份有限公司	专业店	苏农连锁	江苏省南京市
中石化森美(福建)石油有限公司宁德分公司	加油站	中国石化(森美)	福建省宁德市
辽宁成大方圆医药连锁有限公司	专业店	成大方圆	辽宁省沈阳市
迪卡侬(北京)体育用品有限公司	专业店	迪卡侬	北京市
天津劝宝超市有限责任公司	超市	劝宝	天津市
苏州苏宁云商销售有限公司	专业店	苏宁云商	江苏省苏州市
中国石化销售有限公司陕西汉中石油分公司	加油站	中国石化	陕西省汉中市
黑龙江黑天鹅家电有限公司	专业店	黑天鹅	黑龙江省哈尔滨市
中国石油化工股份有限公司河南开封石油分公司	加油站	中国石化	河南省开封市
九江联盛超市连锁股份有限公司	超市	九江联盛超市	江西省九江市
安徽徽商农家福有限公司	其他	农家福	安徽省合肥市
河南永乐生活电器有限公司	专业店	永乐生活电器	河南省郑州市
中国石油化工股份有限公司福建泉州石油分公司	加油站	中国石化	福建省泉州市
中国石油天然气股份有限公司新疆阿勒泰销售分公司	加油站	中国石油	新疆维吾尔自治区阿勒泰地区
四川舞东风超市连锁股份有限公司	便利店	舞东风	四川省成都市
美心食品(广州)有限公司	专卖店	香港美心	广东省广州市
柒一拾壹(北京)有限公司	便利店	7-ELEVEn	北京市
中国石油天然气股份有限公司河北张家口销售分公司	加油站	中国石油	河北省张家口市
上海新欧尚超市有限公司	大型超市	欧尚	上海市
北京寺库商贸有限公司	百货店	寺库secoo	北京市
银川新华百货东桥电器有限公司	专业店	新华百货东桥电器	宁夏回族自治区银川市
南昌市天虹商场有限公司	百货店	天虹	江西省南昌市
中域电讯连锁集团股份有限公司	专业店	中域电讯	广东省东莞市
西雅衣家(中国)商业有限公司	专卖店	C&A	上海市
中国石油天然气股份有限公司甘肃临夏销售分公司	加油站	中国石油	甘肃省临夏市
中国石油天然气股份有限公司山西太原销售分公司	专业店	中国石油	山西省太原市
雄风集团有限公司	百货店	雄风百货	浙江省绍兴市
中国石油天然气股份有限公司山东济宁销售分公司	加油站	中国石油	山东省济宁市
中国石油天然气股份有限公司辽宁阜新销售分公司	加油站	中国石油	辽宁省阜新市

5-1 续表 8

企业名称	业态	连锁商号	所在地
永旺华南商业有限公司	大型超市	AEON	广东省深圳市
云南健之佳连锁健康药房有限公司	专业店	健之佳	云南省昆明市
中国石油天然气股份有限公司新疆和田销售分公司	加油站	中国石油	新疆维吾尔自治区和田地区
贵州合力购物有限责任公司	大型超市	合力购物	贵州省贵阳市
深圳市海王星辰健康药房连锁有限公司	其他	海王星辰	广东省深圳市
百盛商业发展有限公司	百货店	百盛	北京市
北京宜家家居有限公司	家居建材商店	宜家家居	北京市
浙江胜道体育用品有限公司	专卖店	胜道	浙江省金华市
优衣库商贸有限公司	专卖店	优衣库	上海市
中海油销售唐山有限公司	加油站	中国海油	河北省唐山市
吉林大药房药业股份有限公司	专业店	吉林大药房	吉林省长春市
中国石化股份有限公司广东汕尾石油分公司	加油站	中国石化	广东省汕尾市
上海好德便利有限公司	便利店	好德alldays	上海市
广州市盛世长运商贸连锁有限公司	其他	sanse	广东省广州市
中国石油化工股份有限公司河南许昌石油分公司	加油站	中国石化	河南省许昌市
中国石油天然气股份有限公司广东江门销售分公司	加油站	中国石油	广东省江门市
中国石油天然气股份有限公司广西柳州销售分公司	加油站	中国石油	广西壮族自治区柳州市
东营银座商城有限公司	百货店	东营银座商城有限公司	山东省东营市
山西省太原唐久超市有限公司	便利店	唐久便利	山西省太原市
国药控股国大药房沈阳连锁有限公司	专业店	国大药房	辽宁省沈阳市
中国石油天然气股份有限公司河北廊坊销售分公司	加油站	中国石油	河北省廊坊市
中国石油化工股份有限公司广东云浮石油分公司	加油站	中国石油	广东省云浮市
深圳市人人乐商业有限公司	超市	人人乐	广东省深圳市
山东京博新能源控股发展有限公司	加油站	京博新能源	山东省滨州市
中石化江西鹰潭石油分公司	加油站	中国石化	江西省鹰潭市
北京屈臣氏个人用品连锁商店有限公司	超市	屈臣氏Watsons	北京市
杭州萧然商厦有限责任公司	百货店	萧然超市	浙江省杭州市
浙江供销超市有限公司	大型超市	浙江供销超市、供销便利、家连便利	浙江省绍兴市
浙江惠多利农资连锁有限公司	专业店	惠多利	浙江省杭州市
秦皇岛市兴龙广缘商厦有限公司	大型超市	兴龙广缘	河北省秦皇岛市
中国石油辽宁本溪销售分公司	加油站	中国石油	辽宁省本溪市
中国石油天然气股份有限公司宁夏高速公路销售分公司	加油站	中国石油	宁夏回族自治区银川市
贵阳苏宁易购销售有限公司	专业店	苏宁	贵州省贵阳市
中国石油化工股份有限公司新疆哈密石油分公司	加油站	中国石化	新疆维吾尔自治区哈密市
西安民生集团股份有限公司	百货店	西安民生	陕西省西安市
中国石油天然气股份有限公司	加油站	中国石油	湖南省郴州市
中国石油天然气股份有限公司陕西商洛销售分公司	加油站	中国石油	陕西省商洛市
广东壹号食品股份有限公司	专卖店	壹号食品	广东省湛江市
中国石油化工股份有限公司新疆喀什石油分公司	加油站	中国石油	新疆维吾尔自治区喀什地区
山东贵诚集团购物中心有限公司	百货店	山东贵诚	山东省枣庄市
永乐(中国)电器销售有限公司	专卖店	永乐	上海市
山西苏宁云商销售有限公司	专业店	苏宁易购	山西省太原市
中国石油天然气股份有限公司陕西铜川销售分公司	加油站	中国石油	陕西省铜川市
中国石油化工股份有限公司陕西延安石油分公司	加油站	中国石化	陕西省延安市
中国石油天然气股份有限公司河北沧州销售分公司	加油站	中国石油	河北省沧州市
沈阳苏宁云商销售有限公司	专业店	苏宁	辽宁省沈阳市
西亚和美商业股份有限公司	百货店	西亚和美商业股份有限公司	河南省信阳市
宁波欧尚超市有限公司	大型超市	宁波欧尚超市有限公司	浙江省宁波市
安徽省安德利百货股份有限公司	百货店	安德利	安徽省合肥市
沃尔玛(北京)商业零售有限公司	大型超市	沃尔玛	北京市

5-1 续表 9

企业名称	业态	连锁商号	所在地
中国石油天然气股份有限公司广西玉林销售分公司	加油站	中国石油	广西壮族自治区玉林市
中国石油天然气股份有限公司河北邯郸销售分公司	加油站	中国石油	河北省邯郸市
山东鲁百百货大楼集团有限公司	百货店	鲁百百货	山东省东营市
安徽商之都股份有限公司	百货店	商之都	安徽省合肥市
浙江诸暨第一百货有限公司	超市	诸暨一百	浙江省绍兴市
中国石油天然气股份有限公司广西钦州销售分公司	加油站	中国石油	广西壮族自治区钦州市
上海华联罗森有限公司	便利店	罗森	上海市
中国石化销售有限公司广西防城港石油分公司	加油站	中国石化	广西壮族自治区防城港市
沈阳家乐福商业有限公司	大型超市	家乐福	辽宁省沈阳市
上海家得利超市有限公司	超市	家得利	上海市
江苏苏盛商贸有限公司	专业店	苏盛	江苏省南京市
中国石油天然气股份有限公司福建厦门销售分	加油站	中国石油	福建省厦门市
中国石油河北唐山销售分公司	加油站	中国石油	河北省唐山市
中国石油天然气股份有限公司河南洛阳销售分公司	加油站	中国石油	河南省洛阳市
深圳市百佳华百货有限公司	百货店	百佳华百货	广东省深圳市
昆明云顺和商业发展有限公司	百货店	昆明百盛	云南省昆明市
上海屈臣氏日用品有限公司	百货店	WATSONS	上海市
秦皇岛中油华奥销售有限公司	加油站	中国石油	河北省秦皇岛市
上海欧尚超市有限公司	大型超市	欧尚	上海市
中国石油化工股份有限公司湖南张家界石油分公司	加油站	中国石化	湖南省张家界市
上海三枪(集团)有限公司	专卖店	三枪、鹅牌、迪士尼	上海市
福州国美电器有限公司	专卖店	国美电器	福建省福州市
厦门见福便利店商贸有限公司	便利店	见福	福建省厦门市
江苏大众医药连锁有限公司	专业店	大众医药	江苏省无锡市
中山市华润万家便利超市有限公司	便利店	华润万家	广东省中山市
幸福荣耀(北京)超市有限公司	超市	幸福超市	北京市
上海古今内衣有限公司	专卖店	古今、古今花、古今龙、古今爱她、美慕莎	上海市
青岛国美电器有限公司	专业店	国美电器	山东省青岛市
周大福珠宝金行(沈阳)有限公司	专业店	周大福	辽宁省沈阳市
开县孙氏商贸有限责任公司	其他	渝开心连心超市	重庆市
十足集团股份有限公司	便利店	十足、之上、真生活、当家人	浙江省杭州市
十堰天海贸易有限公司	加油站	湖北天海石油集团有限公司	湖北省十堰市
湖北世纪愿景商贸有限公司	专卖店	周黑鸭	湖北省武汉市
北京迪信通电子通信技术有限公司	专业店	北京迪信通	北京市
上海捷强烟草糖酒(集团)连锁有限公司	专业店	捷强	上海市
广西联华超市股份有限公司	超市	联华超市	广西壮族自治区柳州市
南昌百货大楼股份有限公司	百货店	南昌百货大楼	江西省南昌市
北京味多美食品有限责任公司	专卖店	北京味多美	北京市
华润潍坊远东医药有限公司	专业店	远东平民大药房	山东省潍坊市
周大福珠宝金行(武汉)有限公司	专卖店	周大福	湖北省武汉市
中国石油天然气股份有限公司湖南怀化销售分	加油站	中国石油	湖南省怀化市
安徽欧尚超市有限公司	大型超市	欧尚超市	安徽省芜湖市
中国石油天然气股份有限公司辽宁盘锦销售分公司	加油站	中国石油	辽宁省盘锦市
中国石油天然气股份有限公司广西河池销售分公司	加油站	中国石油	广西壮族自治区河池市
中国石油天然气股份有限公司河北邢台销售分公司	加油站	中国石油	河北省邢台市
中国石油天然气股份有限公司湖南永州销售分公司	加油站	中国石油	湖南省永州市
成都欧尚超市有限公司	大型超市	欧尚	四川省成都市
中国石油天然气股份有限公司福建省漳州销售分公司	加油站	成品油零售	福建省漳州市
北京国泰平安百货有限公司	百货店	国泰百货	北京市
湖北杰之行体育产业发展股份有限公司	专卖店	杰之行	湖北省武汉市

5-1 续表 10

企业名称	业态	连锁商号	所在地
洛阳丹尼斯量贩有限公司	大型超市	丹尼斯	河南省洛阳市
中国石油天然气股份有限公司湖南销售常德分公司	加油站	中国石油	湖南省常德市
浙江雅莹时装销售有限公司	专卖店	EP雅莹、doublelove、npaia	浙江省嘉兴市
中国石油化工股份有限公司江西新余石油分公司	加油站	中国石化	江西省新余市
天津鑫方盛五金交电有限公司	专业店	鑫方盛	天津市
上海新华传媒连锁有限公司	专卖店	新华书店	上海市
上海迪亚零售有限公司	便利店	苏宁易买	上海市
江西苏宁电器有限公司	专业店	苏宁	江西省南昌市
江西黄庆仁栈华氏大药房有限公司	专业店	江西黄庆仁栈华氏大药房有限公司	江西省南昌市
江苏益丰大药房连锁有限公司	专业店	益丰大药房	江苏省南京市
北京壳牌石油有限公司	专业店	壳牌	北京市
宁夏回族自治区烟草公司吴忠市公司	其他	吴忠烟草	宁夏回族自治区吴忠市
青岛屈臣氏个人用品商店有限公司	超市	屈臣氏	山东省青岛市
浙江十足商贸有限公司	便利店	十足便利店	浙江省温州市
包头市永盛成百货有限公司	超市	永盛成百货	内蒙古自治区包头市
北京全时叁陆伍连锁便利店有限公司	便利店	全时便利	北京市
中国石油天然气股份有限公司新疆塔城销售公司	加油站	中国石油	新疆维吾尔自治区塔城地区
广州友谊班尼路服饰有限公司	专卖店	友谊班尼路	广东省广州市
中国石油天然气股份有限公司广西百色销售分公司	加油站	中国石油	广西壮族自治区百色市
哈药集团医药有限公司	专业店	人民同泰	黑龙江省哈尔滨市
浙江宏图三胞科技发展有限公司	专业店	宏图三胞	浙江省杭州市
北京张一元茶叶有限责任公司	专卖店	张一元牌	北京市
茂名市大参林连锁药店有限公司	专卖店	药品零售	广东省茂名市
道达尔石油(武汉)有限公司	加油站	total	湖北省武汉市
沃尔玛(江西)商业零售有限公司	大型超市	沃尔玛	江西省南昌市
广东万宁连锁商业有限公司	百货店	万宁	广东省广州市
无锡红豆居家服饰销售有限公司	专卖店	红豆	江苏省无锡市
中国石油天然气股份有限公司山东枣庄销售分公司	加油站	中国石油	山东省枣庄市
中国石油天然气股份有限公司广东茂名销售分公司	加油站	石油零售	广东省茂名市
浙江汇德隆实业集团有限公司	大型超市	汇德隆	浙江省杭州市
飞亚达销售有限公司	其他	飞亚达	广东省深圳市
湖南华润万家生活超市有限公司	大型超市	华润万家	湖南省长沙市
上海烟草集团普陀烟草糖酒有限公司	专卖店	普陀烟草	上海市
绰琪服装(深圳)有限公司	专卖店	6ixty8ight	广东省深圳市
通用磨坊贸易(上海)有限公司	专卖店	哈根达斯	上海市
中国石油天然气股份有限公司河北秦皇岛销售分公司	加油站	中国石油	河北省秦皇岛市
上海华润万家超市有限公司	超市	华润万家	上海市
中国石油天然气股份有限公司新疆博尔塔拉蒙古自治州销售分公司	加油站	中国石油	新疆维吾尔自治区博尔塔拉蒙古自治州
广州市喜燃能源有限公司	其他	振戎燃气	广东省广州市
北京市上品商业发展有限责任公司	折扣店	上品折扣	北京市
沃尔玛(湖南)商业零售有限公司	大型超市	沃尔玛超市	湖南省长沙市
胜利油田胜大超市	超市	胜大超市	山东省东营市
柳州桂中大药房连锁有限责任公司	专业店	柳州桂中大药房	广西壮族自治区柳州市
贵州一树连锁药业有限公司	专业店	一树	贵州省贵阳市
山西金虎生活便利服务有限公司	便利店	山西金虎便利连锁股份有限公司	山西省太原市
浙江上百贸易有限公司	百货店	上百贸易	浙江省绍兴市
东莞市大地通讯连锁服务有限公司	专业店	大地通讯	广东省东莞市
中国石油化工股份有限公司山东莱芜石油分公司	加油站	中国石化	山东省莱芜市
上海良友金伴便利连锁有限公司	便利店	良友金伴	上海市

5-1　续表 11

企业名称	业态	连锁商号	所在地
吉安市国光实业有限公司	超市	国光	江西省吉安市
国药控股国大药房山西益源连锁有限公司	专业店	国药控股国大药房山西益源连锁有限公司	山西省太原市
上海恭汇贸易有限公司	便利店	罗森便利店	上海市
中国石油天然气股份有限公司广东惠州销售分公司	加油站	中国石油	广东省惠州市
北京首航国力商贸有限公司	超市	首航国力	北京市
武汉汉福超市有限公司	大型超市	家乐福	湖北省武汉市
广州家广超市有限公司	大型超市	家乐福	广东省广州市
北京瑞福康医药有限公司	专业店	瑞福康医药	北京市
大连海王星辰医药有限公司	专业店	海王星辰	辽宁省大连市
广州市好又多百货商业广场有限公司	大型超市	好又多	广东省广州市
厦门市天虹商场有限公司	百货店	天虹	福建省厦门市
中国石油天然气股份有限公司河北衡水销售分公司	加油站	中国石油	河北省衡水市
中国石化销售有限公司河南鹤壁石油分公司	加油站	中国石化	河南省鹤壁市
北京好得快医药有限公司	专业店	好得快大药房	北京市
大连益春堂药业连锁有限公司	专业店	益春堂	辽宁省大连市
中国石油湖北十堰销售分公司	加油站	中国石油	湖北省十堰市
北京琳林长明商贸有限公司	超市	琳林长明	北京市
大连苏宁云商销售有限公司	专业店	苏宁	辽宁省大连市
许昌市胖东来商贸集团有限公司	大型超市	胖东来	河南省许昌市
中国石油天然气股份有限公司江西赣州销售分公司	加油站	中国石油	江西省赣州市
云南东骏药业有限公司	专业店	东骏药业	云南省昆明市
北京嘉信玖晟科技有限公司	超市	乐活先生	北京市
沈阳乐友达康商贸有限公司	超市	乐友孕婴童	辽宁省沈阳市
无锡悦家商业有限公司	大型超市	家乐福	江苏省无锡市
中国石油天然气股份有限公司山西晋中销售分公司	加油站	中国石油	山西省晋中市
北京欧尚超市有限公司	大型超市	欧尚超市	北京市
辽宁华润万家生活超市有限公司	大型超市	华润万家	辽宁省沈阳市
江西煌上煌集团食品有限公司	专卖店	煌上煌	江西省南昌市
曼卡龙珠宝股份有限公司	专业店	MCLON曼卡龙珠宝	浙江省杭州市
上海力涌商贸有限公司	专卖店	爱婴室	上海市
中化(福建)石油销售有限公司	加油站	中化	福建省厦门市
深圳家乐福商业有限公司	大型超市	家乐福	广东省深圳市
浙江凯虹集团有限公司	超市	华之友超市、华侨商店	浙江省舟山市
合肥新华书店有限公司	专业店	新华书店	安徽省合肥市
中海油湖南销售有限公司	加油站	中海油	湖南省长沙市
延长壳牌山西石油有限公司	加油站	壳牌	山西省太原市
中闽百汇(泉州)商贸管理有限公司	其他	中闽百汇	福建省泉州市
广州市新大新有限公司	百货店	新大新	广东省广州市
北京市好利来食品有限公司	专卖店	好利来	北京市
中国石油天然气股份有限公司广东中山销售分公司	加油站	中国石油	广东省中山市
中国石油化工股份有限公司陕西咸阳石油分公司	加油站	中国石化	陕西省咸阳市
中国石油天然气股份有限公司甘肃金昌销售分公司	加油站	中国石油	甘肃省金昌市
中国石油天然气股份有限公司福建莆田销售分公司	加油站	中国石油	福建省莆田市
北京宏图三胞科技发展有限公司	专业店	宏图三胞	北京市
中国石油天然气股份有限公司湖南湘西自治州销售分公司	加油站	中国石油	湖南省湘西土家族苗族自治州
北京首商集团股份有限公司西单商场	百货店	西单商场	北京市
长春苏宁电器有限公司	专业店	苏宁易购	吉林省长春市
新疆国美电器有限公司	专业店	国美	新疆维吾尔自治区乌鲁木齐市

5-2 100门店以上连锁零售企业

企业名称	业态	连锁商号	所在地
云南鸿翔一心堂药业(集团)股份有限公司	专业店	一心堂	云南省昆明市
浙江驰骋物流有限公司	便利店	左邻右舍/生活驿站	浙江省衢州市
飞亚达销售有限公司	其他	飞亚达	广东省深圳市
安徽辉隆农资集团股份有限公司	专业店	辉隆	安徽省合肥市
广东壹号食品股份有限公司	专卖店	壹号食品	广东省湛江市
苏宁云商集团股份有限公司	专业店	苏宁	江苏省南京市
中国石油化工股份有限公司山东石油分公司	加油站	中国石化	山东省济南市
中国石油化工股份有限公司江苏石油分公司	加油站	中国石化	江苏省南京市
中国石化销售有限公司浙江石油分公司	加油站	中国石化	浙江省杭州市
联华超市股份有限公司	超市	联华、华联	上海市
安徽徽商农家福有限公司	其他	农家福	安徽省合肥市
浙江惠多利农资连锁有限公司	专业店	惠多利	浙江省杭州市
十足集团股份有限公司	便利店	十足、之上、真生活、当家人	浙江省杭州市
湖北良品铺子食品有限公司	专业店	良品铺子	湖北省武汉市
苏果超市有限公司	超市	苏果超市	江苏省南京市
江苏苏农农资连锁集团股份有限公司	专业店	苏农连锁	江苏省南京市
云阳县腾龙商贸有限公司	超市	腾龙超市	重庆市
中国石油化工股份有限公司安徽石油分公司	加油站	中国石化	安徽省合肥市
无锡红豆居家服饰销售有限公司	专卖店	红豆	江苏省无锡市
江西煌上煌集团食品有限公司	专卖店	煌上煌	江西省南昌市
厦门见福便利店商贸有限公司	便利店	见福	福建省厦门市
上海福满家便利有限公司	便利店	全家	上海市
四川壹玖壹玖酒类供应链管理股份有限公司	专卖店	1919	四川省成都市
上海联华快客便利有限公司	便利店	快客	上海市
上海古今内衣有限公司	专卖店	古今、古今花、古今龙、古今爱她、美慕莎	上海市
中百控股集团股份有限公司	超市	中百	湖北省武汉市
上海恭汇贸易有限公司	便利店	罗森便利店	上海市
山西金度生活便利服务有限公司	便利店	山西金虎便利连锁股份有限公司	山西省太原市
上海来伊份食品连锁经营有限公司	专业店	来伊份	上海市
广东赛壹便利店有限公司	便利店	7-ELEVEn	广东省广州市
河南张仲景大药房股份有限公司	专业店	张仲景大药房	河南省郑州市
辽宁成大方圆医药连锁有限公司	专业店	成大方圆	辽宁省沈阳市
江苏新合作常客隆连锁超市有限公司	超市	新合作常客隆	江苏省苏州市
斐乐服饰有限公司	专卖店	斐乐(FILA)	福建省厦门市
大连金玛超市连锁有限公司	百货店	金玛超市	辽宁省大连市
四川舞东风超市连锁股份有限公司	便利店	舞东风	四川省成都市
益丰大药房连锁股份有限公司	专业店	益丰大药房连锁股份有限公司	湖南省常德市
博马努瓦服饰商贸(上海)有限公司	专卖店	Cache-cache	上海市
云南健之佳连锁健康药房有限公司	专业店	健之佳	云南省昆明市
山西省太原唐久超市有限公司	便利店	唐久便利	山西省太原市
福建华祥苑茶业有限公司	专卖店	华祥苑	福建省厦门市
金华市华洲连锁超市有限公司	超市	华洲	浙江省金华市
成都红旗连锁股份有限公司	超市	红旗连锁	四川省成都市
湖南千金金沙大药房零售连锁有限公司	专业店	千金大药房	湖南省长沙市
四川贝尔康医药有限公司	专业店	四川贝尔康大药房连锁有限公司	四川省成都市
吉林大药房药业股份有限公司	专业店	吉林大药房	吉林省长春市
中国石油天然气股份有限公司江苏销售分公司	加油站	中国石油	江苏省南京市
重庆鑫斛药房连锁有限公司	专业店	鑫斛药庄	重庆市
老百姓大药房连锁有限公司	专业店	老百姓大药房	湖南省长沙市
西安怡康医药连锁有限责任公司	专业店	西安怡康医药	陕西省西安市
文峰大世界连锁发展股份有限公司	百货店	文峰大世界/文峰千家惠/文峰	江苏省南通市
山东家家悦集团有限公司	超市	家家悦	山东省威海市

5-2 续表 1

企业名称	业态	连锁商号	所在地
上海好德便利有限公司	便利店	好德alldays	上海市
中国石油化工股份有限公司福建石油分公司	加油站	中国石化	福建省福州市
永辉超市股份有限公司福建福州鼓楼分公司	大型超市	永辉、轩辉	福建省福州市
江苏五星电器有限公司	专业店	五星电器	江苏省南京市
山东潍坊百货集团股份有限公司	百货店	中百	山东省潍坊市
山东燕喜堂医药连锁有限公司	专业店	燕喜堂	山东省威海市
江苏苏盛商贸有限公司	专业店	苏盛	江苏省南京市
美宜佳(福建)便利店有限公司	便利店	美宜佳	福建省厦门市
迅销(中国)商贸有限公司	专卖店	优衣库	上海市
浙江十足商贸有限公司	便利店	十足便利店	浙江省温州市
绵阳太极大药房连锁有限责任公司	专业店	绵阳太极大药房	四川省绵阳市
绍兴大通超市有限公司	超市	大通超市	浙江省绍兴市
湖南省新华书店有限责任公司	专业店	新华书店	湖南省长沙市
上海好药师大药房连锁有限公司	专业店	好药师大药房	上海市
中国石油天然气股份有限公司重庆销售分公司	加油站	中国石油	重庆市
北京便利蜂连锁商业有限公司	便利店	便利蜂	北京市
阜阳华联集团股份有限公司	超市	阜阳华联	安徽省阜阳市
中国石油化工股份有限公司上海石油分公司	加油站	中国石化	上海市
中国石油天然气股份有限公司安徽销售分公司	加油站	中国石油	安徽省合肥市
利群集团股份有限公司	其他	利群	山东省青岛市
天津劝宝超市有限责任公司	超市	劝宝	天津市
重庆和平药房连锁有限责任公司	专业店	和平药房	重庆市
广西鸿翔一心堂药业有限责任公司	专业店	一心堂	广西壮族自治区南宁市
重庆沁园餐饮管理有限公司	专卖店	沁园	重庆市
四川一心堂医药连锁有限公司	专业店	一心堂	四川省成都市
重庆市万和药房连锁有限公司	专业店	万和	重庆市
海恩斯莫里斯(上海)商业有限公司	专卖店	H&M	上海市
广西大参林连锁药店有限公司	专卖店	大参林	广西壮族自治区玉林市
湖南汇丰年农资连锁超市股份有限公司	专业店	汇丰年农资	湖南省株洲市
湘乡市振兴连锁超市有限责任公司	超市	振兴连锁超市	湖南省湘潭市
中国石化销售有限公司北京石油分公司	加油站	中国石化	北京市
物美控股集团有限公司	超市	物美	北京市
广州屈臣氏个人用品商店有限公司	百货店	屈臣氏	广东省广州市
广西一心医药集团有限责任公司	专业店	广西一心医药	广西壮族自治区南宁市
国药控股国大复美大药房上海连锁有限公司	专业店	国大复美	上海市
广州友谊班尼路服饰有限公司	专卖店	友谊班尼路	广东省广州市
深圳市南北药行连锁有限公司	其他	南北药房	广东省深圳市
北京吴裕泰茶业股份有限公司	专卖店	吴裕泰茶业	北京市
青岛医保城药品连锁有限公司	专业店	医保城	山东省青岛市
辽宁天士力大药房连锁有限公司	专业店	天士力	辽宁省沈阳市
中国石油天然气股份有限公司浙江销售分公司	加油站	中国石油	浙江省杭州市
青岛同方药业连锁有限公司	专业店	同方药业	山东省青岛市
吉林省益和大药房有限公司	专业店	益和	吉林省长春市
浙江诸暨第一百货有限公司	超市	诸暨一百	浙江省绍兴市
江苏益丰大药房连锁有限公司	专业店	益丰大药房	江苏省南京市
图途(厦门)户外用品有限公司	专卖店	图途	福建省厦门市
山东新星集团有限公司	超市	山东新星集团有限公司	山东省淄博市
安徽丰原大药房连锁有限公司	专业店	丰原	安徽省蚌埠市
上海可的便利店有限公司	便利店	可的	上海市
深圳市海王星辰健康药房连锁有限公司	其他	海王星辰	广东省深圳市
北京苏宁便利店有限公司	便利店	苏宁小店	北京市
中域电讯连锁集团股份有限公司	专业店	中域电讯	广东省东莞市
国药控股国大药房沈阳连锁有限公司	专业店	国大药房	辽宁省沈阳市

5-2 续表 2

企业名称	业态	连锁商号	所在地
仙桃市丰联农业生产资料有限公司	厂家直销中心	丰联	湖北省仙桃市
江苏海王星辰健康药房连锁有限公司	专业店	海王星辰	江苏省苏州市
大参林医药集团股份有限公司	专业店	恩莱芙	广东省广州市
安徽国胜大药房连锁有限公司	专业店	国胜大药房	安徽省合肥市
中石化天津石油分公司	加油站	中国石化	天津市
江苏来伊份食品有限公司	专卖店	来伊份	江苏省南京市
通用磨坊贸易(上海)有限公司	专卖店	哈根达斯	上海市
国药控股国大药房山西益源连锁有限公司	专业店	国药控股国大药房山西益源连锁有限公司	山西省太原市
甘肃众友医药连锁有限公司	专卖店	众友药业	甘肃省兰州市
深圳汇骏服装有限公司	专卖店	G2000	广东省深圳市
爱茉莉太平洋贸易有限公司	专卖店	爱茉莉太平洋贸易有限公司	上海市
柳州桂中大药房连锁有限责任公司	专业店	柳州桂中大药房	广西壮族自治区柳州市
大连海王星辰医药有限公司	专业店	海王星辰	辽宁省大连市
上海捷强烟草糖酒(集团)连锁有限公司	专业店	捷强	上海市
广州喜市多便利连锁有限公司	便利店	C-STORE	广东省广州市
怀化阳光苗苗孕婴童连锁有限公司	专卖店	阳光苗苗	湖南省怀化市
鹏卫齐商业(上海)有限公司	其他	CK	上海市
重庆市新大兴爱家商业连锁有限公司	超市	爱家超市	重庆市
旭日商贸(中国)有限公司	专卖店	真维斯JEANSWEST	广东省惠州市
北京全时叁陆伍连锁便利店有限公司	便利店	全时便利	北京市
话机世界通信集团股份有限公司	专业店	话机世界、众泰数码、T-WORLD、沃达科技	浙江省杭州市
江西黄庆仁栈华氏大药房有限公司	专业店	江西黄庆仁栈华氏大药房有限公司	江西省南昌市
河北德仁堂大药房连锁有限公司	专业店	河北德仁堂大药房连锁有限公司	河北省张家口市
呼和浩特市利冠商贸有限责任公司	便利店	利客便利店	内蒙古自治区呼和浩特市
张家口市华佗药房连锁有限公司	专业店	华佗药房	河北省张家口市
南昌洪兴大药房	专业店	洪兴大药房	江西省南昌市
重庆市万州区福意百货有限公司	超市	福意百货	重庆市
湖北世纪愿景商贸有限公司	专卖店	周黑鸭	湖北省武汉市
浙江供销超市有限公司	大型超市	浙江供销超市、供销便利、家连便利	浙江省绍兴市
山东京博新能源控股发展有限公司	加油站	京博新能源	山东省滨州市
开县孙氏商贸有限责任公司	其他	渝开心连心超市	重庆市
石家庄新兴药房连锁股份有限公司	专业店	新兴	河北省石家庄市
深圳市瑞草堂大药房有限公司	专业店	瑞草堂	广东省深圳市
中山市中智大药房连锁有限公司	专业店	中智大药房	广东省中山市
安徽菜菜电子商务有限公司	其他	呆萝卜	安徽省合肥市
中国石油天然气股份有限公司辽宁大连销售分公司	加油站	中国石油	辽宁省大连市
兰州惠仁堂药业连锁有限公司	专卖店	惠仁堂药业	甘肃省兰州市
天济大药房连锁有限公司	专业店	天济大药房	湖北省襄阳市
上海雷允上药品连锁经营有限公司	专业店	雷允上	上海市
四川省富江商贸有限公司	超市	富江超市	四川省德阳市
武汉今天梦想商贸有限公司	超市	Today	湖北省武汉市
哈药集团医药有限公司	专业店	人民同泰	黑龙江省哈尔滨市
台州人本十足便利店有限公司	便利店	台州人本十足便利店有限公司	浙江省台州市
贵州一品药业连锁有限公司	专业店	黔一品	贵州省贵阳市
中国石油化工股份有限公司海南石油分公司	加油站	中国石化	海南省海口市
壳牌华北石油集团有限公司	加油站	壳牌	天津市
成都市金牛区红旗连锁有限公司	便利店	红旗连锁	四川省成都市
北京张一元茶叶有限责任公司	专卖店	张一元牌	北京市
浙江瑞人堂医药连锁有限公司	专业店	瑞人堂	浙江省台州市
美克国际家居用品股份有限公司	专卖店	美克美家	新疆维吾尔自治区乌鲁木齐市
江西益丰大药房连锁有限公司	专业店	江西益丰	江西省南昌市
成都屈臣氏个人用品商店有限公司	专业店	屈臣氏	四川省成都市
上海良友金伴便利连锁有限公司	便利店	良友金伴	上海市

5-2　续表 3

企业名称	业态	连锁商号	所在地
山西国大万民药房连锁有限公司	专业店	万民	山西省太原市
上海迪亚零售有限公司	便利店	苏宁易买	上海市
北京港佳好邻居连锁便利店有限责任公司	便利店	好邻居连锁	北京市
四川省神龙医药连锁有限公司	专业店	天府神龙	四川省德阳市
中国石油化工股份有限公司江西赣州石油分公司	加油站	中国石化	江西省赣州市
新疆百草堂医药连锁经销有限公司	专业店	百草堂	新疆维吾尔自治区乌鲁木齐市
玉溪家佳购物超市有限公司	超市	家盛佳	云南省玉溪市
广西老百姓大药房连锁有限公司	专业店	老百姓大药房	广西壮族自治区南宁市
上海伍缘现代杂货有限公司	超市	伍缘	上海市
中国石油化工股份有限公司广东广州石油分公司	加油站	中国石化	广东省广州市
郑州丹尼斯百货有限公司	大型超市	郑州丹尼斯百货有限公司	河南省郑州市
河北国大连锁商业有限公司	便利店	河北国大连锁商业有限公司	河北省石家庄市
上海喜士多便利连锁有限公司	便利店	喜士多	上海市
新疆康宁医药连锁有限责任公司	专业店	康宁医药	新疆维吾尔自治区巴州
云南东骏药业有限公司	专业店	东骏药业	云南省昆明市
成都市青羊区红旗连锁有限公司	超市	红旗连锁	四川省成都市
上海赫基服饰贸易有限公司	专卖店	欧时力	上海市
江苏阿仕顿服饰有限公司	专卖店	阿仕顿男装	江苏省苏州市
美宜家(湖北)便利店有限公司	便利店	美宜佳	湖北省武汉市
怀化怀仁大药房连锁有限公司	专业店	湖南怀仁大健康产业发展有限公司	湖南省怀化市
柒一拾壹(北京)有限公司	便利店	7-ELEVEn	北京市
山东金通大药店股份有限公司	专业店	金通大药店	山东省潍坊市
浙江省新华书店集团有限公司	专业店	新华书店	浙江省杭州市
江西汇仁堂药品连锁有限公司	专业店	汇仁堂	江西省南昌市
启东禾盛农资(连锁)有限公司	专业店	禾盛	江苏省南通市
孩子王儿童用品(中国)有限公司	百货店	孩子王	江苏省南京市
农工商超市(集团)有限公司	超市	农工商	上海市
成都安德鲁森食品有限公司	专业店	安德鲁森	四川省成都市
江西新华发行集团有限公司	专业店	新华书店	江西省南昌市
湖南诺舟大药房连锁有限公司	专业店	诺舟大药房	湖南省长沙市
中国石化销售有限公司河北保定石油分公司	加油站	中国石化	河北省保定市
奇运生集团朝阳人民康泰大药房连锁有限公司	专业店	奇运生集团朝阳人民康泰大药房连锁有限公司	辽宁省朝阳市
济宁市广联医药连锁有限公司	专业店	广联	山东省济宁市
中山市及时便利连锁有限公司	便利店	及时便利	广东省中山市
烟台市家家悦超市有限公司	超市	家家悦	山东省烟台市
成都市成华区红旗连锁有限公司	超市	红旗连锁	四川省成都市
贵州正和祥药业有限公司	专业店	贵州正和祥药业有限公司	贵州省贵阳市
国药控股国大药房上海连锁有限公司	专业店	国大药房	上海市
杭州海王星辰健康药房有限公司	专业店	海王星辰	浙江省杭州市
湖南千惠商贸连锁有限公司	超市	千惠超市	湖南省长沙市
湖北富迪实业有限公司	超市	湖北富迪实业有限公司	湖北省仙桃市
茂名市大参林连锁药店有限公司	专卖店	药品零售	广东省茂名市
山东省幸福人医药连锁有限公司	专业店	幸福人	山东省枣庄市
梓潼县鸿锋商贸有限公司	超市	鸿锋连锁	四川省绵阳市
江西昌盛大药房有限公司	专业店	昌盛大药房	江西省南昌市
青岛屈臣氏个人用品商店有限公司	超市	屈臣氏	山东省青岛市
苏州来伊份食品有限公司	专卖店	来伊份	江苏省苏州市
合肥百货大楼集团股份有限公司	百货店	合肥百大	安徽省合肥市
乌鲁木齐市好幸福超市有限公司	便利店	每日每夜	新疆维吾尔自治区乌鲁木齐市
四川省老邻居商贸连锁有限责任公司	超市	老邻居连锁	四川省成都市
杭州惠耳听力技术设备有限公司	专业店	惠耳听力	浙江省杭州市
步步高商业连锁股份有限公司	大型超市	步步高	湖南省长沙市
合肥采蝶轩企业管理服务有限公司	专卖店	采蝶轩	安徽省合肥市

5-2 续表 4

企业名称	业态	连锁商号	所在地
中国石油化工股份有限公司山东青岛石油分公司	加油站	中国石化	山东省青岛市
中国石油化工股份有限公司石家庄分公司	加油站	中国石化	河北省石家庄市
重庆百货大楼股份有限公司	百货店	重庆百货、商社电器、新世纪	重庆市
新疆普济堂医药零售连锁有限公司	专业店	普济堂	新疆维吾尔自治区乌鲁木齐市
卡尔丹顿服饰股份有限公司	厂家直销中心	卡尔丹顿、GENTLE	广东省深圳市
广东爱心大药房连锁有限公司	专业店	爱心	广东省韶关市
四川圣杰药业有限公司	专业店	四川圣杰	四川省泸州市
西安每一天便利超市连锁有限公司	便利店	everyday	陕西省西安市
嘉兴市万寿堂医药连锁有限公司	专业店	万寿堂	浙江省嘉兴市
中国石油化工股份有限公司河北唐山石油分公司	加油站	中国石化	河北省唐山市
中国石油天然气股份有限公司天津销售分公司	加油站	中国石油	天津市
延长壳牌(四川)石油有限公司	加油站	壳牌	四川省成都市
中山市华润万家便利超市有限公司	便利店	华润万家	广东省中山市
先声再康江苏药业有限公司	专业店	先声再康江苏药业有限公司	江苏省南京市
广安正和祥药业连锁有限公司	专业店	正和祥	四川省广安市
宁波开开便利超市连锁有限公司	便利店	开开便利	浙江省宁波市
重庆市佳盛药房连锁有限公司	专业店	佳盛药房	重庆市
江苏云厨一站新零售有限公司	专业店	云厨一站	江苏省南京市
中国石油天然气股份有限公司	加油站	中国石油	吉林省长春市
中国石油化工股份有限公司重庆石油分公司	加油站	中国石化	重庆市
无印良品(上海)商业有限公司	专卖店	无印良品MUJI	上海市
贵州一树连锁药业有限公司	专业店	一树	贵州省贵阳市
海南鸿翔一心堂医药连锁有限公司	超市	一心堂药品连锁	海南省海口市
国药控股国大药房(深圳)连锁有限公司	专业店	国大药房	广东省深圳市
广东邦建医药连锁有限公司	专业店	天天邦建	广东省肇庆市
玛斯(厦门)投资管理有限责任公司	专卖店	Fun	福建省厦门市
北京京客隆商业集团股份有限公司	超市	京客隆	北京市
浙江凤凰尚品贸易有限公司	专卖店	报喜鸟、HAZZYS、法兰诗顿	浙江省温州市
上海华氏大药房有限公司	专业店	华氏	上海市
国药控股国大药房河南连锁有限公司	专业店	国大药房	河南省平顶山市
平乐县绿鑫农资连锁有限公司	专业店	绿鑫农资	广西壮族自治区桂林市
北京屈臣氏个人用品连锁商店有限公司	超市	屈臣氏Watsons	北京市
河南思达连锁商业有限公司	超市	河南正道思达连锁商业有限公司	河南省郑州市
湖南仁康泰大药房连锁有限公司	专业店	仁康泰	湖南省长沙市
重庆市万州区中兴医药有限责任公司	专业店	中兴医药	重庆市
中国石油化工股份有限公司湖北武汉分公司	加油站	中国石化	湖北省武汉市
重庆桐君阁大药房连锁有限责任公司	专业店	重庆桐君阁大药房连锁有限责任公司	重庆市
华润万家生活超市(广州)有限公司	大型超市	润之家、简约组合	广东省广州市
北京味多美食品有限责任公司	专卖店	北京味多美	北京市
泉州市东南医药连锁有限公司	专业店	泉州市东南医药连锁有限公司	福建省泉州市
日春股份公司	专业店	日春茶业	福建省泉州市
安徽百姓缘大药房连锁有限公司	超市	百姓缘	安徽省合肥市
陕西乡亲大药房连锁有限公司	专业店	陕西乡亲医药	陕西省渭南市
新华文轩出版传媒股份有限公司	专业店	新华文轩	四川省成都市
温州一正药房连锁有限公司	专业店	一正	浙江省温州市
云南之佳便利店有限公司	便利店	云南之佳便利店有限公司	云南省昆明市
北京稻香村食品有限责任公司	专卖店	三禾品牌	北京市
上海梅林正广和便利连锁有限公司	便利店	光明里	上海市
大连联华快客中山便利商业有限公司	便利店	联华快客	辽宁省大连市
重庆丰谷农资荣昌连锁超市有限公司	其他	丰谷农资	重庆市
山东统一银座商业有限公司	超市	统一银座	山东省济南市
成都市锦江区红旗连锁有限公司	便利店	红旗连锁	四川省成都市
小米之家商业有限公司	专卖店	小米之家	湖北省武汉市

5-2 续表 5

企业名称	业态	连锁商号	所在地
深圳市亨吉利世界名表中心有限公司	专卖店	亨吉利名表	广东省深圳市
上海益丰大药房连锁有限公司	专业店	益丰大药房	上海市
河北神威大药房连锁有限公司	专业店	河北神威	河北省石家庄市
北京金凤成祥食品有限责任公司	专业店	金凤成祥	北京市
广东金康药房连锁有限公司	专业店	金康	广东省广州市
江苏超越超市连锁发展有限公司	超市	江苏超越	江苏省南通市
中国石化销售有限公司广东江门石油分公司	专业店	中国石化	广东省江门市
广西联华超市股份有限公司	超市	联华超市	广西壮族自治区柳州市
河南美锐大药房连锁有限公司	专业店	美锐	河南省信阳市
深圳市八马茶业连锁有限公司	专卖店	八马茶业	广东省深圳市
广西康全药业连锁有限公司	专业店	康全药业	广西壮族自治区南宁市
株洲奥湘鞋业营销有限公司	专卖店	奥康皮鞋	湖南省株洲市
中国石油化工股份有限公司山西临汾石油分公司	加油站	中国石化	山西省临汾市
苏州福满家便利店有限公司	便利店	全家	江苏省苏州市
山西荣华大药房连锁有限公司	专业店	荣华	山西省太原市
中石化壳牌(江苏)石油销售有限公司	加油站	中国石化壳牌	江苏省苏州市
无锡市天信农资有限公司	专业店	阳羡天信	江苏省无锡市
盘锦天益堂大药房医药连锁有限公司	专业店	辽宁天益堂大药房医药连锁有限公司	辽宁省盘锦市
湖南家边购连锁企业管理有限公司	便利店	家边购	湖南省长沙市
中国石油化工股份有限公司襄樊石油分公司	加油站	中国石油	湖北省襄阳市
北京一手店食品有限公司	专业店	一手店	北京市
浙江来伊份食品有限公司	专业店	浙江来伊份食品有限公司	浙江省杭州市
中国石油天然气股份有限公司黑龙江哈尔滨销售分公司	加油站	中国石油	黑龙江省哈尔滨市
中国石油化工股份有限公司河北邯郸石油分公司	加油站	中国石化	河北省邯郸市
浙江舒活食品连锁有限公司	专业店	一鸣真鲜奶吧	浙江省温州市
上海屈臣氏日用品有限公司	百货店	WATSONS	上海市
湛江大参林连锁药店有限公司	专业店	大参林	广东省湛江市
成都利民药业连锁有限公司	专业店	成都利民药业连锁	四川省成都市
湖北益生天济大药房连锁有限公司	专卖店	天济大药房	湖北省武昌区市
武汉屈臣氏个人用品商店有限公司	百货店	屈巨氏	湖北省武汉市
江苏卫民药房连锁有限公司	专业店	卫民	江苏省宿迁市
三江购物俱乐部股份有限公司	超市	三江购物	浙江省宁波市
浙江雅莹时装销售有限公司	专卖店	EP雅莹、doublelove、npaia	浙江省嘉兴市
厦门山国饮艺茶业有限公司	专卖店	山国饮艺	福建省厦门市
上海大润发有限公司	大型超市	大拇指	上海市
中国石油化工股份有限公司湖南长沙石油分公司	加油站	中国石化	湖南省长沙市
中国石油化工股份有限公司云南昆明石油分公司	加油站	中国石化	云南省昆明市
耐克商业(中国)有限公司	专卖店	耐克	上海市
中国石油化工股份有限公司广东惠州石油分公司	加油站	中国石化	广东省惠州市
青岛友客便利连锁管理有限公司	便利店	友客	山东省青岛市
西安唐久便利连锁有限公司	便利店	西安唐久便利连锁	陕西省西安市
广州市海王星辰医药连锁有限公司	专业店	海王医药	广东省广州市
迪卡侬(上海)体育用品有限公司	专业店	迪卡侬	上海市
桂林市临桂万丰农资连锁有限公司	专业店	万丰农资	广西壮族自治区桂林市
中国石化销售有限公司山西长治石油分公司	加油站	中国石化	山西省长治市
中国石油天然气股份有限公司陕西西安销售分公司	加油站	中国石油	陕西省西安市
浙江上百贸易有限公司	百货店	上百贸易	浙江省绍兴市
天津华润万家生活超市有限公司	大型超市	华润万家	天津市
中国石油化工股份有限公司山东济宁石油分公司	加油站	中国石化	山东省济宁市
新疆济康医药连锁有限责任公司	专业店	济康	新疆维吾尔自治区乌鲁木齐市
中国石油化工股份有限公司河南洛阳石油分公司	加油站	中国石化	河南省洛阳市
四川德仁堂连锁有限公司	专业店	中华老字号四川德仁堂	四川省成都市
中国石油天然气股份有限公司上海销售分公司	加油站	中国石油	上海市

5-2 续表 6

企业名称	业态	连锁商号	所在地
十堰市新合作超市有限公司	超市	十堰市新合作超市	湖北省十堰市
北京金象大药房医药连锁有限责任公司	专业店	金象大药房	北京市
中国石油化工股份有限公司河北衡水石油分公司	加油站	中国石化	河北省衡水市
七色纺商业连锁有限公司	百货店	七色纺	四川省成都市
金华市太和堂医药连锁有限公司	专业店	太和堂	浙江省金华市
沈阳红太阳大药房连锁有限公司	专业店	红太阳大药房	辽宁省沈阳市
北京华联综合超市股份有限公司	大型超市	华联超市	北京市
青岛紫光药业有限公司	专业店	紫光	山东省青岛市
中国石油化工股份公司江西吉安分公司	加油站	中国石化	江西省吉安市
四川天寿药业有限公司	专业店	天寿药房	四川省泸州市
北京农业生产资料有限公司	专业店	首都农资	北京市
山东银座商城股份有限公司	百货店	银座	山东省济南市
厦门安德鲁森食品有限公司	专卖店	安德鲁森	福建省厦门市
中国石化销售有限公司广西南宁石油分公司	加油站	中国石化	广西壮族自治区南宁市
江门大参林药店有限公司	专业店	大参林	广东省江门市
博士眼镜连锁股份有限公司	专卖店	博士眼镜	广东省深圳市
河南百家好一生医药连锁有限公司	专业店	好一生	河南省洛阳市
中国石油化工股份有限公司湖南株洲石油公司	加油站	中国石化	湖南省株洲市
宁波海王星辰健康药房有限公司	专业店	海王星辰	浙江省宁波市
重庆市江津区新联佳商贸有限责任公司	超市	新联佳	重庆市
湖南良品铺子食品有限公司	专卖店	良品铺子	湖南省长沙市
漳州金正农农化有限公司	专业店	金正农	福建省漳州市
中国石油天然气股份有限公司北京销售分公司	加油站	中国石油	北京市
中国石油化工股份有限公司河北沧州石油分公司	加油站	中国石化	河北省沧州市
北京市好利来食品有限公司	专卖店	好利来	北京市
广东万宁连锁商业有限公司	百货店	万宁	广东省广州市
梧州市大参林连锁药店有限公司	专业店	大参林	广西壮族自治区梧州市
旺苍县粮贸超市连锁有限责任公司	超市	粮贸超市	四川省广元市
中国石化销售有限公司河北承德石油分公司	加油站	中国石化	河北省承德市
重庆市涪陵医药总公司	专业店	桐君阁大药房	重庆市
江苏大德生药房连锁有限公司	专业店	大德生	江苏省扬州市
秦皇岛市唐人医药连锁有限责任公司	专业店	秦皇岛唐人医药连锁有限责任公司	河北省秦皇岛市
北京李宁体育用品销售有限公司	专卖店	李宁	北京市
四川海王星辰健康药房有限公司	专业店	四川海王星辰健康药房有限公司	四川省成都市
国药控股国大药房内蒙古有限公司	专业店	国大药房	内蒙古自治区呼和浩特市
北京漫创作餐饮管理有限公司	专卖店	漫咖啡	北京市
江西五洲华民康大药房连锁有限公司	专业店	华民康	江西省抚州市
中国石化销售有限公司广东深圳石油分公司	加油站	中国石化	广东省深圳市
成都市温江区红旗连锁有限公司	便利店	红旗连锁	四川省成都市
湖南民生堂药店连锁有限公司	专业店	民生堂	湖南省衡阳市
新疆万盛堂医药零售连锁有限责任公司	专业店	新疆万盛堂医药零售连锁有限责任公司	新疆维吾尔自治区乌鲁木齐市
四川新希望鲜生活商业连锁有限公司	便利店	新希望鲜生活	四川省成都市
广东济和堂药业连锁有限公司	其他	济和堂	广东省广州市
安徽华源大药房连锁有限公司	专业店	安徽华源大药房连锁有限公司	安徽省阜阳市
北京同仁堂连锁药店有限责任公司	专业店	同仁堂	北京市
廊坊市百和一笑堂医药零售连锁有限公司	专业店	百和一笑堂	河北省廊坊市
山东聊城利民大药店连锁有限公司	专业店	利民大药店	山东省聊城市
江苏大众医药连锁有限公司	专业店	大众医药	江苏省无锡市
漯河双汇商业连锁有限公司	专卖店	双汇	河南省漯河市
广西南宁朝阳大药房连锁有限责任公司	专业店	朝阳大药房	广西壮族自治区南宁市
海南养天和大药房连锁有限公司	专业店	养天和	海南省海口市
中国石油化工股份有限公司宁夏石油分公司	加油站	中国石化	宁夏回族自治区银川市
武汉市仟吉食品销售有限公司	专卖店	仟吉西饼	湖北省武汉市

5-2 续表 7

企业名称	业态	连锁商号	所在地
中国石化销售有限公司广西桂林石油分公司	加油站	中国石化	广西壮族自治区桂林市
中国石油化工股份有限公司河南南阳石油分公司	加油站	中国石化	河南省南阳市
宁海县小小食品超市有限公司	便利店	小小	浙江省宁波市
广东物资集团汽车贸易公司	专业店	广物汽贸	广东省广州市
飒拉商业(上海)有限公司	专卖店	ZARA	上海市
中国石油化工股份有限公司湖南常德石油分公司	专业店	中国石化	湖南省常德市
犍为县黄家超市	超市	黄家超市	四川省乐山市
长沙屈臣氏个人用品商店有限公司	专业店	屈臣氏	湖南省长沙市
太极集团四川德阳荣升药业有限公司	专业店	太极大药房	四川省德阳市
中石化森美(福建)石油有限公司南平分公司	加油站	中国石化(森美)	福建省南平市
中国石油化工股份有限公司山西晋中石油分公司	加油站	中国石化	山西省晋中市
盖璞(上海)商业有限公司	专业店	GAP	上海市
中国石油化工股份有限公司湖北荆门石油分公司	加油站	中国石油	湖北省荆门市
株洲百姓大药房连锁有限公司	专业店	百姓大药房	湖南省株洲市
深圳市中联大药房有限公司	专业店	中联大药房	广东省深圳市
青岛春天之星大药房医药连锁有限公司	专业店	春天之星大药房	山东省青岛市
中石化森美(福建)石油有限公司泉州分公司	加油站	中国石化	福建省泉州市
绰琪服装(深圳)有限公司	专卖店	6ixty8ight	广东省深圳市
重庆千叶眼镜连锁有限公司	专业店	千叶眼镜	重庆市
湖南养天和大药房企业集团有限公司	专业店	养天和大药房	湖南省长沙市
宁夏国大药房连锁有限公司	专业店	宁夏国大药房连锁有限公司	宁夏回族自治区银川市
聊城漱玉平民大药房有限公司	专业店	漱玉平民	山东省聊城市
深圳市庄信实业有限公司	便利店	百里臣	广东省深圳市
成都全时叁陆伍超市管理有限公司	便利店	OurHours全时	四川省成都市
浙江万客隆商贸有限公司	超市	永客隆、万客缘、吉客	浙江省丽水市
中国石油化工股份有限公司湖南邵阳石油分公司	加油站	中国石化	湖南省邵阳市
银川新华百货连锁超市有限公司	大型超市	银川新华百货连锁超市有限公司	宁夏回族自治区银川市
同仁康大药房连锁有限公司	专业店	山西同仁康大药房连锁有限公司	山西省吕梁市
宁国市康宁医药零售连锁有限公司	专业店	康宁大药房	安徽省宣城市
贵州一树老百姓药业连锁有限公司	专业店	一树老百姓大药房	贵州省六盘水市
中国石油天然气股份有限公司云南昆明销售分公司	加油站	中国石油	云南省昆明市
怀化市好伴便利店连锁有限公司	便利店	好伴便利	湖南省怀化市
杭州余杭禹倡商厦有限公司	超市	杭州余杭禹倡商厦有限公司	浙江省杭州市
山西苏宁便利店有限公司	便利店	苏宁小店	山西省太原市
中国石油化工股份有限公司河南新乡石油分公司	加油站	中国石化	河南省新乡市
中石化森美(福建)石油有限公司龙岩分公司	加油站	中国石化(森美)	福建省龙岩市
中国石油天然气股份有限公司河北保定销售分公司	加油站	中国石油	河北省保定市
爱步贸易(上海)有限公司	专卖店	ecco	上海市
老百姓大药房连锁(湖北)有限公司	专业店	老百姓大药房连锁(湖北)有限公司	湖北省武汉市
桂林市华荣自选商店有限责任公司	便利店	华荣	广西壮族自治区桂林市
永嘉奥康鞋业营销有限公司	专卖店	奥康	浙江省温州市
青岛漱玉平民大药房有限公司	专业店	漱玉平民	山东省青岛市
中石化森美(福建)石油有限公司漳州分公司	加油站	中国石化(森美)	福建省漳州市
中国石油化工股份有限公司九江石油分公司	加油站	中国石化	江西省九江市
北京超市发连锁股份有限公司	超市	超市发	北京市
斯凯奇贸易(上海)有限公司	专卖店	Skechers(斯凯奇)	上海市
歌帝梵(上海)食品商贸有限公司	专卖店	Godiva	上海市
沈阳东北大药房连锁有限公司	专业店	东北大药房	辽宁省沈阳市
重庆市万家燕大药房连锁有限公司	专业店	万家燕	重庆市
浏阳市湘朵生鲜销售有限公司	专卖店	湘朵生鲜	湖南省长沙市
中国石油化工有限公司广东东莞石油分公司	加油站	中国石化	广东省东莞市
老百姓大药房连锁(浙江)有限公司	专业店	老百姓	浙江省杭州市

5-2 续表 8

企业名称	业态	连锁商号	所在地
中国石油化工股份有限公司上饶分公司	加油站	中国石化	江西省上饶市
福建富源茶业有限公司	专业店	富源茶业	福建省泉州市
江苏同济大药房连锁有限公司	专业店	同济大药房	江苏省南通市
宁波市正源大药房有限公司	专业店	正源大药房	浙江省宁波市
中油股份陕西咸阳销售分公司	加油站	中国石油	陕西省咸阳市
中国石油河北唐山销售分公司	加油站	中国石油	河北省唐山市
上海爱森食品销售有限公司	专卖店	爱森	上海市
中国石化销售有限公司河南信阳石油分公司	加油站	中国石化	河南省信阳市
中国石油天然气股份有限公司陕西宝鸡销售分公司	加油站	中国石油	陕西省宝鸡市
深圳市欧健药业有限公司	专业店	欧健药业	广东省深圳市
福建见福便利店连锁管理有限公司	便利店	见福便利店	福建省福州市
重庆永辉超市有限公司	大型超市	永辉超市	重庆市
中国石油化工股份有限公司广东茂名石油分公司	加油站	石油零售	广东省茂名市
统一超商(上海)便利有限公司	便利店	7-LELVEn	上海市
四川阳光盛源商业有限公司	超市	阳光盛源	四川省德阳市
江西中石化股份有限公司抚州分公司	加油站	中国石化	江西省抚州市
武汉工贸有限公司	专业店	工贸家电	湖北省武汉市
美心食品(广州)有限公司	专卖店	香港美心	广东省广州市
宜昌市北山商业连锁有限责任公司	超市	北山	湖北省宜昌市
国药控股国大药房江门连锁有限公司	专业店	国大药房	广东省江门市
陕西医药控股集团孙思邈大药房连锁有限公司	专业店	孙思邈大药房连锁有限公司	陕西省西安市
全芳(福建)食品有限公司	专卖店	全芳面包	福建省泉州市
广州市盛世长运商贸连锁有限公司	其他	sanse	广东省广州市
北京义利食品商业连锁有限公司	便利店	百年义利	北京市
福建康佰家大药房连锁有限公司	专业店	康佰家	福建省福州市
南通济生堂大药房连锁有限公司	专业店	济生堂大药房	江苏省南通市
安徽省邻加医康复大药房连锁有限公司	专业店	邻加医	安徽省合肥市
中国石油天然气股份有限公司泉州销售分公司	加油站	中国石油	福建省泉州市
四川省巴中市怡和药业连锁有限责任公司	专业店	怡和药房	四川省巴中市
南通健桥大药房连锁有限公司	专业店	健桥	江苏省南通市
呼伦贝尔市咏春医药连锁有限责任公司	专业店	呼伦贝尔市咏春医药连锁有限责任公司	内蒙古自治区呼伦贝尔市
中国石油化工股份有限公司湖南永州石油分公司	加油站	中国石化	湖南省永州市
上海杏花楼食品营销有限公司	专卖店	杏花楼	上海市
中国石油化工股份有限公司	加油站	中国石化、易捷	湖南省郴州市
青岛市海王星辰健康药房连锁有限公司	专业店	海王星辰	山东省青岛市
杭州益万家药房连锁有限公司	专业店	益万家	浙江省杭州市
湖北省十堰市寿康永乐有限公司	超市	寿康永乐	湖北省十堰市
中国石化销售有限公司广东肇庆石油分公司	加油站	中石化	广东省肇庆市
宜宾天天康大药房零售连锁有限责任公司	专卖店	宜宾天天康	四川省宜宾市
中国石油化工股份有限公司江西宜春石油分公司	加油站	中国石化	江西省宜春市
中国石油化工有限公司湖北十堰石油分公司	加油站	中国石化	湖北省十堰市
无锡福满家便利店有限公司	便利店	全家便利店	江苏省无锡市
北京周黑鸭商贸有限公司	专卖店	周黑鸭	北京市
酒老板(上海)企业发展有限公司	专卖店	酒老板	上海市
山西美特好连锁超市有限公司	大型超市	山西美特好连锁超市股份有限公司	山西省太原市
中国石油天然气股份有限公司山东青岛销售分公司	加油站	中国石油	山东省青岛市
中国石油化工股份有限公司湖南岳阳石油分公司	加油站	中国石化	湖南省岳阳市
中石化森美(福建)石油有限公司三明分公司	加油站	中国石化(森美)	福建省三明市
中国石油化工股份有限公司山东滨州石油分公司	加油站	中国石化	山东省滨州市
东莞市大地通讯连锁服务有限公司	专业店	大地通讯	广东省东莞市
宁波市家家乐食品有限责任公司	超市	宁波市家家乐食品有限责任公司	浙江省宁波市
国药河北乐仁堂医药连锁有限公司	专业店	乐仁堂	河北省石家庄市

5-2 续表 9

企业名称	业态	连锁商号	所在地
成都福满家便利有限公司	便利店	成都福满家便利有限公司	四川省成都市
甘肃至仁同济大药房连锁有限公司	专业店	至仁同济药业	甘肃省兰州市
哈尔滨健康医药连锁有限公司	专业店	哈尔滨健康医药连锁有限公司	黑龙江省哈尔滨市
心赢销服装(武汉)有限公司	专卖店	劲霸男装	湖北省武汉市
中国石油化工股份有限公司河北廊坊石油分公司	加油站	中国石化	河北省廊坊市
中国石油天然气股份有限公司辽宁营口销售分公司	加油站	中国石油	辽宁省营口市
湖南芝林大药房零售连锁有限公司	专业店	特格尔集团湖南芝林大药房零售连锁有限公司	湖南省长沙市
中国石油天然气股份有限公司辽宁抚顺销售分公司	加油站	中国石油	辽宁省抚顺市
河南家天下商贸有限公司	超市	家天下	河南省鹤壁市
中国石油化工股份有限公司河南商丘分公司	加油站	中国石化	河南省商丘市
杭州十足便利店有限公司	便利店	十足	浙江省杭州市
温州市平阳县平安医药连锁有限公司	专业店	平安医药	浙江省温州市
湖北心连心药房有限责任公司	专业店	湖北心连心药房连锁有限责任公司	湖北省武汉市
济南华联商厦集团股份有限公司	大型超市	华联	山东省济南市
浙江震元医药连锁有限公司	专业店	震元	浙江省绍兴市
老百姓大药房连锁(天津)有限公司	专业店	老百姓大药房	天津市
湛江天马大药房连锁有限公司	专业店	天马	广东省湛江市
中国石油天然气股份有限公司渭南销售分公司	加油站	中国石油	陕西省渭南市
四川鸿翔一心堂医药连锁有限公司	专业店	四川鸿翔一心堂医药连锁有限公司	四川省攀枝花市
焦作平光蓝十字医药连锁有限公司	专业店	蓝十字	河南省焦作市
南通市江海大药房连锁有限公司	专业店	江海大药房	江苏省南通市
麦邻商贸(北京)有限公司	便利店	小麦铺	北京市
成大方圆(辽宁)新药特药连锁有限公司	专业店	成大方圆(辽宁)新药特药连锁有限公司	辽宁省沈阳市
重庆市万州区江南医药有限公司	专业店	江南医药	重庆市
上海三枪(集团)有限公司	专卖店	三枪、鹅牌、迪士尼	上海市
盘锦阳光大药房医药连锁有限公司	专卖店	盘锦阳光大药房医药连锁有限公司	辽宁省盘锦市
珠海市济生医药连锁有限公司	专业店	济生	广东省珠海市
滨州神奇大药房有限公司	专业店	神奇	山东省滨州市
周大福珠宝金行(沈阳)有限公司	专业店	周大福	辽宁省沈阳市
杭州九洲大药房连锁有限公司	专业店	杭州九洲大药房连锁有限公司	浙江省杭州市
浙江江南大厦股份有限公司	超市	江南大厦	浙江省嘉兴市
三门峡华为医药零售连锁有限公司	专业店	三门峡华为医药零售连锁有限公司	河南省三门峡市
襄樊普天独活大药房连锁有限公司	专业店	独活大药房	湖北省襄阳市
上海牛奶棚食品有限公司	专业店	牛奶棚	上海市
武汉一动体育用品销售有限公司	专业店	李宁	湖北省武汉市
云浮天天邦健医药连锁有限公司	专卖店	云浮天天邦健医药连锁有限公司	广东省云浮市
哈尔滨乾坤医药连锁有限公司	专业店	乾坤	黑龙江省哈尔滨市
中石化安徽安庆石油分公司	加油站	中国石化	安徽省安庆市
云南白药大药房有限公司	专业店	云南白药	云南省昆明市
广州明廊眼镜技术有限公司	专业店	明廊眼镜	广东省广州市
中国石油天然气股份有限公司海南销售分公司	加油站	中国石油	海南省海口市
中国石油化工股份有限公司湖南怀化石油分公司	加油站	中国石化	湖南省怀化市
青岛国风大药房连锁有限公司	专业店	国风	山东省青岛市
淄博天和堂景泰成医药连锁有限公司	专业店	淄博天和堂景泰成医药连锁有限公司	山东省淄博市
中国石油天然气股份有限公司湖北武汉销售分公司	加油站	中国石油	湖北省武汉市
中国石油天然气股份有限公司新疆喀什销售分公司	加油站	中国石油	新疆维吾尔自治区喀什地区
安徽谊品弘科技有限公司	便利店	谊品生鲜	安徽省合肥市
杭州东仁堂医药零售连锁有限公司	专业店	东仁堂	浙江省杭州市
梅州大参林药店有限公司	专业店	大参林	广东省梅州市
深圳市阔太服装有限公司	专卖店	阔太	广东省深圳市
新疆兵团农业生产资料供应公司	专业店	兵团农资	新疆维吾尔自治区乌鲁木齐市

5-3 营业额亿元以上连锁餐饮企业

企业名称	所属行业	连锁商号	所在地
上海统一星巴克咖啡有限公司	咖啡馆服务	星巴克	上海市
百胜餐饮(广东)有限公司	快餐服务	百胜餐饮	广东省广州市
杭州肯德基有限公司	快餐服务	肯德基	浙江省杭州市
上海必胜客有限公司	正餐服务	Pizza Hut	上海市
呷哺呷哺餐饮管理有限公司	快餐服务	呷哺呷哺	北京市
北京必胜客比萨饼有限公司	正餐服务	必胜客、必胜宅急送	北京市
北京麦当劳食品有限公司	快餐服务	麦当劳	北京市
广东三元麦当劳食品有限公司	快餐服务	麦当劳餐厅	广东省广州市
百胜餐饮(沈阳)有限公司	快餐服务	肯德基、必胜客	沈阳市省和平市
北京肯德基有限公司	快餐服务	肯德基	北京市
南京肯德基有限公司	快餐服务	肯德基	江苏省南京市
上海肯德基有限公司	快餐服务	KFC	上海市
百胜餐饮(武汉)有限公司	快餐服务	KFC/PH	湖北省武汉市
眉州东坡餐饮管理(北京)有限公司	正餐服务	眉州东坡	北京市
北京星巴克咖啡有限公司	咖啡馆服务	Starbucks	北京市
海鸿达(北京)餐饮管理有限公司	正餐服务	海底捞火锅	北京市
天津肯德基有限公司	快餐服务	肯德基	天津市
中国全聚德(集团)股份有限公司	正餐服务	全聚德、丰泽园、四川饭店、仿膳饭庄	北京市
重庆秦妈餐饮管理有限公司	正餐服务	秦妈餐饮	重庆市
重庆陶然居饮食文化(集团)股份有限公司	正餐服务	陶然居	重庆市
百胜餐饮(深圳)有限公司	快餐服务	肯德基	广东省深圳市
山东蓝海股份有限公司	正餐服务	蓝海	山东省东营市
广东星巴克咖啡有限公司	咖啡馆服务	星巴克咖啡	广东省广州市
苏州肯德基有限公司	快餐服务	肯德基	江苏省苏州市
青岛肯德基有限公司	快餐服务	肯德基	山东省青岛市
上海麦当劳食品有限公司	快餐服务	麦当劳	上海市
花之林餐饮管理(湖南)有限公司	正餐服务	花之林	湖南省长沙市
麦当劳餐厅(深圳)有限公司	快餐服务	麦当劳	广东省深圳市
长沙肯德基有限公司	快餐服务	肯德基	湖南省长沙市
北京吉野家快餐有限公司	快餐服务	YOS、DQ、UF	北京市
成都星巴克咖啡有限公司	咖啡馆服务	星巴克	四川省成都市
王品(中国)餐饮有限公司	正餐服务	西提牛排、鹅夫人、王品台塑牛排、舞渔	上海市
百胜餐饮成都有限公司	快餐服务	肯德基快餐	四川省成都市
重庆兴红得聪餐饮管理有限公司	正餐服务	乡村基	重庆市
无锡肯德基有限公司	快餐服务	肯德基	江苏省无锡市
北京西贝万家餐饮管理有限公司	正餐服务	西贝	北京市
汉堡王(上海)餐饮有限公司	快餐服务	汉堡王	上海市
天津麦当劳食品有限公司	快餐服务	麦当劳	天津市
浙江麦当劳餐厅食品有限公司	快餐服务	麦当劳	浙江省杭州市
汉堡王(北京)餐饮管理有限公司	快餐服务	汉堡王	北京市
内蒙古小尾羊餐饮连锁股份有限公司	正餐服务	小尾羊	内蒙古自治区包头市
安徽老乡鸡餐饮有限公司	快餐服务	老乡鸡	安徽省合肥市
湖北星巴克咖啡有限公司	咖啡馆服务	星巴克	湖北省武汉市
重庆骑龙饮食文化有限责任公司	正餐服务	骑龙	重庆市
百胜餐饮(西安)有限公司	快餐服务	肯德基	陕西省西安市
大娘水饺餐饮集团股份有限公司	快餐服务	大娘水饺	江苏省常州市

5-3 续表 1

企业名称	所属行业	连锁商号	所在地
四川德克士食品开发有限公司	快餐服务	德克士炸鸡	四川省成都市
广州酒家集团股份有限公司	正餐服务	广州酒家	广东省广州市
浙江老娘舅餐饮有限公司	快餐服务	老娘舅	浙江省湖州市
浙江五芳斋实业股份有限公司五芳斋粽子总店	快餐服务	五芳斋粽子	浙江省嘉兴市
百胜餐饮(福州)有限公司	快餐服务	百胜餐饮(福州)有限公司	福建省福州市
厦门肯德基有限公司	快餐服务	厦门肯德基有限公司	福建省厦门市
星巴克咖啡(深圳)有限公司	咖啡馆服务	星巴克	广东省深圳市
武汉麦当劳餐饮食品有限公司	快餐服务	麦当劳	湖北省武汉市
旺顺阁(北京)投资管理有限公司	正餐服务	旺顺阁	北京市
简阳市海捞餐饮管理有限公司	正餐服务	海底捞	四川省成都市
杭州捞派餐饮有限公司	正餐服务	海底捞	浙江省杭州市
四川乡村基餐饮有限公司	快餐服务	乡村基、大米先生	四川省成都市
南昌肯德基有限公司	快餐服务	肯德基	江西省南昌市
上海适达餐饮管理有限公司	其他饮料及冷饮服务	DQ冰淇淋	上海市
快乐蜂(中国)餐饮管理有限公司	快餐服务	永和大王	上海市
郑州肯德基有限公司	快餐服务	肯德基	河南省郑州市
湊湊餐饮管理有限公司	正餐服务	湊湊餐饮	北京市
安徽蜀王饮食服务有限责任公司	正餐服务	蜀王	安徽省合肥市
广州真功夫经营管理有限公司	快餐服务	真功夫	广东省广州市
南宁肯德基有限公司	快餐服务	肯德基	广西壮族自治区南宁市
汉堡王食品(深圳)有限公司	快餐服务	汉堡王	广东省深圳市
杭州饮食服务集团有限公司	正餐服务	知味观	浙江省杭州市
深圳市海底捞餐饮有限责任公司	正餐服务	海底捞	广东省深圳市
太原肯德基有限公司	快餐服务	肯德基	山西省太原市
广州真功夫快餐连锁管理有限公司	快餐服务	真功夫	广东省广州市
华联咖世家(北京)餐饮管理有限公司	咖啡馆服务	costa	北京市
上海萨莉亚餐饮有限公司	正餐服务	萨莉亚	上海市
上海避风塘美食有限公司	正餐服务	避风塘	上海市
杭州德克士食品有限公司	快餐服务	德克士	浙江省杭州市
上海沃歌斯餐饮有限公司	快餐服务	Wagas	上海市
北京金鼎轩酒楼有限责任公司	正餐服务	金鼎轩酒楼	北京市
深圳面点王饮食连锁有限公司	快餐服务	面点王	广东省深圳市
湖南迈湘餐厅食品有限公司	快餐服务	麦当劳食品	湖南省长沙市
大连肯德基有限公司	快餐服务	肯德基、必胜客	辽宁省大连市
昆明肯德基有限公司	快餐服务	肯德基	云南省昆明市
深圳真功夫餐饮管理有限公司	快餐服务	真功夫	广东省深圳市
悦达咖世家(上海)餐饮管理有限公司	咖啡馆服务	COSTA	上海市
厦门海底捞餐饮管理有限公司	正餐服务	海底捞火锅	福建省厦门市
广州萨莉亚餐饮有限公司	正餐服务	萨莉亚	广东省广州市
南京麦当劳餐饮食品有限公司	快餐服务	麦当劳	江苏省南京市
常州丽华快餐集团有限公司	快餐服务	丽华快餐	江苏省常州市
昆明德克士食品开发有限公司	快餐服务	德克士	云南省昆明市
福州麦当劳食品有限公司	快餐服务	麦当劳	福建省福州市
云海肴(北京)餐饮管理有限公司	正餐服务	云海肴、刀小蛮	北京市
小杨生煎企业管理发展(上海)有限公司	快餐服务	小杨生煎	上海市
湖南徐记酒店管理有限公司	正餐服务	徐记海鲜	湖南省长沙市
上海领先餐饮管理有限公司	正餐服务	味千拉面	上海市

5-3 续表 2

企业名称	所属行业	连锁商号	所在地
上海小南国海之源餐饮管理有限公司	正餐服务	上海小南国	上海市
武汉艳阳天商贸发展有限公司	正餐服务	艳阳天酒店、丽顿酒店	湖北省武汉市
上海爱一特餐饮有限公司	正餐服务	西贝莜面村	上海市
北京便宜坊烤鸭集团有限公司	正餐服务	便宜坊 御膳 功德林 老正兴	北京市
四川金拱门食品有限公司	快餐服务	麦当劳餐饮	四川省成都市
北京和合谷餐饮管理有限公司	快餐服务	和合谷、嘉和面	北京市
厦门麦当劳食品发展有限公司	快餐服务	麦当劳	福建省厦门市
武汉户部巷文化投资有限公司	小吃服务	武汉户部巷文化投资有限公司	湖北省武汉市
重庆菜香源餐饮文化有限公司	正餐服务	菜香源	重庆市
东莞肯德基有限公司	快餐服务	肯德基	广东省东莞市
北京永和大王餐饮有限公司	快餐服务	永和大王	北京市
望湘园(上海)餐饮管理有限公司	正餐服务	望湘园、旺池川菜、辣些鱼、百春原	上海市
信恒餐饮管理(上海)有限公司	其他饮料及冷饮服务	满记甜品	上海市
沈阳金拱门食品有限公司	快餐服务	麦当劳	辽宁省沈阳市
山东联升餐厅食品有限公司	快餐服务	麦当劳	山东省青岛市
呷哺呷哺餐饮管理(上海)有限公司	正餐服务	呷哺呷哺	上海市
广西禾唛餐饮有限公司	快餐服务	麦当劳	广西壮族自治区南宁市
北京嘉和一品餐饮管理有限公司	快餐服务	嘉和一品	北京市
亚惠美食有限公司	快餐服务	亚惠快餐	辽宁省大连市
安徽麦当劳(餐厅食品)有限公司	快餐服务	麦当劳	安徽省合肥市
北京东来顺集团有限责任公司	正餐服务	百年东来顺	北京市
西安星巴克咖啡有限公司	咖啡馆服务	星巴克	陕西省西安市
重庆肯德基有限公司	快餐服务	肯德基	重庆市
上海大富贵酒楼有限公司	正餐服务	大富贵	上海市
上海达美乐比萨有限公司	正餐服务	达美乐比萨	上海市
大连麦当劳餐厅食品有限公司	快餐服务	麦当劳	辽宁省大连市
重庆德克士食品开发有限公司	快餐服务	德克士	重庆市
上海领御餐饮管理有限公司	正餐服务	新石器烧烤	上海市
北京真功夫快餐连锁管理有限公司	快餐服务	真功夫	北京市
北京宏状元餐饮管理有限公司	正餐服务	北京宏状元	北京市
元气寿司餐饮服务管理(深圳)有限公司	正餐服务	元气寿司	广东省深圳市
北京新辣道餐饮管理有限公司	正餐服务	新辣道	北京市
北京德克士食品有限公司	快餐服务	康师傅私房牛肉面和德克士	北京市
山东麦当劳(餐厅)有限公司	快餐服务	麦当劳	山东省济南市
北京将太无二餐饮有限责任公司	正餐服务	将太无二	北京市
上海速堡餐饮有限公司	正餐服务	外婆家	上海市
深圳市嘉旺餐饮连锁有限公司	快餐服务	嘉旺	广东省深圳市
苏州市七欣天餐饮管理连锁有限公司	正餐服务	七欣天	江苏省苏州市
湖南韶山毛家饭店发展有限公司	正餐服务	毛家饭店	湖南省湘潭市
河南麦当劳(餐厅食品)有限公司	快餐服务	麦当劳	河南省郑州市
兰州肯德基有限公司	快餐服务	肯德基	甘肃省兰州市
北京米斯特比萨餐饮管理有限公司	正餐服务	mrpizza	北京市
内蒙古草原牧歌餐饮连锁股份有限公司	正餐服务	草原牧歌	内蒙古自治区包头市
上海老盛昌餐饮管理有限公司	快餐服务	老盛昌	上海市
西安麦当劳(餐厅食品)有限公司	快餐服务	麦当劳	陕西省西安市
武汉捞派餐饮管理有限公司	正餐服务	武汉捞派餐饮管理有限公司	湖北省武汉市
深圳润园四季餐饮有限公司	正餐服务	润园四季	广东省深圳市

5-3 续表 3

企业名称	所属行业	连锁商号	所在地
上海棒约翰餐饮管理有限公司	正餐服务	棒约翰	上海市
新疆肯德基有限公司	快餐服务	肯德基	新疆维吾尔自治区乌鲁木齐市
深圳新语餐饮管理有限公司	快餐服务	新语	广东省深圳市
北京达美乐比萨饼有限公司	快餐服务	达美乐比萨	北京市
辽宁合兴快餐有限公司	快餐服务	吉野家、DQ	辽宁省沈阳市
上海一茶一坐餐饮有限公司	正餐服务	一茶一坐	上海市
云南滇美餐饮有限公司	快餐服务	麦当劳	云南省昆明市
新疆百富餐饮管理有限公司	快餐服务	百富餐饮	新疆维吾尔自治区乌鲁木齐市
中山金濠汉堡食品有限公司	快餐服务	麦当劳	广东省中山市
北京大董烤鸭店有限责任公司	正餐服务	大董(大懂)	北京市
深圳永和大王餐饮有限公司	快餐服务	永和大王	广东省深圳市
成都市皇城老妈酒店管理有限公司	正餐服务	皇城老妈	四川省成都市
上海左庭右院企业管理有限公司	正餐服务	左庭右院	上海市
广西三品王餐饮管理有限公司	小吃服务	三品王	广西壮族自治区南宁市
北京味千餐饮管理有限公司	快餐服务	味千拉面	北京市
深圳家乐缘餐饮顾问有限公司	快餐服务	家乐缘	广东省深圳市
马上诺餐饮(上海)有限公司	正餐服务	Pizza Marzano	上海市
上海家有好面餐饮管理有限公司	快餐服务	家有好面	上海市
西安小六汤包餐饮有限责任公司	正餐服务	西安小六汤包餐饮股份有限公司	陕西省西安市
顺峰饮食酒店管理股份有限公司	正餐服务	顺峰	北京市
无锡麦当劳餐厅食品有限公司	快餐服务	麦当劳	江苏省无锡市
黑龙江麦当劳餐厅食品有限公司	快餐服务	麦当劳餐厅食品	黑龙江省哈尔滨市
浙江外婆家餐饮有限公司	正餐服务	外婆家	浙江省杭州市
上海朋利来餐饮管理有限公司	快餐服务	小杨生煎	上海市
南海渔村有限公司	正餐服务	南海渔村	广东省广州市
南京味千餐饮管理有限公司	快餐服务	味千拉面	江苏省南京市
米斯特比萨金鹰餐饮管理(上海)有限公司	快餐服务	Mr. Pizza	上海市
味千拉面饮食服务(深圳)有限公司	快餐服务	味千拉面	广东省深圳市
希杰福味园(上海)餐饮管理有限公司	小吃服务	多乐之日	上海市
武汉市亢龙太子酒轩有限责任公司	正餐服务	武汉市亢龙太子酒轩有限责任公司	湖北省武汉市
陕西在这里餐饮管理有限公司	正餐服务	小杨烤肉	陕西省西安市
武汉兴聪餐饮管理有限公司?	正餐服务	大米先生	湖北省武汉市
合肥蒸小皖餐饮有限公司	快餐服务	蒸小皖	安徽省合肥市
北京万龙洲饮食有限责任公司	正餐服务	万龙洲海鲜	北京市
江西海印餐饮管理有限公司	正餐服务	麦当劳	江西省南昌市
北京比格餐饮管理有限责任公司	快餐服务	比格比萨	北京市
长沙乡村基餐饮有限公司	快餐服务	大米先生	湖南省长沙市
东莞金拱门食品有限公司	快餐服务	麦当劳	广东省东莞市
浙江凯旋门澳门豆捞控股集团有限公司	正餐服务	澳门豆捞	浙江省杭州市
美诺(北京)餐饮管理有限公司	正餐服务	时时乐、心泰心厨、糯米泰泰、江边城外	北京市
北京西部马华餐饮有限公司	快餐服务	西部马华	北京市
长沙五十七度湘餐饮管理有限公司	正餐服务	五十七度湘	湖南省长沙市
真功夫餐饮管理有限公司	快餐服务	kungfu	广东省东莞市
青岛美国星巴克咖啡有限公司	咖啡馆服务	星巴克	山东省青岛市
北京好伦哥餐饮有限公司	快餐服务	好伦哥餐饮	北京市
杭州花中城大酒店有限公司	正餐服务	花中城	浙江省杭州市
深圳市禾绿餐饮管理有限公司	快餐服务	禾绿寿司	广东省深圳市

5-3 续表 4

企业名称	所属行业	连锁商号	所在地
杭州味千餐饮管理有限公司	正餐服务	味千拉面	浙江省杭州市
北市市西单麻辣诱惑餐饮有限公司	正餐服务	麻辣诱惑	北京市
上海仟果企业管理有限公司	其他饮料及冷饮服务	爱茜茜里	上海市
星巴克咖啡(辽宁)有限公司	咖啡馆服务	星巴克	辽宁省沈阳市
上海盘古餐饮管理有限公司	正餐服务	新石器烤肉，釜山料理	上海市
惠州麦当劳(餐厅食品)有限公司	快餐服务	麦当劳餐厅	广东省惠州市
华润太平洋餐饮管理(北京)有限公司	咖啡馆服务	太平洋咖啡	北京市
深圳市粤菜王府餐饮管理有限公司	正餐服务	粤菜王府	广东省深圳市
成都八十五度餐饮管理有限公司	小吃服务	成都八十五度	四川省成都市
广州泛亚饮食有限公司	快餐服务	大家乐	广东省广州市
深圳威耀饮食有限公司	快餐服务	大家乐	广东省深圳市
北京庆丰包子铺	快餐服务	庆丰	北京市
武汉红鼎豆捞餐饮股份有限公司	正餐服务	红鼎豆捞	湖北省武汉市
上海拉亚餐饮有限公司	其他未列明餐饮业	laya bueger	上海市
杭州新丰小吃股份有限公司	小吃服务	新丰小吃	浙江省杭州市
北京市正一味快餐管理有限公司	快餐服务	正一味韩式快餐	北京市
南京百年同庆餐饮有限公司	正餐服务	百年同庆餐饮	江苏省南京市
湖北老乡鸡餐饮有限公司	正餐服务	老乡鸡	湖北省武汉市
上海好侍咖喱客客壹番屋餐厅有限公司	正餐服务	客客壹番屋	上海市
深圳吉野家快餐有限公司	快餐服务	吉野家	广东省深圳市
北京马氏东方饺子王餐饮有限责任公司	正餐服务	东方饺子王	北京市
舟山市高佳庄餐饮管理有限公司	正餐服务	高佳庄	浙江省舟山市
西安西贝情餐饮有限责任公司	正餐服务	西贝莜面村	陕西省西安市
深圳市巴蜀风饮食管理有限公司	正餐服务	深圳市巴蜀风饮食管理有限公司	广东省深圳市
西安百姓厨房大馄饨餐饮有限责任公司	正餐服务	西安百姓厨房大馄饨餐饮有限责任公司	陕西省西安市
武汉粗茶淡饭餐饮有限责任公司	正餐服务	粗茶淡饭餐饮	湖北省武汉市
北京安妮餐饮有限公司	正餐服务	安妮	北京市
北京新世纪青年餐饮管理有限公司	正餐服务	青年餐厅	北京市
深圳市万味源餐饮管理有限公司	正餐服务	千味涮	广东省深圳市
大连合兴快餐有限公司	快餐服务	吉野家快餐、DQ冰淇淋及蛋糕	辽宁省大连市
南京艾丝碧西餐饮管理有限公司	其他饮料及冷饮服务	巴黎贝甜	江苏省南京市
北京星物语餐饮管理有限公司	小吃服务	面包新语 吐司新语	北京市
北京俏江南餐饮管理有限公司	正餐服务	俏江南	北京市
浙江向阳渔港集团股份有限公司	正餐服务	向阳渔港	浙江省宁波市
北京渝信紫龙餐饮有限公司	正餐服务	渝信川菜	北京市
芭菲盛宴环球餐饮集团有限公司	正餐服务	芭菲嘉宴	重庆市
深圳大快活快餐有限公司	快餐服务	大快活	广东省深圳市
山东味千餐饮管理有限公司	快餐服务	味千拉面	山东省青岛市
山东金德利集团市中快餐连锁有限公司	快餐服务	山东金德利集团市中快餐连锁有限责任公司	山东省济南市
马兰拉面快餐连锁有限责任公司	快餐服务	马兰拉面	北京市
东莞麦长食品有限公司	快餐服务	麦当劳	广东省东莞市
广州黄埔华苑大酒店	正餐服务	黄埔华苑	广东省广州市
广州七十二街餐饮连锁发展有限公司	快餐服务	七十二街	广东省广州市
江门麦当劳(餐厅食品)有限公司	快餐服务	麦当劳	广东省江门市
北京禾绿餐饮管理有限公司	快餐服务	禾绿寿司	北京市
上海合点寿司餐饮管理有限公司	正餐服务	合点寿司	上海市

5-4 50门店以上连锁餐饮企业

企业名称	所属行业	连锁商号	所在地
上海统一星巴克咖啡有限公司	咖啡馆服务	星巴克	上海市
呷哺呷哺餐饮管理有限公司	快餐服务	呷哺呷哺	北京市
百胜餐饮(广东)有限公司	快餐服务	百胜餐饮	广东省广州市
上海必胜客有限公司	正餐服务	Pizza Hut	上海市
北京必胜客比萨饼有限公司	正餐服务	必胜客、必胜宅急送	北京市
北京星巴克咖啡有限公司	咖啡馆服务	Starbucks	北京市
百胜餐饮(沈阳)有限公司	快餐服务	肯德基、必胜客	沈阳市省和平市
百胜餐饮(武汉)有限公司	快餐服务	KFC/PH	湖北省武汉市
广东星巴克咖啡有限公司	咖啡馆服务	星巴克咖啡	广东省广州市
杭州肯德基有限公司	快餐服务	肯德基	浙江省杭州市
重庆秦妈餐饮管理有限公司	正餐服务	秦妈餐饮	重庆市
安徽老乡鸡餐饮有限公司	快餐服务	老乡鸡	安徽省合肥市
浙江五芳斋实业股份有限公司五芳斋粽子总店	快餐服务	五芳斋粽子	浙江省嘉兴市
南京肯德基有限公司	快餐服务	肯德基	江苏省南京市
广东三元麦当劳食品有限公司	快餐服务	麦当劳餐厅	广东省广州市
天津肯德基有限公司	快餐服务	肯德基	天津市
上海适达餐饮管理有限公司	其他饮料及冷饮服务	DQ冰淇淋	上海市
花之林餐饮管理(湖南)有限公司	正餐服务	花之林	湖南省长沙市
重庆骑龙饮食文化有限责任公司	正餐服务	骑龙	重庆市
大娘水饺餐饮集团股份有限公司	快餐服务	大娘水饺	江苏省常州市
北京吉野家快餐有限公司	快餐服务	YOS、DQ、UF	北京市
汉堡王(上海)餐饮有限公司	快餐服务	汉堡王	上海市
北京麦当劳食品有限公司	快餐服务	麦当劳	北京市
上海肯德基有限公司	快餐服务	K F C	上海市
北京肯德基有限公司	快餐服务	肯德基	北京市
百胜餐饮(深圳)有限公司	快餐服务	肯德基	广东省深圳市
苏州肯德基有限公司	快餐服务	肯德基	江苏省苏州市
重庆兴红得聪餐饮管理有限公司	正餐服务	乡村基	重庆市
成都星巴克咖啡有限公司	咖啡馆服务	星巴克	四川省成都市
青岛肯德基有限公司	快餐服务	肯德基	山东省青岛市
汉堡王(北京)餐饮管理有限公司	快餐服务	汉堡王	北京市
四川德克士食品开发有限公司	快餐服务	德克士炸鸡	四川省成都市
悦达咖世家(上海)餐饮管理有限公司	咖啡馆服务	COSTA	上海市
浙江老娘舅餐饮有限公司	快餐服务	老娘舅	浙江省湖州市
湖北星巴克咖啡有限公司	咖啡馆服务	星巴克	湖北省武汉市
长沙肯德基有限公司	快餐服务	肯德基	湖南省长沙市
安徽蜀王饮食服务有限责任公司	正餐服务	蜀王	安徽省合肥市
百胜餐饮成都有限公司	快餐服务	肯德基快餐	四川省成都市
杭州德克士食品有限公司	快餐服务	德克士	浙江省杭州市
华联咖世家(北京)餐饮管理有限公司	咖啡馆服务	costa	北京市
瑞幸咖啡(广州)有限公司	咖啡馆服务	瑞幸咖啡	广东省广州市
汉堡王食品(深圳)有限公司	快餐服务	汉堡王	广东省深圳市
信恒餐饮管理(上海)有限公司	其他饮料及冷饮服务	满记甜品	上海市
上海麦当劳食品有限公司	快餐服务	麦当劳	上海市
上海仟果企业管理有限公司	其他饮料及冷饮服务	爱茜茜里	上海市

5-4　续表 1

企业名称	所属行业	连锁商号	所在地
麦当劳餐厅(深圳)有限公司	快餐服务	麦当劳	广东省深圳市
广州真功夫经营管理有限公司	快餐服务	真功夫	广东省广州市
东莞市杏林春凉茶有限公司	其他饮料及冷饮服务	杏林春	广东省东莞市
四川乡村基餐饮有限公司	快餐服务	乡村基、大米先生	四川省成都市
无锡肯德基有限公司	快餐服务	肯德基	江苏省无锡市
重庆顺水鱼饮食文化有限公司	正餐服务	顺水鱼	重庆市
星巴克咖啡(深圳)有限公司	咖啡馆服务	星巴克	广东省深圳市
浙江麦当劳餐厅食品有限公司	快餐服务	麦当劳	浙江省杭州市
百胜餐饮(福州)有限公司	快餐服务	百胜餐饮(福州)有限公司	福建省福州市
天津麦当劳食品有限公司	快餐服务	麦当劳	天津市
王品(中国)餐饮有限公司	正餐服务	西提牛排、鹅夫人、王品台塑牛排、舞渔	上海市
百胜餐饮(西安)有限公司	快餐服务	肯德基	陕西省西安市
小杨生煎企业管理发展(上海)有限公司	快餐服务	小杨生煎	上海市
上海萨莉亚餐饮有限公司	正餐服务	萨莉亚	上海市
深圳面点王饮食连锁有限公司	快餐服务	面点王	广东省深圳市
呷哺呷哺餐饮管理(上海)有限公司	正餐服务	呷哺呷哺	上海市
武汉麦当劳餐饮食品有限公司	快餐服务	麦当劳	湖北省武汉市
郑州肯德基有限公司	快餐服务	肯德基	河南省郑州市
湖南韶山毛家饭店发展有限公司	正餐服务	住宿餐饮	湖南省湘潭市
厦门肯德基有限公司	快餐服务	厦门肯德基有限公司	福建省厦门市
广西三品王餐饮管理有限公司	小吃服务	三品王	广西壮族自治区南宁市
快乐蜂(中国)餐饮管理有限公司	快餐服务	永和大王	上海市
广州真功夫快餐连锁管理有限公司	快餐服务	真功夫	广东省广州市
广州萨莉亚餐饮有限公司	正餐服务	萨莉亚	广东省广州市
南昌肯德基有限公司	快餐服务	肯德基	江西省南昌市
昆明德克士食品开发有限公司	快餐服务	德克士	云南省昆明市
上海领先餐饮管理有限公司	正餐服务	味千拉面	上海市
中国全聚德(集团)股份有限公司	正餐服务	全聚德、丰泽园、四川饭店、仿膳饭庄	北京市
北京和合谷餐饮管理有限公司	快餐服务	和合谷、嘉和面	北京市
杭州甘其食餐饮管理有限公司	小吃服务	甘其食	浙江省杭州市
上海沃歌斯餐饮有限公司	快餐服务	Wagas	上海市
深圳真功夫餐饮管理有限公司	快餐服务	真功夫	广东省深圳市
上海家有好面餐饮管理有限公司	快餐服务	家有好面	上海市
南京味千餐饮管理有限公司	快餐服务	味千拉面	江苏省南京市
华润太平洋餐饮管理(北京)有限公司	咖啡馆服务	太平洋咖啡	北京市
南宁肯德基有限公司	快餐服务	肯德基	广西壮族自治区南宁市
上海达美乐比萨有限公司	正餐服务	达美乐比萨	上海市
眉州东坡餐饮管理(北京)有限公司	正餐服务	眉州东坡	北京市
武汉兴聪餐饮管理有限公司?	正餐服务	大米先生	湖北省武汉市
辽宁合兴快餐有限公司	快餐服务	吉野家、DQ	辽宁省沈阳市
上海领御餐饮管理有限公司	正餐服务	新石器烧烤	上海市
瑞幸咖啡(武汉)有限公司	咖啡馆服务	瑞幸咖啡	湖北省武汉市
厦门市黄则和食品有限公司	小吃服务	黄则和	福建省厦门市
重庆陶然居饮食文化(集团)股份有限公司	正餐服务	陶然居	重庆市
四川金拱门食品有限公司	快餐服务	麦当劳餐饮	四川省成都市

5-4 续表 2

企业名称	所属行业	连锁商号	所在地
太原肯德基有限公司	快餐服务	肯德基	山西省太原市
重庆德克士食品开发有限公司	快餐服务	德克士	重庆市
大连肯德基有限公司	快餐服务	肯德基、必胜客	辽宁省大连市
广西禾唛餐饮有限公司	快餐服务	麦当劳	广西壮族自治区南宁市
北京达美乐比萨饼有限公司	快餐服务	达美乐比萨	北京市
西安星巴克咖啡有限公司	咖啡馆服务	星巴克	陕西省西安市
北京米斯特比萨餐饮管理有限公司	正餐服务	mrpizza	北京市
内蒙古草原牧歌餐饮连锁股份有限公司	正餐服务	草原牧歌	内蒙古自治区包头市
常州丽华快餐集团有限公司	快餐服务	丽华快餐	江苏省常州市
云海肴(北京)餐饮管理有限公司	正餐服务	云海肴、刀小蛮	北京市
北京西贝万家餐饮管理有限公司	正餐服务	西贝	北京市
昆明肯德基有限公司	快餐服务	肯德基	云南省昆明市
湖南迈湘餐厅食品有限公司	快餐服务	麦当劳食品	湖南省长沙市
海鸿达(北京)餐饮管理有限公司	正餐服务	海底捞火锅	北京市
北京嘉和一品餐饮管理有限公司	快餐服务	嘉和一品	北京市
北京真功夫快餐连锁管理有限公司	快餐服务	真功夫	北京市
厦门沃头中餐有限公司	正餐服务	厦门沃头蚝干粥	福建省厦门市
深圳市嘉旺餐饮连锁有限公司	快餐服务	嘉旺	广东省深圳市
北京市正一味快餐管理有限公司	快餐服务	正一味韩式快餐	北京市
福州麦当劳食品有限公司	快餐服务	麦当劳	福建省福州市
杭州味千餐饮管理有限公司	正餐服务	味千拉面	浙江省杭州市
山东联升餐厅食品有限公司	快餐服务	麦当劳	山东省青岛市
安徽麦当劳(餐厅食品)有限公司	快餐服务	麦当劳	安徽省合肥市
新疆百富餐饮管理有限公司	快餐服务	百富餐饮	新疆维吾尔自治区乌鲁木齐市
北京德克士食品有限公司	快餐服务	康师傅私房牛肉面和德克士	北京市
味千拉面饮食服务(深圳)有限公司	快餐服务	味千拉面	广东省深圳市
东莞肯德基有限公司	快餐服务	肯德基	广东省东莞市
北京永和大王餐饮有限公司	快餐服务	永和大王	北京市
河南麦当劳(餐厅食品)有限公司	快餐服务	麦当劳	河南省郑州市
简阳市海捞餐饮管理有限公司	正餐服务	海底捞	四川省成都市
北京好伦哥餐饮有限公司	快餐服务	好伦哥餐饮	北京市
上海避风塘美食有限公司	正餐服务	避风塘	上海市
厦门麦当劳食品发展有限公司	快餐服务	麦当劳	福建省厦门市
长沙乡村基餐饮有限公司	快餐服务	大米先生	湖南省长沙市
南京麦当劳餐饮食品有限公司	快餐服务	麦当劳	江苏省南京市
合肥蒸小皖餐饮有限公司	快餐服务	蒸小皖	安徽省合肥市
杭州饮食服务集团有限公司	正餐服务	知味观	浙江省杭州市
重庆肯德基有限公司	快餐服务	肯德基	重庆市
北京味千餐饮管理有限公司	快餐服务	味千拉面	北京市
大连麦当劳餐厅食品有限公司	快餐服务	麦当劳	辽宁省大连市
北京新辣道餐饮管理有限公司	正餐服务	新辣道	北京市
山东麦当劳(餐厅)有限公司	快餐服务	麦当劳	山东省济南市
深圳吉野家快餐有限公司	快餐服务	吉野家	广东省深圳市
江苏菜根香餐饮连锁有限公司	快餐服务	菜根香	江苏省常州市

附录

统计指标解释

附录 统计指标解释

连锁经营：指经营同类商品或服务，使用统一商号的若干店铺，在同一总店（总部）的管理下，采取统一采购或特许经营等方式,实现规模效益的组织形式,包括直营连锁、特许连锁和自愿连锁三种形式。

连锁总店（总部）：负责连锁企业资源（商号、商誉、经营模式、服务标准、管理模式等等）的开发、配置、控制或使用等功能的企业核心管理机构。

连锁门店：在连锁企业经营管理的基础上，按照总店（总部）的指示和服务规范要求，承担日常销售业务的店铺，包括直营店和加盟店。

直营店是指由连锁企业总部投资开设，按连锁经营管理模式，由总部统一管理的店铺。

加盟店是指在特许连锁中，被特许人获得特许人授权后，使用其商标、商号、经营模式、专利和专有技术等经营资源建立的店铺，也包括自愿连锁的成员店。

连锁品牌（商标或商号名称）：指连锁经营使用的统一的商号或商标名称。

批发零售连锁业态

一便利店：满足顾客便利性需求为主要目的的零售业态。位于商业中心区、交通要道以及车站、医院、学校、娱乐场所、办公楼、加油站等公共活动区；商圈范围小，顾客步行 5 分钟内到达，目标顾客主要为单身者、年轻人，顾客多为有目的的购买；营业面积一般在 100 平方米左右，利用率高；以即时食品、日用小百货为主，有即时消费性、小容量、应急性等特点，商品品种在 3000 种左右，售价一般高于市场平均水平；商品销售方式以开架自选为主，结算在收银处统一进行；营业时间一般在 16 小时以上，提供即时性食品的辅助设施，开设多项服务项目；信息管理系统程度较高。

一折扣店：店铺装修简单，提供有限服务，商品价格低廉的一种小型超市业态。拥有不到 2000 个品种，经营一定数量的自有品牌商品。位于居民区、交通要道等租金相对便宜的地区；辐射半径 2 公里左右，目标顾客主要为商圈内的居民；自有品牌占有较大的比例，商品平均价格低于市场平均水平；以开架自选方式进行商品销售，并统一结算；用工精简，为顾客提供有限的服务；信息管理系统程度一般。

一超市：开架售货，集中收款，满足社区消费者日常生活需要的零售业态。根据商品结构的不同，可以分为食品超市和综合超市。位于市、区商业中心、居住区；辐射半径 2 公里左右，目标顾客以居民为主；营业面积在 6000 平方米以下；经营包装食品、生鲜食品和日用品。食品超市与综合超市商品结构有所不同；采用自选销售，出入口分设，在收银台统一结算；营业时间一般在 12 小时以上；信息管理系统程度较高。

一大型超市：实际营业面积 6000 平方米以上，品种齐全，满足顾客一次性购齐的零售业态。根据商品结构，可以分为以经营食品为主的大型超市和以经营日用品为主的大型超市。位于市、区商业中心、城郊结合部、交通要道及大型居住区；辐射半径 2 公里以上，目标顾客以居民、流动顾客为主；实际营业面积在 6000 平方米以上；以大众化衣、食、日用品为主，品种齐全，注重自有品牌开发；采用自选销售方式，出入口分设，在收银台统一结算；一般设不低于营业面积 40%的停车场；信息管理系统程度较高。

—仓储会员店：以会员制为基础，实行储销一体、批零兼营，以提供有限服务和低价格商品为主要特征的零售业态。位于城乡结合部的交通要道；辐射半径 5 公里以上，目标顾客以中小零售店、餐饮店、集团购买和流动顾客为主；营业面积一般在 6000 平方米以上；以大众化衣、食、日用品为主，自有品牌占相当部分，商品在 4000 种左右，实行低价、批量销售；采用自选销售，出入口分设，在收银台统一结算；设相当于营业面积的停车场；信息管理系统程度较高并对顾客实行会员制管理。

—百货店：在一个建筑物内，经营若干大类商品，实行统一管理，分区销售，满足顾客对时尚商品多样化选择需求的零售业态。位于市、区级商业中心、历史形成的商业集聚地；目标顾客以追求时尚和品味的流动顾客为主；营业面积一般在 6000 平方米以上；综合性商品结构，门类齐全，以服饰、鞋类、箱包、化妆品、家庭用品、家用电器为主；采取柜台销售和开架面售相结合方式进行商品销售；注重服务，设餐饮、娱乐等服务项目和设施；信息管理系统程度较高。

—专业店：以专门经营某一大类商品为主的零售业态。例如办公用品专业店（office supply）、玩具专业店（toy stores）、家电专业店（home appliance）、药品专业店（drug store）、服饰店（apparel shop）。位于市、区级商业中心以及百货店、购物中心内；目标顾客以有目的选购某类商品的流动顾客为主；营业面积根据商品特点而定；以销售某类商品为主，体现专业性、深度性、品种丰富，选择余地大；采取柜台销售或开架面售方式进行商品销售；从业人员具有丰富的专业知识；信息管理系统程度较高。

—加油站：指经营石油、石化商品的零售门店。

—专卖店：以专门经营或被授权经营某一主要品牌商品为主的零售业态。一般位于市、区级商业中心、专业街以及百货店、购物中心内；目标顾客以中高档消费者和追求时尚的年轻人为主；以销售某一品牌系列商品为主，具有销售量少、质优、高毛利等特点；采取柜台销售或开架面售方式进行商品销售，商店陈列、照明、包装、广告讲究；注重品牌声誉，从业人员具备丰富的专业知识，提供专业性服务；信息管理系统程度一般。

—家居建材商店：以专门销售建材、装饰、家居用品为主的零售业态。位于城乡结合部、交通要道或消费者自有房产比较高的地区；目标顾客以拥有自有房产的顾客为主；营业面积一般在 6000 平方米以上；经营商品以改善、建设家庭居住环境有关的装饰、装修等用品、日用杂品、技术及服务为主；采取开架自选方式销售商品；提供一站式购足和一条龙服务，停车位一般在 300 个以上；信息管理系统程度较高。

—厂家直销中心：由生产商直接设立或委托独立经营者设立,专门经营本企业品牌商品,并且多个企业品牌的营业场所集中在一个区域的零售业态。一般远离市区；目标顾客多为重视品牌的有目的的购买；单个建筑面积在 100-200 平方米左右；品牌商品生产商直接设立，商品均为本企业的品牌；采用自选式售货方式进行商品销售；各个租赁店使用各自的信息管理系统。

—其他：其他未列明的零售业态。

门店总数：指该连锁企业所拥有的全部连锁门店数量，包括总店（如果总公司有门店的话）和全部直营分店、加盟分店数。

连锁门店年末从业人员数：指在连锁总店（总部）或门店工作并取得劳动报酬的年末实有人员数。包括在岗职工、再就业的离退休人员、在该企业工作的兼职人员、借用的外单位人员和第二职业者。不包括离开本单位但仍保留劳动关系的职工。从业人数包括总店和全部门店以及自有配送中心的年末从业人员数。

连锁门店商品购进额：指连锁门店由连锁总店（总部）统一配送与自主采购，用于门店销售的商品金额之和（含增值税）。

统一配送商品购进额：是指由连锁总店（总部）统一购进后，配送到门店的商品金额（按购进价计算）。

配送中心：是指从事配送业务且具有完善信息网络的场所或组织。配送是指在经济合理区域范围内，根据客户要求，对物品进行拣选、加工、包装、分割、组配等作业，并按时送达指定地点的物流活动。配送中心应基本符合下列要求：（1）主要为特定客户或末端客户提供服务；（2）配送功能健全；（3）辐射范围小；（4）提供高频率、小批量、多批次配送服务。

自有配送中心配送商品购进额：指连锁总店（总部）通过自有配送中心配送到门店的商品金额。

非自有配送中心配送商品购进额：指连锁总店（总部）通过第三方物流配送中心配送到门店的商品金额。

连锁门店年末零售营业面积：指批发和零售业连锁门店用于零售连锁经营的营业面积，不包括其办公用房、仓库和加工场地。该指标按年末实有建筑面积统计。

连锁门店商品销售额：批发和零售业连锁门店对本门店以外单位和个人出售的商品金额（含增值税）。

连锁门店零售额：指批发和零售业连锁门店售给城乡居民用于生活消费和社会集团用于公共消费的商品金额。

零售商品包括：（1）售给城乡居民的各种生活消费品，售给入境旅游的外国人、华侨、港澳台同胞的各类商品；（2）售给行政事业单位、社会团体、军队和武警等机构的商品，以及以零售方式售给各类企业的商品。具体包括：用于非生产和社会交往的办公用品，如通讯设备、计算器具和设备、电讯网络设备、文印设备、音像视听器材和设备、纸张、本册、文具及装订文印材料、家具、日用电器、针纺织品、清洁卫生用品、文体用品、奖品、纪念品、礼品等；供内部人员乘坐的交通工具和燃料；用于办公设施修缮的各类配件、材料、工具等；用于取暖和防暑降温的设备、燃料、材料及食品等；专用于教学的用品和设备；非营利医疗机构的中、西药品、中药材和医疗设备器材；非专用的劳动保护用品；不对外营业的内部食堂用的餐具、炊具、设备、清洁卫生工具和食品、燃料等；军队、武警用于其人员生活的衣着品和个人用品；其它各类非生产性设备和用品。

零售商品不包括：（1）售给城乡居民已确知是用于生产、经营的商品；（2）售给各类农业生产者的生产资料类商品，如农机、农药化肥、农膜、种子饲料等商品；（3）售给企业单位生产用具及生产上专用的劳动保护用品。

连锁门店年末餐饮营业面积：住宿和餐饮业连锁门店对外提供就餐服务的门店建筑面积和从事食品加工、烹饪、调制的厨房面积，不包括办公用房和仓库等面积。该指标按年末实有建筑面积统计。

连锁门店客房数：指住宿和餐饮业连锁门店提供住宿服务的房间数，该指标按报告期内正常情况下的实有数统计。

连锁门店床位数：指住宿和餐饮业连锁门店供应旅客使用的床位数，不包括临时加床和门店内部工作人员使用的床位。该指标按报告期内正常情况下的实有数统计。

连锁门店餐位数：指住宿和餐饮业连锁门店为顾客提供就餐服务时，正常可同时容纳就餐人员的餐位数量，不包括临时加的餐位数量。该指标按报告期内正常情况下的实有数统计。

连锁门店营业额：指住宿和餐饮业连锁门店在经营活动中因提供服务或销售商品所取得的全部收入。包括：客房收入、餐费收入、商品销售额（含增值税）和其它收入。

连锁门店餐费收入：指住宿和餐饮业连锁门店因提供就餐服务（包括经烹饪、调制加工后出售的各种食品，如主食、炒菜、凉拌菜等的收入）所取得的收入合计。

连锁门店商品销售额：指住宿和餐饮业连锁门店因出售商品（含增值税）所取得的收入合计。

登记注册类型

—国有企业：指企业全部资产归国家所有，并按《中华人民共和国企业法人登记管理条例》规定登记注册的非公司制的经济组织。不包括有限责任公司中的国有独资公司。

—集体企业：指企业资产归集体所有，并按《中华人民共和国企业法人登记管理条例》规定登记注册的经济组织。

—股份合作企业：指以合作制为基础，由企业职工共同出资入股，吸收一定比例的社会资产投资组建，实行自主经营，自负盈亏，共同劳动，民主管理，按劳分配与按股分红相结合的一种集体经济组织。

—联营企业：指两个及两个以上相同或不同所有制性质的企业法人或事业单位法人，按自愿、平等、互利的原则，共同投资组成的经济组织。联营企业包括国有联营企业、集体联营企业、国有与集体联营企业和其他联营企业。

国有联营企业：指所有联营单位均为国有。

集体联营企业：指所有联营单位均为集体。

国有与集体联营企业：指联营单位既有国有也有集体。

其他联营企业：指上述三种联营企业之外的其他联营形式的企业。

—有限责任公司：指根据《中华人民共和国公司登记管理条例》规定登记注册，由两个以上，五十个以下的股东共同出资，每个股东以其所认缴的出资额对公司承担有限责任，公司以其全部资产对其债务承担责任的经济组织。有限责任公司分为国有独资公司以及其他有限责任公司。

国有独资公司：指国家授权的投资机构或者国家授权的部门单独投资设立的有限责任公司。

其他有限责任公司：指国有独资公司以外的其他有限责任公司。

—股份有限公司：指根据《中华人民共和国公司登记管理条例》规定登记注册，其全部注册资本由等额股份构成并通过发行股票筹集资本，股东以其认购的股份对公司承担有限责任，公司以其全部资产对其债务承担责任的经济组织。

—私营企业：指由自然人投资设立或由自然人控股，以雇佣劳动为基础的营利性经济组织。包括按照《公司法》、《合伙企业法》、《私营企业暂行条例》以及《个人独资企业法》规定登记注册的私营独资企业、私营合伙企业、私营有限责任公司、私营股份有限公司和个人独资企业。

私营独资企业：指按《私营企业暂行条例》的规定，由一名自然人投资经营，以雇佣劳动为基础，投资者对企业债务承担无限责任的企业。

私营合伙企业：指按《合伙企业法》或《私营企业暂行条例》的规定，由两个以上自然人按照协议共同投资、共同经营、共负盈亏，以雇佣劳动为基础，对债务承担无限责任的企业。

私营有限责任公司：指按《公司法》、《私营企业暂行条例》的规定，由两个以上自然人投资或由单个自然人控股的有限责任公司。

私营股份有限公司：指按《公司法》的规定，由五个以上自然人投资，或由单个自然人控股的股份有限公司。

个人独资企业：指按《个人独资企业法》《个人独资企业登记管理办法》的规定，由一个自然人投资，财产为投资人个人所有，投资人以其个人财产对企业债务承担无限责任的经营实体。个人独资企业填表时归入私营独资企业。

—其他内资企业：指上述之外的其他内资经济组织。

—与港澳台商合资经营企业：指港澳台地区投资者与内地的企业依照《中华人民共和国中外合资经

营企业法》及有关法律的规定，按合同规定的比例投资设立，分享利润和分担风险的企业。

—与港澳台商合作经营企业：指港澳台地区投资者与内地企业依照《中华人民共和国中外合作经营企业法》及有关法律的规定，依照合作合同的约定进行投资或提供条件设立，分配利润、分担风险和亏损的企业。

—港澳台商独资经营企业：指依照《中华人民共和国外资企业法》及有关法律的规定，在内地由港澳台地区投资者全额投资设立的企业。

—港澳台商投资股份有限公司：指根据国家有关规定，经商务部(原外经贸部)批准设立，并且其中港、澳、台商的股本占公司注册资本的比例达25%以上的股份有限公司。凡其中港、澳、台商的股本占公司注册资本的比例小于25%的，属于内资中的股份有限公司。

—其他港、澳、台商投资企业：指在中国境内参照《外国企业或个人在中国境内设立合伙企业管理办法》和《外商投资合伙企业登记管理规定》，依法设立的港、澳、台商投资合伙企业。

—中外合资经营企业：指外国企业或外国人与中国内地企业依照《中华人民共和国中外合资经营企业法》及有关法律的规定，按合同规定的比例投资设立，分享利润和分担风险的企业。

—中外合作经营企业：指外国企业或外国人与中国内地企业依照《中华人民共和国中外合作经营企业法》及有关法律的规定，依照合作合同的约定进行投资或提供条件设立，分配利润、分担风险和亏损的企业。

—外资企业：指依照《中华人民共和国外资企业法》及有关法律的规定，在中国内地设立的由外国投资者全额投资设立的企业。

—外商投资股份有限公司：指根据国家有关规定，经商务部(原外经贸部)批准设立，并且其中外资的股本占公司注册资本的比例达25%以上的股份有限公司。凡其中外资股本占公司注册资本的比例小于25%的，属于内资中的股份有限公司。

—其他外商投资企业：指在中国境内依照《外国企业或个人在中国境内设立合伙企业管理办法》和《外商投资合伙企业登记管理规定》，依法设立的外商投资合伙企业。